JN045472

広島交響楽団創設者

髙橋（たかはし）定（さだむ）を語る

髙橋 勇

南々社

口絵1

新婚時代の定と温子　昭和23年10月頃

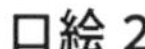

口絵 2

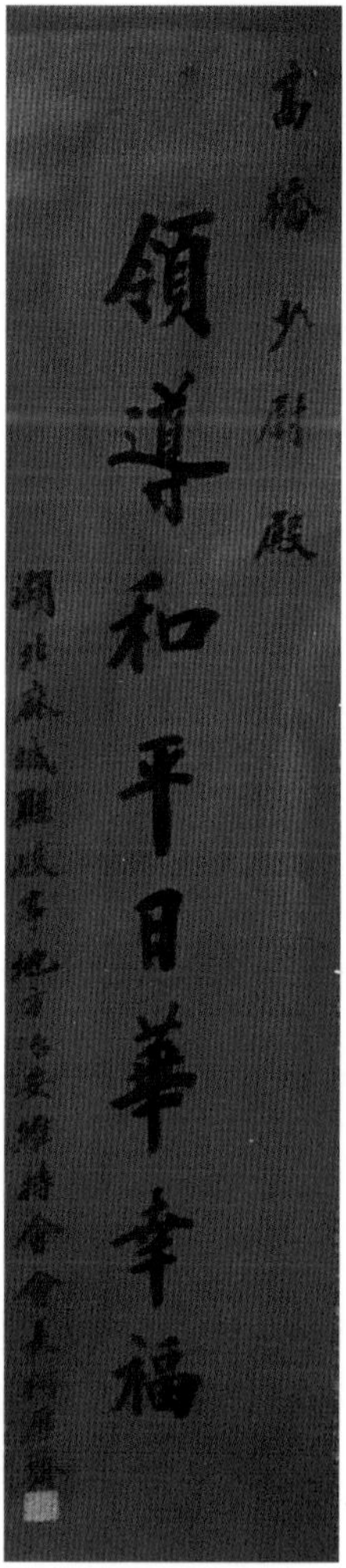

中国湖北省麻城縣岐亭地方治安維持會會長　柯　厚齊から髙橋少尉宛に贈られた掛軸。晩年、定がよく眺めていた

口絵 3

留守名簿

本籍

留守担当者

昭和二十一年二月十日

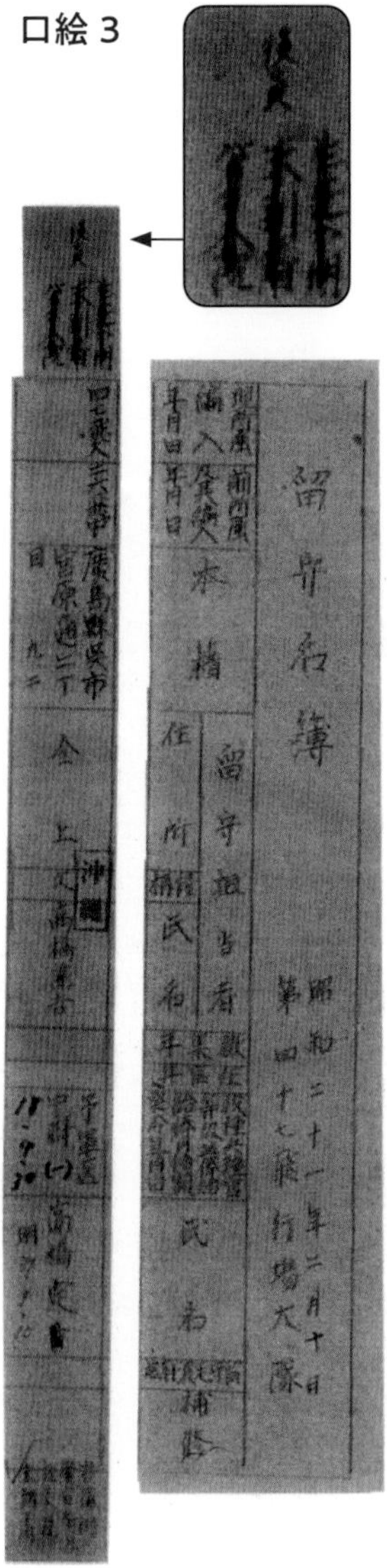

定の復員記録（厚生労働省社会援護局援護・業務課より）

広島市民交響楽団発表演奏会　挨拶にて

「耳ある人は聞いて下さい。
業（わざ）ある人は参加して下さい」

高橋　定

昭和三十九年四月六日　於　広島市公会堂

口絵4

第3回NHK広島交響楽団（定の写らない定期演奏会）昭和24年3月27日　広島高等学校講堂（竹内俊夫所蔵）

口絵5

第2回平和音楽祭　昭和24年8月5日か7日　広島児童文化会館【広島で初めての第九】左側第1バイオリン3列目奥、定。その後に田頭徳治

口絵6

NHK 広島交響楽団　労音 12 月例会 昭和 31 年 12 月 15 日か 16 日【広島で 2 度目の第九】左側第 1 バイオリン 2 列目奥、定。広島市公会堂

口絵7

第10回記念　広島市民交響楽団 特別定期演奏会　昭和43年12月9日　広島市公会堂【広島で 3 度目の第九】定は舞台脇にいた

謝辞

父、定の死後54年目の喪主のあいさつ

父・髙橋定（さだむ）、母・温子（やすこ）は諸事情により情報工作をいたしました。その工作に多くの方々に御協力いただきました。その主目的は、定が凡庸なバイオリニストであり、外科医であるように装うためでした。

皆様のおかげをもちまして髙橋定は昭和44年8月まで本人の望みであった音楽活動を続けながら62年の人生を全うさせていただきました。ただ、それにより現在においても多くの情報交錯が発生しております。誠に申し訳ございません。以後その内容を本書にて説明いたします。定の死後54年以上も経過しており、甚だ恥ずかしいかぎりでありますが、定の葬儀の喪主として、深く感謝し、心より御礼申し上げます。

髙橋　勇

呉や広島は音楽のあふれる街だった

広島交響楽団創設者

高橋定(たかはしさだむ)を語る

丁未音楽会から広島に繋がるオーケストラ120年の歴史

半世紀の時を経て、謎多き養父の足跡を追う

目次

髙橋病院の裏手　昭和30年頃

主人公紹介

髙橋　定（さだむ）【明治39年9月10日～昭和44年8月17日】（広島県呉市宮原出身）呉中学（現呉三津田高校）卒、旧制広島高等学校（現広島大学総合科学部）中退、日本医科大学（昭和14年卒）広島市民交響楽団（後の広島交響楽団）創設者・初代理事長、広島市原爆障害者治療対策協議会（「原対協」）創設委員で後に特別委員、髙橋病院院長、バイオリニスト、オーケストラマネージャー、原爆症形成医学研究者、精神薄弱者育成委員、WFC（ワールド・フレンドシップ・センター）創設時理事、陸軍軍医大尉。髙橋兼吉（クレトイシ（株）創業者で呉宮原赤崎神社総代）の嫡子として誕生。クレトイシの後継を期待されるが、バイオリニストの夢の為に自主退学して陸軍に入隊。軍の援助を得てバイオリニスト・諜報の腕を磨く。訓練後、表の顔として医学も学ぶ。ニューギニアにて参戦、大刀洗で終戦を迎える。戦前戦後を通じて広島の交響楽運動の中心で活躍し平和活動に従事、平和活動家と交流、若年音楽家の育成に力を注いだ。生涯第一バイオリンの中心付近で演奏。アマチュアとして生涯の名声を伏せる。昭和31年被爆者女性渡米治療団に途中から参加、二回に分けて全員を連れて帰国。弟に呉商工会議所会頭、クレトイシ（株）二代目社長髙橋満。

髙橋　温子（やすこ）（旧姓　永井　定（さだ））【大正10年2月17日～平成12年12月8日】（岡山県牛窓出身）帝国女子医学専門学校（現東邦大学）（昭和16年卒）昭和23年11月定と結婚。広島県立広島病院にて内科専攻。髙橋病院副院長。広島交響楽団名誉会員。内科医の他、結核専門の病棟を担当、定のいない病院を取り仕切る。定の死後髙橋内科医院を開院し、院長となる。同医院は被爆者一般疾病医療機関に指定され、多くの被爆者の担当医となる。定の諜報活動を助け、定の死後も定の正体の隠蔽に携わる。著者を養子として育てる。

プロローグ

晩年の髙橋定（髙橋病院内）

２０２１（令和３）年11月、新型コロナウイルス感染症の騒動で、大学に行っているはずの子供たちもこの年は家で過ごして賑やかであったが、それも一段落し、彼らも大学に戻っていった。以前の生活が戻り、歴史に興味があった私は八咫烏神社が広島県呉市の休山にあることを知り、神社の祭りの動画を観ていた。その祭りには〝やぶ〟という鬼（呉市内に伝わる鬼のような風貌をした神）が出てきて「怖いなぁ」と思っていた（実際には怖くなく、ユーモアあふれる祭り）。

しかし、そこに写っていた面に見覚えがあった。

引越しの時、かつて養母・温子（１９２１〜２０００年）の病院で働いていた元婦長から「大事なものらしいわよ」と聞いて、大切に我が家で保管していた面である。彼女は１９６６（昭和41）年に髙橋定の経営していた髙橋病院に看護学校の学生で就職し、温子が亡くなるまで温子の側にいた人だった。引越しの時、その箱の中を一瞬見てその三面の迫力に驚き、すぐに箱を閉めて引越しの作業を続けたのでほとんど記憶の外にあったが、それを思い出したのだ。急いで倉庫を確認した。なんとなく違うけれど、よく似ている。かつて私が経営していたクレノートンの古い従業員から、髙橋家の先祖が同じく休山にある赤崎神社に深く関わっていたと聞いたことを思い出し、赤崎神社を調べ始めたのである。

インターネットの情報で、「オークションに出されて、行方不明になっている髙橋定製作依頼の三面が存在する」ことを知った。髙橋定は私の養父である。

翌12月、ブログにこの情報を掲載していた堀口海運の堀口悟史社長に連絡を取り、その経緯を聞いた。堀口社長は〝やぶ〟の研究家で、呉市内で広がっているやぶについて、十年以上調査していた。ブログを書き、過去に二度のやぶ展を開催（令和4年9～10月には第3回目が開催され、我が家の面も初展示）した。やぶの祭りは呉市内の20か所以上の神社で開催されており、この地域の中心的な神社である亀山神社の総代である堀口社長は、やぶ史の発掘と編纂に尽力されていた。

かつては亀山神社大祭において、亀山神社は独自では〝やぶ〟を出しておらず、近隣の神社が亀山大祭に〝やぶ〟とともに参加していた。その筆頭が赤崎神社だったのである。しかし、ある事件をきっかけに亀山大祭に近隣の神社が参加しなくなり、亀山神社独自で〝やぶ〟を出す祭りを開催するようになっていた。

私はそんな話を理解するのに必死だった。そして驚きの連続だった。ただ、過去に学んでいた歴史や神話がここで活きたのだった。

堀口社長はそれから精力的に赤崎神社のことを調べ直してくれた。また、オークションに出されていた「髙橋定のやぶ三面」の画像を見せてくれた。箱に書かれた筆書きの字は見覚えのある筆跡だった。

「奉納　昭和34年6月6日」

6月6日は私の曾祖父であり、「クレトイシ（呉製砥所）」の創業者でもある定の父・兼吉（かねきち）の命日だ。定が赤崎神社にこの日に奉納したのである。完成度の高い迫力のある鬼の面で、箱書きに「奥田竜王」とある。この方は奈良にいた有名な彫刻家であることが分かった。息子も奥田竜王を名乗っているが、１９５９（昭和34）年のものであれば初代の奥田竜王に違いない。

「これは何だ？」と思った。

　これを契機に定についての調査も始めるのだった。定は陸軍の軍人でもあったので、調べることに恐怖を感じていたが、やぶの面が私に勇気を与えた。私は広島県に定の軍歴の資料を取りに行くことにした。一生懸命分析するが資料は不十分で意味が分からない。ほとんど空白だった。もっと知りたいという思いから、年が明けて厚生労働省に調査を依頼した。調査には３～４か月かかるという。気の長い話だが、待つことにした。

　同時に赤崎神社についても知りたくなり、年が明ける前に堀口社長の紹介を受けて、髙橋家が檀家となっている呉・宮原の正圓寺（しょうえんじ）にて赤崎神社の関係者と会うことになった。そこでいろいろな話を聞き、先祖のことが少し分かった。

　定の父・兼吉は赤崎神社の総代であった。赤崎神社の奥深さを少しずつ理解していき、そして我が家にある〝やぶ面〟の重要性を知った。それはまさに〝初代面〟であった。

　私の持っているやぶ三面のうち、一面には定の祖父・貞助（さだすけ）（兼吉の父）の名前が刻まれていた。しかも

「作」とある。自ら打ったものだった。他の面には「井ノ上忠左エ門　作」「井上忠　作」と、なんとか読める名前が打ってあった。

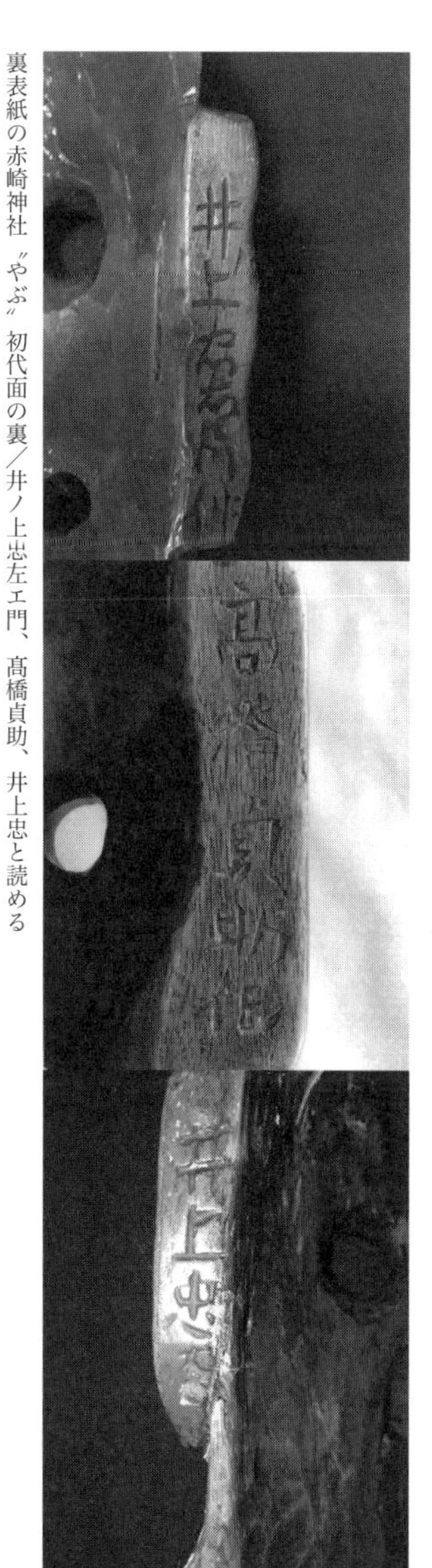
裏表紙の赤崎神社〝やぶ〟初代面の裏／井ノ上忠左エ門、髙橋貞助、井上忠と読める

そこから、温子や実の母がわずかに私に話してくれたことや、実の母がくれた家系図、神社の資料をもとに、定と先祖に関する調査が同時並行的に始まった。

２０２２（令和４）年3月、堀口社長はブログに『昔の祭り　赤崎神社編』を書き上げた。赤崎神社の〝やぶ祭り〟にとって極めて重要な〝やぶ面〟を所有していたのは、広島交響楽団初代理事長である髙橋定だった。そのことを説明するために、定と温子のツーショット写真を大きく掲載してもらった。定がそれを打った髙橋貞助の直系の孫なのだと説明してほしかったのである。

一方、厚生労働省の資料も5月に届いたが、定のことを知る断片的な情報を得たのみで、十分に分からない。疑問ばかりが増えていった。元婦長の話では、定は音楽関係の写真にとにかく写りたがらなかったとのことだった。「自分は演奏できればいいんだ」と言って、関係者を困らせていたそうだ。確かにアルバムに多くの写真は残るが、音楽関係の写真は極めて限られた。

小学生の私が聞いていた定に関する知識は、「軍医」で「広島交響楽団の創設者」という程度であった。その当時、私はより詳しく知りたくて、恐る恐る周りの人に聞くと、「陸軍にいた」「ニューギニアや中国に従軍した」と説明された。私はそれを聞いて恐ろしくなり、それ以上聞くことをためらった。

2022（令和4）年の私は定のことを調べなくてはならないと思い、藁をも掴む気持ちで、『昔の祭り　赤崎神社編』を持って、音信不通になっていた広島交響楽団に向かい、それをネタに自己紹介をし、〝やぶ〟の説明をした。それが広島交響楽団関係者との初めての会話ではなかったかと思う。

「創設者である定のことを説明する必要がある」と主張して、とにかく会ってもらった。そのことを利用して定のことを聞き出す算段であった。

広島交響楽団の草田専務理事は、偶然にも呉の出身でやぶ祭りを知っていた。彼にとっても驚きだったようだ。こうして私は先祖と赤崎神社の力を借りて、広島交響楽団の方々と情報交換ができるようになったのだ。また広島交響楽団から中国新聞の西村記者を紹介してもらい、さらに多くの情報を得ることができた。

定は1969（昭和44）年に亡くなっている。私は1968（昭和43）年生まれである。そのため、私には養父・髙橋定の記憶はない。一歳の時に養子縁組が成立し、戸籍上の息子となり、小学校4年の時から温子に育てられた。それから9年間広島で一緒に過ごした。温子は私を育てるのに必死だった。最初はやはり私を医者にしたかったようだ。私もそうしなければと思ってもいたのだが、どうもそういう気にならなかった。野球がやりたいなどと、温子をやきもきさせていた。

温子は被爆者の方々に随分慕われていた。私が温子と一緒に住む以前から、記憶にないほどとても小さい頃から、夏休みや春休みなどには慣らすためにと温子の家に預けられていた。その際、温子が院長を務める髙橋内科医院の待合室へよく逍遥していた。そこで時にはおとなしく髙校野球を見ていたものだ。全く迷惑な子供である。そこで被爆者の方をよく見かけた。広島だからそういうものかと思っていたら、驚くことに定は被爆女性たちをアメリカに連れて行った過去があるというではないか。

「いったいどういう人だ？」

私は混乱していた。真実を知りたいと思いながらも恐ろしかった。高校受験の頃になると温子が私の部屋を訪ねて定の話をした。断片的な話で、また私が不勉強なこともあって反応が悪かったため、温子は困って話を切り上げる。そんな繰り返しであった。今思うと、温子はその都度勇気を振り絞って話しかけてくれていたのに、応えてあげられなかった自分が情けない。受験などで忙しくしていたらあっという間に高校を卒業して東京に出てしまった。

そうこうしている間に温子は脳梗塞などを起こし、そういう話ができなくなっていった。私は温子が心配で広島の勤務を願い出てやっとのことで広島に戻るが、すぐにアメリカ行きが決まったりという感じで時間が過ぎていった。それでも良縁あって結婚し、一人目の子供を温子に見せて、亡くなる直前には二人目の報告もしてやれた。ほんの小さな親孝行しかできていない。

私は温子がボソッと**「いつか定の伝記を書きたいの」**と言っていたことを胸に刻んでいた。そして、温子が亡くなる前に最後に私に言い残した言葉は、**「私のこと、忘れないでね」**だった。

なんとかしなければとずっと思っていたが、多感な時期の子供たちを前にこういうことを調べるのはどうかと言い訳をしていた。

広島市民交響楽団を創設する少し前に、定が弾いていた曲は、サラサーテの『チゴイネルワイゼン』だったと聞く。定の姪が結婚前に髙橋病院で薬剤師として働いていて、その夫となる方が医師として就職が決まり、定に報告に来たとき、二人のために祝いとしてこの曲を披露したという。定はちゃんと弾きこなしていたらしい。その楽曲はえらく技巧的で、感情表現が深い曲である。

この度、定が初代理事長を務めた広島交響楽団が創設60周年を迎えるということを聞き、これが最後のチャンスではないかと感じた。

貞助と共に面を打ったのであろう、井ノ上忠左エ門や井上忠の行方も、定が赤崎神社に奉納したやぶ三面も未だに見つかっていない。できればあの三面を赤崎神社にもう一度奉納したい。定の情報は秘密にすべきと思うようなことが多いのだが、思い切ってできるだけ公開したい。

先述の元婦長が就職したての昭和41年頃、定がＮＨＫ広島に預けていた楽譜をとりに行くよう頻繁にお使いをしたと証言してくれた。当時の楽団員から貴重なもので大量にあったと聞いたそうだ。平成15年ごろだったか、温子の経営した髙橋医院を閉院したとき、私が大量の資料を確認もせず処分したことを思い出した。懺悔の念にかられる。しかし、多くの人々に助けられ定の資料は少しずつ集まった。

今更であるが、この本を出版することによって、もっと情報が集まることを望む。

★この本での見解は、私、髙橋勇の調査によるものであり、広島交響楽団及び防衛研究所などが認めたものではありません。音楽家でも、医師でもない。むろん軍人でもない。広島で育ち、広島の市民であることを誇りに感じている〝髙橋定の息子〟としての見解であることをご了承いただきたい。

・なお、敬称は原則省略しています。

・写真の著作権について、その所在を探しましたが見つからない方がいました。ご本人または関係者の方がいらっしゃいましたら、ご連絡のほどよろしくお願いいたします。

令和5年12月

髙橋　勇

〃広響〃について

〃広響〃は広島中央放送局管弦楽団（以後ＮＨＫ広島管弦楽団とする）が昭和22年7月にエキストラ楽員を増やして大きな楽団であることを主張する場合に、〃広響〃を愛称に広島放送交響楽団と呼称したことがはじまりで、好評をえたため、昭和23年8月正式に広島中央放送局交響楽団（以後ＮＨＫ広島交響楽団とする）が設立されます。

以後昭和38年までの間、広島中央放送局（以後ＮＨＫ広島）に所属するＮＨＫ広島交響楽団とＮＨＫ広島管弦楽団が〃広響〃を愛称とすることがあります。そして、昭和38年に広島市民交響楽団が設立されてからは、〃広響〃の名はこの団体が引き継いで使われ続け、それが現在の広島交響楽団にも繋がっています。

〃広響〃の名称をもった、ＮＨＫ広島管弦楽団、ＮＨＫ広島交響楽団、広島市民交響楽団の設立すべてに高橋定は中心的にかかわり、広島市民交響楽団にいたっては創設者でした。

＊ＮＨＫ広島管弦楽団とＮＨＫ広島交響楽団の名称について

本書では、広島中央放送局が現在はＮＨＫ広島となっておりますので、混乱を避けるために、広島中央放送局管弦楽団をＮＨＫ広島管弦楽団、広島中央放送局交響楽団をＮＨＫ広島交響楽団と呼称します。

なお、昭和23年から昭和38年の間、ＮＨＫ広島管弦楽団とＮＨＫ広島交響楽団が同時に混在します。どちらもＮＨＫ広島の所属団体です。

時に、同一演奏の楽団を記録上では管弦楽団、プログラムでの名称は交響楽団に使い分けたりすることもあり非常に煩雑です。その場合は、ＮＨＫ広島交響楽団の方を優先して使うことがあります。

第一章

NHK広島交響楽団

廣島放送交響樂團上演記錄

放送音樂會

22年7月6日　於 廣高講堂

指揮　坂本良隆

1.「アルルの女」第一組曲（ビゼー）

2.「ピアノ協奏曲」ハ長調（モーツアルト）

獨奏　山上雅庸

3.交響曲「花田植」比和俚謡による

（坂本良隆）

獨唱　三枝喜美子、升田德一　放唱

4.交響曲第八番（未完成）（シューベルト）

FK開局二十週年記念音樂會

23年6月3日　兒童文化會館

指揮　遠藤宏

1.交響曲第六番（驚愕）（ハイドン）

2.交響曲第八番（未完成）（シューベルト）

3.オラトリオ「天地創造」

獨唱　永野康孝、小寺キヨ、山本秀

廣島放送合唱團　FK合唱歌會

第一回定期公演

23年10月24日　廣高講堂

1.交響曲第五番"新世界"（ドヴォルシャック）

2.歌劇「カルメン」より

獨唱　松内和子、廣島放送合唱團

第二回定期公演

23年12月12日　廣高講堂

1.交響曲第五番"運命"（ベートーヴェン）

2.ピアノ協奏曲 イ長調（モーツアルト）

獨奏　山上雅庸

3.合唱「ハレルヤ」「美しく碧きドナウ」

「天地創造」

廣島放送合唱團　他五合唱團連合

NHK広島交響楽団戦後初期の演奏記録／第3回NHK広島交響楽団定期演奏会プログラム　昭和24年3月27日（広島市公文書館所蔵　渡邊弥蔵資料＃222）

あれから1年たった。原爆の被害で焼け野原だった広島も、少しずつ人々が動き始めていた。終戦直後の広島駅前に、広島で1番のオーケストラファンの集う場所があった。

「『純音楽茶房ムシカ』は終戦翌年の夏、広島駅近くの闇市の真ん中に開店した。『音楽で人々の心に潤いを』。店主の梁川義雄さん（95年に79歳で死去）は東京や大阪にまで出かけ、ベートーベンの交響曲第3番『英雄』、第5番『運命』、そして第9番の古いレコードを手に入れた。自身も原爆で父と妹を失っていた。それが、この店の代表的なレコードであった。」（＊1）

人々は音楽に潤いを求め、店の外で耳を傾ける人々もいた。峠三吉（とうげさんきち）（広島の詩人）もこの喫茶店に通っていたと聞く。彼が好みそうな情緒的な音楽も流れていたのだろう。

「『焼けくずれて外壁だけを残した教会堂から、ベートーベンの交響曲が聞こえてくる』『全曲目が終わると、よみがえったように輝く顔をした人々は、名残を惜しみながら瓦礫（がれき）の街へ消えて行く』」（＊2）

当時の様子が思い浮かぶフレーズである。人々は音楽に飢えていた。

１９４１（昭和16）年に改組してできたＮＨＫ広島管弦楽団は原爆投下で壊滅状態だった。

1946（昭和21）年の夏、被爆一周年の郷土人による平和コンサートが開かれた。この年の7月6日の中国新聞には全中国音楽コンクールの記事があり、その総評として、渡邊、瀬川、眞田、沓木、升田、山本という方々がコメントを残していた。名字しかわからないが、おそらく、渡邊弥蔵、瀬川昌二、沓木良之、升田徳一、山本秀といった方々ではないかと思う。

早くも人材発掘を共同でやっているのがわかる。

「中央楽人の会」「郷土楽人の会」など、自然発生的に構成された音楽会だったので記録が非常に曖昧である。8月6日の一周年には、町内会や各青年連盟の共同主催で「山車および素人演芸大会」としていろいろなものがごちゃ混ぜに入り込んだ。「復活祭だ！」といって、7日には盆踊りあり、英豪軍楽隊演奏あり。月丘夢路や二葉あき子などの芸能人も参加し、二十歳で音楽教授となった巖本真理（バイオリン）、平岡養一（木琴）、兼松信子（ピアノ）など、当時話題の音楽家がどっと押し寄せて演奏を楽しんだ。

本当のところ、当時の人々にとっては過去を振り返るというより、とにかく1年生き延びたという喜びを表現した祭りだったのだろう。

郷土人による平和コンサートは、陸海軍の元軍楽隊のメンバーが主体だった。指揮の元海兵団軍楽隊長の河合太郎、元哈爾濱交響楽団メンバーの丹羽廣志、瀬川昌二、喜利清人、金子計夫、仲勇吉、山本隆一など10人程度から少しずつメンバーを充実していった。彼らはその後、NHK広島管弦楽団の中核メンバーとなった。時には呉進駐軍のバンドメンバーの杉山家久や有松（林）洋子なども参加していた。この頃の有松洋子は小学生である。

そこで集った人々を中心にNHK広島管弦楽団が同年11月に復活し、田頭（たがしら）徳治（コントラバス）が正楽員に加わった。彼はその後、広島のオーケストラで長らくエース的存在となる人物である。原爆で壊滅していたNHK広島中央放送局（以下NHK広島）のスタジオ完成に伴い放送された特別番組では、『アルルの女』を演奏した。その後は定時番組が新設され、戦後の広島の人々の心の支えとなっていた。

昭和22年7月に初めて公演された放送音楽会の人気は大したもので、聴衆の拍手は止まず指揮者と共に楽員一同感激の涙にひたったそうだ。

NHK広島管弦楽団が途切れることなく、継続して広島交響楽団に繋がっていれば、2023（令和5）年時点で、日本で3番目に古いオーケストラになっていた。NHKとの専属契約だった彼らは、優先出演契約の時代を経て、広島市民交響楽団が設立される二年前に契約のない運営会の形態となった。[*注1] しかし、広島交響楽団（昭和45年改称）の前身である広島市民交響楽団が1963（昭和38）年に立ち上がっても、広島

「私達の音樂」

プロ紹介

働く人々及び學生の爲の音樂として「私達の音樂」が日曜、土曜を除く毎日午後四時から四時二十分までFKから管内中繼で放送されてゐるが次にそのプログラムを紹介しよう。

（月曜）合唱、（火曜）器樂、（水曜）聲樂、（木曜）管絃樂（金曜）器樂

先月合唱ではドイツ民謡集、信時潔作品集等器樂はピアノ、チエロ、ヴアイオリンの獨奏等聲樂は「[illegible]姫」「山田耕作作品集」管絃樂はシューベルトの「未完成交響曲」ハイドンの「驚愕交響曲」等を放送した。

尚現在名曲鑑賞の時間には土、日を除く毎日午後二時からニユーアメリカンレコードコンサートを放送している。

出典：FK NEWS　昭和23年10月19日

市民交響楽団の中核メンバーはＮＨＫ広島管弦楽団員を名乗っていたので、本当は「日本で3番目に古い」と言いたい人もいるだろう。彼らは運営委員会としてオーケストラを残していた。もちろん、他にも消えていったオーケストラは全国にたくさんあるので、これは言い過ぎなのだろうか。

２０２３（令和５）年の段階で、広島交響楽団は国内11番目に古い交響楽団とされている。

１９４７（昭和22）年4月、新任の浜井信三市長の課題は広島市の復興都市計画の推進であった。その当時、市長の周囲では市として未来についての夢を語り合っていた。

「そのころは、理想といい、楽しいことといい、そういうものはすべて夢だった。そういう楽しみを語ることは、つまりは夢を語ることであった。そういうある日の集まりで、メンバーの一人であったＮＨＫ広島中央放送局長の石島治志さんが、こういうことをいいだした、

『市民の平和意識が、ここまで高まってきたからには、八月六日の第二回原爆記念日から、大々的な〝平和祭〟を催して、われわれ被爆市民の、平和への意思を全世界に宣明したらどうだろう。全市民が固く手を握って、一つの理想、人類の安全と福祉のために力を尽くすということは、大きな意義があるし、必ず全世界にアピールすると思う』」（＊3）

これが浜井市長が就任した年の初めての平和祭につながった。広島の平和記念式典は、ＮＨＫ広島の提

案から始まっているのである。

１９４７（昭和22）年8月6日に第1回目の広島平和祭が行われ、そこで初めての平和宣言が浜井市長によって発せられた。広島のみならず、全国の戦災都市にクスノキを送り、また、慰霊祭も小規模ながら行うことができた。そしてなにより、ダグラス・マッカーサー元帥からメッセージが届いた。日本語に訳しにくい文だったそうだが、浜井市長の著書で翻訳されていた要旨を以下に記す。

「『原爆によって戦争は新たな意味を持つようになった。広島でのいろいろな苦難は、すべての民族、すべての人びとに対する警告として役立つ。即ち戦争に自然力を動員することは、ますます発達してゆくであろうが、最後には人類を絶滅し、全世界の構造物をことごとく破壊してしまうような手段を握るまでに進むだろうという警告である。神よ、この警告がないがしろにされないように――』」（＊3）

マッカーサー元帥（出典：夕刊広島　昭和22年8月6日）

世界中のメディアが注目し、その式典に対する反響は非常に大きかった。また、この式典が天皇陛下の広島訪問にも繋がったのだった。

１９４７（昭和22）年12月、陛下はあの原爆投下から2年で広島を訪れた。本来は平和式典への出席を希望されたようだが、それでも、たった2年で広島の地に立たれたのだ。

「『このたびは、みなの熱心な歓迎を受けてうれしく思う。本日は親しく広島市の、復興の跡を見て、満足に思う。広島市の受けた災禍に対しては、同情にたえない。

われわれは、この犠牲を無駄にすることなく、平和日本を建設して、世界平和に貢献しなければならない』」（＊3）

このときの天皇陛下のお言葉である。広島市民はこの言葉に応えた。万歳三唱の嵐だった。日本人の広島人の民度を示した出来事であった。アメリカ進駐軍の機関紙「スターンズ・アンド・ストライプス」は以下のように評価した。

「『日本の天皇は、他の君主国の皇帝とも異なるし、イギリスのキングとも異なる。天皇は日本国民にとっては〝スピリチュアル・ファーザー〟だ、――ということが、広島へ行ってみてわかった』」（＊3）

NHK広島管弦楽団と地元の男女中学生による合唱「平和の歌（重園贇雄作詞、山本秀作曲）」など、式典は厳かに進んだが、その後の付帯行事は準備が不十分で不評だった。十分な時間がなく、そこまでの準備ができなかったのである。とにかく「騒げ」というので、仮装行列や歌ったり踊ったりする団体もあったりと、自由にやりすぎて1年目と同じくどんちゃん騒ぎの様相になってしまった。遺族は眉をひそめた。

「(前略) 広島の平和祭は、なんのことはない、田舎のカーニバルのようなものであった (後略)」(＊3)

海外メディアの中には、このような趣旨の報道をするものもあったと浜井市長は述懐している。

1948 (昭和23) 年、第2回目の広島平和祭は前回の反省を踏まえて、式典では前年同様「ヒロシマの歌 (大木惇夫作詞、乗松昭博作曲)」が歌われ、付帯事業として平和美術展と音楽会が催された。音楽会の演奏は、当初日本交響楽団 (現在のNHK交響楽団) をという意見もあったが、予算や宿泊施設などの関係もあり、NHK広島交響楽団が行った。発案者のNHK広島放送局長・石島治志としては、その役割を完結したかったという思いもあったであろう。

そうして1948 (昭和23) 年8月6日と7日に行われたはじめての音楽会が、基町にできたばかりの広島児童文化会館で開かれた。それは「世界の音楽」というラジオ番組の公開放送で、NHK広島交響楽団によって演奏された。前田璣(たまき)の指揮棒にのって地元の合唱団も参加した。6日の演目は、『平和の歌』『セントメリーの鐘』『アベマリア』と厳かな雰囲気の曲を揃えた。彼は日本交響楽団(現在のNHK交響楽団)が新交響楽団だった頃、コンサートマスターを務めていたが、この頃はこのラジオ番組を担当していたため、来広して指揮をしたものと思われる。この音楽会の準備のため、以下の楽団強化策がとられた。

「(前略) 特に戦前、広島文理大丁未(ていみ)音楽会[＊注2]の育成功労者であった竹内尚一 (チェロ・指揮) が、バイオリンの文子夫人を伴ってリーダー格で入り、短期間ではあったが、バイオリンの迎綾子とともに

弦楽器群をひきしめた。」（＊4）

1948（昭和23）年8月6日以前の出来事として、前年の7月6日、旧制広島高等学校講堂で、坂本良隆の指揮による『アルルの女』、ピアノ交響曲ハ長調（モーツァルト）、交響曲『花田植』、『未完成交響曲』（シューベルト）が演奏された。また、1948（昭和23）年6月3日には児童文化会館で、FK開局20周年として遠藤宏の指揮で交響曲6番『驚愕』（ハイドン）、『未完成』（シューベルト）、オラトリオ『天地創造』もこの時期に演奏できている。

2回目の平和式典に対するGHQの対応はひどかった。式典で詩が朗読されている最中に、戦闘機を上空で飛ばし爆音で妨害し、豪軍司令官ロバートソン中将がたまたま視察で日本を訪れていた国会議員を引き連れて参列し、式場のひな壇を占領して次のように述べた。

「『日本は過去において種々連合国の恩顧をうけている。とくに英国とは、かつては同盟国であったのに、その信義を裏切ったから、天罰として、広島のような災害をこうむったのだ。』」（＊3）

この発言を受けて、海外のメディアはロバートソン中将の対応を非難するものが多かった。アメリカのタイム誌は「日本人にお灸」と題して報道したそうだが、これはあまりに非道な対応だった。世界の民意はひろしまに味方した。それにしても、それほど世界で注目された出来事だった。

ＮＨＫ広島は、平和音楽祭で演奏するにふさわしい楽団とするためにグレードアップさせなければならないと考えて、１９４８（昭和23）年の秋にＮＨＫ広島交響楽団の強化を決断したのではないだろうか。世界が注目する平和音楽祭にふさわしい楽団への進化が強く求められていた。

こうして、同年10月、ＮＨＫ広島交響楽団は、多くの方々の協力を得てグレードアップしてお披露目された。定も橋爪将（広島の産婦人科の医師）とともにプレーイングマネージャー兼、第一バイオリン第三プルトとして参加した。西洋音楽において、日本人も西洋人も含め融和することに、表向きには誰も反対できなかったのだ。戦後すぐ、人々はオーケストラに飢えていたのだろう。地方のオーケストラが続々誕生していた。現在も続く全国のオーケストラの中には、この時代の流れによって成立したものがいくつかある。

１９４５（昭和20）年　高崎市民オーケストラ（現群馬交響楽団）
１９４６（昭和21）年　東宝交響楽団（現東京交響楽団）
１９４７（昭和22）年　関西交響楽団（現大阪フィルハーモニー交響楽団）
（月刊クラシック音楽探偵事務所参考）

市民の大きな支持を得て始まった楽団なので、よく続いているのではないだろうか。この流れに勢いを得て、交響楽運動のパイオニア、ＮＨＫの地方部隊であるＮＨＫ広島中央放送局は、原爆で壊滅していた広島に、人々の希望のために、本格的な交響楽団の必要性を感じたのであろう。あの焼け野原から3年後の人々がまだ辛酸をなめている頃のことである。

◇NHK広島交響楽団　第1回定期公演（2日連続公演）
　1948（昭和23）年
　10月23日　土肥高校（現清水が丘高校）[*注4]
　10月24日　旧制広島高等学校講堂（正式な第1回定期公演）

　連続公演の2日目に行われた旧制広島高等学校は、定の母校（ただし定は卒業していない）だった。丁未音楽会で演奏した仲間たちも駆けつけただろう。むろん、学校関係者も来てくれただろう。

◇主な楽曲は、ドボルザーク『新世界』、歌劇『カルメン』組曲である（第一章扉、21ページ）。

　当時の広島の状況を考えると、異世界へ委ねられたような幻想的感覚に酔いしれた人が多かったのではないだろうか。

　被爆後、壊滅していた旧制広島高等学校は大竹に全面移転して授業を続けていたが、多くの人々の寄付などにより、1947（昭和22）年10月、広島市内に戻ってきた。特に講堂は幸運にも全壊は免れ、復活していた。1927（昭和2）年竣工のこの建物は、定が在学中に完成したもので思い入れがあったはずである。現広島大学附属中・高等学校のある場所（広島市南区翠町）に現存する。

定は着慣れた蝶ネクタイ姿で思いっきり正装してこの音楽会に参加していた。相当に反響はあったのであろう。

ＮＨＫ広島交響楽団は１９４８（昭和23）年12月12日に第２回定期公演をした後、１９４９（昭和24）年３月27日に第３回目の公演を行った。この演奏は全国に中継されたというから、広島市民の話題をかっさらったに違いない。

この時の曲目は『三宅春恵の独唱による歌劇詠唱名曲集』とベートーベンの交響曲第六番『田園』と『エグモント序曲』が含まれる。『エグモント序曲』は、のちの広島市民交響楽団のお披露目でも演奏される楽曲だが、これが広島で初と思われる。

超満員の会場は、狭かったということもあるが、指揮者は張り出しの山台に乗らざるを得なかったという記録が残っている。この曲は、定にとっても忘れ得ない存在になったであろう。

そのときに「広響友の会」が結成され、年会費は80円であった。[*注1]『音楽年鑑』（昭和26年度版）によると会員数は６００名とある。それほ

廣響友の會會員募集!!

郷土唯一の交響樂團を育てませう。廣響定期公演及室内樂、聲樂臨時演奏會に御招待いたします。御芳名を下記えおしらせ頂ければ直接御招待券をお送りいたします。會費はその都度指定樂器レコード店えお拂込下さい。

廣島驛前局區内・上流川町　廣島中央放送局事業課廣響友の會

廣響友の会広告（第３回 NHK 広島交響楽団定期演奏会プログラム昭和 24 年３月 27 日、広島市公文書館所蔵　渡邊弥蔵資料＃ 222）

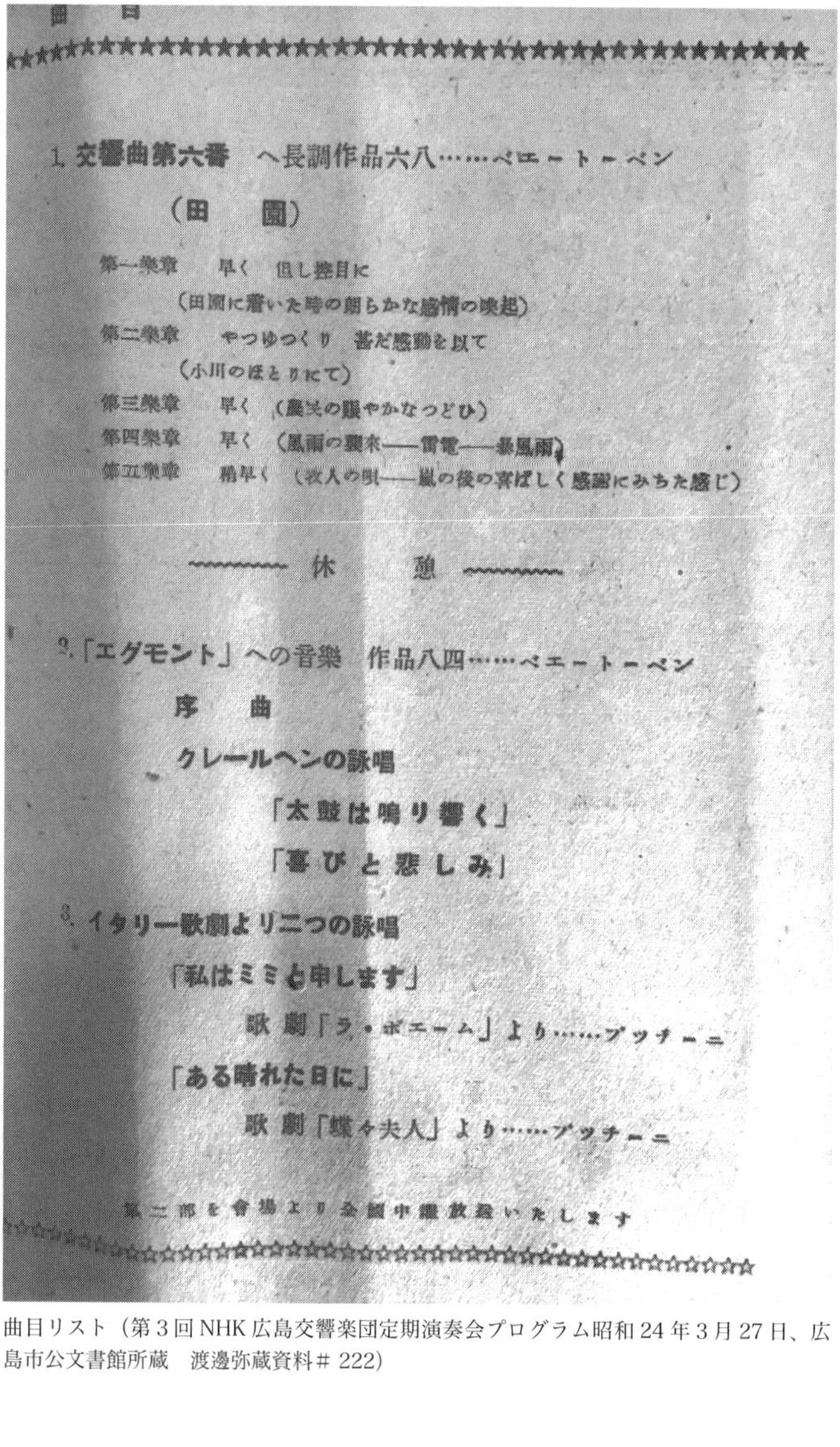

曲　目

★★

1. 交響曲第六番　ヘ長調作品六八……ベエートーベン

（田　園）

第一樂章　早く　但し控目に

（田園に着いた時の朗らかな感情の喚起）

第二樂章　やつゆつくり　甚だ感動を以て

（小川のほとりにて）

第三樂章　早く（農夫の賑やかなつどひ）

第四樂章　早く（風雨の襲來——雷電——暴風雨）

第五樂章　稍早く（牧人の唄——嵐の後の喜ばしく感謝にみちた感じ）

〰〰〰　休　憩　〰〰〰

2. 「エグモント」への音樂　作品八四……ベエートーベン

序　曲

クレールヘンの詠唱

「太鼓は鳴り響く」

「喜びと悲しみ」

3. イタリー歌劇より二つの詠唱

「私はミミと申します」

歌劇「ラ・ボエーム」より……プッチーニ

「ある晴れた日に」

歌劇「蝶々夫人」より……プッチーニ

第二部を會場より全國中繼放送いたします

☆☆

曲目リスト（第3回NHK広島交響楽団定期演奏会プログラム昭和24年3月27日、広島市公文書館所蔵　渡邊弥蔵資料＃222）

どに人気があり、プロフェッショナルな楽団であった。

　この頃のＮＨＫ広島交響楽団のメンバーには定にゆかりの方々が多くいた。同郷の呉出身で２つ年上の丁未音楽会で活躍した竹内尚一（チェロ・指揮）（１９０５～１９５８年）と文子夫人（バイオリン）とは、短期間であるが一緒にできた。少年時代の定をかわいがっていた旧呉海兵団軍楽隊の軍楽長・河合太郎は、初期に指揮者として参加していた。優しい眼差しで定を見守っていたのではないだろうか。

　陸軍と関係が深かったとされる哈爾濱交響楽団出身という丹羽廣志（バイオリン・コンサートマスター）の名もあった。のちに広島市民交響楽団、及び広島交響楽団の中核メンバーとなる指田守（バイオリン）、浅尾良夫（クラリネット）、吉田正治（オーボエ）、笹井清政（トロンボーン）、本田巖（トランペット）は、定と同時期の１９４８（昭和23）年に加わった。指揮を担当したのは遠藤宏[*注5]であった。

　まさに広島オールスターだ。戦前戦後、広島の音楽史に残るような方々が参加していた。それは戦争が終わって「これからだ」という気持ちで、演奏者も観客も広島の人々の心を一つにした。

　この頃のメンバーで、田頭徳治、斉藤定人、木戸全一、末永国一らは、演奏者であるとともに、ＮＨＫ放送の中で劇伴奏曲、合唱曲などの作曲、編曲もこなす音楽家であった。特に田頭徳治はコントラバス奏者としてよりも作曲の指名で忙しかったほどの音楽家であった。彼の代表作に音楽物語風に描いた井伏鱒二原作の『山椒魚の話（昭和32年10月放送）』の音楽や『落日の曲』などがある。

　どういう経緯で定に話がきたのか一般には知られていない。

定は戦後復員してからは福岡県にかつてあった三輪村立病院にいたようだったが、このオファーに胸が躍ったことだろう。すぐに引き払って広島に戻り、1947（昭和22）年3月から少しずつ下中町の土地を買い進めていた。広島で開業することを勧めたのは親交のあった島病院の島薫だった。

定が在任していたとされるこの三輪村立病院は、戦後改装や移転が続き、定が診療した記録はなかった。この病院はすぐに医師不在の診療所となったようである。定と温子（やすこ）はこの頃、広島市中区下中町（現三井ガーデンホテルのある場所）で髙橋病院を開業し、それに併せて1948（昭和23）年11月に結婚した。温子の遺品にドラフトの履歴書があるのだが、その中の入籍の日付は11月1日となっていた。本当はそうしたかったのだろう。しかし実際は12日。名前の変更手続きに手間取ったと思われる。ただうれしくて、待ちきれなくて書いたのだろう。そんな温子の気持ちが窺える（開業の日時には諸説ある）。

私の持っている定と温子のツーショット写真はNHK広島交響楽団第1回の演奏会直後のもので、入籍時のものだと思う。これが温子だけでなく定にとっても人生最良の日の一枚ではなかろうか。

定は橋爪将と共にプレーイングマネージャーとして、昭和23年10月から始まる第1回～3回の定期演奏会で力を発揮した。[*注1] それはNHKからの依頼だったはずであり、定の故郷と母校でスタートしている状況からみて、定主導で開催されていることは明らかである。戦後になって念願の音楽家としてようやくスタートを切れたという思いも大きかったと思う。このツーショット写真の定の満面の笑みは温子の心をも鷲掴みにしたに違いない（口絵1）。

普段、ムシカでおいしいコーヒーを飲んでいた人は、旧制広島高等学校講堂の中でその楽曲を聞いただろうが、外で足を止めて耳を傾けていた人々も、生演奏による交響楽団と聞いて飛んで様子を見に行った人もいたことだろう。

ＮＨＫ広島交響楽団は、１９５３（昭和28）年までに全9回の定期演奏会を開いたとされている。その後も依頼演奏の形式でさまざまな演奏会を行った。

迎えた１９４９（昭和24）年8月5、7日、原爆の日の前後日（5日午後1時、7日午前10時と午後6時の計3回公演）には、「平和音楽祭」としてＮＨＫ広島交響楽団を中心に広島児童文化会館で開催された。このとき初めて広島で「第九」が演奏された（但し、放送は、6日、7日であった）。ＮＨＫ広島が威信をかけて世界に向けて恥じないよう準備して行われた。世界のメディアも注目していただろう。そのため、広島オールスターキャストで望んだ音楽会だった。定によってマネージメントされたこの演奏に妥協は許されなかったはずだ（口絵5）。

１９４９（昭和24）年8月7日付の中国新聞の記事に以下のように記されている。

「まずイギリスの詩人ブランデン氏（東大講師）がわざわざ平和祭に寄せた〝ヒロシマに寄する歌〟（山田耕筰作曲）を廣島放送合唱團が歌い、ついで遠藤宏氏の指揮で廣島放送交響楽團の演奏、廣島放送合唱團、ワコルド合唱團、銀声会、廣島音楽学校合唱團、学生音楽連盟合唱團、ＦＫ合唱教室の出演でベートーヴェン作品百十八番〝追悼の曲〟およびベートーヴェン〝第九交響曲〟が演奏された　この第九はベートーヴェンの熱病の頂点ともいわれる作品で演奏されたものは終楽章シルレルの詩による〝歓喜の歌〟で復興ヒロシマのそれにふさわしく素朴な感動に序章がはじまり合唱團は熱狂的に高唱し怒濤のような管弦楽がこれに対抗してひた押しに押しあげた力は白熱の頂点に達し三十分間の演奏とコーラスを終った

なお廣島出身の詩人大木惇夫氏が原爆の郷土に寄せた平和への希望を灰じんの中に話しつつ愛する郷土にささげる詩〝ひろしまの歌〟は山田迪孝の朗読と交響楽團の演奏で会場にあふるる聞く者に涙とともに平和への願いを深めさした、なおきょう七日は午前十時と午後六時二回演奏される」（＊6）

これが第2回目の平和音楽祭である。このとき広島を訪れていたフロイド・W・シュモーは次のように語った。

「私の印象は公表すべきものではないと思うが、この平和祭は決してお祭りではない、けいけんなへり下る気持ちをもつべき場所である。原爆の惨劇を避け得るのに避けることが出来なかったことについて私たちは深い責任と悲しみを感じている

ヒロシマの人々のみならず全世界の人々が今日のこの日において人間のでき得るかぎりの努力を平和のために捧げる決心をすることがふさわしいことであると思う」（＊6）

シュモーはボランティアで、ヒロシマで住まいを失った被爆者のために家を作り続けた人である。それにしても、この年の「第3回平和祭」はうまくいったと言っていい。厳正な式典に変わっていた。そのために8月6日は演奏を避けたものと思われる。ただ、それでは困る人もいたのだろう。

平和音楽祭の会場となった広島児童文化会館は、現在のグリーンアリーナあたりにあった施設だった。広島が原爆で壊滅し、焼け野原になった後の1947（昭和22）年に、この施設を作る計画が始まった。驚くべきことに、翌年5月には完成していた。当時は演奏会を行う場所がなかなかなく、児童のために作られた会館であったが、大人向けのイベントも多く催された。この会館は、元は連合国軍最高司令官総

広島児童文化会館（株式会社村田相互設計所蔵）

司令部（GHQ／SCAP：GHQ）の民間情報教育局で、教科書及び教科を担当するハワード・ミッチェル・ベルと広島出身の衆議院議員、松本瀧蔵が発案したものであった。

しかし当時、「（前略）GHQが『原爆が特別に残虐な兵器である』ことを否定しているため、広島の『原爆被災を他の戦災と区別して特別視しない（後略）』、したがって、広島に対して特別な支援は認めない」（＊7）という方針を明らかにしていたため、ベルはそれにしたがい原爆と関係なく児童文化会館の意義を位置づけたのであった。米国からの資金援助は許されず、国内の民間の寄付を頼ったが、当時の状況ではそ

れは叶わず、ほとんど資金が集まらなかった。建設資金が捻出できず、建設会社が引き渡せない状態が続き、県と市がなんとか半額は支払う形となったが、残りの半額は暁建築事務所（建設会社）が泣き寝入りするかたちで決着したというものである。市の施設となったのは、1950（昭和25）年12月のことである。これが現在の非営利組織（NPO）の先駆けとなったということだ。

民意はこれに賛同しており、映写機などの機材や教材を海外からの寄付を受けるかたちで充実させていった。そのため、周辺には児童遊園地や鹿、猿、熊などの動物やヌートリア舎などの施設もできた。

戦後直後ではあるが、こうして個人の善意は周辺の施設として実現していった。そこで行われた芸術活動は多岐にわたる。

1948（昭和23）年、川島正晃によって設立された広島児童劇場（広童）で子供たちのための公演が行われた。

1950（昭和25）年10月『アラジンのランプ』（6回の上演で児童1万3000人来場）広童演劇サークル、青年劇場（佐々木久子監修）、広童で育った中高生の劇団「自由劇場」などもあったようだ。あしかけ、7年間で500人以上の劇団員を育て、延べ10万人以上が演劇を鑑賞した。

驚くべき実績ではないだろうか。広島市公会堂が完成するまでは、比較的大きな会場は他になかったため、大人向けの演奏会も含め、大きな興業は広島児童文化会館で行われていた。

1948（昭和23）年12月18日　東京フィルハーモニー交響楽団
1950（昭和25）年4月14日　東宝交響楽団（近衛秀麿・指揮、諏訪根自子、井口基成）
1951（昭和26）年4月14日　小牧バレエ団（白鳥の湖）
1951（昭和26）年11月30日　NHK交響樂団（山田和男・指揮）
1952（昭和27）年11月16日　NHK交響楽団（クルト・ウエス・指揮）
*注6

もちろん、この他にNHK広島放送局のサロンとしても大いに活躍し、NHK広島管弦楽団や交響楽団が頻繁に使用していた。

1949（昭和24）年8月の段階では、まだ建設会社が所有権を持っていた時代ということになる。実際は小学校の復旧もしておらず、ガラスが割れたまま授業が行われていたり、鉛筆を入手するのが大変だったり、食料の確保も十分でない時代だった。本来ならば、そういったものを支援しなければならない時代だったのである。それでも人々は芸術活動にも熱中したのであった。

この施設の建設は、発案こそ米国人が関わっていたが、結局、暁建築事務所と広島の市民・県民の協力によって実現した。1955（昭和30）年の広島市公会堂に続き、1957（昭和32）年に県立体育館が完成したあと、広島児童文化会館は1964（昭和39）年3月に解体、後継として1966（昭和41）年に広島市青少年センターが完成した。2023（令和5）年もそれは現存している。

1949（昭和24）年の原爆の日の第3回目の「広島平和祭」、そして、その前後の日に行われた第2

回目の「平和音楽祭」は大成功であったが、1950（昭和25）年の開催は突如中止となり幻となった。

連合軍がこの年の6月から朝鮮戦争を始めたからだ。その中でベートーベンの〝歓喜の歌〟は彼らにとって耐えられないことだったのだ。当時、市長室主任だった藤本千万太の証言によると「（前略）『新情勢』つまり『朝鮮戦争による占領軍の意向』と聞くだけで十分だった。（後略）」（＊8）という説明だった。報道関係への粛正もあった。NHK広島の石島治志局長も広島を離れざるを得なかった。石島治志の息子・晴夫は、当時のことを1995年の中国新聞で次のように述べている。

「当時、広島高等師範（現広島大）の学生だった晴夫さんは、平和祭提案で父と議論になったと言う。『被爆者の感情を逆なでするのでは』と懸念する晴夫さんに『原爆をうやむやにしてはいけない』と、心情を語っている。『式典中継も〝放送人の使命〟と意気込んでいました』（後略）」（＊8）

しかし、公職の市長を粛正はできない。浜井市長は戦った。原爆市長の異名を持つ浜井市長は世界を廻っていた。式典が中止と決まった頃、市長はフランスにいた。道徳復興の平和運動、MRA（道徳再武装）運動世界大会に出席していた。中曽根康弘代議士も一緒だった。そこでインタビューを求められた浜井市長は「われわれ広島市民はいま何人もうらんでおりません。ただ求めたいのは、すべての人が広島で何が起こったか、再びそれがどこにも起こらないよう努力していただきたいと言うことであります」（＊8）と、このように述べた。

「(前略)『朝鮮での原爆使用には、声を大にして反対する』(後略)」(＊8)とも訴えた。

市長の努力が実って、翌年の広島平和祭は復活したが、GHQの検閲は厳しくなった。音楽祭はなくなり、ベートーベンの「第九」の歓喜の歌は、しばらくお蔵入りせざるを得なくなった。

1951(昭和26)年の「平和式典は『幻の夏』を挟み翌年、原爆死没者慰霊祭・平和記念式典の名称で再開された。その朝、米空軍機が爆心地上空を飛び、供養塔に花輪を落とした。朝鮮戦争出撃のパイロット24人が広島県などの招きで参列した。(後略)」(＊8)

紆余曲折が続いていた。NHK広島の局長だった石島治志の後を引き継いだ稲葉俊作は、粛正に対して反発もあったのだろうか。1951(昭和26)年8月の「第6回国体大会」開催にあたり、県下音楽陣を総動員して、広島地方初のボーカル・ページェント、国体協賛「野外音楽会」を山田和男(のちに一雄に改名)の指揮で開催し、さらに大がかりなイベントを企画したのだった。音楽で融和を図ろうとNHKも全力で動いていることがわかる。その大がかりなイベント「一万人の大合唱」については中国新聞で詳しく報道されている(表紙の写真とP46参照)。

「広島中央放送局、県、市教育委員会共催の広島市周辺地区の大学、高校、職域合唱団が参加する『一万人の大合唱』はきのう二十四日午後一時から基町中央バレーコートで開催、森正氏指揮による広島放響の伴奏で『歌の殿堂』『ウィンの森の物語』など華麗な曲目がひとしきり平和広島の晩秋の空にとどろき、FKではローカルで中継放送して音楽ファンを楽しませた、終ってアトラクションとして葉室舞踊団のバレエ公開があり午後二時すぎ閉会した」（＊9）

稲葉俊作（出典：中国新聞　広島音楽界50年の裏表37　昭和37年2月27日）

宮原禎次　昭和9年頃

稲葉はすぐに東京に転勤となり、その後急に亡くなった。そのことが渡邊弥蔵の「広島音楽界50年の裏表」の第37回目に記載されている。これらの大がかりな野外コンサートなどを行ったことが、粛正の対象になったのだろうか。

NHK広島交響楽団は当初、遠藤宏の指揮で順調に育っていた。しかし、1949（昭和24）年3月の第3回目の定期演奏会を最後に遠藤は北海道に赴任した。その後、1949（昭和24）年頃から山田耕筰の愛弟子である宮原禎次（ていじ）がアドバイスを送り続けていた。

そして、その成果として独自の創作交響楽『交響詩ひろしま（昭和26年11月発表）』、『源氏物語（南江治郎構成の抒情組曲）昭和

27年3月』、オペラ『音戸の瀬戸（昭和27年11月、31年11月）』、『まぼろしの五橋－錦帯橋物語－（昭和34年11月）』へと続いた。

『交響詩ひろしま』はNHKが企画し、演出は津島秀雄が担当。詩は木下夕爾、宮原禎次が交響曲の作曲を行った。当時、宮原禎次は武庫川大学教授でありながら、毎月広島に来てNHK広島交響楽団の指導にあたっていた。この公演は1951（昭和26）年の芸術祭参加作品として放送され、阿部幸次と関種子が独唱を務めた。一般の人々にも理解してもらいたいという願いから、翌年の1952（昭和27）年8月7日には、広島児童文化会館で葉室潔バレエ団がこれに振り付けを行った。この曲はその後、1954（昭和29）年まで8・6特別番組として毎年NHKラジオで放送された。

1952（昭和27）年9月23日には、陶野重雄が作曲、NHK広島交響楽団が演奏、古月澄子の振り付けでバレエ『ノー　モア　ヒロシマ』も同じく広島児童文化会館で上演された。

定は後に中国新聞の記事の中で『交響詩ひろしま』について、「（前略）できれば、広島市民交響楽団あたりで発表したいと思う（後略）」（＊10）と語っている。

この頃には、かなり幅広い音楽活動ができるようになっていた。また、定期演奏会は1953（昭和28）年まで続けていた。第8回の定期演奏会は1952（昭和27）年5月に留学前の有松洋子を迎え、高田信一の指揮で行われた。最後の第9回は、1953（昭和28）年6月に竹内尚一夫妻を島根から招き、開催されたとされている。最後の第9回の演奏会は写真が残っていた。そこには定の姿もあったが、なぜかＮＨＫの年鑑には第９回の演奏会は記されていない。

１９５３（昭和28）年まで続いていた朝鮮戦争は、ここで一旦停戦となった。

他にも目崎正義中心に活動した広島音楽連盟[*注7]が存在していた。１９４６（昭和21）年2月には、「戦災死没者追悼演奏会」と題してテノールの藤原義江や木琴の平岡養一、その後、斎藤秀雄、巌本真理など、日本を代表する演奏家を招いての定期演奏会が多数企画されていた。第50回記念大演奏会と題して、１９４８（昭和23）年5月30日のプログラムを示す。小規模でも月1回ほどのペースで演奏会は行われ、開催場所は広島鉄道局講堂が多かった。

１９５７（昭和32）年の定の〝紳士録〟には、「広島音楽連盟理事に推され」とか、「ＮＨＫ広島放送交響楽団理事」と記してある。

終戦直後の広島はみんな音楽に飢えていた。自主演奏ができず、依頼演奏しかできないなら、依頼をつくればよいのだ。焦土と化していた広島の人々にはどうしても音楽が必要だったのだ。終戦の年、11月に

広島音楽連盟第50回記念大演奏会プログラム　昭和23年5月30日／廣島鉄道局講堂（広島市公文書館所蔵　渡邊弥蔵資料＃222）

は歌謡曲の新人コンクールが中国配電ビル四階で開催された。その後も同様のイベントが立て続けに開催され、歌を中心とした会はひっきりなしであった。

また、1955（昭和30）年まで、夏には広島の川辺で水上音楽祭[*注8]も催されていた。

一万人の大合唱

広島中央放送局、県、市教育委員会共催の広島市周辺地区の大学、高校、職場合唱団が参加する「一万人の大合唱」は去る二十四日午後一時から基町中央バレーコートで開催、[illegible]による広島放送[illegible]の伴奏で「秋の歌声」「ウィーンの森の物語」など[illegible]曲目がひとしきり平和広島の晩秋の空にとどろき、ＦＫではローカルで中継放送して音楽ファンを楽しませた、終ってアトラクションとして[illegible]舞踊団のバレエ公開があり午後三時すぎ閉会した（写真はその会場）

「一万人の大合唱」中国新聞　昭和26年11月26日
表紙の写真時の演奏

水上音楽祭　昭和26年8月26日（中国新聞社提供）
元安川付近

この時代の広島の音楽に対する期待には目を見張るものがあった。１９４９（昭和24）年から広島でもオペラ活動が進んでいた。阿部幸次（１９０９〜１９８３年）や川崎豊を中心に『蝶蝶夫人』や『椿姫』、創作オペラ『まぼろしの五橋―錦帯橋物語―（宮原禎次作）』などが公演された。

エリザベト音楽大学もこの時代に設立された。１９４７（昭和22）年、ベルギー人のイエズス会士エルネスト・ゴーゼンスが開いた小さな音楽教室がカルチャーセンターのようなものに広がり、１９５２（昭和27）年に、エリザベト音楽短期大学に改組され、東京音楽学校卒業の作曲家である安部幸明（１９１１〜２００６年）などを招き、１９６３（昭和38）年にはエリザベト音楽大学として4年生大学に昇格した。

＊注１　『ＮＨＫ広島放送局六〇年史』

＊注２　丁未音楽会は、広島文理科大の前身である広島高等師範学校において音楽教育を研究し、西洋音楽を広めるため、１９０６年に教員と生徒の有志で結成した。楽団名は本格的に演奏活動を始めた翌年の干支（えと）に由来する。

＊注３　現ＮＨＫ広島放送局。広島中央放送局に対して日本の放送局所が付けた呼び出し符号ＪＯＦＫの略。

＊注４　〝ＮＨＫ広島放送局60周年史〟にこの演奏会のことが明記されている。呉土肥高校がかつてあった場所にある現・清水ヶ丘高校に〝講堂〟について問い合わせた。昭和23年当時、学校には講堂はまだなかったという回答が返ってきた。清水ヶ丘高校は戦後、土肥高校を含む３つの女学校が合併してできた高校で合併する前の出来事の事情はわからなくなっている。しかしＮＨＫの正式な記録としてわざわざ書いてあるのだから、正式なＮＨＫ広島第1回定期演奏会の前日、昭和23年10月23日には何かあったのだと思う。当時進駐軍が占領していた呉のことを考えるとそれは進駐軍のための演奏会だったことが考えられる。当時は何でも進駐軍の検閲が必要だった。この演奏会の事を指すかどうかは分からないが楽団が実際に進駐軍のために演奏したとの記述も発見した。現在も清水ヶ丘高校の西隣に戦前の呉水交社の軍装品部だった現ＹＷＣＡの建物が現存している。当時呉水交社建物は英連邦が占拠して保養施設としていた。また、

当時土肥高校は講堂がなかったので必要なときはそこを借りることがあったのかもしれない。温子が生前、現YWCAの前を車で同乗して通るとき、定が、ここで何か演奏会をしたと話していた事を思い出す。呉水交社は戦前、海軍将校のための社交クラブなどで構成され、呉宮原にはかつてかなり立派な施設が乱立していた。

＊注5　遠藤宏（1894〜1963年）は、神奈川県出身で東京帝国大学文学部美学科を卒業後、東京音楽学校をはじめ複数の音楽学校の講師を務め、NHK広島交響楽団や札幌交響楽団などを指揮した。定の恩師・長橋熊次郎の義弟である。この頃は広島県立女子専門学校（現広島県立大学）の講師をしていた。妻は（旧姓喰田）比佐子・扶佐子と記すこともある。

＊注6　中川利國『ハワード・ベルと広島の児童文化』「広島市公文書館要インターネット臨時号」平成27年12月この情報は中川利國の資料と渡邊弥蔵の資料があったが、プログラムそのものを渡邊が所有し、かつ中川の資料の間違いをいくつか指摘しているため、渡邊の資料を採用している。この頃、多くの交響楽団の演奏会が広島児童文化会館以外の広島の小会場でも開催されている。東京フィルハーモニー交響楽団1948・10・12（オリオン座）&1950・11・4（不明）、日本交響楽団1946・7・23（広鉄講堂）&1950・4・2（不明）、関西交響楽団1948・4・25（広鉄講堂）&1951・2・17（銀座東宝）など、もちろんそれ以外にもソリストたちによる小さな演奏会は無数にあった。被爆直後の広島に多くのオーケストラが来ていた。東京フィルハーモニー交響楽団は、1911（明治44）年名古屋発祥の〝いとう呉服店〟（後の松坂屋）が後援した楽団だったが、東京に移転して改名し中央交響楽団となり、所属をビクターに移して何度かの改名を経て1946（昭和21）年に現在の名称となる。現存する日本最古の交響楽団といわれている。岩崎小弥太の支援でできた音楽鑑賞団体・東京フィルハーモニー会に付属して山田耕筰中心に組織された東京フィルハーモニー会管弦楽部（1915〈大正4〉年設立、大正5年解散）とは別組織である。こちらは国内初の民間交響楽団といわれている。

＊注7　渡邊資料(広島市公文書館所蔵)の#217演奏会一覧は広島音楽連盟の音楽会のリストであった。また、いくつかの〝特別研究鑑賞会〟と銘打った広島音楽連盟の音楽会のプログラムも保存されており、それがそのリストと符合している。写真のプログラムはデザインも50回という回数も日付も音楽会名も一致しているのでこれは広島音楽連盟主催のものとわかる。ちなみにリストには昭和14、15年が各1回、16年が5回、17年7回、18年10回、19年4回、20年2回、21年7回、22年9回、23年8回、24年10回、25年4回、26年4回、27年1回と、この連盟の栄枯盛衰がみてとれる。昭

和29年には新たに広島音楽協会が主催してその後特にオペラが盛んに催されるようになる。33年には同会主催でNHK広島で定期演奏会が開かれたと思われるNHKの年鑑の記録がある。

＊注8　水上音楽祭は昭和24年に河合太郎の指揮で広島吹奏楽團20名で始まる。場所は広島駅近くで、ムシカの近くでもある猿猴橋と荒神橋の間だった。温子はこの演奏会が大好きで懐かしそうに話していたが、「すぐ終わってしまった」と言っていたので、NHK年鑑に水上音楽会が初めて登場する第3回の昭和26年開催のものからNHK広島交響楽団が参加した音楽会であると思われる。場所は元安川に変わっていた。温子から定は稀にサックスも吹いたと聞いているので、この音楽会はサックスでの参加だったかもしれない。

【引用文献】

＊1　『中国新聞』２０２２年2月18日

＊2　『映画手帳　7月号』「コラム」１９５６年

＊3　浜井信三『原爆市長　復刻版』シフトプロジェクト、２０１１年

＊4　『NHK広島放送局六〇年史』NHK広島放送局、１９８８年

＊5　「広響の生いたち　35年前の座談会」『広響プロ改組35周年記念誌　Listen Plus』広島交響楽協会、２００７年

＊6　『中国新聞』１９４９年8月7日

＊7　中川利國「ハワード・ベルと広島の児童文化」『広島市公文書館要インターネット臨時号』２０１５年、https://www.city.hiroshima.lg.jp/uploaded/attachment/19635.pdf

＊8　『中国新聞』１９９５年1月29日「検証　ヒロシマ　１９４５〜95〈2〉平和式典」

＊9　『中国新聞』１９５１年11月25日「一万人の大合唱」

＊10　『中国新聞』１９６６年7月30日「広島の歌」

第二章 少年時代

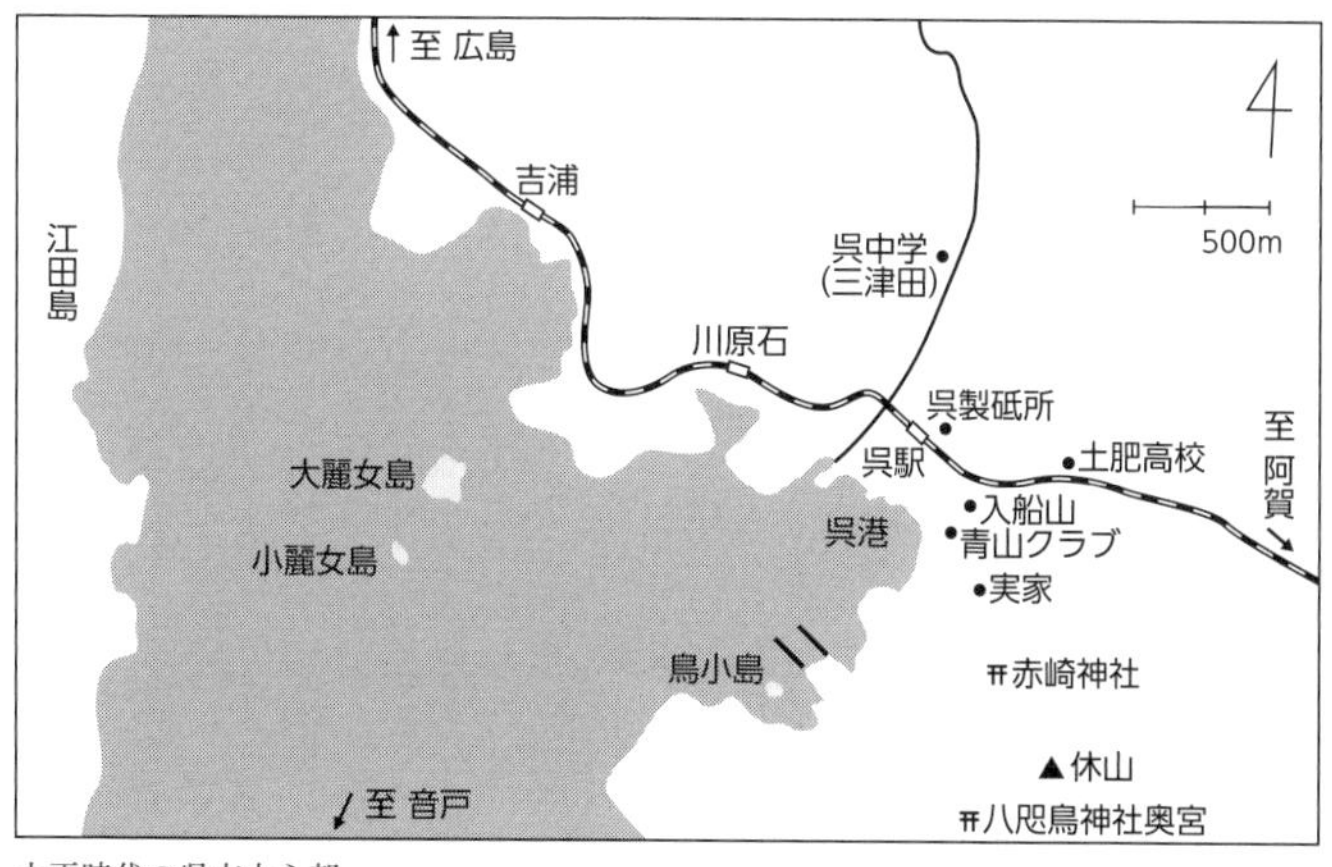

大正時代の呉市中心部

髙橋定(さだむ)は1906(明治39)年9月6日、呉市宮原に生まれた。実家は仁井屋髙橋といわれ、その地域では中心的一族であった。父・兼吉(かねきち)は宮原にある赤崎神社の総代であった。自宅のあった場所は呉宮原二丁目のバス停の石垣のすぐ上である。宮原が位置する休山(やすみやま)には高い所まで住宅がびっしりと建っている。その中腹、呉中心部から音戸に向かって貫くバス通り、宮原の中心地に定の実家は位置していた。海軍進出時に立ち退きのため移ってきた家が多数あり、髙橋家も立ち退きにあったというが、その中でも優先的に良い場所を得ている。

仁井屋髙橋は江戸時代初期には、倉橋島の音戸海峡にある法専寺の有力な檀家一族であったという。法専寺の檀家のまま、曾祖父の代に宮原にやってきた。法専寺は戦国時代より、音戸の海峡を守る砦のような寺であった。現在は浄土真宗であるが、元は臨済宗(りんざいしゅう)の寺だった。時代に合わせてきたようだ。ここの住職は毛利の末裔で、今でも毛利姓である。毛利の所領が減って長州だけになっても、この辺りの人々の多くは、この地域に残った。

定の先祖は、秀吉の朝鮮出兵のおりに髙橋三兄弟の武将として軍功ありとの記録が[*注1]あり、当時は武人であったようだ。倉橋に来るまでは、毛利の本拠地である吉田や石見あたりにいたようだ。

江戸時代からは仁井屋の屋号で通し、髙橋の名前は使うことはなかったという。宮原に行ってみると、髙橋姓だらけで区別がつかないから、今でもこの地域では仁井屋さんと呼ばれている。

赤崎神社の祭りは、〝やぶ〟と呼ばれる鬼を中心に催される。十字架（人が張り付けにかけられるものと同サイズ）に幾つかの米俵をくくりつけたものを神とし、やぶたちの先導で町内を引きずりながら練り歩く。人々はそれに続いて太鼓などをたたき、その町特有の歌を歌いながら行列になって赤崎神社境内まで続く。その際、やぶは「もっとゆっくり」「まだまだ」と、少しずつ杖を使って抑止しては誘導、抑止しては誘導を繰り返す。最後にやぶと人々が一悶着の末、神である米俵を神殿に届ける。

奇祭といっていいだろう。江戸時代には毎年旧暦の9月17日に催されていたと記録[*注1]に残るものの、中断期があるので元からこのような祭りをしていたのかは不明だ。

ただ、江戸時代には少年だった走の祖父・貞助（さだすけ）（1844〜1908年）がやぶの面を打っていた。貞助の父・萬吉（まんきち）は室瀬の棟梁を名乗っていた。これが不思議な面であった。三面あるうちの一面は顔の表面がつるつるで、祭りの際は笹の葉を頭にのせ、杖にも巻き付ける（他の二体には笹がなく、頭には棕櫚（しゅろ）の葉をのせる）。町の人はこれを「般若（はんにゃ）面」と呼んでいたので、どうも女の面のようなのだ。のちに定や満（弟）がその写しの面を外部の人に打ってもらうのだが、男の面になってしまい少し雰囲気が変わってしまった。貞助たちの打った初代面はどこか笑っていて恐ろしさがない。三面で一組である。近年、やぶは何体も登場して祭りを盛り上げるが、本来は三体で役割もはっきりしていたのだ。天岩戸伝説の三体（天児屋命（あめのこやねのみこと）、猿田彦命（さるたひこのみこと）、天鈿女命（あめのうずめのみこと））がモデルのようだ。したがって、貞助が打った面は芸能の神である天鈿女命をモデルにしている。また、専門家によると塗りが非常にうまく素人ではないと。もちろん打ちのできもよいのだが、能面の完成度ほどではないとのことだった。また、三体は別人が打ったとは思えないほど親和していて、大きさや顔の特徴がよく考えられた面である。初代面と呼ばれるが、これより前にもモデルがあったはずである（裏表紙カバー参照）。

祭りは海軍工廠が設立されてしばらくの間と、戦時中は中断していた。しかし、定の少年時代は比較的通常通りに行われていた。1920（大正9）年には宮原でも青年団ができて、祭りの盛り上がりも相当なものだった。やぶ面のかぶり手も、歌い手も取り合いになって収拾するのが大変だったそうである。

現在の赤崎神社の場所に鎮座している祠は、戦後に定たち三兄弟が中心となって遷したもので、当時はいまの室瀬公園に避難的に祀っていた。室瀬公園は牧歌的な雰囲気漂う非常に小さな場所であるが、その空間に祠があったのである。

海軍は入船山から亀山神社を移転させて、海軍司令長官のための洋館を作った。現在は国の重要文化財にも指定されている。そこで夜な夜な音楽会などが開かれていた時期もあった。あまり豪華にやるので、移転を余儀なくされた人々から反感を買い、問題になった話が残っている。それも歴史である。漏れてくる音楽を耳にして感動した人たちもいただろう。大正時代はそういう時代だったのだ。現在もその洋館は入船山の上に立っているが、移転させられた人々にとっては今もいい気はしていない。その場所には自分たちが大事にした神域があった。そこに戦時中の海軍司令長官のために建てられた建物があるのである。

呉の高齢の方々にハイカラな人が多いのもこのためだろう。当時は音楽に影響された少年少女たちであふれていたようだ。仁井屋髙橋の現在の菩提寺である宮原の正圓寺や音戸の法専寺でも、定より少し年下の住職はバイオリンを弾いていた。法専寺の現住職も弾くそうだ。

私の妻の伯母が嫁いだ宮原の奥川家では、奥川一三（伯母の義父、産婦人科医）も同じくバイオリンを弾いていた。また、奥川一三の伝記『奥川一三　八十八年の歩み』には、定より5歳上の佃という少年が、上野の音楽学校を志望して必死に練習していたにもかかわらず、親や学校の先生に反対されて大騒ぎになり、町で大変に話題になったというエピソードが載っていた。

まだ音楽学校がそれほどない時代、数人の少年少女たちが上野の音楽学校に憧れて挑戦しようとしていた。しかし、社会的には理解が進んでいなかったため、願書を本人が書くことはほとんどなく、親か親戚か、社会的地位のある人に書いてもらうのが風習だった。この頃の音楽は女子のたしなみであり、男子が音楽をするのは一般的でなく、男子の学校では軽視されていた。そんなこともあり、定にはそれが叶わなかった。

そんな中、定と同い年で同じく呉宮原を本籍とする女子が、東京音楽学校にストレートで合格し卒業している。彼女は東京の音楽教育に熱心な学校から東京音楽学校に進学し、卒業後は爵位のある貴族階級の家に嫁いでいる。彼女の家がいつまで呉宮原にあったかはわからないが、彼女の父は東京（当時はローカル）の鉄道会社に勤務していたらしい。私は彼女の父が娘のために東京に転勤したのではないかと思ってしまう。赤崎神社の祭りでは、やぶの大行進の前に神事が行われる。そこでは巫女が踊るのだが、なぜか14歳と決まっている。いつからそう決まったのかはわからないが、彼女も神前で両親の見守る中、踊りを舞って天鈿女命の恩恵を受けていたかもしれない。

「呉市の生家で、朝に晩に軍楽隊の奏楽を子守歌にきいて育ち、中学入試を祝って買ってもらったヴァイオリンから思いがけないきれいな音色が流れるようになったとき知人がわざわざアメリカから取寄せてきかしてくれる片面吹込赤盤のエルマンなど、音楽とはこんなものかと定ちゃんの胸に驚異の窓をひらいた」（＊1）

定がバイオリンを初めて手にした旧制中学の入学は現代と同じ12歳、私の実母の話では最初は女の先生に教わったそうだ。1919（大正8）年のことだった。1921（大正10）年にエルマンやジンバリスト、1923（大正12）年にハイフェッツ、クライスラーと歴史的バイオリニストが続々と初来日し、バイオリン愛好家たちの話題をさらっていた。

定はエルマンを信望していた。近所の某医師のところでエルマンのレコードを聴いて虜になったという。呉で産婦人科医をしていた奥川一三もエルマンのファンだった。彼は京都府立医科大学に入学してからバイオリンを始めたとあり、定とは年齢が6歳違いなので、二人は同時期（大正8年）に始めたことになる。このエルマンのレコードが定の人生の中核になったようだ。近所の某医師とは奥川一三のことだったのかもしれない。なんとも不思議な縁である。

◇海兵団軍楽隊の歴史

1871（明治4）年　薩摩藩軍楽伝習隊（明治2年）を母体として、海軍軍楽隊発足
1878（明治11）年　軍楽隊員の一般公募開始
1889（明治22）年　諸条例、規則を制定し、海軍軍楽隊の制度が確立
1890（明治23）年　呉海兵団軍楽隊、佐世保海兵団軍楽隊を配置
1894（明治27）年　日清戦争時に広島に大本営を設置。近衛師団軍楽隊と呉海兵軍楽隊が交互に広島で御前演奏を行う

定が生まれた前後の新聞記事などを紹介する。

明治末期の市民生活としては驚きであるが、日露戦争の時代ということで、海軍の一大拠点だった呉の状況を物語っている。また、海軍が旧住民との融和に苦慮していたこともわかる。

「『海軍招魂祭に呉港の無關心』「遺族の参列するもの多からず、呉港市民の参拝者一人もなきに、當局では町村役場の無關心に歎息を洩らす。」（＊2）1898（明治31）年

『呉港の明暗』日清戦争を経て急激に人口の膨張を來した呉港は外來移住者の植民地の観をなし、風俗と共に市民の嗜好も東京人の流れを汲んでそば屋の如きもわざわざ東京から職人を呼ぶ有様、（後年満州國独立と共に新京が急に東京化したに似てゐる）（中略）

（前略）和庄大通りには未だ藁屋根があり、役場の代書はタツタ一人で頼む方では半日仕事（後略）」（＊２）１８９９（明治32）年

「呉では近頃謡や能が流行するが大抵は自分免許である、中にも和庄町豐田裏に高安流學謡會といふ看板を掲げて居る人は東京高安流家元後見人高安碧夫といふ人でこれは仲々の名人である」（＊２）１９０２（明治35）年

「最近ヴヰオリン、風琴の教授所あり。三十七八年の交より學生間には剣舞、詩吟の流行するあり（後略）」（＊２）１９０５（明治38）年

「（前略）この日ばかりは市民數万に出入許可證を興へられ、四ツ道路あたりから　構内へかけての雑踏素晴らし。」「明治三十八年　旅順遂に陥落」（＊２）１９０５（明治38）年

「軍樂隊演奏公開　龜山神社境内で練習中一般へも公開。－次いで五番町小學校での公開もあり。翌年も再度公開、樂長野坂榮太郎指揮。」１９１１（明治44）年（＊２）

また娯楽設備の発達も著しく、１９０９（明治42）年には、中通6丁目の「呉座（３３２坪）」を筆頭

に呉市内には10の劇場が乱立し、本通り一丁目には寄席の「富貴亭」があった。現代の私からみてもうらやましい限りの賑やかな町だったのである。

当時、呉の音楽や芸能にまつわる状況がいかに特殊だったのかがわかる。

呉海兵団軍楽隊は設立当初は吹奏楽であったが、すでに町にはバイオリン教室があり、市民の音楽や芸能への関心の高さがよくわかる。音楽や芸術で軍と民が打ち解けていたことがわかる。

◇海兵団軍楽隊の弦楽器使用の歴史
1908（明治41）年 海軍弦楽器の研究開始
1911（明治44）年 海軍弦楽編成軍楽隊海外派遣、日比谷公園で弦楽演奏公開
1925（大正14）年 呉海兵団軍楽隊に管弦楽隊配置（海軍では東京派遣所軍楽隊に続いて2番目）

後に海兵団軍楽隊長を務める河合（かあい）太郎は金沢で生まれ、17歳の時に軍楽隊に入団。当初はコルネット奏者だった。日露戦争では東郷平八郎座乗の連合艦隊旗艦「三笠」で伝令係として参戦。1919（大正8）年に軍楽長に昇任し、翌年に呉海兵団軍楽長となり、1928（昭和3）年12月に軍楽特務大尉として退役。その後、堀内敬三の招きでNHKと日本ビクターでプロデューサーを務めた。

NHKのプロデューサーになった人物であり、歴代海軍軍学長でも高名な人物である。定が呉中学（現

呉三津田高等学校）から旧制広島高等学校に在学中、彼は軍楽長だった。

音楽評論家の大橋利雄の定への追悼文によると、定は河合軍楽長の演奏に影響を受け、河合軍楽長も定を可愛がったと述べている。[*注2] この時代に呉海兵団軍楽隊が必死に弦楽器を練習していたことを考えると、楽団員と定が互いに刺激し合った様子が思い浮かべられる。当時、定も猛特訓中だったに違いない。

１９１７（大正６）年に完成した呉市二河公園の音楽堂などで河合太郎は頻繁に、単独での一般向け演奏会を催すようになった。それは夏の演奏会が多かった。

◇呉海兵団軍楽隊が呉市内中心に単独で開催した演奏会

１９２１（大正10）年　10回
１９２２（大正11）年　３回
１９２３（大正12）年　15回
１９２４（大正13）年　１回
１９２５（大正14）年　11回（特出すべきは管弦楽が５回）　定19歳
１９２６（大正15）年　７回（管弦楽が少なくとも２回）
１９２７（昭和２）年　３回（管弦楽２回）
１９２８（昭和３）年　９回（管弦楽３回）

＊この情報は呉新聞の情報を主体に収集された竹下可奈子「河合太郎軍学長時代の呉海兵団軍楽隊にお

ける奏楽実態」からの情報であるが、呉以外でも行われた依頼演奏は含まれていない。

1925（大正14）年の呉では、市民から弦楽器演奏への期待が高まっていた。

「初めは理解する人がなかつたので公演曲目も極平易なものを撰んで居りましたが今は聴衆の耳が訓練されて『もう少し高級なものを』『シンホニーを』演奏して呉れ等と云ふ投書が軍楽長の許へドシドシ舞ひ込む様になつたのだから驚いたもの」（＊4）

「近頃呉地方の人等が音樂に非常に理解を持つに至つた事は私も誠に喜ぶと同時に軍樂隊としての研究も極めて猛烈です」（河合太郎）（＊3）

この頃の河合太郎は、民衆の声を大事にし、ロシアの音楽を中心としたプログラムや組曲中心の演奏会を行ったり、テーマを持たせることまでやっていた。ただ一方、新聞評は手厳しかった。

「欲をいへばも少し絃の人々が多からん事であるが、官命による人員は如何ともすべくもない譯である」（＊5）

ということで、管弦楽は1925（大正14）年、定が呉中学卒業の翌年である旧制広島高等学校時代に始まることとなる。定の呉中学時代はまさに呉海兵団軍楽隊が弦楽器導入のため、必死に練習していた時代である。呉青山クラブの隣の桜松館では練習する音が聞こえてきただろう。定の家路の途中にそこはある。

少なくとも定は、呉海兵団軍楽隊が弦楽器を導入し、呉市民との融和を図るために多数の演奏会を開いた時代の一番の目撃者だったであろう。この時代にバイオリンに没頭した定に対する河合太郎の眼差しが思い浮かぶ。

しかしどうやって彼らがバイオリンの技術を習得したのかはわかっていない。関東の軍楽隊では東京音楽学校から指導者が教えに行っていたと記録があるが、呉へは来ていない。それにも関わらず、突如として技術のある隊員が人数は少ないとはいえ複数名現れるのである。

この年、定は音楽学校に進学することは諦めるが、当時新設された旧制広島高等学校（現広島大学総合科学部）に進学し、同校の薫風寮に入り、自由を得ていた。

定が通った旧制広島高等学校は、国内で25番目、姫路とともにか

創立10周年を迎えた広島高等学校　昭和９年（竹本孝提供）

なり遅れて創設された旧制官立高校であった。通常の在学期間は3年である。遅れてできたのは、すでに広島県には旧制広島高等師範学校や旧制広島高等工業高校が設立されていたのに起因する。卒業生の多くが東京大学や京都大学に進学する進学校であった。戦後、同校は新制移行後に広島大学（教養学部）、現在の広島大学総合科学部として引き継がれている。現在の広島大学付属中高のある場所にできた。

この学校の最初の授業開始は1924（大正13）年4月で、定が旧制中学最終学年時であり、それを見て定はその新設の学校に進学した。ただし、この学校の開校式は1928（昭和3）年1月13日に行われていて、最初の授業から4年経っている。大正天皇の崩御なども重なり遅れたとされるが、他にも理由があるのかもしれない。旧制広島高等学校講堂の竣工は1927（昭和2）年とされており、この時点で設備が一通り完成したということなのであろう。『広島大学の50年史』には次のような記述がある。

「広高は修業年限三年の高等科のみである。高等学校の目的は高等普通教育の完成とされていたが、現実には大学の予備教育的性格を有していた。広高の場合、卒業生の進学先は東京・京都の両帝国大学が圧倒的に多く、全国の高等学校のなかでも優秀な成績を残した。昭和五（一九三〇）年の卒業生を例にとると、大学入学率は全国平均六四・一％を大きく上回る七五・四％であり、これは全国第一位であった。」（＊6）

著名人として、いずれも定より後輩で丹下健三（建築家）、阿川弘之（文学家）、岡田茂（東映社長）、上野淳一（朝日新聞社主）、永野鎮雄、岡本悟、増岡康治（参議院議員）、荒木武、平岡敬（広島市長）などがいる。

定はそのうえで、広島高等師範学校（東京に次ぎ日本で二番目に設立された官立〈国立〉の教師育成を目的とした大学）を中心に活動していた丁未（ていみ）音楽会に参加した。

1931（昭和6）年4月25日に行われた第84回丁未音楽会のプログラムに次のような会員募集の公告が出ていた。

「會員募集
普通會員（大學、高師、臨教生徒）會費年額金壹圓
特別會員（大學、高師、臨教職員）會費年額金貳圓
賛助會員（一般同好者）會費年額金貳圓
臨時會員　會費金貳圓、学生會費金壹圓
申込所　高師音楽教室（校内電話三五番）積善館、廣文館、金正堂、荒木楽器店、十字屋楽器店」（＊7）

定もこの制度にのった。

のちにこの丁未音楽会の中心となり、運営した竹内尚一は、東京音楽学校在学中でこの時はいない。彼は呉市荘山田出身で広島高等師範学校付属中学を出て、上野の音楽学校に進学した。丁未音楽会に魅力を

東京音楽学校時代の竹内尚一　大正末期～昭和初頭（竹内俊夫所蔵）

東京音楽学校時代の岡田二郎　大正末期～昭和初頭（竹内俊夫所蔵）

感じて広島高等師範学校付属中学に進学し、長橋熊次郎に一番可愛がられた。彼と定は旧制中学時代、呉のどこかで一緒に練習や公演をすることがあったかもしれない。

もう一人、東京音楽学校に行った英才がいた。バイオリニストの岡田二郎である。一緒には在籍していないが、その存在は定にとって相当刺激的だったと思う。東京音楽学校から彼らが帰郷する際には、この丁未音楽会にも顔を出しただろうから、そんな時には三人で演奏した可能性もある。定は音楽に夢中だったからか、恥ずかしい話だが、呉中学（現呉三津田高校）を卒業して4年経過した1929（昭和4）年4月当時、まだ二年生だった。

丁未音楽会は1906（明治39）年12月、定が誕生した年に組織され、戦後にかけて広島の音楽に大きな役割を果たしていた。

1902（明治35）年の広島高等師範学校の設立当時、丁未音楽会を設立した吉田信太は嘱託講師（後に同校初音楽教授）となっていた。会の目的はあくまでも高等師範学校における音楽教育と研究であったが、同校の教員及びその夫人、生徒、その他学校関係者など、どんどん出演者の幅が広がっていた。
吉田は東京音楽学校の卒業生であり、その人脈を通じて著名な音楽家を招いて演奏会を開催した。後任の長橋熊次郎は1913（大正2）年に赴任して、丁未音楽会に管弦楽団を設けるなど、弦楽器を加えた器楽合奏に力を入れた。音楽経験のある社会人なども加わり、県内外への演奏旅行なども行っていた。1919（大正8）年には、似島に収容されていたドイツ軍捕

長橋熊次郎（出典：中国新聞　広島の音楽裏表16　昭和37年11月29日）

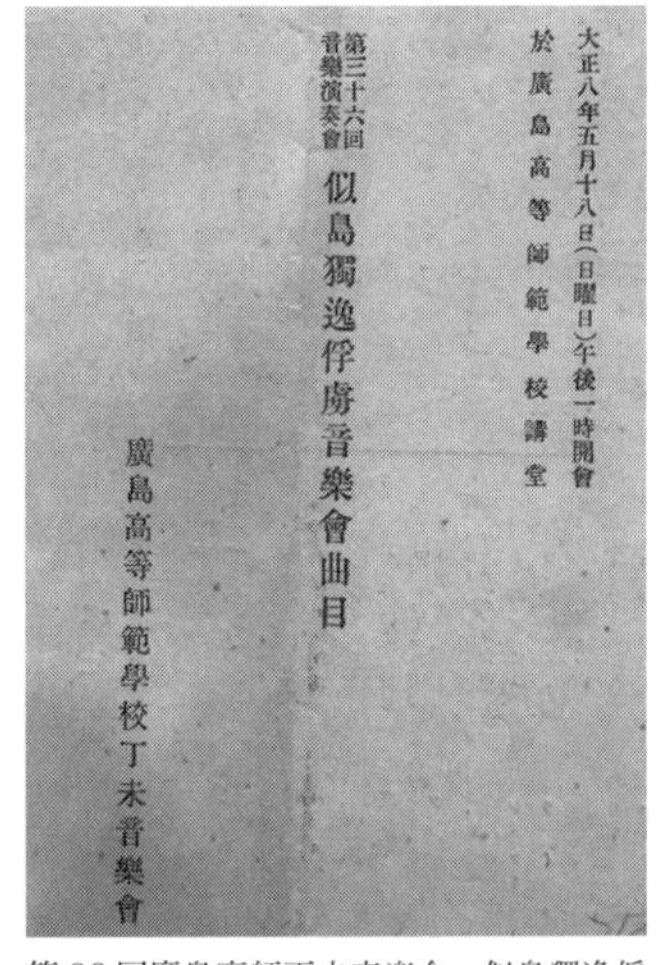
大正八年五月十八日（日曜日）午後一時開會
於廣島高等師範學校講堂
第三十六回音樂演奏會　似島獨逸俘虜音樂會曲目
廣島高等師範學校丁未音樂會

第36回廣島高師丁未音楽会　似島獨逸俘虜音楽會表紙　大正8年（広島公文書館所蔵　渡邊弥蔵資料＃144）

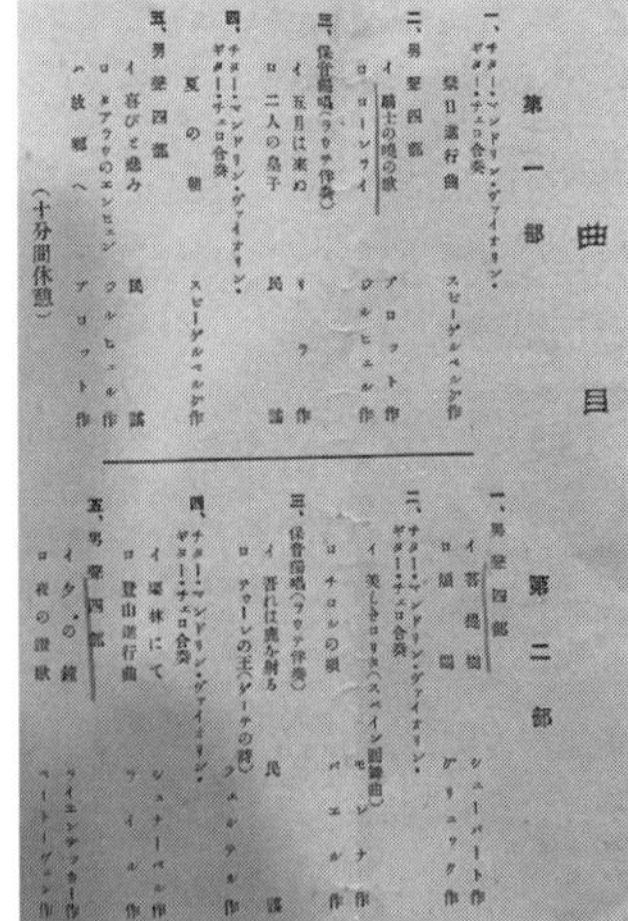
曲目

第一部
一、[illegible]・マンドリン・ヴァイオリン・ギター・チェロ合奏
祭日進行曲　スピーゲルベルグ作
二、男聲四部
イ 騎士の晩の歌　アブロット作
ロ ローレライ　ジルヒェル作
三、保育獨唱（ラウテ伴奏）
イ 五月は來ぬ　[illegible]作
ロ 二人の息子　民謡
四、[illegible]・マンドリン・ヴァイオリン・ギター・チェロ合奏
夏の朝　スピーゲルベルグ作
五、男聲四部
イ 喜びと悲み　民謡
ロ [illegible]のエンヒェン　ジルヒェル作
ハ 故郷へ　アブロット作
（十分間休憩）

第二部
一、男聲四部
イ 菩提樹　シューベルト作
ロ [illegible]　グリュック作
二、[illegible]・マンドリン・ヴァイオリン・ギター・チェロ合奏
イ 美しきロサ（スペイン舞踏曲）　モレーナ作
ロ チロルの[illegible]　バイエル作
三、保育獨唱（ラウテ伴奏）
イ [illegible]　民謡
ロ ツウーレの王（ゲーテの詩）　[illegible]作
四、[illegible]・マンドリン・ヴァイオリン・ギター・チェロ合奏
イ 森林にて　シュナーベル作
ロ 登山進行曲　ファイル作
五、男聲四部
イ 夕の鐘　[illegible]作
ロ 夜の讃歌　ベートーヴェン作

第36回廣島高師丁未音楽会　似島獨逸俘虜音楽會曲目　大正8年（広島公文書館所蔵　渡邊弥蔵資料＃144）

虜による演奏会を開いたり、ウィリー・バルダス（ピアノ）やレオニード・コハンスキ（ピアノ）などを招いて演奏会を行ったとの記録もある。国内最高レベルの音楽家を招くというふれ込みだった。

竹内尚一も岡田二郎も定も、長橋熊次郎に指導を受けたことになる。長橋は山形県出身で1910（明治43）年に東京音楽学校甲種師範科を卒業しており、長橋の方が年長だが一年先輩には山田耕筰がいた。福島県出身の山田耕筰とは近郷である。長橋は外国国家の歌集編成や近隣学校の校歌を作曲したりと、音楽教育に熱心な人物だった。

竹内尚一は、長橋熊次郎の病死をうけ、1934（昭和9）年から、1942（昭和17）年まで丁未音楽会を指導した。竹内は東京音楽学校で教鞭をとっていたバイオリニストのアレクサンダー・モギレフスキー（1939〈昭和14〉年）、ピアニストのレオニード・クロイツァー（1940〈昭和15〉年）などの一流音楽家を招聘して演奏会を開催した。当時の写真や音楽家の名刺も残っている。

戦後、竹内尚一は夫婦で初期のNHK広島交響楽団に参加するが、1950（昭和25）年からは島根大学に招聘され、二人とも教授として後進の指導に尽力した。島根から広島にも出張して生徒を指導することもあったそうだ。しかし、残念ながら1958（昭和33）年に尚一は早逝し、広島市民交響楽団をみることはできなかった。

広島や呉の音楽界において1928（昭和3）年は「特別な年」であった。渡邊弥蔵（やぞう）が特にこの年のことだけを取り出して、1957（昭和32）年に振り返り、以下のように記述している。

「昭和二年にはジンバリストの前に、有名なアレキサンダー・モギレフスキーを丁未がよび、また日本メゾシストはベートーベン百年祭記念として、東音外国教師ショルツのピアノ演奏会を開いたが、さらに昭和3年にはいると音楽会はますます盛んになり、セキを切ったように次々と開かれた。

まず、正月十三日に広島高等学校は開校記念として日本最高の安藤幸子教授のバイオリンをはじめ、外人教授のレーベ・コハンスキーの二人を招いた。

続いて、立松房子、杉山長谷夫、小出政子の三氏で熱唱し、ボーカルフォアーの松平里子、佐藤美子、内田栄一、斉藤秀雄の四氏は四声音の妙味を広島にふりまいてくれたものである。

さらに九月、丁未は広島県出身の作曲家藤井清水君の作品発表会として権藤円立君の演奏会を開き、十一月には、御大典奉祝のため進徳高女が中央の名士蜂谷竜、立松房子、福井直俊の三氏を招いて公開した。（中略）

奉祝音楽会はひとり進徳高女だけでなく、みなそれぞれの趣向をこらし、よい音楽会が催されたようであった。」（＊8）


御大典奉祝音楽会とは昭和天皇が大正天皇の喪が明けて即位奉祝するための音楽会で、皇居となったこともある広島や海軍軍都の呉では特に祝賀の雰囲気があったようだ。特に公立の学校は奮発して音楽会を開催した。

渡邊弥蔵のいう広島と呉の音楽界にとって「特別な年」に、呉海軍軍楽隊の河合太郎楽長が多くの女学校に出張し奉祝音楽会の助人をした。女学校の演奏会の記録は2月5日、10月28日広島市高等女学校、11月3日進徳女学校、11月17日広島県立女学校、県師範、23日広島（山中）高等女学校、25日呉県立高等女学校、12月2日呉市立高等女学校。これらのうち傍線の演奏会に河合太郎の参画が明記されている。広島市、呉市以外にも行っていたようである。退役直前の呉海兵団軍楽隊長・河合太郎は大忙しである。11月15日広島高等師範で演奏会があるが、奉祝音楽会は平岡均一のザイロホーンによる広島初の演奏会と付属小学生並びに丁未音楽会員の演奏であり、主役の旧制中学以上の生徒が演奏も合唱もしていない。

これらの情報は渡邊稚聲という筆名で「昭和三年における広島の音楽界」として1929（昭和4）1月6日から4回にわたる連載で中国新聞に投稿した記述より分かる。他にも、2月下旬ロシア・スラビヤンスカヤ合唱団が女学院、県立女学校、進徳、市立女学校、広島（山中）女学校を回り、6月川島仟の独唱会&永井建子指揮浄寶寺管弦楽団（高等工業講堂）、9月広島フィルハーモニー会が元東京フィルハーモニー会のコンサートマスター東儀哲三郎、美智子親子デュオを呼び大合唱し、12月広島出身の武井輝が帰朝演奏会として東儀美智子と公演（共に広島高等学校講堂）したなどの記録が残された。これらのプログラムの幾つかを広島市公文書館にある渡邊弥蔵資料のプログラム集で見ることができる。

もう一つ、広島に大きな変化があった。ラジオ放送である。1925(大正14)年にラジオ放送が始まるが、広島での放送開始は「特別な年」の1928（昭和3）年であり、定が旧制広島高等学校に在学4年目からである。ラジオは音楽の普及に格別な力を与え、定にも刺激を与えた。広島での放送は7月6日からであったが、その年の11月まで全国放送が繋がらず、広島単独で番組編成をしなくてはならなかった。その頃の出演の音楽団体は、浄寶寺管弦楽団、呉海兵団軍楽隊、丁未音楽会管弦楽団と定に関係のある楽団の他にいずれもテノールの川崎豊(1894〜1990年　別名、川島　仟、永井建子の甥、元陸軍戸山学校)、阿部幸次、長橋八重子（ピアノ）、羽田少女歌劇団（ジャズダンス）、広島リードバンド、明星ハーモニカバンド、広島鉄道倶楽部金鈴会、マンドリン・オーケストラ、広島BBバンド（ジャズ）、天使館管弦楽団、東洋座管弦楽団（共に劇場付属の楽団）、幼稚園から高校までの児童生徒の合唱団などがある。

阿部幸次は定より年下で、広島高等師範学校付属中学校で長橋熊次郎に師事し可愛がられた。このことを渡邊弥蔵が中国新聞のコラム「広島音楽界50年の裏表41」の中で懐かしんでいる。この頃すでに頭角を現していた。阿部幸次と定は面識があったと思われる。

定が幼い頃からお世話になっていた浄土真宗本願寺派には浄寶寺管弦楽団があり、そこには広島の誇る永井建子（1865〜1940年）がいた。永井は広島県佐伯郡石内村出身の元陸軍軍楽隊長である。彼は日本の洋楽界における森鴎外のような存在で、陸軍軍楽隊で頭角を現した。森鴎外と同じく明治時代の早期に国費でフランスに留学し、陸軍軍楽隊長となった。引退後、渋沢栄一の後押しで設立された帝国劇場の洋楽部長となり、多くの西洋音楽を日本国内に紹介した。彼はこの時代まで日本の洋楽における牽引者だった。

1923（大正12）年に関東大震災が起こったとき、永井建子は浄寶寺管弦楽団の指揮者として還暦前に広島に帰郷した。長橋熊次郎とは顔見知りだったと思われ、丁未音楽会にゲストとして参加することもあったと思われる。この方の話もきっと定には大きな刺激となったであろう。開教使として渡米していた浄寶寺の諏訪令海がアメリカからピアノを持ち帰り、寺の堂内で仏教青年会、子供会を対象とした音楽活動を始めた。もちろんＮＨＫのサロンにも出演した。広島の浄土真宗の寺は皆、このような雰囲気にあり、同じく中区寺町の報専坊からは戦前三姉妹が音楽学校に進学し、2人は声楽、1人はピアノを学んだ。3人のうち2人は東京音楽学校だった。これらの活動の成果だったに違いない。

大戦中も浄土真宗から慰問の演奏が行われたといわれているが、広島の寺はその中心的役割を果たしたのであろう。呉の仁井屋髙橋が所属した二つの寺も浄土真宗本願寺派である。定も参加できたはずだ。住職たちがこぞってバイオリンを弾いていたのはこの影響が大きいとみられる。浄寶寺の本堂には図書館や卓球台なども備えられ、管弦楽団の他にも合唱団やバレエ、お茶、お花などの習い事教室を行うカルチャーセンターのようになっていた。

長橋熊次郎の妻・八重子（1894年生、旧姓喰田）は、この頃広島を舞台に大活躍していた。彼女は熊本県立高等女学校の出身で、東京音楽学校を卒業後、東京府女子師範学校で教諭をしていた。1919（大正8）年からは、私立広島高等女学校（広島山中女学校、のちに広島大学に統合）の教員となった。広島に来てからは丁未音楽会にピアニストとして出演していた。女学院や広島県女（現皆実高校）でも音楽教員として活動し、広島市内の音楽好きの少女たちの良き相談相手だった。長橋夫妻の広島の音楽界への貢献は計りしれない。

もし戦争がなければ、広島からもっと多くの才能が開花していただろう。

広島にも呉にも軍があり、軍楽隊を退役した人々が音楽隊を作ることが多かった。加えて、全国で2番目の高等師範学校が広島に作られ、音楽教育を盛んにした。当初から音楽教員が普及に取り組んでいたことなども併せて、明治期から日本でもいち早く音楽を活性化させていた。また、広島において、ラジオの普及は一気に雰囲気を変えた。NHK広島中央放送局の管内は当時、広島、山口、島根、愛媛、高知、岡山西部、鳥取西部にまで及んでいたこともあり、それは爆発的だったであろう。

短期間かもしれないが、彼らはスターとなったに違いない。

また、当時の女学校でも音楽教育に大変熱心で、度々、呉海兵団軍楽隊が呉市以外の女学校へ赴き演奏会を開催した記録が多数残っている。広島女学院については、すでに1926(大正15)年に「廣

中央の和服・長橋八重子と教え子たち、右端に竹内文子も写る（竹内俊夫所蔵）

島女學校管弦楽団が組織された」との記録がある。大正初期からの長橋熊次郎の弦楽器の強化は他校にも波及した。三浦環などの有名演奏家を招待したり、戦争色が強まると、慰問演奏会や戦争に関連のある演奏会も催されていた。

広島女学院の卒業生に竹内尚一の妻である（旧姓島）文子がいた。1911年生まれで、女学院の管弦楽団設立当時は在学中であった。彼女も広島から東京音楽学校に進学した。同じく東京音楽学校卒で7つ年上の尚一と結婚したが、夫の死後も島根大学の教授として後進の指導に務めた。

なぜこのような早期に女学校に管弦楽団ができたのかと疑問に思っていたら、それは広島流川教会の影響のようであった。

1887（明治20）年に私立広島英和女学校（現広島女学院）開校とともに、砂本貞吉によって廣島美以教会（現広島流川教会）は開設された。管楽器や打楽器中心だった1897（明治30）年、すでに洋楽器を持った教会員の集合写真が存在する。つまり、明治時代より洋楽器での演奏会が開かれていたのである。

1890（明治23）年設置の呉海兵団軍楽隊か、この広島流川教会のオーケストラのどちらかが、広島最古のオーケストラとなりそうだ。

その後、1894（明治27）年の日清戦争時代は、広島に大本営が置かれて皇居となり、呉海兵団軍楽隊と近衛師団軍楽隊が頻繁に御前演奏を行った。華やかな演奏が聞けたことだろう。広島、呉の港では兵隊の送迎時によく演奏されていたそうだ。それは確実に市民への刺激になっていた。これらの経緯が、

1906（明治39）年から始まる丁未音楽会にも繋がった。

初代校長のナニ・B・ゲーンスは、広島に初めてのピアノを持ち込み、1896（明治29）年には英語と音楽を撰科として設置（ピアノ、バイオリン、オルガンから選択）した。これが国内最古の洋楽のスクール・オーケストラとなり、のちに「広島女学校管弦楽団」に発展したのだった。彼女らは丁未音楽会への参加もあったようなので、定も共演したかもしれない。のちにNHKサロンにも出演している。広島の音楽界に彩りを添えていたことは間違いない。それが他の女学校にも波及して、呉海兵団軍楽隊の女学校での演奏会に繋がったのだろう。

彼らの活動は丁未音楽会に出演していた定にとっても大きな刺激になったことだろう。

他にも定に刺激を与えた人物がいた。昭和の舞台女優の大御所・杉村春子（本名石山・旧姓中野春子1906〜1997年）である。温子から少しだけ聞いていたが、詳しいことはよくわかっていなかった。

春子は定より一学年上で、広島山中女学校で長橋八重子に師事し、卒業後にピアノで東京音楽学校を目指したが、2年連続で失敗した。その後、長橋八重子の推薦により広島に戻り、広島女学院で音楽の代用講師をしていた。しかし、春子は諦めていなかった。広島の築地小劇場で行われた公演に感動した春子は、何も決まらない状況であったにもかかわらず、親に内緒で女学院の職を辞して上京した。広島弁の問題を抱えながら、1927（昭和2）年4月から劇団に飛び込んだ。女学院時代には丁未音楽会に顔を出すこともあっただろう。この破天荒な行動に、定は大いに刺激されたに違いない。どんな関係かは分からないが、温子が話すぐらいだから、なにか接触があったのではないかと思う。2人とも上野の音楽学校に行きたかった。そして当時、寄り道の学歴であった。実は、我が家のアルバムに戦後の昭和31年の定と杉村春子らしき女性も含まれる集合写真がある。

また、定の死後も杉村春子が広島に来た時、「温子と楽屋にお邪魔したことがある」と、元婦長が話してくれた。2人だけで話をしたそうで、同行した元婦長は外で待っていたそうだ。

定の弟・満（私の実祖父／1908〜1975年）は、広島の松本商業（現瀬戸内高校）を1927（昭和2）年に卒業して、広島の呉服屋で修行していた。同世代の学生たちが音楽で盛り上がっていた広島にいたのであった。そこで、着々と商人としてのいろはを身につけていた時期だった。呉服から洋服、そんな町の移ろいも見ていたかもしれない。定とも会うこともあっただろうが、どんな話をしていたのだろうか。

その「特別な年」1928（昭和3）年の10月13日午後7時より第2回目の旧制広島高等学校開校記念音楽会が開かれていた。同校音楽部と河合太郎率いる呉海兵団軍楽隊が音楽会を開いていたのであった。そこに、管弦楽と定のバイオリンの独奏演奏が含まれていた。実質的に各学校でその後行われる奉祝音楽会の最後の予行演習であった。

「特別な年」の翌年1929（昭和4）年4月5日、定は突然旧制広島高等学校を途中でやめて陸軍に入った。定の軍歴に次のようにある。

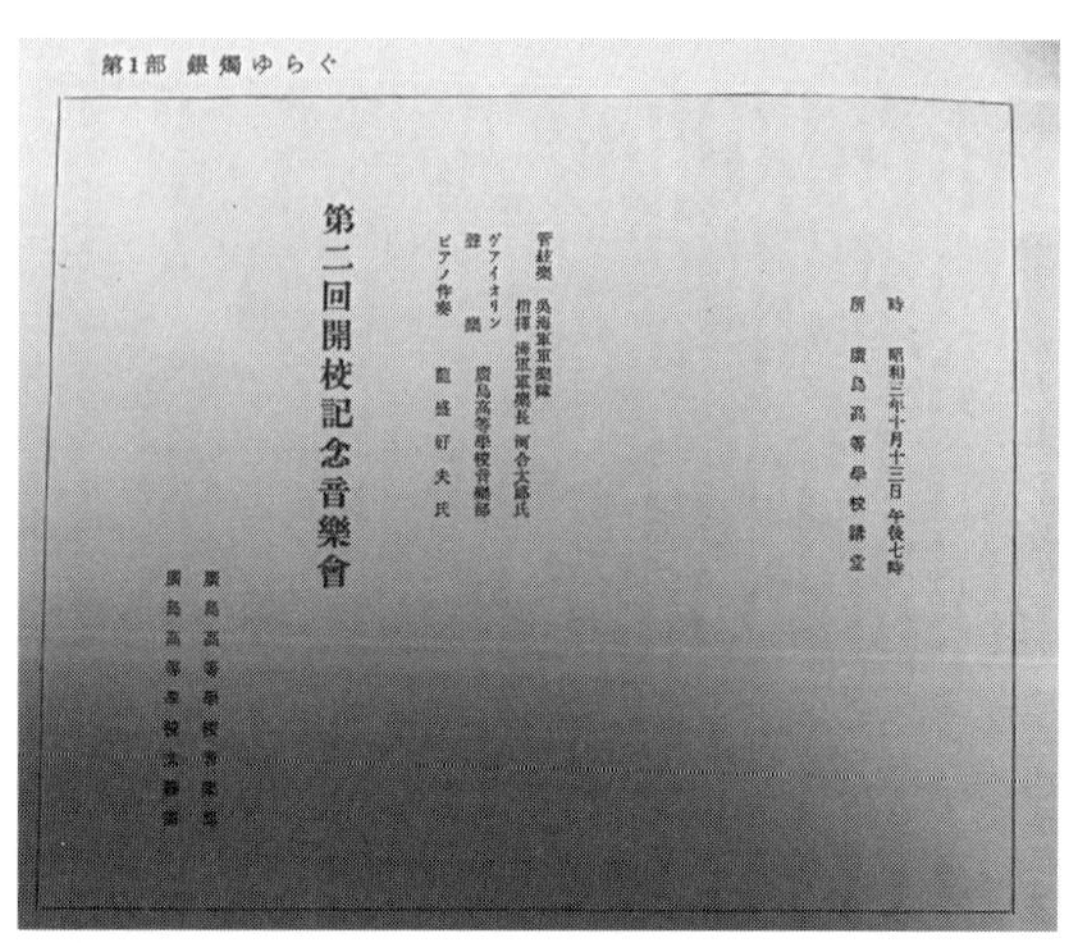

時　昭和三年十月十三日 午後七時
所　廣島高等學校講堂

第二回開校記念音樂會

管絃樂　呉海軍軍樂隊
指揮 海軍軍樂長 河合太郎氏
ヴァイオリン
獨奏　廣島高等學校音樂部
ピアノ伴奏

廣島高等學校音樂部

第２回開校記念公演プログラム／広島高等学校音楽部　昭和３年10月13日（廣島高等学校創立50周年記念記念誌より）

「昭和四年四月五日廣島高等學校第二學年中途退學
〇同年同月同日同校ニ於テ中途退學ノ際配屬将校ノ行ウ教練ノ検定ニ合格」

その頃広島市内では昭和産業博覧会が開催中だった。広島市の中心部を含め３か所に分かれ多くのパビリオンに行くために１７４万人が入場した。

この年、福屋百貨店が創業し、川崎仟と曽我直子の「蒲田行進曲」がヒットする賑やかな雰囲気の町だった。

そして定の所在は家族からはわからなくなった。定は宮原の上の地域のリーダー格の家の長男で、しかも体が普通の人より一回り大きく、目立っていた。定は赤崎神社に育ててもらった。

維新後、海軍がやってきて産業構造が大きく変わり、たくさんの人が流入してきた。そういった人々

演奏曲目

第一部

一、管絃樂　軍隊行進曲　シューベルト作

二、管絃樂　ロザムンデ　シューベルト作

三、ヴァイオリン獨奏　髙橋定

イ、アンダンテ（作品六十四番ヴァイオリンコンチエルト第二樂章）　メンデルスゾーン作

ロ、ホーム、スヰート、ホーム變奏曲　ファーマー作

四、バリトン獨唱　森田愛之

イ、アベマリア　シューベルト作

ロ、牧人の歎き（ヴァイオリン助奏）　弘田龍太郎作

五、管絃樂　未完成交響樂　シューベルト作

第一樂章

第二樂章

休憩　十分間

第二部

一、管絃樂　印度舞曲二題　スキルトン作

イ、狩祭の舞蹈

ロ、戰鬪の舞蹈

二、バリトン獨唱　森田愛之

イ、偉人の死　龍盛好夫作

ロ、鳥の番雀の番　山田耕作作

ハ、鉢をさめて　中山晋平作

三、ヴァイオリン獨奏　髙橋定

イ、G線上のアリア　バッハ作

ロ、西班牙舞曲　サラサーテ作

1.プラエラ（作品二十三番の五）

2.マラゲエナ（作品二十一番の一）

四、管絃樂　スラブ狂想曲　フリーデマン作

第2回開校記念公演プログラム　曲目リスト／広島高等学校音楽部　昭和3年10月13日（広島市公文書館所蔵　渡邊弥蔵資料＃ 222）

との争いがあった。もちろん、軍人をよく思わない人もいた。しかし、海軍が音楽で融和を図ろうとしたように、定たちは赤崎神社の祭りや、その境内で音楽を通して地域の人たちとの交友を深めた。バイオリンもそこで練習しただろう。練習した音楽で外から来た人々とも交流を図った。そんな時代の喧噪の中、多くの人々との交友を音楽や芸術で広めただろうことが私には想像できる。そして、祭りを育てていくことで自らも育ててもらった。あの暖かい雰囲気の境内は、私にその当時の定の様子を語りかけてくれる。

室瀬公園　令和５年

　定の父・兼吉は呉海軍工廠に出入りしていた。そこで米国産の人造砥石と出合った。以前に天然砥石を扱ったこともあり、日本で初めてその国産化を試みることとなった。もっとも基本的な人造砥石はガラス質の接着剤を使用してセラミックでできた研磨材の砥粒を接合するため、かなりの高温（１１００度以上）で長時間焼成する窯がいる。それが赤崎神社境内にあったのである。

　全国にいくつか赤崎神社はあるが、どの神社も海が見える場所の山の中腹にあった。呉の赤崎神社は移転してもそれを守っていた。しかも竈（かまど）があったようだ。灯台のない時代、それは灯台の代わりをなし、防人の役目も果たしていたようだ。

　砥石の試作では、窯の高温焼成で安定して数日間焼成し続ける必要があったが、兼吉はそれに成功した。その試作した砥石をもとに事業化し、1916(大正5)年の設立当初は顧問、1919(大正8)年にはその会社の設備などを引き取って、起業(現クレトイシ、当時は呉製砥所)することとなった。

当初、定たち三兄弟もその手伝いをしていたに違いない。定、13歳の時である。定はこの時期、砥石作りで一番人手がかかる旋盤加工技術を取得していたのではないかと思う。兼吉が経営するようになり、事業は順調に進んでいた。旧制広島高等学校入学後も、定は寮に入り、お小遣いもかなりもらっていたようだ。

海軍も平和な時代を迎えていた。

定は体が大きかった。1m80㎝ほどあり、年上に見えたであろう。当時としては相当な大柄である。赤崎神社の祭りもその頃に大いに発展したと思われるが、総代の長男として、祭りでも中心をなしたこともあったと思う。初代の面を被って登場したこともあったろう。

また、伝わるところによると、少年時代はハーモニカが好きで、仲間とハーモニカバンドに発展させた。今の室瀬公園である当時の赤崎神社を中心に友人たちとの演奏は行われたと思われる。

呉海軍工廠は、全国の技術系の企業の頭脳を集めて開発活動をすることが多く、インテリ層が集まる場所だった。彼らも西洋音楽を楽しみにしていただろうし、実際に演奏する人もいたようだ。町では弦楽四重奏などのアマチュアを含む演奏会が流行っていたようだ。

定は呉中学に通っていた頃、呉の駅前(現呉阪急ホテル)にあった呉製砥所で手伝いをしていた。自宅に帰る途中、呉海兵団軍楽隊の練習場所だった桜松館や海軍の保養施設だった青山クラブの前を通り、彼らの演奏を聴いていたであろう。時折、入船山の洋館から音が漏れていたかもしれない。疲れた体で休山に登り、今の室瀬公園でのバイオリンの練習を楽しみにしていたに違いない。

呉海兵団軍楽隊の軍楽長、河合太郎は大衆に対しても積極的に演奏していた。1925（大正14）年5月23日の呉水交支社管弦楽演奏会は、なかなか見事な曲が揃っていて、弦楽器が大いに活躍しているのがわかる。しかし、なぜ急にこれほど立派な演奏が弦楽器でもできたのかはあいかわらず謎である。広島や呉に住む高齢の女性から、「音楽の町にあこがれて嫁入りを決めた」と聞かされた。広島や呉は音楽のあふれる街だったのだ。

＊注1　「沢原文書」『呉市史 資料編 近世Ⅱ』呉市史編さん委員会、1999年
＊注2　『中国新聞』1969年8月22日（付録参照）

【引用文献】

＊1　『夕刊中国新聞』1950年7月3日「メスを握る手に弦を」有限会社夕刊中国
＊2　呉新興日報社（編著）『大呉市民史（明治篇）』呉新興日報社、1943年
＊3　『呉新聞』1925年8月28日
＊4　『呉新聞』1925年9月12日
＊5　『中国新聞』1925年10月16日
＊6　広島大学50年史編集委員会　広島大学文書館（編）『広島大学の50年』広島大学出版会、2007年
＊7　『丁未音楽會　第八十四回音楽會』1931年
＊8　『中国新聞』1963年2月12日「広島音楽界50年の裏表26」

第三章　陸軍入隊

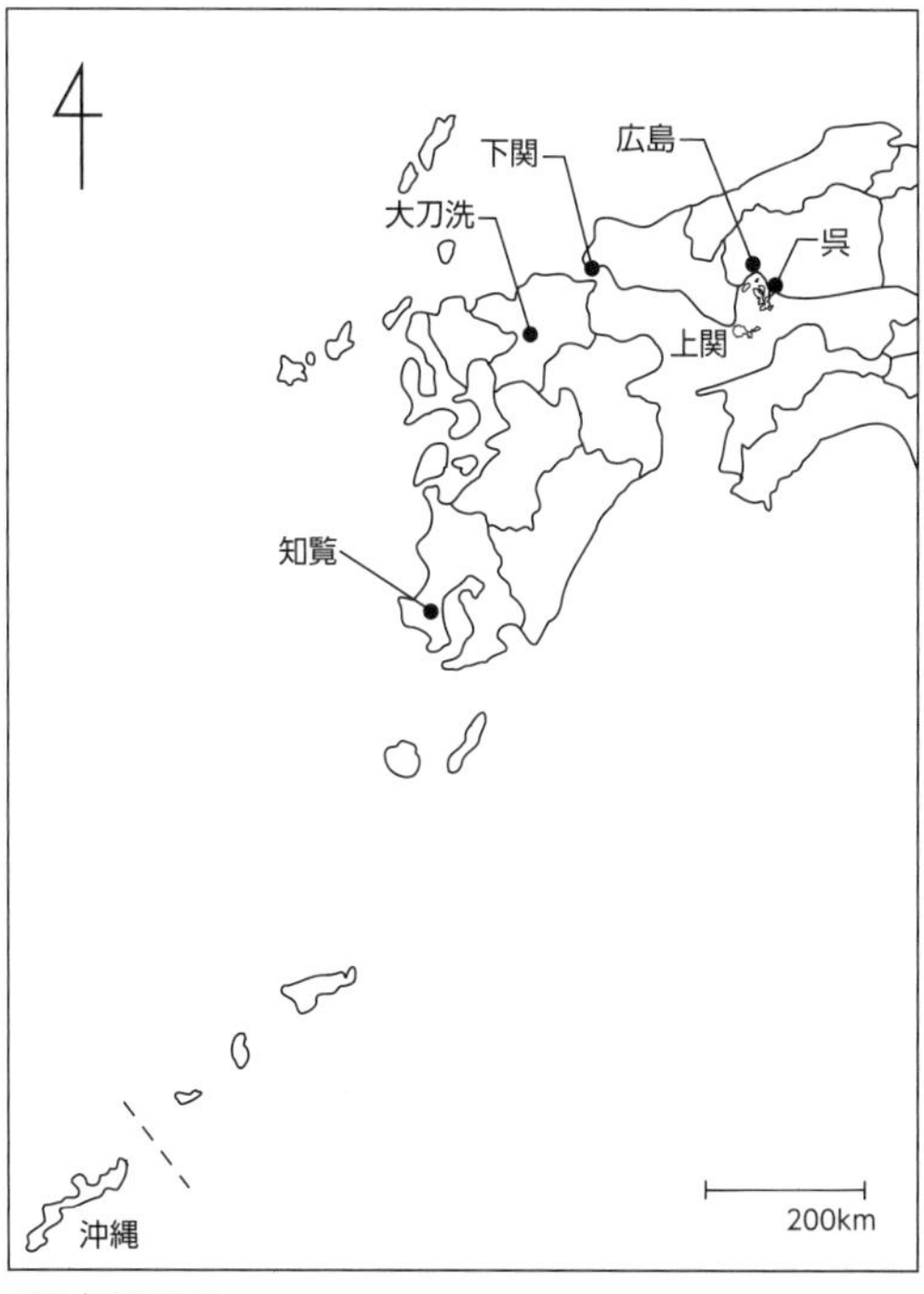

西日本周辺地図

定が陸軍に入った1929（昭和4）年は、関東大震災から6年経っていた。特に呉はまだ平和で、中国での混乱は生じていなかった。

しかし、1931（昭和6）年9月に満州事変が起こった。

定は同年12月に備後歩兵第41連隊における幹部候補生として一年間の訓練に加わったと記録が残る。この連隊は陸軍の中でも屈強の部隊であり、日清、日露戦争でも主力を担っていた。

昭和4年から6年にかけて定がどこにいたのかは不明だ。しかし、広島で音楽活動をやっていた頃の音楽談義で、定は陸軍軍楽隊のことにもえらく詳しかったという。陸軍軍楽隊に所属していた時期があったのかもしれないと思ったが、定の軍歴にそれは残っていないし、陸軍軍楽隊のデータベースにも髙橋定の名はなかった。

陸軍軍楽隊は、1926（大正15）年から東京音楽学校より杉山長谷夫・バイオリン（1889～1952年）、平井保三・チェロに依嘱して弦楽技術の向上を図っていた。杉山長谷夫はバイオリニストであると同時に、指揮、編曲、声楽、作詞と幅広く活躍していた。この時すでに勝田香月作詞の『出船（1928年）』を作曲しており、のちに『花嫁人形（1932年）』の作曲などでも活躍した。

また、1927（昭和2）年より辻順治が楽隊長に就任し、陸軍軍楽隊が所属する陸軍戸山学校の学長は香椎浩平少将となっていた。関東大震災から復興中の東京とあって、当時はまだストライキなどが頻発していた。香椎学長は人員を多くするより内容を充実させることに力を入れた。彼はドイツ大使館付駐在武官からの転任であり、ドイツ軍楽隊の事情に精通していて、それを模範にした改革に力を注いでいたという。定もこれにも魅力を感じていたのではなかろうか。この時期、定の行方は不明なのだが、定が入隊したい条件が整っていたと思う。

1931（昭和6）年9月に起きた満州事変をきっかけに陸軍軍楽隊では、その年のうちに弦楽器は取りやめの決定がなされ、吹奏楽だけになったと『陸軍軍楽隊史―吹奏楽物語り』にある。定もそれに巻き込まれたのだろうか。

1932（昭和7）年の暮れ、行方不明だった定は突然家に帰り、「医者になりたい」と言い出したという。兼吉（かねきち）は当惑しただろう。

それでも兼吉から許しを得たと聞いている。定の軍歴によると、1933（昭和8）年春から少尉軍人のまま日本医科大学を予科から学び直し、6年かけて1939（昭和14）年に卒業（在学中に広島歩兵第11連隊の3週間の訓練にも参加）している。卒業後、同大学第一病院を経て、その年の12月に広島陸軍病院（かつて広島市民球場跡地一帯に存在した）に配属されるが、軍歴ではその後の消息がしばらく不明である（ただし、定が作成した履歴書によると、第一病院に半年いたことになっているが、第一病院は消滅しているため確認は取れなかった）。

1939（昭和14）年の髙橋家一族の写真が残っている。このとき、定の弟で私の実の祖父である満は、山口県選出の代議士一家の林家から私の実の祖母・芳子を嫁にもらっている。まだ私の実母である満里恵は生まれていない。

表向きにはこの時が、陸軍入隊の出征式だと思われていた。

この頃、クレトイシ（当時は呉製砥所）は軍部の仕事をすでに大量にこなし、吉浦に新鋭工場を移転する準備に入り、満州の瀋陽に工場を建てるべく会社を設立し、大阪にも進出を決めていて異常なほど忙しくしていた。瀋陽の会社の設立メンバーには医者か医学生の定の名前も載っていた。

しかし、我が家には中国湖北省麻城県の治安維持会会長から髙橋少尉宛に**「領導和平日華幸福」**と書かれた掛軸が残っている（口絵2）。

定は1941（昭和16）年12月に中尉に昇進しているので、その前に拝領したことになる。

日本陸軍は1938（昭和13）年に武漢あ

定の出征時の髙橋家（昭和14年12月）軍服が定、一列目左から定の妹二人、その後方間に立つ女性が定の弟・満の妻（筆者の実の祖母）芳子。中央の杖が定の父・兼吉。その右が定の母・チエ、右上石碑の右の高い位置の紳士服が定の弟・満（筆者の実の祖父）、兼吉とチエの上に立つ紳士服が定のもう一人の弟・弘

たりを占領して、二年後に当時田島清少佐の「音楽作戦に仏人参る」と題された記事が「武漢三鎮陥落記念」を特集し新聞に掲載された。田島清は当時軍司令部付で、のちに陸軍士官学校のフランス語教官になった人物である。

「★音楽作戦に仏人参る　(武漢占領二週(ママ)年に贈る秘話)　田島清　談

『南京から九江に着いたのが二年前のけふ二十六日昼頃、(中略)漢口への廿七日午後五時ごろ着いてみると却つてひつそりとしてただ砲撃や爆撃で燃えてゐる火の手だけがすさまじいだけ、日本軍は入城すべからずといふ上からの命令で一人も入らず、ただ陸戦隊の一部と憲兵隊が入つてゐるだけだつた、某日はフランス租界を覗き(中略)フランス側ではコラン領事以下居留民達は戦々兢々、疑ひ深くおそれるばかり、しかも日本人を野蛮人だと思ひ込んでゐるから始末が悪い、(中略)そこで何もいはずこの際は日本軍のいふ事を全部承諾することが最も安全確実な方法であると説得して、フランス租界内の通行権、軍用電線の架設権、日本側に協力することなど全部を認めさせた、しかしあくまで日本人を疑つて、今にどんなことをやられるかわからぬと白い眼でにらんでゐる。(中略)陸軍軍楽隊を聞かしてやつたらよろこぶだろうとコラン領事に当つてみると、飛びついてくるだらうと思つたのにそいつあ困ると断つて来た、(中略)更めてに日本租界で音楽会を開くからフランス租界内通過の際、フランス守備隊司令部前で儀礼としてフランス国歌を演奏したいと申込んだらそれだけならばいゝと相変らずお高くとまつてゐる、山口楽長以下六十名がトラックに乗り守備隊前で整列フランス国歌を演ると（中略）、是非いま一曲と所望と来た、かくあらんとかねて用意のフランス音楽を（中略）、拍手喝采でアンコールをまたねだる、（中略）いや折角の御所望なれど先達つてわざ〳〵こちらから御慰問申し上げようと存じたのに対してお断りを受けた以上日本軍楽隊は辻芸人では御座らぬ、さらば御免とばかりサッサとトラックに乗つて引き上げた、（中略）前の失礼は幾重にも詫びるから是非しんみりと演奏会を催して欲しいと十度ばかりコラン領事は平身低頭、手を合はさんばかりなのを（中略）、十五日ごろやつと承諾して出かけるとフランス人倶楽部は大園遊会の設けよろしく居留民総出で大変な人気だ、山口楽長はフランス音楽学校出身だからフランス語は上手だ、音楽解説をやりながら演つた、感激昂奮の渦だ、二時間ばかり動く者なく、それからといふものガラリとフランス人の目の色が違つて来た、武漢戦をめぐる音楽作戦の大傑作であつた。』」（＊1）

定はこの時点では陸軍軍楽隊に所属してないが、その後、音楽によって融和を図る軍の意向に沿い、武漢近くの麻城県で1人、或いは少人数のリーダーとしてバイオリンを演奏して廻ったのではないかと思う。定の貢献によって治安維持会会長から掛軸をもらう他に理由が思いつかない。

山口常光は著書『陸軍軍隊史』の中で、中支派遣軍軍楽隊長として１９３８（昭和13）年から１９４２（昭和17）年7月までの丸４年間中国大陸に在ったと記している。軍人だけでなく、中国の方々に対しても演奏を行った様子を示す写真も掲載されていた。

その様子は、鷹尾正原作、今村貞雄監督によって１９４１（昭和16）年初旬に撮影された映画「戦う軍楽隊」として製作され、翌年の正月に公開されたが、戦後米軍に接収されたままだそうだ。

1938（昭和13）年10月には、西条（西條）八十、山田耕筰、古関裕而を含む作家、音楽家、演劇関係者、シナリオライターなど、報道機関関係者が軍の嘱託として、或いはマスコミ機関から派遣されて、報道や慰問団として戦地を訪れた。西条は「揚子江上の軍楽隊」という詩をつくり、『音楽乃友』11月号に掲載された。また、1941（昭和16）年の秋にも訪れている。古関の『露営の歌』も有名である。

温子は時々、定が女優の森光子の話をしていたと語ってくれた。話を聞いていた当時は意味がわからなかったが、彼女は満州や中国南方戦線での慰問団にいたというから、この時期に何らかの形で一緒することもあったのだろう。定が旧制広島高等学校時代に顔見知りだった杉村春子は、森光子とともに日本を代表する舞台女優になった。そして、二人は仲のよい師弟関係となった。定のことが二人の会話の話題になったこともあったかもしれない。

温子は定の中国での活動期間の説明でもう一人、森繁久彌と何かの縁で交友があったと言っていた。当時高校生だった私に、温子が「〝屋根の上のバイオリン弾き〟で有名な人よ」と言って身振りで説明したのを覚えている。森光子のことは〝でんぐり返し〟の人と説明した。今思うと温子が必死にぼんくらの私に記憶させようとしていたのがわかる。森繁からの〝はがき〟もそのときみせられた記憶がある。ただ私にはその字が読めなかったため何が書いてあるかわからなかった。

また、温子は定の音楽の恩師として永井建子や長橋熊次郎、それから外国人など数名の名前を挙げていたが、その中で一番お世話になった人物として、山田耕筰を挙げていた。当時、私は童謡の作曲家程度の認識しか持っておらず、温子も資料もなしに説明するので話が噛み合わなかった。ただ、名前を知っている人物であったから、そのことはよく覚えている。

山田耕筰は陸軍の少将格の顧問となっていて、軍服も持っていた。軍人として定が山田耕筰の活動に関与していたと考えればつじつまが合う。ただ、彼の自伝は軍に関わるまでの前半は広く読まれているものの、それ以降の話は出版されていない。

戦後、彼は東京裁判にかけられそうになり、なんとか免れているので、それが関係しているのか、未だそれを目にすることができない。

◇山田耕筰（1886～1965年）

1908（明治41）年　東京音楽学校卒業

1910（明治43）年　岩崎小弥太の援助を受けてドイツに三年間留学

1912（大正元）年　ベルリン滞在中に日本人として初めて交響曲『かちどきと平和』を作曲。

1914（大正3）年12月　東京フィルハーモニー会で交響曲『かちどきと平和』『曼荼羅の華』などを指揮。岩崎小弥太の信頼を得て同楽団を率いるが、女性問題などのスキャンダルで彼の怒りをかい、解散。

日本にオーケストラが必要だと感じた山田耕筰は、1917（大正6）年にアメリカに一年半の武者修行に旅立ち、2回にわたりアメリカの音楽の殿堂、カーネギーホールでの演奏会を成功させた。帰国後、1920（大正9）年に「日本劇楽協会」を設立し、その年の12月に日本初のオペラ演劇を成功させた。

この時、重要なキャストはロシアから招聘していた。彼らの多くはロシア革命で哈爾濱（ハルビン）に逃れていた音楽家だった。そこに注目した山田耕筰は、満州の哈爾濱で後の哈爾濱交響楽団につながる東支鉄道交響楽団を日本の模範として招致しようとしたが、その計画は1923（大正12）年9月の関東大震災によって一度は水疱に帰した。

1924（大正13）年、ドイツ留学から近衛秀麿が帰国。山田耕筰の活動に賛同して、再び哈爾濱などからロシア人音楽家を招聘して日本との合同オーケストラ「日露交歓交響管弦楽団」を組織した。これが、のちにNHK交響楽団となる大正15年結団の新交響楽団に繋がった。

NHK交響楽団は現存する日本で最古の常設のオーケストラとされている。山田耕筰はベルリンフィル、レニングラード・フィルハーモニー交響楽団など、世界的にみても著名なオーケストラでの指揮経験があり、本来多数の楽曲を作曲しているが、戦争を挟んでその多くが失われている。[*注1]

関東軍情報部直属の哈爾濱特務機関は、ロシア人によるオーケストラの存在に着目し、特務機関長・安藤麟三少将は設立当初から、哈爾濱交響管弦楽協会の顧問に名を連ね、ロシア人やユダヤ人の動向を探っていた。その後任が樋口季一郎、秦彦三郎、土居明夫であった。

東支鉄道交響楽団の招集活動で、山田耕筰の右腕として活躍した原善一郎も諜報活動に関わっていたようだ。[*注2]

山田耕筰が帰国後にオペラ運動を始める以前に、永井建子（1865〜1940）がいた。永井建子は陸軍軍楽隊幼年軍楽生となり主席で卒業しており、日清戦争に従軍した体験をもとに軍歌『雪の進軍』を作った。海軍の河合（かあい）太郎と同じく、歴代陸軍軍楽隊の隊長の中でも伝説的に有名な人物であった。1903（明治36）年にはフランスに一年留学し、帰国後は軍楽隊隊長となっていた。1910（明治43）年、日英博覧会のために35名を率いて途中多数の演奏を行いながら渡英した。

1907（明治40）年、永井建子は神楽坂の寄席舞台で一興を演じた。本人主役で軍楽隊の主要メンバーが出演者に名を連ねたという。〝おしろい〟まで塗っていたらしい。続く2回目は女子音楽学校生徒職員も一緒に演じたとの記録がある。当時、山田耕筰は東京音楽学校在学中であった。それがのちの彼のオペラ運動に繋がった。

その後、永井は帝国劇場の洋楽部長として管弦楽団のコンダクターをしていたが、1923（大正12）年9月1日の関東大震災を機に広島に帰った。

関東大震災の復興支援のために、いち早く藝術復興音楽会を開くのだが、その中心は山田耕筰と陸軍軍楽隊であった。両者はすぐに意気投合し仲間を集めて藝術復興音楽会を計画した。第1回の演奏会は

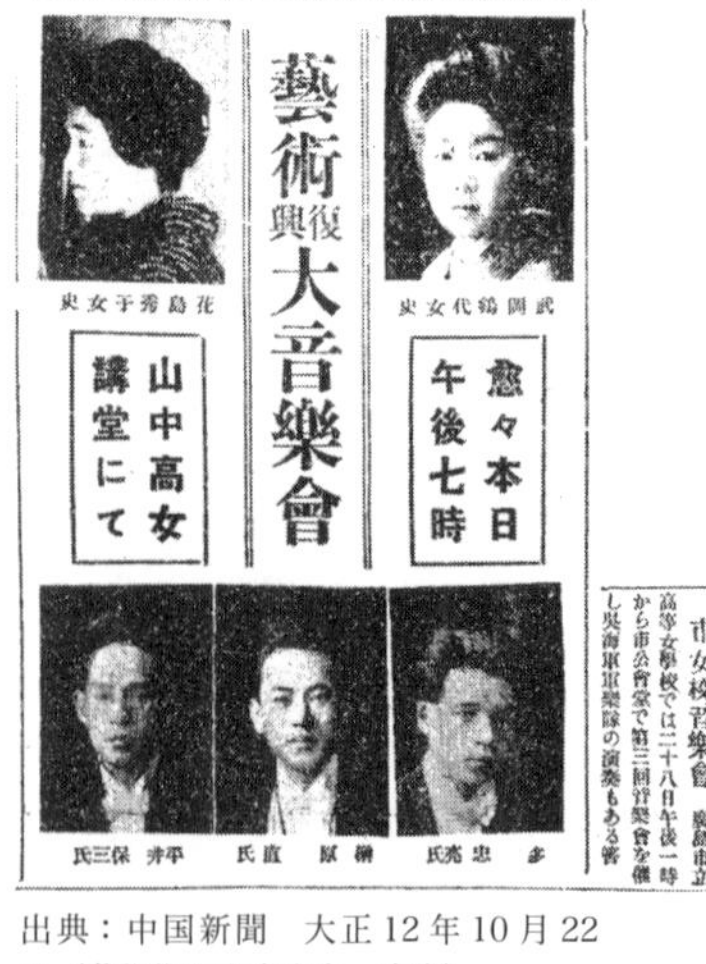

藝術復興大音樂會
愈々本日
午後七時
山中高女
講堂にて
武岡鶴代女史
花島秀子女史
多忠亮氏
榊原直氏
平井保三氏
市女校音樂會
廣島市立高等女學校では二十八日午後一時から市公會堂で第三回音樂會を催し吳海軍軍樂隊の演奏もある筈

出典：中国新聞　大正12年10月22日（藝術復興大音楽会　広告）

9月15日に明治神宮競技場、上野公園、日比谷芝公園で催された。この出来事は山田耕筰と陸軍との結びつきを強固にしたものであり、永井建子とのオペラの縁はここで発揮された。

この藝術復興音楽会のため、山田耕筰は広島にもやって来た。大正12年10月22日、山中高等女学校講堂において、山田耕筰の『月光に悼さして』『更衣曲』。榊原トリオのベートーベン1番の1及び11番。武岡鶴代のヴェルディ『トラヴィアタ』、ブラームス『五月の夜』。花岡秀子のビゼー『カルメン』、シューベルト『魔王』。平井保一のボッケリーニ『ソナタ』。多忠亮自作の「待宵草」などで、2千人の聴衆が酔いしれた。演奏会当日突如この演奏会は大幅に曲目が変更され、幼年向けの童謡などがなくなった。演奏会当日の広告の横にあった広島市立高等女学校の音楽会の公告と当日の客層が原因かもしれない。

演奏会の中で『復興の歌』を講演すべく、山田耕筰は語るのであった。

「今回の震災が傷ましい事実に違ひなかったけれど、新な次の時代の生活になくてならない音楽を築く機運を作ってくれたことを悦ばなくてはならない。従来の音楽は全く或る一部分の人の享楽、遊戯にすぎず唯頽廢に陥ってゐた。これからは純で汚れなき内在する力を歌はなければならない。確かな形の中に魂を流すことが必要である。未だ未だ音楽は芸術の中でも開かねばならぬ扉が多い。一日音楽の復興が早ければ、一日國民の生活を和げることになることを信じ日本人の生活に正鵠を得た音楽を創造しよう。」（＊2）

定は17歳。呉中学に在学中で、バイオリン練習に燃えている時だった。藝術復興音楽会が山田耕筰を初めて見る機会だったと思われる。この音楽会は広島山中女学校で開催されたことから長橋八重子が関係しており、長橋熊次郎はじめ、竹内尚一、岡田二郎、杉村春子もこの会場にいただろう。杉村春子は昭和15年「夜明け（黒船）」三幕の大作全編の初演で山田耕筰と共演する。

楽曲といい、山田耕筰のメッセージといい、この演奏会は定たちに大きな影響を与えたに違いない。この中に、陸軍軍楽隊に弦楽器を教えた平井保三がいたのも注目に値する。また、永井建子は丁未（ていみ）音楽会に出演していた定に興味を持っただろう。

定が丁未音楽会で永井建子の話を聞いていたなら、それが陸軍への興味の入り口になったようだ。私はきっと、神楽坂の一件などの話をおもしろおかしく語られただろうと想像する。もちろん、その頃活躍中の山田耕筰のことも続いただろう。定の目はそれを聞いて輝いたに違いない。

当時の丁未音楽会を率いた長橋熊次郎も東京音楽学校を卒業していた。１９０７（明治40）年に入学し、永井建子のオペラの武勇伝を山田耕筰と共に目撃していたことになる。そんな話に同調してオペラ活動の重要性を一緒になって説いたのではなかろうか。広島出身の名陸軍軍楽長とオペラと関東大震災が山田耕筰と定の縁を作ったのかもしれないのだ。温子もこの演奏会と小さな記事（90ページ）が山田耕筰の縁だったらしいことを言っていたのを思い出す。山田耕筰にもこの時定の噂が伝わったのかもしれない。

永井建子は音楽に興味を持った若者や子供たちに囲まれて、終戦前の１９４０（昭和15）年に亡くなった。

定は備後歩兵第41連隊の訓練を経て、半年後の１９３３（昭和８）年に26歳で日本医科大学の予科に入り直しているが、そこで学ぶ内容は旧制広島高等学校で学んだ4年間のものとかなり重なっていたと思う。少し年上で少尉として在学していたこともあり、医学といえどもかなり時間が取れたはずだ。

私はその間に軍からの命令が何もなかったとは信じられない。私の想像では、定は特務機関の兵士となるための教育を受けたうえで諜報活動をしていたのではと思う。

日本陸軍の情報機関の一つで、秘密戦要員の養成機関として陸軍中野学校があった。諜報や防諜、宣伝などに関する教育や訓練を目的としており、諜報員になる人の多くは社会経験をもった20歳を過ぎた青年で、士官学校の生徒と比べて社会的視野は広かった。

陸軍中野学校に入校した学生のうち、士官学校の卒業者は全体の10％にすぎなかった。特別志願、幹部候補生出身の将校、だから少尉や中尉ぐらいの人が多かった。

最初は後方要員養成所という名前の機関であった。占領行政をさせる要員でもあったのである。教官は参謀本部の人や特殊な知識を持ち合わせている学者だった。養成所の所長である秋草中佐の前任地は満州の哈爾濱特務機関で、特にソ連の情報が当時もっとも重要視されていた。１９３５（昭和10）年に石原莞爾の発案で諜報部門の強化に着手。満州での活動を重視しており、音楽関係の人々は情報ソースとして期待された。

◇中野学校で教えた科目

国体学、思想学、統計学、心理学、戦争論、兵器学、交通学、築城学、気象学、航空学、海事学、薬物学、外国事情、語学、諜報、防諜、宣伝、経済謀略、秘密兵器、暗号解読、秘密通信、写真術、変装術、開鍼術、開錠術、剣道、合気道、忍法、犯罪捜査、法医学、陸軍通信、自動車運転、航空操作

◇見学場所

回向院、明治神宮、靖国神社、松陰神社、陸軍造兵廠、東京湾要塞、東京日日新聞（現毎日新聞）、ＮＨＫ、東宝砧、中央気象台、無線電信所

そういえば、中野学校出の残留諜報員だった小野田寛郎の任地は、定が配属されたニューギニア東部戦線に近いフィリピンのルバングで、横井庄一も近郊のグアムであった。

「謀略は誠なり」秘密戦士の人格の陶冶と滅私。至誠の精神の涵養を最重要点として鍛錬したとある。「中野は語らず」を伝統としたという。また、彼らは昇進を嫌がった。昇進すれば仕事がやりにくくなるからだ。中野学校では普段は長髪で背広が基本であった。軍服はいらない。そして、死んではならないと教わる。このあたりがエリート将校との違いではなかったか。大学を途中まで行った人物が重宝がられたようだ。しかも理科系というのも都合がよかった。

実は定が残したスライドは段ボール箱２箱ぐらいある。その半分は被爆女性たちと渡米した時のものであったが、それだけではなかった。ロンドン、ミュンヘン、カイロ、チューリッヒ、バーデン、オルテン、

フォラニーニなどの都市やフランス、トルコ、イラン、タイのどこか。アメリカと思われるスライドもあるが、被爆女性たちと渡米した時のものかどうかは区別がつかない。

スライドケースのラベルにある地名は他にもある。パリ、ベルリン、マドリード、ハンブルグ、ニース、ローマ、ベネチア、ジェノバ、モンテカルロ、アテネ、ウィーン、ニューヨーク、ヨセミテ、サンフランシスコ、ワシントン、特に、ベネチアとカイロ、モンテカルロのケースが多かった。

航空写真もいくつかあった。どこのものとも知れない劇場内の写真。その中にドイツ軍服の人物が写っていた。残念ながらぼやけていて人物は特定できない。ちなみに樋口季一郎中将は著書の中で、当時、諜報活動として、航空写真が非常に有効だったと記している。

しかし、ほとんどが風景写真である。ときどき人物が写っているが、そういうのに限ってぼやけている。おそらく本当に確信的なものは処分したあとなのだろう。ちなみに生前、温子は海外に行ったことがないと言っていた。したがって、これらの写真は戦前か、戦後定が一人で海外に行って撮ったものとわかる。

一般に知られているように、中野学校は諜報活動を行う人々のための学校である。1937（昭和12）年に設立の動きが始まり、第一期の生徒は1938（昭和13）年である。当時、陸軍は諜報活動

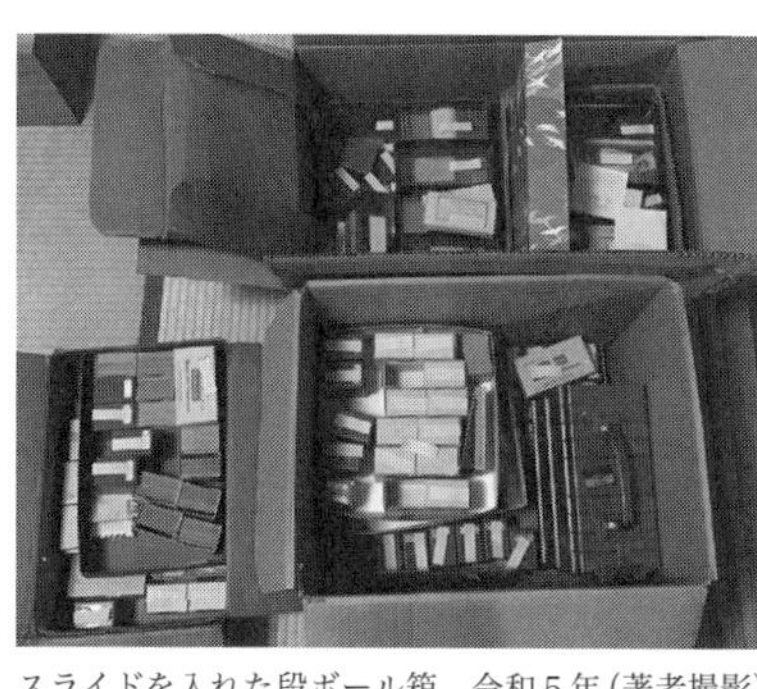
スライドを入れた段ボール箱　令和5年（著者撮影）

の有効性を認め、工作員の緊急増員を図るためにこのような機関を創ったのだ。教育期間は一年である。定はその時すでに32歳、日本医科大学をかなり遅れて卒業する間近であった。諜報の訓練は終了していたと思う。

中野学校の名簿に定の名前はない。だが、日本医科大学を卒業する1939（昭和14）年春時点での定の住所は、「東京市杉並區高圓寺七丁目九百貳拾九番地ホープアパート内」となっていた。この場所は中野学校から200メートルほどであり、山田耕筰もその中野学校で少なくともフランス語および文化や実情を教えていたことが知られている。

山田耕筰は1948（昭和23）年に脳出血で倒れ、体が不自由になった。その後も音楽活動は続け、1950（昭和25）年には日本指揮者協会の会長になり、放送文化賞や文化勲章を受賞している。戦前に作られた多くの交響曲のほとんどは失われ、戦後新たに作られることはなくなっていた。本番以外は指揮も行っていたそうだが、本番はほぼ指揮は振らなかった。私には彼が活動を制限されていたように感じるが違うだろうか。山田耕筰は戦前の日本の西洋音楽界の第一人者である。しかし、戦争時代の彼の活動は軍と関係していたため多くが秘匿されている。戦後には東京裁判にかけられそうになり、関連した人々には圧力がかかった。したがって、弟子は本当はもっといただろうが、名乗り出る人は非常に少なかった。

私は単なる音楽好きの素人だから言わせてもらう。私のような立場の人間でなくては言えないことがあるのではないかと今は感じる。山田耕筰の愛弟子で知られる團伊玖磨（だんいくま）は、山田耕筰著作の『はるかなり青春の調べ』のあとがきで、彼がいつも次のような言葉を言っていたと証言している。

「『交響楽運動と、オペラ運動は、誰かがやらねばならないのだ。日本は文化というものに理解が乏しいのだから、外国のように国や地方自治体の補助、企業やお金持ちの援助はあてにできない。どうしても、このように音楽家自体の自己犠牲のうちに音楽を進めなければならない。これは残念なことだが、いまの自分はその立場にあるんだ』ということをいつも言われていました。」（＊3）

定もこの言葉に影響を受けたのだろうか。

定はバイオリンが弾けただけでなく、機械の旋盤工としての知識や技術があった。また、戦後に被爆女性をアメリカに迎えに行ったときの証言に、語学力が秀でていたと聞いている。終戦後に海外経験をすることはかなり限られていたので、日本医科大学時代までに経験したものと思われる。戦前の医学はドイツ語であったので、英語、ドイツ語も話せた。日本医科大学に在学中には、ロシアへの音楽留学の話があったと言うから、ロシア語もできたのかもしれない。中国での活動も長期間であったことを考えると、中国語にも精通していただろう。

戦後、定はモーターボートを操縦していたし、１９３６（昭和11）年には当時とても高価なドイツモデルのカメラを所有していた。入院患者もいる病院と一体の自宅でシェパード犬をうまく飼い慣らしていた。定は新しい技術があると直ぐに取り入れ、進取の気性に溢れていたと聞く。

温子は定の過去について、恩師が山田耕筰であることの他に中野学校に関係することも語っていた。

当時の私は中学の野球部に入り、野球に夢中だった。私は中野学校の存在すらよくわからず、「それ何?」と聞き返したものだが、その時の温子は困り顔だった。自らの不見識を恥じるばかりである。後に自分で調べるのだが、その概要を見て余計に聞けなくなってしまった。正直いって恐怖を感じていた。

それからの私は自分から定のことを温子に聞くことを躊躇した。後悔している。温子の孤独感を少しでも理解すると同時に、申し訳なく思うのである。

温子は定の遺品を残してくれていた。しかし資料などはかなり処分してしまった。それでも中国新聞の西村文記者や広島交響楽団のライブラリアン・松田弘美にその穴を埋めるべく資料をいただき、定の面影を追っている。

定の行方に関しては、終戦近くになると少し情報がある。

定が終戦(8月15日)を迎えたのは、当時陸軍のアジア最大の航空基地であった福岡の大刀洗に存在した**「第五航空教育隊」**となっている。この部隊は戦闘機を含む航空機の整備や、保守点検要員の育成のために創設された学校のような組織である。終戦時の将校名簿には、呉宮原の自宅と並んで福岡県朝倉郡三輪村栗田という住所が記載されている。そこに家でもあったのだろうか? なるほど、定は旋盤を使えたので、その部門に配属されたのかと思った。

しかし、復員は1946(昭和21)年の2月であり、ニューギニアで終戦を迎えた第47飛行場大隊の帰還の時となっていて、不自然である。

他にもこんな情報を得た。

1945（昭和20）年4月20日に発令された「陸軍異動通報」には、

「註　招集将校ナリ」、陸軍異動通報　第九拾九號　四月三十日

「陸軍軍医中尉　第51教育飛行師団　髙橋　定　任陸軍軍医大尉」とある。

予備役陸軍軍医中尉だったはずの定に予備役という言葉がはずれてこんな命令が出ている。第51教育飛行師団は教育機関のようにみえるが、元第一飛行集団司令部が名前を変えたものであり、事実上の陸軍航空部隊の「参謀」である。岐阜県各務原陸軍飛行場の北側に位置し、暗号などを取り仕切っていた。

大本営は、昭和20年1月20日帝国陸海軍作戦計画大綱を作成した。

昭和20（1945）年2月13日、第五十一教育飛行師團は第五十一航空師團に改編され、全軍特攻化による航空決戦の準備にあたるなか、8月15日、『大東亞戰爭終結ノ詔書』を拝し、16日、停戦を迎えた。

先述の第51教育飛行師団の令状はその流れにもとづいて発表されたようである。

定はおそらく飛行機にも乗れた（中野学校では、短期間ではあるが飛行機の操縦も教えた）。

不思議な話だが原爆ドーム近くにある島病院の院長だった島薫は、定を追想文の中で次のように述べている。

「私がはじめて高橋君と相知ったのは大東亜戦争の末期で、私の病院の隣のビリヤードであります。変なことから意気投合し、今年に至るまで親交をつづけました。」（＊4）

私の義父・宮川明の従兄弟に田邊雅章（本名・田邉俊彦）がいる。戦争時、田邊はまだ子供だったが、当時のことを次のように語っていた。

「院長の島薫さんは私の父と仲が良かった。休日や土曜の午後など、父はよく、裏木戸を出て近道を抜けて、島病院の南隣りにあるビリヤードへ出掛けた。島院長は好敵手だったのだろう。」（＊5）

2人ともビリヤードを相当楽しんでいた。その様子が田邊雅章の著作に書かれている。そんな中

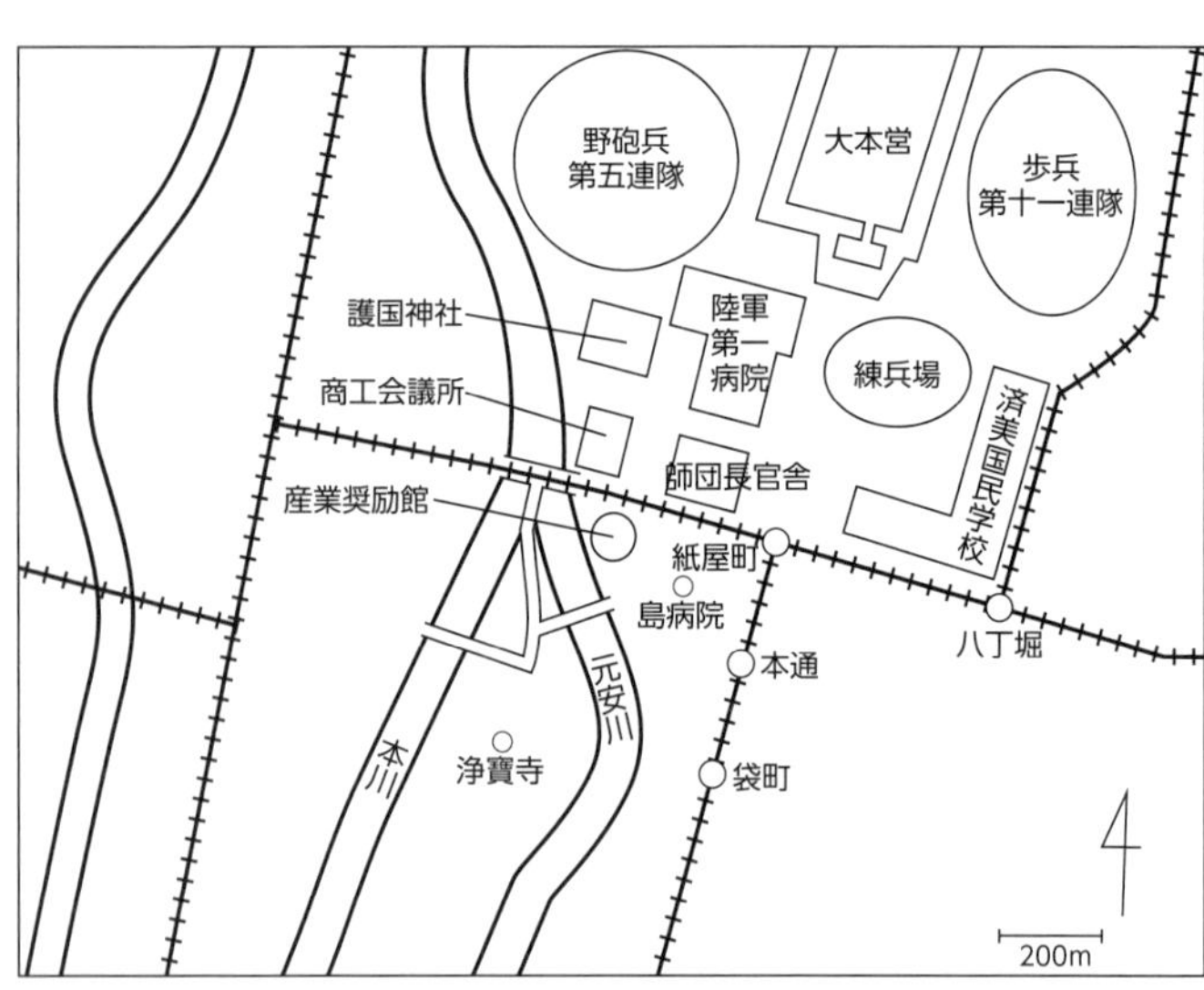

戦前の広島市中心部

に定も仲間に入れてもらったと思うと感慨深いし、このような記録を残した彼に感謝したい。彼の父と入れ替わりに、戦後、定は島薫と大変懇意にしていただいた。

また、そこで定と田邊雅章の父は顔を合わせていたかもしれない。2人は1歳違いだった。田邊雅章は日大芸術学部を卒業後、中国新聞社に勤めていた。退社後はナック映像センターを設立。原爆ドームを含む爆心地の復元のための映像作りにおいて功績が称えられ、広島市民賞、広島文化賞を受賞している。

終戦時に大刀洗の飛行場にいたのは、陸軍の特攻隊にかかわっていたからであろうか。特攻隊は海軍ばかりではない。半分近くは陸軍であり、その最大の基地は大刀洗であった。というより当時アジア最大の飛行場だったのだ。

復員を記録した第47飛行場大隊の留守名簿には意味不明な**沖縄**の朱印が押してあった。これは、定が何らかの形で沖縄に出て、行方不明になった痕跡である（口絵3）。

よく見ると定の欄の上に、「行方不明」「未到着」「バ〇入院」と書かれた文字が二重線で取り消されてあり、その上に「復員」と記されている。

前述のビリヤードの話であるが、そういうことで定が広島陸軍病院に入院していたのかもしれない。広島陸軍病院はかつて広島市民球場のあった場所一帯にあった。回復間近になり、ビリヤードに行っていたのかもしれない。島薫の島病院は原爆ドームの近くにあった。戦後、医師会でも中心的な役割を果たし、被爆治療にあたった島は、原爆が投下された日には、県北へ出張に行っていて被爆を免れたということだった。田邊雅章の父は、既に原爆症の症状が出始めて動けない状態にあり8月15日に亡くなった。

ニューギニアで終戦まで逃避行していたはずの第47飛行場大隊所属の定が、なぜ終戦時に大刀洗にいたのか。不思議だがそういうことなら謎が解ける。

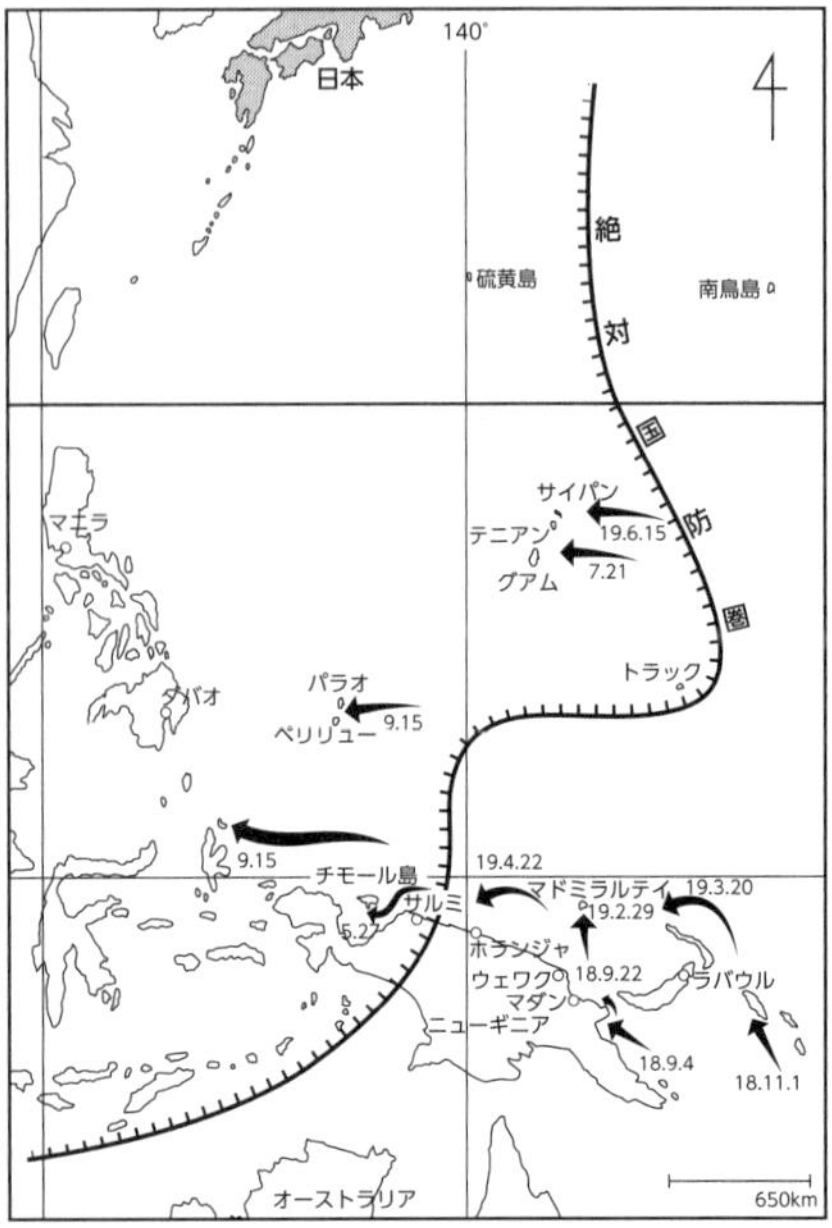

米軍の進攻概略図　昭和18年～19年9月

1943(昭和18)年6月に広島からラバウルに到着した第26飛行場中隊はニューギニアへ転進し、定は1944(昭和19)年2月22日にニューギニアのウェワクの海岸からブーツあたりに駐屯していた第47飛行場大隊に改編されて異動した。その頃米豪連合軍は日本軍の絶対国防圏と考えていた境界線を突破し、ウェワクの海岸沖にあるマドミラルティを占拠し、さらにウェワクより西海岸のホランジャを4月には制圧していた。

その後、連合軍は6月15日サイパン、7月21日グアム、9月15日ペリリューと次々と占拠していった。ウェワク、ブーツ地区にいた定の部隊は取り残されたうえ、食料の問題も抱えていた。そのため、連合軍の進出を少しでも妨害する目的で、1944（昭和19）年の4月から8月にかけて決死のアイタペ作戦を行った。海上にも連合国の強力な艦隊が停泊し、定たちの部隊の補給線は絶たれ、無力化されていた。

その頃はまだ、ニューギニアと日本との海域は完全には制圧されていなかったので、ある程度の飛行機部隊は敵の防衛線を突破できたかもしれない。口減らしなどと揶揄されたアイタペ作戦は敗北に終わり、ウェワクまでの撤退路は「白骨街道」とか「銀バエ街道」などと呼ばれる凄惨なものとなる。

例えば、慶尚北道大邱歩兵80連隊は95％、京畿道龍山歩兵78連隊は97％の兵員を失った。1945（昭和20）年に入ってニューギニアを落とした米軍は沖縄に目を向けることとなる。これは沖縄周辺の制空権をあちら側に奪われてしまったことを物語っている。2月に硫黄島、3月から沖縄での戦闘が始まり、戦線は日本列島に近づいていった。

この状態ではニューギニアから日本に帰るために、途中、給油しながらの突破は見込めない。

定が沖縄で行方不明であった時期があるというなら、それでも1945（昭和20）年4月において戦闘可能であったというなら、沖縄で脱出中に遭難し、何らかの形で救助され、本土に情報を持って軽傷で帰還したのではないかという推測が成り立つ。おそらく復員の際、第47飛行場大隊と一緒だったのは、終戦後、大尉に昇進していた定が迎えに行ったからではないだろうか。

しかし、定は復員後、軍服でなく平服でふらっと呉の自宅に一時帰郷したことがあると聞いた。その頃、クレトイシの前身である呉製砥所はオーストラリア軍に占拠されていた。本当に一時帰郷だったようである。

第51教育飛行師団所属でもあったのなら、空からの偵察を主な仕事にしていた可能性がある。終戦近くの諜報はそういう役割になっていたのではないだろうか。樋口季一郎中将の回顧録にも、それが非常に有効であったと記述がある。当時の通信技術で画像データを送るのは難しかったことにも起因する。

終戦近くでは、陸海の航空部隊は協力体制をしいて機能していた。内地の飛行隊を総括、コントロールする教導航空軍は、1944（昭和19）年12月に「第六航空軍」（靖兵団）と改められ、1945（昭和20）年3月20日以降、名目上は連合艦隊（実質的には九州・鹿屋の第五航空艦隊）の指揮下に入り、統一指揮が行われた。

特攻が行われた当初は、海軍の特攻機が突入する前に、陸軍第六航空軍の100式司偵はしばしば銀紙を投下して、敵のレーダー派を混乱させた。

日本陸海軍航空部隊は1945（昭和20）年4月から6月に10回にわたり、沖縄航空総攻撃を決行した。しかし、4月30日までに既に5回の攻撃が行われ、みな疲弊しきっていた。陸軍第六航空軍は海軍と離れ、単独で沖縄に航空攻撃を行うこととなっていた。海軍は労多い空母への攻撃に専念するというものであった。

その判断の理由の一つに、陸軍の洋上偵察能力が劣るというのがあった。従って陸軍は偵察能力を緊急に上げる必要性があったのである。

6回目の攻撃は5月4日から（定が参戦したならこれが最初）様相は大いに変わった。特攻機が離陸してもその多くが故障で帰ってきてしまうのだ。中継地の喜界島にはエンジン不調を理由に不時着し、そのまま居着いてしまうパイロットもいた。彼らのために輸送機を送って収容し、隊員を再編成する。取り調べのうえ、明らかに出撃を退避したものは福岡の憲兵隊に送られ、収容所に入れられる。

しかし、実際に故障が多かったので、どれが故障で、どれが体当たりを拒否したのかわからなくなった。5月6日に再出撃はするが、当初の計画の航空機の3分の1しか出撃できない有様になった。整備不良で発進できなかったといわれる。つまり、定が令状をもらって1945（昭和20）年4月30日に第51教育飛行師団に着任してから、急に航空整備部隊が機能しなくなったということになる。確かに整備員は過労気味で栄養不足であり、数か月間休養もなかった。工具も資材も不足し、飛行機本体を作っているのは旧制中学や女学校の生徒という状況だった。熟練工はみな前線に行ってしまった状態だった。とはいうが、急展開である。

定は終戦時に福岡・大刀洗の第五航空教育隊にいた。そこは飛行機整備士の教育機関であり、飛行機の整備もやっていた。定の着任と飛行機の故障は何か関係しているのかもしれない。

5月11日から始まる第七次攻撃もむなしく、沖縄の首里城が5月21日に米軍に占領されてしまう。呉海軍兵学校で訓練を受け、水交社で楽しんだであろう、一万人の若き海軍陸戦隊員も死力を尽くして戦った。6月18日、部隊を率いた大田実中将は豊見城の海軍濠内で拳銃自決した。

6月23日、沖縄の第32指令官・牛島満中将が「もはやこれまで」と、洞窟内で自決。実質的に沖縄戦は終了した。6月18日に米軍第10軍司令官・サイモン・バックナー中将が迫撃砲弾で戦死した後だった。

沖縄戦での米軍の戦死者は12000人余り、日本側はその9倍の犠牲を出した。陸軍は沖縄に931機の飛行機を送ったが、海軍より51機少なかった。それでも、米軍は艦船を26隻撃沈され、368隻損傷、763機の飛行機を失った。

これらの戦歴から当時の状況を照らし合わせて、私が想像してみた結果である。

この沖縄戦までに多くの戦闘機と主力の航空隊員は犠牲になっていた。すなわち日本国内の制空権はアメリカに奪われてしまったのだ。ここからの国内への空襲は激しさを極めることとなった。制空権を取られると物資輸送もままならなくなり、物資の残量を見ながらの難しい戦いに突入した。


音楽の街だったはずの広島と呉に悲劇が訪れる。呉には昭和20年3月18日から空襲はあったが、特に6月22日の大規模爆撃以降は熾烈になる。その後7月に3回大規模に爆撃。特に7月28日のそれは沖縄出撃機494機含め千機以上の軍用機で集中砲火し、日本最大の軍事要塞だった呉海軍基地も力尽きた。この頃日本は完全に制空権を奪われていた。そして8月6日広島に一発の原爆が落とされた。その翌日、広島と呉の〝露わな姿〟が米軍の偵察機によって空から連続して詳細に撮影記録された。これは、原爆の威力を測るための彼らの人体実験であった。一瞬にして多くの方々が亡くなった。広島の平和資料館に行くとよく分かる。１９４４（昭和19）年の段階でアメリカとイギリスの間で日本に原子爆弾を使うことは合意されていた（１９４４・9・18ハイドパーク覚書。広島平和記念館所蔵）。その中で、その対象を「Japanese」と記してある。これは地名としての日本ではなく、日本人に落とすと解釈するしかないと思う。また、当時のある米国将校の手記には、米国の空襲があまりに激しすぎて、核実験の効果をうまく計れるのか心配した記述があった（広島平和記念館資料）。

しかしである。これも両論併記というべきであろう。日本軍はおそらく世界で最初に核兵器の開発に成功していた。１９４５（昭和20）年8月12日、その実験は現在の北朝鮮興南沖で行われ、それを世界に証明していた。そして3日後に終戦のための天皇陛下の玉音放送があるのである。

その開発情報は、同盟国であり戦況が厳しかったドイツに渡り、それを元にドイツでも核兵器の開発が成功したのであった。皮肉な話だが、ドイツに潜んでいたアメリカの諜報部隊はそれを掴み、アメリカも核開発を開始した。しかし、成功する前にドイツ製の核兵器がアメリカの手に渡り、それが日本に落とされたのだ。これはロバート・ウィルコックス著／矢野義昭訳『成功していた日本の原爆実験』や矢野義昭著『世界が隠蔽した日本の核実験成功』、高橋五郎著『スパイ〝ベラスコ〟が見た広島原爆の正体』を読めばわかる。

これらの著書を理解した上で考察するならば、自ら開発した核兵器がまわり廻って自らにかえってきたことになる。我々日本人は、加害者ではなく被害者になった。日本のトップはそれを選んだ。なかなかこの議論に入るのは勇気がいる。その決断によって、世界は救われたともいえる。もし日本が使っていれば核兵器の打ち合いになり、世界は滅んでいたであろう。

終戦時の昭和天皇のお言葉「耐え難きを、耐え、忍び難きを、忍び」の本当の意味はここにあったと私は思う。その心痛はいくばくであろうか。陛下は平和憲法が制定されたことを大変喜んでおられた。英・米はそんな日本を大変恐れた。「二度と日本にあのようなことをさせてはならない」と。日本人の本質を知らない彼らは核兵器を開発した日本にそれを落として、どのような状況になるのか実験したのである。

誰が悪いという議論をしても仕方がない。我々人類はそこまで技術革新していることを自覚せねばならないのである。あれから80年近く経過する。技術革新はあらゆる分野で進んだ。

２０２０（令和３）年のコロナウイルス騒動は我々に警告している。もっと殺傷能力があり、感染力があったならどうなったか。それを人工で操る技術を人類は既に持っている。遺伝子組み換えも人類を滅ぼしかねない技術だ。これらの技術を真剣に戦いに使えば、核兵器に匹敵する破壊力が生まれる。

我々はそれを自覚し、抑制せねばならない。一時の判断で我々はいつ滅亡の道に進んでしまってもおかしくないのだ。戦争をやっている場合ではない。本気でやれば世界は終るのだ。だから心を協和せねばならないのである。

音楽はそれに少しでも役立つかもしれない。世界中の人々が共感する音楽を広島から発することができれば、それはきっと役に立つ。多くの人々に「ヒロシマから発する」という意味をもっと深く感じてもらいたい。

丁未音楽会で定がお世話になっていた長橋熊次郎の妻・長橋八重子は広島の自宅で被爆して帰らぬ人となった。

岡田二郎も被爆死した。彼は東京音楽学校の予科（バイオリン）を卒業後、研究器楽科（バイオリン）にも進み、それも１９３１（昭和６）年に卒業していた。そのまま同校の教官（助教授）も務めた英才であった。彼は同校の管弦楽部員として、マーラーやブルックナーの日本初演を行い、また横須賀の海軍軍楽生の指導にもあたった。戦況の悪化を受けて終戦の年、１９４５（昭和20）年３月に広島に帰郷し、県立広島第二高等女学校で教師をしていた。

「（中略）原爆投下により爆心地から2．3キロの南観音町（広島市西区）の自宅が全壊・全焼したため、３００メートルほど先の母親の里へ逃げヴァイオリンも避難させたが、爆心地で恩師や親戚を探して被爆し8月25日に死亡。」（＊6）

その恩師の一人は長橋八重子の他、定の恩師も含まれていたであろう。

彼は長橋熊次郎夫妻の自慢の弟子だったはずだ。岡田二郎と定がどの程度接触していたのかはわからないが、定が彼に憧れを抱いていたことは容易に想像できる。まして同じバイオリニストだった。広島に帰郷の際には顔を合わすこともあったであろう。或いは旧制広島高等学校時代には、丁未音楽会の練習会で年の近い定、竹内尚一、岡田二郎の3人が長橋熊次郎のもとで練習することもあったかもしれない。

長橋八重子は広島市内の女学校の音楽教師を一手に担っていたようで、教え子が多かった。その一人に歌手の二葉あき子（本名・加藤芳江、1915～2011年）がいた。彼女は県立広島第二高等女学校（現広島皆実高校）で長橋八重子に師事し、東京音楽学校を卒業、県立三次高校で教鞭を執る傍ら、レコードデビューを果たした。1951（昭和26）年から始まるNHK紅白歌合戦には、第1回から第10回まで連続出演した。

浄寶寺管弦楽団を生み出した住職の諏訪令海も原爆の犠牲になった。浄寶寺は現在の平和公園の中の炎が燃えている慰霊碑のあたりにあった。その跡形を確認するのが難しいほどの全滅である。多くの音楽愛好家がそこにはいた。永井建子に育てられた彼らの多くは原爆の犠牲になった。

現在、浄寶寺は大手町3丁目に移転し存在している。その意志は引き継がれ、1949（昭和24）年には同じく本願寺派安芸教区の中区猫屋町の明教寺の住職を中心に広島音楽高等学校が設立された。この学校からは、ジュネーブ国際音楽祭で優勝した萩原麻未（ピアノ）、小島秀夫（バイオリン）などが輩出されたが、2022（令和4）年をもって廃校となっている。諏訪令海が生きていたらという思いは関係者にはあるだろう。その他、ほぼ全ての音楽施設は全半壊し、多くの音楽家の卵が命を失った。

「山中高女では、昭和十九（一九四四）年から三・四年生が動員されていたが、昭和二十年には一・二年生も動員されるようになった。」（＊7）

「建物疎開への学徒隊の大量投入は八月三日から始まったが、山中高女では八月五日から一〇日間の予定で、一・二年生約四七〇名を動員して、広島市役所裏の広島市雑魚場町での建物疎開に従事していた。なお、雑魚場町への動員学徒総数は十三学校約二、四四〇名であった。八月六日午前七時三十分、山中高女の生徒三三三名（出席率約七二％）は三名の引率教員の下、作業場付近の富士見橋のたもとに集合し、その後炎天下で瓦運びや木材の片づけ作業に従事していた。その時、原子爆弾の閃光が光ったのであった。『恐る恐る顔をあげたとき写った友達の姿はどす黒く、腫れ上ってお化けのようだった』。身につけた衣服は『ボロボロ』『全裸で、胸のあたりに白い布きれが少し残る』『ズロースだけ』に変ぼうし、『頭髪焼失』『全身火傷』などの傷害を受けた。被爆当日に三五％の生徒が亡くなり、一週間後には九〇％のものが亡くなった。そして、一ヶ月後までにほとんどが死亡した。建物疎開に従事していた山中高女一・二年生の生徒三三三名中、昭和六十年段階で生存しているのはわずか二名のみであった」（＊7）

1945（昭和20）年4月に開校したばかりの広島女子高等師範学校の生徒は全員被爆したものの生き残るものが多かった。広島大学に統廃合され、福山に移転し福山分校として存続、音楽科はこの分校に存続していた。その後、広島大学は東広島に移転した時、音楽科もそちらに移転した。福山においては、その後裔として共学の広大附属福山中・高等学校として今も残っている。

呉海兵団軍楽隊が主に活躍した他の広島・呉の女学校の犠牲は酷かった。

広島市立女学校は、教職員も併せて676名が犠牲となった。爆心地近くの建物疎開作業中に被爆した1、2年生はほぼ全員である。市内の学校の中で最多だった。その後裔は市立舟入高等学校として共学の学校として現在に至る。

広島女子高等師範学校体育館内部（1945年11月1日、米国戦略爆撃調査団撮影、米国国立公文書館蔵、広島平和記念資料館提供）

広島高等学校（1945年11月12日、米国戦略爆撃調査団撮影、米国国立公文書館蔵、広島平和記念資料館提供）

広島県立第一女学校は、爆心から650mの校舎は倒壊の上、焼失した。教職員も併せて300名が死亡。移転して合併分裂などを繰り返し共学となって県立皆実高校として現在に至る。

進徳女学校は、３年生は袋町の中央電話局（爆心地より５４０ｍ）に動員され、２年生は鶴見橋（同じく１．４㎞）の建物疎開作業に動員されており、教職員も併せて３８５名が犠牲となる。現在も移転して存続している。

呉市立女学校、県立呉第一女学校は度々の空襲を受け終戦、戦後定の母校呉一中（在校時呉中学）と共に統合され改名し県立呉三津田高校として現在に至る。

＊注1　山田耕筰は昭和11年仏からレジオンドヌール勲章、昭和15年演奏家教会初代会長、昭和19年日本音楽文化協会会長、昭和31年文化勲章が授与されている。

＊注2　井口淳子「戦時上海の文化工作　上海音楽協会と原善一郎（オーケストラ・マネージャー）」

【引用文献】

＊1　山口常光（編著）『陸軍軍楽隊史―吹奏楽物語り―』（有）三青社出版部、１９７３年
＊2　『中国新聞』１９２３年10月24日
＊3　團伊玖磨「解説に代えて」『山田耕筰「自伝　若き日の狂詩曲」』山田耕筰、株式会社日本図書センター、１９９９年
＊4　島薫「広島市民交響楽団生みの親　高橋理事長の追想」『島薫あれもこれも』紺野耕一（編）、島忍、１９８３年
＊5　田邊雅章『原爆が消した廣島』株式会社文藝春秋、２０１０年
＊6　「声聴館アーカイブコンサートⅡ～原爆の日にあたって」『東京芸術大学演奏芸術センター・東京芸術大学演奏芸術プログラム』２０２２年
＊7　広島大学50年史編集委員会　広島大学文書館（編）『広島大学の50年』広島大学出版会、２００７年

第四章　被爆者支援と交響楽

髙橋病院の前の定と温子　昭和30年代初頭

温子（やすこ）は島薫（かおる）を慕っていた。写真に映る薫風会での定（さだむ）と温子は本当に楽しそうにしている。

定と温子は、ＮＨＫ広島交響楽団第1回定期演奏会の直後の１９４８（昭和23）年11月に入籍している。当時、定は42歳、式は挙げていない。二人の馴れ初めを聞くと、どうも島薫が関係している。

岡山市内の当時有名だった喫茶店で、顔を合わせたそうだ。そして、その足で温子の実家に向かったという。島は二人にとって仲人のような存在だった。終戦後、定は島の誘いで広島の中心地に進出した。私は温子の養子となった頃、島のところにお年始などの挨拶で同行したことを思い出す。

定と温子は15歳の年の差婚であった。考えてみれば、定は軍関係の医師で原爆の放射能のことも知っていたと思う。その事も理解した上で温子は27歳で嫁入りした。温子の本名は永井完（さだ）。「さだこ」とも

温子と定。昭和 23 年頃　場所不明

薫風会でたのしむ定と温子　昭和30年頃

呼ばれていたが、本人はこの名前が大嫌いで、大学の卒業アルバムには妹の名前を使っていたほどである。

完は女の子は最後にしてほしいという意味でつけられたそうだ。女の子ばかり四人目の娘であった。両親の願いが叶ったか、その後立て続けに三人の男の子が生まれ、さらにその後に妹が生まれて八人兄弟の大所帯になった。

その完（さだ）が定（さだむ）と結婚するのだが、その際に改名して温子となった。定が名付けてくれたと話してくれた。

温子は東京女子医専で学び眼科医となり、東京の病院から終戦間近に岡山大学の医局に移った。父の営む岡山県牛窓の永井医院で併設の眼科医院を開いていた。そんな折、定と出会い電撃的に結婚した。結婚して、定から内科医の資格を取るようにいわれて県立広島病院に通い、1951（昭和26）年4月に内科医として髙橋病院の副院長となった。定は医師の資格を取ったのが非常に遅く、戦時中はそれほど医師活動をしていなかったようで、外科医としての腕も戦後、数年の間に上達したと自らの紳士録で書いている。

百メートル道路に隣接する下中町（現中町、三井ガーデンホテルの場所）に病院の土地を購入し始めたのは昭和22年3月。これは記録がある。しかし当時建物や病院開設の登記は必要ない時代だった。開院時期は、定結婚時の昭和23年11月頃から、昭和27年頃（付録章扉、357ページ）まで諸説ある。

NHK広島交響楽団の仕事も入れながら、髙橋病院を建て増しするために、周辺の土地を買い進めていった。自宅棟も完成して落ち着くのは、1955（昭和30）年頃だった。道路向かいには広島市医師会ができた。のちに定はアメリカを訪れたり、交響楽団など、病院以外の仕事が増えて、てんてこまいになるが、医師会からの協力も得て乗り切った。しかし、その頃を知っていた人から、よく病院からバイオリンの音がしたといわれた。当時の建築では防音処置などほとんどできなかっただろうから、音が流れていたであろう。向かいの医師会にもそれは漏れていたのではないかと思う。

1953（昭和28）年、定には大きな動きがあった。1月に広島原爆障害対策協議会「原対協」が設立され、定も設立メンバーとなった。こうした組織の設立時には、いろいろと手続きに手を取られたことが想像される。

この協議会には島の他に原田東岷（とうみん）もいた。1952（昭和27）年にサンフランシスコ講和条約が公布され、被爆者援護活動がやっと動ける状況になった。これは広島市の医師たちの念願だった。被爆者援護の公的な仕組みの作成は即座に動き始めた。それまでは米軍の支配が強く、被爆者に対して何の対応もできていなかった。したがって、これは大仕事であったと思う。

活動を始めると法的整備の問題にぶつかった。しかし、その活動を通して、定は大物の政治家との関係を構築していった。広島市の医師会の中でも、島の「薫風会」は市内中心に活動をしており、定はその中で主要な役割を果たすことになる。

同じ年のうちに、国の「原爆症調査研究協議会」との連携が始まり、原爆後障害症の治療方法の究明に乗り出した。この頃、なんとか国庫で予算を投じる必要性が説かれ、わずかであるが引き出すことにも成功した。それは大変な労力だったと思う。組織や統計の整備、他団体との関係構築など、さまざまな仕事が定にのしかかった。しかし、この頃に広げた人脈が、のちの広島交響楽団設立時に役立つことになる。

定のオーケストラマネージャーとしての仕事はかなり時間的に影響を受けたと思われる。ただ、不定期に依頼演奏が舞い込み、活動は活発で、それなりに好評を博していた。広島音楽協会を通してなのか、依頼演奏の企画は結構あった。

しかしおかしいのだ。この時期からＮＨＫ広島主導の定期演奏会の活動が停止する。定が忙しいからといってなくなるのは何か訳でもあるのだろうか。なぜ続けられなかったのかは謎のままだ。

１９５３（昭和28）年には映画『ひろしま』が公開され、この年のベルリン国際映画祭で長編映画賞を受賞した。世界が広島に注目していた。

広島駅近くの猿猴橋にあったムシカは、１９５５（昭和30）年には胡町に移転し、大きな構えになって新装オープンした。当時まだ珍しい3階建てのビルだった。現在の歌声喫茶の機能も備えた2階は、ミニホールの様相で人々の音楽熱を物語っている。店内はクラシックな雰囲気を醸し出していたという。戦後

10年過ぎた頃だが、広島の人々の力強さを感じる。

同年5月、被爆女性25名の治療と友好のため、広島流川教会の谷本清牧師とジャーナリストのノーマン・カズンスを中心にした治療団が渡米した。

この年の暮れ、広島出身の二葉あき子は紅白歌合戦の大トリを務めた。楽曲は彼女の代表曲である「バラのルンバ」（コロンビアレコード〈1947年1月発売〉）。

被爆女性たち一行が渡米して半年後の1955（昭和30）年12月、彼女たちに同行していた谷本清牧師と原田東岷が帰国し、代わりに翌年2月23日に定と藤井正和が米国に向かうことになった。定と原田、藤井はともに広島原爆対策協議会の設立メンバーである。

定の紳士録をみると、「原爆症に関する形成医学研究のため米国に派遣された」と記している。定も藤井も、ヒッチングやバースキー医師と知り合いであると1956（昭和31）年2月24日の中国新聞で定は述べている。

定は渡米当初より、被爆女性とともに帰る予定であった。大原知事や渡辺市長の親書と被爆女性たち

髙橋病院にアーサー・バースキーを招いて　昭和29年頃

の家族の寄せ書きを携行していたとある。バースキー医師が自宅に来たときの写真が我が家に残っている。

１９５６（昭和31）年４月、「原対協」は財団法人に格上げされた。実は定の軍歴は１９５６（昭和31）年３月まで予備役及び後備役従事となっている。これに関係して後備役がはずれた可能性がある。定が米国にいて留守中に起きた出来事であった。

国としても、この協議会の重要性を認めた瞬間だった。それは被爆女性たちが勇気をもって渡米したことにも関係するだろう。

軍歴書の表書きを紹介すると、退役する時の加給恩給のための計算欄が残っている。このように終戦後も後備役として軍に所属した例が諜報の人に散見する。

正八位三等主計
予備役　昭和四年十二月一日～昭和二十二年三月三十一日
後備役　昭和二十二年四月一日～昭和三十年三月三十一日

髙橋歩兵少尉
予備役　昭和七年十二月一日～昭和二十七年三月三十一日
後備役　昭和二十七年四月一口～昭和三十一年三月三十一日

幹候
予備役　　　　　　　　　　～昭和三十一年三月三十一日

注記として　特業及特有ノ技能　医師免許証　〇〇〇〇号　昭十四、四月、十二、
昭和十、三、三十　　　　歩兵少尉
　　　　軍医少尉
昭和十六、十二、一　　　　軍医中尉
兵種　歩兵、出身別　幹部候補生
現役　昭和六年十二月一日
予備役　昭和七年十二月一日

どう読むか難しいが、少なくとも1956（昭和31）年2月時点では予備役か後備役のようだ。ここでは終戦時に大尉になっているはずなのに中尉のままである。これも諜報員だからであろうか。

これを見ると、医師免許を後で取ったから軍医と名前がつくのであって、実態は三等主計[*注1]か歩兵少尉である。歩兵少尉となった後に、少尉として在学して日本医科大学を卒業したのは32歳。もともと、管理上の兵種は歩兵なのである。その前に三等主計でもあるともいうべきか。

定は1945（昭和20）年7月16日に正七位に叙されている。また、勲五等瑞宝章、勲六等軍行旭日章

にも叙勲されている。

したがって、一般の名簿は軍医として、軍の管理区分は歩兵で、叙勲では軍歴が一番長い三等主計で計算すると推察する。定は軍歴のわりに昇進が遅い。これも諜報部隊の人間の一つの特徴である。

定はどんな思いで、渡米しただろうか。原爆で被害に遭った広島の市民に対してはいうに及ばず、故郷の呉は終戦までに何度も空襲を受けている。所属していた大刀洗の空港も爆撃の洗礼を受けて多くの犠牲をしいられた。

1931（昭和6）年から翌年にかけて、定と一緒に一年間訓練した備後歩兵第41連隊の戦友たちは、1945（昭和20）年7月頃にフィリピンレイテ島カンキポット山地にて全滅に近い状況であった。私の実父・督は福山の備後赤坂の出身で、偶然か必然か分からないが、備後歩兵第41連隊の石碑がそこに立っている（督は明治時代より続く神原病院院長の次男で現院長神原浩は督の甥）。

また、定は3週間だけだが広島歩兵第11連隊と訓練している。この隊は多くの犠牲を払いながら戦果をあげ、やっとの思いでシンガポールから帰国した。しかし、帰郷したとき、広島は原爆で壊滅していて、多くの家族は犠牲となっていた。そのうえ、多くの士官たちは東京裁判でやり玉にあがり、無念の判決を受けている。

旧制広島高等学校も原爆で相当損壊していた。生徒は疎開を余儀なくされた。定が一時所属したと記録のある陸軍広島病院は原爆ドームの道路向かいにあったが、無論全滅だった（地図、100ページ）。丁未（ていみ）音楽会で演奏した懐かしい設備はどれも大きな被害を受けた。

1943（昭和18）年4月、広島で編成された第26飛行場中隊に定は含まれていた。その後、同隊は改編され、定は第47飛行場大隊に移る。残念だが改編された後に、第26飛行場中隊はニューギニア・アルソーにて玉砕してしまった。

定が戦争末期に所属していた第47飛行場大隊の派遣先であるニューギニアは大激戦区であった。この頃には陸軍軍楽隊も東南アジア各地に分散して前線に駆り出され、その一部の部隊もニューギニアに派遣されていた。しかし、定の部隊との間には米軍やオーストラリア軍の強力な部隊が上陸し、彼らを追っていたため、助けにいくことはできなかった。彼ら28名の行軍記が陸軍軍楽隊史に記載されているが、その多くは犠牲となり生還できたのは4名だったという。

かつての友人たちを思い出し、定はさまざまな思いを胸にニューヨークに旅立った。ミッシャ・エルマンだって今はアメリカ人だ（米国市民権は得ているが、国籍は不明）。ウクライナの貧民街で育った彼は音楽に未来を見出し、ロシア革命で混乱した故郷を離れ、アメリカに渡り、家族も呼び寄せた。その原因を作ったのは日露戦争による日本の大勝利だったかもしれない。それでも彼らは日本を哀悼の目で見ている。

右から藤井正和、アーサー・バースキー、定　昭和31年ニューヨークにて

定は幼い頃から祭りや音楽演奏会をみて、それが人々の心を打ち解けさせるのだと、自らの身を以て体現してきた。定は渡米団の中で最も語学力がある立場で、彼らとの友好を図る最前線に立ったのだった。定は渡米後、何度か新聞社に米国の様子をレポートしている。

「仕上げを急ぐ原爆乙女治療　七割方終って好調　心配なのは〝利用の手〟

私たちは大体午前八時半から手術を開始し、時には午後も続行する。しかし普通午後は他の手術や外来診断の見学に費し、六時ごろ帰宅する。乙女たちの治療状況の大略は①病院側の待遇は満点②治療進行状況は七〇％③治療効果は専門的にみて相当な成績をあげている④身心発育は良好で土地に慣れている⑤学業技術収得状況は洋裁、英語、料理、タイプライター、看護学などを習っているがこの面では期待できない。

大体以上の様子で、この事業はニューヨークはもちろん全米の人気を高めている。しかしこのところ少し注意を要する点があることを憂えている。それは八方から差しのべられる援助の手の中には利用しようとする向きも皆無とは言えないことだ。在米中の都築博士、領事館とも連絡をとり万全を期したいと思っている。」（＊1）

すでに彼女たちを利用したい輩が近づいてきているようであった。それがどういう人なのかはわからない。そんな中１９５６（昭和31）年5月24日に事件が起こった。

「整形手術で心臓マヒ　渡米原爆乙女中林さん死亡
【ニューヨーク二十五日水谷本社特派員発】昨年の五月渡米、ニューヨークのマウント・サイナイ病院で療養中であった広島の原爆乙女、中林智子さん（二六）＝広島市白島北町○○○○、デザイナーは、二十四日午後九時二十五分（日本時間二十五日午前十一時二十五分）同病院で第三回のプラスチック整形外科手術中、心臓マヒのため死亡した。正確な死因は二十五日解剖の結果で発表される。なお中林さんの手術には、原爆乙女の付添いのため二月末渡米した広島市楠本町、藤井正和博士（五六）同市下中町、高橋定博士（四九）の両医師が立会っていた。」（＊2）

「〝信じられぬ智子の死〟　中林さん一家帰国の喜び前に悲報
〝ケロイドよさようなら…！〟と昨年五月五日、のろわしい傷跡を治するために胸ふくらませて感激の爆音を後に岩国空港を飛び立った広島の原爆乙女二十五名は、ニューヨーク、マウント・サイナイ病院でノーマン・カズンズ氏（土曜評論主宰）ヒッチグ博士らの愛情に見守られながら順調な治療を続けていたが……、あれから一年、間近に迫った喜びの帰国を前に二十五日思いもよらぬ悲報〝乙女の死〟がもたらされ関係者たちは憂愁の気に包まれている。
広島市白島北町の自宅では父の孟氏（六二）母の美晴さん（五七）と妹の繁子さん（一九）の三人が一昨日に届いたという元気な便りを手に『智子が死んだとは信ぜられません』と次のように語り、灯明のあけられた仏壇には線香がはかなく立ちゆらいでいた。

月に二、三度くる智子の手紙が毎朝の楽しみで、一昨日もアメリカの手紙だといって繁子が大はしやぎしましたのに……。どうしても信じられません。私たち一家は原爆の二ヵ月前に東京を引揚げて広島へ疎開しましたが、智子もそのとき工業試験場の徴用で通勤の途上に白島で被爆し手と顔に火傷を負ったわけです。

その後東京で製帽の技術を修得し帰広してからは広島の三木洋裁学校の講師をしていました。この間広島で一度治療をうけましたが、皆さんの親切な骨折りで渡米し、二度の手術も成功し、まさか三度目をするとは知りませんでした。一年間留学が決まり婦人帽のデザイナーとして励みたいといってきていたやさきですのに……。

妹の繁子さん（一九）の話　姉の大好きなチゴイネルワイゼンやアベマリアの曲を聞きながらアメリカに思いをはせていたとき、突然この悲報で、全く信じられません。」（＊2）

「谷本清氏（流川教会牧師）の話

昨年十二月十九日に私が帰国するとき会ったが、非常に元気で、ニューヨークの高級住宅街にあるミチナ夫妻に大変かわいがられていた。この家はプールもある広い邸宅の二階に○○さんと同居し、大家のお嬢さんという待遇でした。手の手術がすんでいたが指もなおり、右手も自由にあがるようになったと喜んでいた。顔のキズは目立たぬ程度のものでまさかこんなことになるとは……。カズンズ氏あてに電報をうち、遺骨引取りのため両親を渡米させたい。」（＊2）

中林さんは音楽の愛好家でもあった。家族の無念さが記事に滲む。当時の混乱ぶりが窺える。被爆女性たちも家族も不安を抱いたのであろう。全員一緒に帰国の案が浮上している。これはプロジェクトの中止を示唆している。アメリカ側のコメントは次のようであった。

「医師の努力空し　広島アメリカ文化センター　フ館長正式に発表

原爆乙女中林智子さんの死亡について広島アメリカ文化センターのフツイ館長は、二十五日午後六時アメリカ側として次のように正式に発表を行った。

中林さんは三回目の外科手術中に心臓マヒで死亡したものである。医師はこの間、マッサージにより回復手当をしたほか、人工呼吸器で意識の回復にも努力したが、二十五日の午前二時二十五分（グリニッチ標準時間）に遂に死亡した。なお心臓マヒの発作は二十四日の午後十時二十分に起ったものである。

【フツイ館長ステートメント】この思いがけない報道による悲しみは言葉にあらわすことは出来ない。乙女たちが渡米したとき元気で帰るのを期待していた。広島の市民ならびに私の家族とともに哀悼の意をあらわすと同時に悲しみの心を分ちたい。」（＊2）

すでに諦めモードになっているようにみえる。森滝市郎（原水爆禁止広島県民運動本部事務局長）もこんなコメントを発している。

「せっかくのアメリカの好意にむくいられなかったのは非常に残念だ。乙女たちを引受けてくれた方にもお気の毒だ。」（＊2）

新聞記者はその様子をとらえてか、次にように書いている。

「なお解剖、葬式などについては二十五日朝関係者が集まって決定する。また残りの二十四名のうち九名は六月七日ニューヨークを出発帰国する予定であったが、これをのばし全員一緒に帰ることになるもよう。」（＊2）

それに対し、ニューヨークにいる定と藤井は次のように発した。

「今まで原爆乙女二十五名は百数十回におよぶ手術を受けているがみな成功している。手術は診断により異常のないことが確認されてから行われるので、智子さんの場合も手落ちがあったとは考えられない。しかし外科医は頭上にヤイバをいただき手術を行うといわれており、偶発的な事が起こることはあり得る。外科手術では医師にも死因のわからぬことがある。智子さんの死因はまだハッキリしないので何ともいえない。解剖してもこれが判明するかどうかも分からない。解剖はニューヨーク市の係官が必要と認めたら行うであろう。原爆症との間に関係があるかどうか何ともいえないが、原因が

何であっても死に至ったことは残念であり責任を感ずる。」（＊2）

被爆女性に同行していた原田東岷は、前年の11月に日本に帰国していた。日本から以下のコメントを発した。

「原爆乙女たちとともに渡米しずっと付添っていたが、昨年十一月十三日ノーマン・カズンズ先生の宅で私の帰国の送別会を開いてもらったとき、中林さんは非常に朗らかで元気だった。医術にも不可抗力という偶発的な危険が何千人に一人はあり運が悪かったというほかなく、ご家族のあきらめきれない気持をお察しする。同時にこの不幸のために善意の仕事に今後ヒビが入るのを恐れる。」（＊2）

定と同じく今後のことを心配しているコメントである。対応に苦慮している様子がよく分かる。原田東岷のいうとおりであった。今後ヒビが入った場合、どうなるか心配である。アメリカ側は決して謝ったりすることはない。確かに善意の人々が多くいるが、国として冷たい対応をすることが容易に予想される。その頃（今でもそうかもしれないが）の日本政府はアメリカ政府に対して無力である。こうなると国内世論との挟み撃ちで外交問題にもなりかねない。国内の混乱も予想される緊迫した情勢であった。まして、原爆の問題が外交の机上にあがった場合、どうなるだろうか。それを期待した人もいただろうが、当時の日米関係でまともな議論は到底期待できなかった。原田のコメントは、沈静化を計るための必死の努力だったと認識する。彼もその辺の事情を理解した上でのコメントであっただろう。事実として不安に感じた少女たちもいたであろう。

1956（昭和31）年6月17日、定は第一陣として中林さんの遺骨を胸に抱いて九人の少女と帰国した。

「原爆乙女けさ母国に第一歩　暗い表情も消えて　今夕、父母の待つ広島へ

若い顔と体に深くきざみこまれた〝悪魔のツメ跡〟原爆ケロイド症を治療するため約一年一ヵ月の間米国に渡っていた原爆乙女　一十四名のうち、第一次帰国組九名が付添いの高橋医師とともに十七日朝羽田空港に帰ってきた。

一行の帰国には米極東空軍の好意でロッキード・コンステレーション軍用輸送機が特別に用意され、同機は定刻八時三十分羽田空港についた。この朝空港には日米協会主事蜂谷昭雄氏、広島市東京事務所長松原豪雄氏、原・水爆禁止日本協会事務局長安井郁氏、日赤病院長都築博士らをはじめ報道陣が出迎えた。八時三十五分、輸送機は定位置につき、機体のドアが開けられ一行の姿が現れた。先頭は背広姿の高橋医師、続いてスーツ姿の乙女たち、シナイ山病院で手術中急死した中林智子さんの遺骨は桃色のレイに深々と包まれ、それを高橋医師がしっかりと腕に抱きしめていた。一行はタラップの上に五分間立止まり、報道陣のカメラを浴びた。どの表情にも一年前の暗いかげは消えている。乙女たちは九名とも、さわやかな空港の朝風に黒髪をなびかせながら、おそれ気もなくカメラのフラッシュに応えた。」（＊3）

被爆女性たちの姿は報道陣からみても毅然とした態度だったのだろう。「タラップの上に五分間立ち止まった」という表現からその立派な態度が窺える。そしてその間、カメラのフラッシュに耐えた。その態度に日米の関係者は救われたのである。このときまでに彼女たちは、プロジェクトを続行する意志を確認していて、それを強く示したのであった。彼女たちは残留している友人たちのためにも頑張った。おそらく内部で話し合いを行い、このような対応をすることを決意していたのであろう。定たちがそのように指導したことも容易に想像できる。

原爆乙女けさ母国に第一歩

暗い表情も消えて　今夕、父母の待つ広島へ

よみがえる微笑　故中林さんに哀悼の言葉

"人類愛の発露"

"強く明るく"

定が遺骨を抱いてタラップを降りる写真（出典：中国新聞　昭和31年6月18日）

「"人類愛の発露"

高橋定博士の話　このたび原爆乙女の治療事業については、たくさん申上げたいことがあるが、要約すると温い人類愛の発露を身をもって体験したということだ。最初はこの事業についていろいろなことが言われていたけれども、結局人類愛にほかならないということがわかって感謝の念で一ぱいである。渡米前の原爆乙女たちはことさらに人をさけ、世を厭

う様子が強かったが、いまはごらんのようにそんな気持はみじんもなくなり、堂々と皆さんに会って話ができるようになっている。将来にも希望がもてるようになったとも語っており、これこそこの事業の美わしい結果であり成功だと思う。今回は原爆症治療の第一歩をふみ出しただけで、広島、長崎にはまだ数千の治療を要する人たちがいる。皆さんのご協力で、これらの人たちにも一日も早く治療の手がさしのべられるよう願ってやまない。」（＊3）

世界が注目していた。特に日米の各種団体はこれ見よがしに問題にしようとしているようだった。メディアへの対応はいかにも大変である。米国側でもその様子がレポートされている。

被爆女性たちも含め、対応には相当な訓練を施し、米軍の協力も得ていたようにみえる。さまざまな団体のいろいろな意見が出そうな場面であったが、皆を黙らせた。米国側、この事業の主催者を含め、多くの人々の胸をなで下ろさせた瞬間だった。

帰国した女性たちの中で山本篤子さんが代表としてコメントを残している。

「〝強く明るく〟今後の決意語る山本さん

山本篤子さん（二四）の話　私たちはちょうど一年ぶりで、無事な姿を故国の皆様の前に現わすことができ感謝しています。しかし友だちの一人の中林智子さんが手術中なくなられたことはまことに残念で中林さんの手術にはすべての人が全力を尽しましたが、その時の私たちの気持はなんといってよいか分りませんでした。一年の長い間アメリカ市民の方々からわが娘のように生活に医療に可愛がられまた多くの日本人たちも私たちの治療に協力され、ここに無事帰国できたことは感謝します。私たちは今後いまより一層強く明るく生きていきたいと思っています。」（＊3）

「私たちは今後いまより一層強く明るく生きていきたいと思っています」この言葉が効いている。非常に力強いコメントである。これにはアメリカ側も含め誰もが感心した。

帰国したばかりの定だったが、6月25日に再び日本を離れる。欧州各国の形成外科学会の現状を視察のうえ、7月15日に米国到着の予定で出発した。プロジェクトの続行が確認されたのである。

アメリカに残った彼女たちの待遇改善のためだろうか、その後、彼女たちはディズニーランドやナイアガラへの観光旅行をした。また、9月に帰国予定であったが、定が学会に参加することになり、2か月延びて彼女たちがたいそう喜んだ話が残っている。

我が家には定がマウント・サイナイ病院にて授与されたフェロー認定証と、1958（昭和33）年のジュネーブで行われた国際外科学会の認定証が残っている。

おそらくこれは原爆にかかわる形成外科的見地の研究発表であろう。アメリカ側からしても、世界で初めて一般市民の住む町に原爆が投下され、被害に遭った人々の直接の治療にあたっていた定の発表は大きな興味を誘ったと思う。

定が行って待遇がよくなったからだろうか、治療を受けていた被爆女性のうち二名は、アメリカにそのまま残ることとなった。簑輪豊子さんはニューヨークの洋裁学校・パーソンズ・スクールで勉強を続けることとなった。倉本美津子さんは、日系二世の人と結婚した。

定たち一行が帰国したのは1956（昭和31）年11月5日。翌日6日に米軍機で岩国米軍基地に到着した。広島に同行したノーマン・カズンズ、マウント・サイナイ病院副院長のヒッチング、外科部長のアーサー・バースキー、外科医師のバーナード・サイモンは広島市長などを表敬訪問するために2週間滞在した。定も同行しただろう。

ノーマン・カズンズが日本に到着した際にコメントを出した。

ジュネーブ国際外科学会におけるフェローの認定証

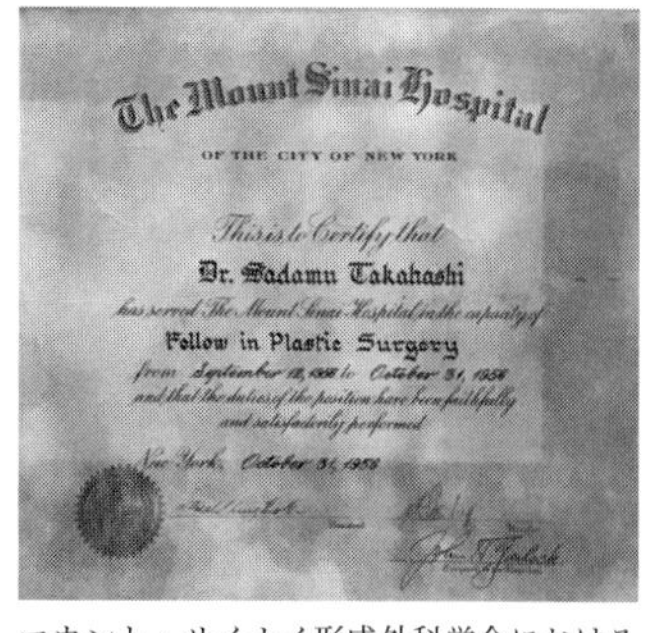

The Mount Sinai Hospital
OF THE CITY OF NEW YORK
This is to Certify that
Dr. Sadamu Takahashi
has served The Mount Sinai Hospital in the capacity of
Fellow in Plastic Surgery
from September [illegible] to October 31, 1956
and that the duties of the position have been faithfully and satisfactorily performed
New York, October 31, 1956

マウント・サイナイ形成外科学会におけるフェローの認定証

「女の子たちは立派な態度でアメリカ人に接し、よい印象を与えた。外観の変化はともかくそれぞれの患者が内面的に成長し落着きが出てきたのをうれしく思う。手術はむずかしかったが、日本の医師と患者の忍耐の結果うまく行った。今後の治療はアメリカ原爆娘救援委員会の後援で広島でやるつもりだ。」（＊4）

アメリカ側を怒らせることなく、日本で治療を行うことにプロジェクトを変更させたのだった。

1956（昭和31）年は定にとって激動の年だったはずである。しかし、まだ終わっていなかった。なんと、この年の12月15日、16日にはコンサートを控えていた。

広島の音楽鑑賞団体である「広島労音」の定例会として企画された演奏会であった。アメリカから凱旋帰国する定を待ち望んでいたかのような大演奏会であった。

NHK広島交響楽団の曲目は、ベートーベンの『エグモント』と『交響曲　第九番』であった。ここでもこの2曲である。広島市民の手で市民によって行われたといえるのである。まさに広島の人々の「歓喜の歌」が広島中に広まった瞬間だった。広島市公会堂で4回公演であった。両日とも昼、夜2回公演である。圧巻の一言である。楽団は定を待ってくれていた。定は第一バイオリン2列目奥で出演している（口絵6）。

指揮　高田　信一
独唱　ソプラノ　三宅春恵
　　　アルト　川崎静子
　　　テノール　柴田睦陸
　　　バリトン　伊藤亘行

ゲスト歌手も一流。全員東京音楽学校卒。当時の日本人歌手としては最高のレベル。在広島の合唱団合同で結成された「第九」合唱団の練習期間は5か月とある。広島はそれほど盛り上がっていた。（付録1、358ページ）

「歓喜の歌」はすでに広島に浸透していたのであった。

指揮者である高田信一は1920（大正9）年生まれの東京都出身。実業家の家に生まれ、東京音楽学校作曲科を1941（昭和16）年に修了し、研究科を1943（昭和18）年に卒業している。彼は戦前最後のエリートといえる存在である。日響（現NHK交響楽団）、東京フィルの専任指揮者を歴任、1954（昭和29）年から広島大学福山分校の指揮担当の教授でもあった。当時、日本で一番活躍していた若きエリート指揮者といってもいいのではないか（付録1－12、369ページ）。

前年の準備が充実していたのか、1956(昭和31)年のNHK広島交響楽団の活動は定が不在でも活発だった。「ミュージカル・プリズム」「音戸の瀬戸」の再演、歌劇「イゴール公」から「ダッタン人の踊りと合唱」、FKスリーベル友の会の「紅白歌合戦」と年末の「第九」以外でも相当に充実していた。

広島での一流の音楽家の来演増加に伴い、広島市公会堂は、平和公園の横、現在の国際会議場の場所に1955(昭和30)年に新設され、多くの演奏会が開かれた。1956(昭和31)年その盛り上がりを受けての演奏会で、NHK広島交響楽団は、その出来立ての広島市公会堂で4回連続の公演を行った。

当時、広島市公会堂は国内屈指の設備を誇っていた。大半の費用は広島財界の有志「二葉会」の捻出だった。終戦直後の広島児童文化会館の時とは異なり、音楽に救われた広島市民はこぞってこの施設に投資したのであった。1200席のホールに会議室、25室のホテルが併設され、海外からの賓客を迎え入れていた。

この施設は1987(昭和62)年まであり、その後、現在のフェニックス・ホール国際会議場へと建て替わった。解体され

広島市公会堂(広島県立文書館蔵)

るまで多彩な文化活動の中心地となった施設である。

純音楽茶房ムシカの広告がこの演奏会のプログラムの中にあった（付録1－14、371ページ）。1955（昭和30）年に開店し、この年の12月22日にはクリスマスの集いとして午後8時よりオールナイト。23、24、25日は午前2時まで営業した。コンクールのど自慢、商品沢山、会費300円。この時代に各階完全暖房平均温度22度とある。

広島の誇るバレエ界のレジェンドである森下洋子も広島市公会堂が初舞台だった。並木通りにあった母親の経営するレストラン「イタリー亭」は髙橋病院の近所で懇意にしていた。

彼女がプロのバレエダンサーへの志を決心した子供の頃、定は母親から相談を受けたようだ。私も小さい頃に温子に連れられて「イタリー亭」によく行った。温子は彼女の母親と娘（洋子）のことをよく話していた。

彼女は私の母校である袋町小学校の先輩である。1956（昭和31）年ごろは小学校低学年のはずだが、この頃すでに本格的にバレエに没頭し、東京に通っていた。その費用を捻出すべくこのレストランは経営され、そして繁盛していた。彼女もこの広島の雰囲気の中、バレエで生きる決心を固めていったと思われる。

のちの広島市民交響楽団の初代常任指揮者となる井上一清（かずきよ）（1933～2019年）は東京音楽学校を出て、1956（昭和31）年に広島に帰郷した。帰郷当初はオペラ活動に参画していて、初仕事はリハーサルのピアノ演奏だったそうだ。そこで働くうちに、東京音楽学校出身の先輩であるエリザベトの安部幸明や、広島大学の高田信一などの指導を受けて、オペラの伴奏指揮の座を手にするのであった。ピアノ奏者から、広島で学んでオペラ音楽の指揮者になったのである。

その頃、元広島大学の『歌う学長』で有名な原田康夫が主役としてデビューし、井上一清が指揮者としてデビューしたのは1961（昭和36）年のことだった。伴奏オーケストラは依頼演奏を受けたNHK広島管弦楽団のメンバーで、そこに定の姿もあった。

また、この演奏が奇しくもNHK広島管弦楽団が停止する直前の演奏だったかもしれない。この時、井上一清もNHK広島管弦楽団のメンバーとして活動していたのである。広島ではオペラの運動も成功していたのだ。永井建子（けんし）は戦前の1940（昭和15）年にはすでに亡くなってはいたが、後のオペラの運動が市民と交響楽団を刺激し、さらに高度な音楽へと誘っていたのだった。広島にテレビが初放送されたのもこの1956（昭和31）年であった。

定と温子はその後、日本国内で4本の論文を発表するが、それはニューヨーク・マウント・サイナイ病院でのエッセンスをまとめたものであろうと推察する。

日本では原爆治療の学会発表さえ禁止されていた。日本で治療を行っているのにもかかわらず、それを人々に広く知らすことさえ許されていない。即ち、日本の医療界は何もしていないことにしたかったのだと思う（すべて米国が治療したことにし、それらの治療方法などの情報を独占したかったのだろう）。定は表向きには原爆被害の治療に関する論文ではないとして学会に発表するが、内容は明らかに原爆により大やけどを負ったケロイドの治療の論文であった。

◇定が書いたケロイド治療の論文

「瘢痕形成術における瘢痕及び瘢痕ケロイドの利用

定　昭和36年1月（大阪市立大学医学雑誌1号）

「〝連続Y状皮切〟による皮膚形成術」

定・やす子・西法正・板倉一裕・清水延秋　共同（雑誌手術　昭和三十六年三月別冊）

「頭部瘢痕に対するわれわれの形成手術手技について」

定・やす子・西法正・板倉一裕・清水延秋・貴家益男　共同（雑誌手術　昭和三十六年四月別冊）

「先天性胸骨破裂症の一例」

定・西法正　共同（雑誌手術　昭和三十六年九月別冊）

これらの研究発表は国内でも学会発表に繋り、１９６２（昭和37）年9月27日の第24回日本臨床外科医会総会（札幌）では定が座長を務めた。

この研究があたかも直接被爆者の治療研究ではないように前書きしていたのは、戦後、米国は原爆被害の情報を最高機密情報としていて、被爆被害の状況やその後の被爆者についての報道にも目を光らせていたためであり、医学上の学術的発表にまで制限が加えられていたからである。しかし、原爆被害者の治療

臨床外科医会総会で座長を務める　昭和37年札幌

臨床外科医会総会　定と温子　札幌の会場にて　昭和37年

を行う医師たちにとって、これらの研究は極めて重要な情報だったに違いない。

　また、ABCC（原爆傷害調査委員会）でも動きがあった。被爆女性が渡米した後の1958（昭和33）年に成人健康調査が開始され、国立予防衛生研究所（予研）と寿命調査に関する同意書が交わされ、日米共同研究体制の基盤が確立した。これにより、日本側の医師団の権限が拡大し、交渉力が大いに増したことを意味している。温子が言うには定もこの交渉に帯同したということだった。

　定の残した記述は非常に少ないが、1957（昭和32）年に小中学生の保護者を対象とした雑誌『家庭教育8月号』の中で「アメリカに渡った原爆乙女―原爆の日におもう―」と題し、珍しく語っている。

被爆女性たちとアメリカに渡った翌年である。定は原爆症治療対策協議会でもすでに特別委員となっていた。定の思いは未来ある子供たちにあったのだ。

子供たちの親に向かって原爆の苦しみとはどんなものなのかを語る一方、被爆女性たちに対して、アメリカでどれほど丁寧にアメリカ人が対応してくれたかを語り、医学的な見地から見た原爆の恐ろしさや放射能の影響の説明も含め、今後我々の成すべきことを語っている。決して誰かを責めたりしない。皆が融和することを願っての文章であった（語録7、400ページ）。

広島交響楽団のパンフレットに〝医の心〟と謳ってあるのは、定のそういった考えが反映しているからであろう。被爆女性たちと過ごしたアメリカでの出来事は、定に強く平和のための活動の重要さを認識させたに違いない。一つ間違えれば外交問題にさえ発展し得た。考え方次第では国内の内乱にも繋がりかねない。考え方の融和をとにかく訴えなければいけない。市民には善意があり、アメリカ人にだって善意ある人は多くいる。国際情勢がいかにあろうとも、その善意を基に平和を維持しなくてはいけない。そして、それが一番わかりやすく達成できるのが音楽による融和だと考えたのではないだろうか。言語が違おうとも、遠く離れて空間が違おうとも、生活習慣がいかに違おうとも、芸術はその壁を越える。そこにこそ未来が見出せる。

だから、そういった〝医の心〟を音楽に反映しなければならないと考えたのではないだろうか。原田東岷も同じ考えだったと思う。理詰めの医療は考えるべきであるが、医者としての人道も持ち合わせなくてはならない。その両方を追求するのが〝医の心〟である。人命に関わる治療を行っている医師にとって、非常に身近な、差し迫った問題である被爆女性の事故死事件は、定の心に深く残ったと思う。

音楽として技術を向上させることは大事だが、音楽で表現しようとするものをより鮮明にできなければ意味がない。その時の感情や風景、感覚など、いろいろな要素があるが、それを連想できなければいけないと思うがいかがであろうか。私が素人として思うのは、自然を愛する日本人は昔から歌に季語を求めた。自然の音を再現することで、季節感や風景を連想させて、さらにその中にその時の感情を乗せることができれば、歌詞なしでも人々に受け入れられると思う。そのためには、技術を磨いてその感覚を音にすることを如何にするかと。これは私の個人的見解だ。

＊注1　三等主計……陸軍の将校相当官の名称、少尉相当

昭和39年11月17日　薫風会。バープリンスにて。
定は左手角で肘をついている。中央奥の冷蔵庫前に温子

【引用文献】

＊1　『中国新聞』1956年4月3日
＊2　『中国新聞』1956年5月26日
＊3　『中国新聞』1956年6月18日
＊4　『中国新聞』1956年11月6日

第五章

広島市民交響楽団

奥田道昭指揮による第１回広島市民交響楽団定期演奏会／広島市公会堂
第一バイオリンで演奏する定（左から５番目）　昭和39年４月６日

定は1956（昭和31）年に渡米し帰国したが、この年、時を同じくしてテレビが登場した。1959（昭和34）年には民放の中国放送も開始されるなど、どんどんエンターテイメントが充実していった。新しいものであったこともあり、人々は娯楽としてテレビに取り込まれていった。

ＮＨＫ広島管弦楽団は、1959（昭和34）年には専属契約から優先出演契約になり、1961（昭和36）年からは開店休業状態になっていた。これも本当はおかしい。クラシックがそこまで下火だったわけではない。テレビも本格的に普及するのはこれから10年程時間が必要である。ＮＨＫの経営に大きな問題があったなどという話は聞かない。なぜ、こんなに早く交響楽団をだめにしようとしたのだろうか。ＮＨＫはテレビの世界でも先駆者なのである。1961（昭和36）年にはＮＨＫ広島管弦楽団は「運営会」という形になっていた。オペラの伴奏などの依頼演奏はあったがそれもなくなり、楽団員は苦しくなっていた。単独の音楽活動でやっていける人もいたが、そうできない団員もおり、広島を離れる音楽仲間も出てきていた。

『広島市響　Ⅱ・1965（楽団内会報）』を見れば分かるが、広島市民交響楽団として2回の演奏会を終えた後も、彼らは肩書として「ＮＨＫ広島中央局管弦楽団」を名乗り続けていた。したがって、この楽団は解散はしていなかった。運営会という形であるにせよ、プロの楽団として存続していた。

現在でいえば、広島市民交響楽団はＮＰＯのような形態で、基本的に給与を出していないボランティア団体のようだ。ＮＨＫ広島管弦楽団のメンバーの生活は広島市民交響楽団がプロ化しても、しばらくはＮＨＫ広島管弦楽団からも報酬が支払われていたと考えられる。

1956（昭和31）年の絶頂の演奏会からたった5年でNHK広島交響楽団は活動ができなくなっていた。あの演奏会が何かの引き金を引いたのであろうか。温子（やすこ）はテレビの影響が大きかったと言っていた。しかし、テレビがそんなに普及していた訳ではない。

純音楽茶房ムシカでは、当時、NHK広島の楽団員たちも店主と共にぼやきと夢を語っていたと聞く。その中には21歳になった今井和子（かつてNHK広島交響楽団が初めて公演した頃は八歳だった）がいた。彼女は小学校五年生からバイオリンを習い始めて、度々この店に父親と一緒に来るようになっていた。彼女もムシカの常連になっていた。オーケストラに憧れ、いつかあの中で演奏してみたいと願っていた彼女にとって、NHK広島の楽団の活動停止は悲劇であった。

彼女はエリザベト音楽大学に入学して、自分の出演場所を探していた。NHK広島管弦楽団には客演奏者として共演は果たしたものの、「大オーケストラの交響楽団で演奏したい」と願っていた。ムシカに集まっていた元NHK交響楽団のメンバーに相談もしただろう。なんとかしたいと思う気持ちは皆同じであった。

赤崎神社でも動きがあった。1957（昭和32）年12月、定たち三兄弟（定・満・弘）を中心に赤崎神社を再興すべく、現在の場所に移転・増築した。

その時、池田勇人に揮毫（きごう）を依頼し、それを石碑として赤崎神社に奉納するためのお願いにも定が同行している。

池田勇人は当時、大蔵大臣の職を全うした後であった。総理大臣として後に有名になる人物であるが、他に通産大臣、国務大臣、経済審議庁長官なども歴任していた。その石碑の裏に父・兼吉（かねきち）の偉業を称えている。

そんな活動をしながら、定の気持ちは思い出とともに音楽に再び向かった。

かつて、やぶ祭りは各神社で開催した後、呉の亀山大祭としてそれぞれの神社が集まってもう一度祭りを開催していた。その際には赤崎神社のやぶが先頭に立って、亀山神社に行進した。しかし、事件が起こった。亀山大祭が終わって、各々の神社のやぶが公園に集まっていた時、喧嘩になってしまったのだ。その時、赤崎神社のやぶ面の一つが大きく割れてしまった。その頃の呉は映画『仁義なき戦い』の舞台になった場所で喧嘩も多く、祭りも例外ではなかったようだ。今は落ち着いたレトロな雰囲気の大人の町だが、残念ながら当時の様子はまったく違っていた。

赤崎神社　例祭。三体の“やぶ”と“やぶ”の世話役・仲田裕介さん。後ろの石碑は池田勇人揮毫、裏面に定の父・兼吉の偉業を称える（令和４年11月３日：堀口悟史撮影）

そのことがきっかけで、呉市内では多くの神社のやぶ祭りが同日に開催されることとなり、亀山神社も独自の〝やぶ〟を立てて行うことになった。そして割れた〝やぶ〟面の修復を定が請け負ったのだった。

そこで定が探し当てたのが、奈良で活躍していた彫刻家の〝奥田竜王〟であった。定は初代面の修復を依頼した。そして、割れたときにも対応できるようにもう一セット製作を依頼した。残念なのは、定の祖父・貞助が打った面は女であるはずだが、男のような解釈で打たれてしまったことだ。定は〝初代面〟を自宅に保管し、奥田竜王の打った面を1959（昭和34）年6月6日、父・兼吉の9回忌にあたる日に赤崎神社に奉納したのであった。それは定の兼吉に対する感謝の表れである。定と兼吉は意見は対立したが、兼吉は定を自由に活動させ、行き過ぎてしまった時には引き戻した。定が日本医科大学生の時、ロシア行きを必死に引き止めてくれた定にとってありがたい存在だった。

定の被爆者支援の仕事が一段落した頃には、新たな方向性の交響楽団の設立の気運が音楽愛好家の間で広まっていた。定も時々ムシカに行っては、演奏会が開かれない広島の町をさみしいと語る人々の声を聞いただろう。それを感じていたはずであった。

1963（昭和38）年にエリザベト芸術学園はエリザベト音楽大学となる。この頃の定はバロック合奏団やジュニアオーケストラなどで活動している人や音楽を志す高校生や大学生にも参加してもらい、町全体の音楽レベルを向上させ、丁未音楽会の機能を実現させたいという構想を持っていたのではないかと思う。それによって、市民から支持され、また愛されるオーケストラになり、皆からの応援を受けられるような存在になると考えていたのだろう。

島薫は当時のことを次のように語っている。

「或日、髙橋君がお見えになって、『先生広島市に市民交響楽団を結成してみたいと思いますが、あなたはいかに考えられますか』と云う質問に接しました。

髙橋君のこの言葉に対する裏の無言の声と云うものを、その時私は次の様に解釈しました。

即ちせめて八月六日は雑音を廃して、広島の慰霊碑を中心にした平和公園を、音楽の妙なる音色によってつつんだならば、さぞ意味のある原爆記念日になるであろうと解釈しました。そこで『市長さんはじめ各方面に運動して之の実現に努力しなさい』と申し上げました。」（＊1）（付録5、382ページ）

このときの証言によると、定は無言の訴えをしていた。静まりかえった沈黙の時間の後、島も折れるしかなかった。

この時までに、定は被爆者援護のための活動を相当に行ってきていた。先述のように定は原対協の特別委員になっていた。すでに被爆者対策運動の中心的な役割を担っていたと思う。定が交響楽運動に復帰することは、島にとっても重大な決断であっただろう。

定は論文発表などが一段落した後、いても立ってもいられなくなっていた。市民交響楽団を成功させて、平和運動にするのだと。被爆した人々と、アメリカの人々と、そして多くの市民と心を一つにするには広島の市民によるオーケストラの音楽の発信が絶対に必要であると。

島はこうも言っている。

「我々の云う『ピース広島』とは勿論武力を否定して居りますけど、居眠っている平和であってはいけない、その裏には脈々たる血液が流れて何ものかの激しさをもって居なければなりません。その激しさと云うのは、この広島市に芸術、音楽、文学、美術と云う様なすべての文化に、一つ一つの独特な香りのある新しい力強い何ものかのあるものが生まれなければならないと思っているのであります。」（＊1）（付録5、383ページ）

定は被爆者援護のための活動を休止するかわりに、島のこの薫陶を受けるのであった。広島のオーケストラは市民の発する文化でなければならず、それは自然に平和を強く訴えるものとなり、独特の文化を生むに違いないと。

楽団の創設当初から島の提言を受けて、浜井市長に会長になってもらうようお願いしている。そして市長の善意によりそれを受けていただいた。

その頃合いはみな一致していたのであろう。1972（昭和47）年8月23日、原田東岷（とうみん）理事長宅で行われた座談会の中での田頭（たがしら）徳治の発言を紹介する。

「昭和38年の夏の頃だと思いますが、NHKにいたグループ数名と井上先生などが広島に管弦楽団がなくていいはずがないというところから髙橋、橋爪先生などに話をもちかけたのです。髙橋先生らは『待ってました』といって、一気に気運が盛り上がってきました。下中町の髙橋邸はそのアジトになって、楽団員の狩り集めや、規約づくり、スポンサーへの呼びかけ、楽譜集めなどあらゆる準備が困難のうちに進められて行ったのです。」（＊2）

このときには、定と島との間で話はできていたと思われる。すでに構想が練られていたから定の動きは機敏であった。1962（昭和37）年に薬剤師として働いていた定の姪が、その頃井上一清が頻繁に髙橋病院に尋ねて来ていたと証言している。2人でいろいろと構想を練っていたのだろう。

元婦長が言うには、当時既にコンサートマスターになっている指田守と定は2人でバイオリンの練習をよくしていたそうだ。定一人で弾くこともあったが、その時は気持ちよさそうに、楽しんでいたそうだ。それは定が亡くなるまで続いていた。ドクターストップがかかってからも少しは弾いていたという。

戦前の呉海兵団軍楽隊、山田耕筰、長橋熊次郎、永井建子（けんし）、そして島薫の教えを胸に、常設のオーケストラを広島に創ることを決心したのである。

このままでは、これまで先輩たちが積み上げてきた広島の西洋音楽の歴史が崩壊してしまう。今やらなければならない。

原爆でさまざまな強い感情の渦巻く広島で、人々を融和するために楽団の必要性をずっと感じていたはずだ。広島は音楽を求めている。いつか世界に向けて音楽を発信し、平和にも貢献したい。

「『広島市民交響楽団』の発足にあたって

世界の平和文化都市『広島』に、すぐれた交響楽団の誕生をみることは、永年わたくしたち音楽するものの夢であり、また各方面から期待され、切望されてきました。

そして、この地、広島に在住する音楽家、音楽愛好家を問わず、この交響楽運動への意欲と情熱は、日々にたかまり、いまやその沸点に達した感があります。

ここに広島在住の演奏家の手により、広く市民精神を反映した、市民に愛される交響楽団を設立し、音楽活動を通じて、平和文化都市の発展に微力を捧げたいと念願しているものであります。

市民のみなさま、どうぞこの趣旨をご理解のうえ、**広島市民交響楽団**の活動に、ご賛同、ご支援くださいますようお願い申し上げます。」（＊3）

髙橋定の他、井上一清（かずきよ）、田頭徳治、橋爪将、本田巖、由居学が楽団発起人となった。この6名で右記の文章を1963（昭和38）年11月に確認した。

1979（昭和54）年、定の10年忌の特別公演として催された第51回広島交響楽団定期演奏会のパンフレットにて、定を偲んで4人が追悼の言葉を残している。
日本弦楽指導者協会の顧問である中村哲二はその中で、次のように述べている。

「氏は市民のための市民の交響楽団創設を提唱し、主軸となって昭和38年10月遂に目的を達成した」（＊5）

ここでいう「氏」は髙橋定一人に他ならない。死後10年が経った追悼会では、中村哲二の他に当時の理事長だった原田東岷、田頭徳治、井上一清の4人で追悼文をそれぞれ話が被らないように書いて、楽団として公式に一般に配布したものである。しかも中村哲二は音楽関係のプロであり、楽団の内部の人間ではない。その人がそう評している。「市民のための市民の交響楽団」という概念が、しっかりとこの挨拶文の中心に反映され、定の提唱を受けている。そして、島薫など、多くの方から期待される平和文化都市の実現のための活動に繋げる重責を受け止めて、遙か理想の高い楽団を初代理事長として創設するのであった。

それには、なにより広島市民との一体感が重要である。それが全ての源となる。

定は自分の祖父・貞助が打った芸術の神の面に祈るのであった。時に定56歳、1963（昭和38）年のことであった。

ムシカの店主である梁川義雄は広島市民交響楽団の門出にメッセージを残した。

「この度は大変御苦労です。

多年望んで居りました地域社会の情操高揚に大いに役立つことで双手を挙げて賛同致します。」（＊3）

今井和子は、念願の広島市民交響楽団に参加した。大学の後輩もいた。彼女はこう言っている。「父が大好きなベートーベンのプログラム。喜んでいましたね」（＊4）。お父様は定と同世代だったという。舞台上の熱気が客席へと伝わる。

入江乙彦も大学受験が終わり、まだ経験は浅かったがＮＨＫ広島管弦楽団の楽団員に教えてもらいながら必死についていったという。

被爆で苦しんだ市民と一体の楽団。若い人たちがきっとこの町を音楽の町にしてくれる。定は一緒にバイオリンを弾きながら、それを実感していたに違いない。若い人は上達が早い。ジュニアオーケストラの指導員も参加した。彼らの教える子供たちも何人かは楽団に参加する日も来るだろう。心強いではないか。「彼らのためにも頑張らなくては」。そう思う定の姿が想像できる。

定は常任指揮者に井上一清を指名している。彼は若くて勢いがある広島で育った音楽家だった。当時エリザベト音大の安部幸明（東京府立第七中学出身。東京音楽学校の器楽部（チェロ）を卒業後、研究科作曲部に進み、１９３６（昭和11）年に卒業〈昭和４年度豫科入学願書「東京音楽学校」より〉）など、他にも実績のある先生はいたが、定はどうしても広島の交響楽団を目指したかった。ＮＨＫ広島の楽団が休止直前に、広島で育った井上一清も指揮者としてデビューすることができ、自分の居場所を広島に探していた。定はそこにこだわったのである。「広島の指揮者も成長してもらわねば」、そんな心も定にはあったのだ。広島の人々の希望であってほしい。音楽は演奏者だけではない。指揮者もそうだが、ムシカに集うような人たちも必要である。音楽を振興するにはいろんな人材がいる。

定のために追悼文を読んだ人の中に大橋利雄がいた。いくつか追悼文はあったが、この人の文章を読むと、一番定の姿を想像できた。定とは家族ぐるみの付き合いで、音楽について相当に語り合った人だった。彼の肩書きは音楽評論家。音楽についての執筆が主な仕事だろうが、彼はムシカで音楽の解説会をしていたそうだ。そして、ムシカはそれを聞くためにやってくる音楽愛好家のたまり場となっていた。そんな人々にも支えられていたのである。大橋の解説会は通算４００回を超えたという。他にも大橋のように解説会を開く人もいたというから、その雰囲気は今では想像できない。この頃のムシカの広告には月２回の「解説付音楽鑑賞会」が銘打ってあった。なかなか大したものである。

評論家としての大橋の言葉はいつも辛辣であった。彼はどこまでも定のことをアマチュア扱いする。有難くも厳しい応援団だった。正直、素人の私には常設の楽団の運営がどんなものか、よくわからない。

しかし、その苦労の様子が見て取れる広島市民交響楽団のメンバー用の会報第一号が残っていた。

1965（昭和40）年2月1日発行とある。手作り感満載の会報であるが、温かみと熱気を感じる。設立して間もない楽団が、この時期にこれほど整備されていたかと思うと感慨深い。このためにどれだけの労力を費やしたのか想像を絶する。広島市民交響楽団の事務所は、定の経営する髙橋病院内の応接間一室を使っていた。会報はそこで作成されたのである。定は事務所にこもり、多くの人々の協力を得るべく語り合った。その方々の名前が会報に記載されているのだ。

交響楽団の運営は難しい。楽団の人数が多く、聴視者も限られる。時代の変遷で浮き沈みも激しく維持するのは本当に大変だったと思う。

1963（昭和38）年の夏に決断式を行い、11月に組織として発足。1964（昭和39）年4月6日に第1回演奏会、11月30日に第2回演奏会、1965（昭和40）年4月27日に第3回演奏会を開催した。この会報は第2回と第3回の間に初めて発行されたものである。

この段階で会の役員として、会長の浜井信三広島市長はじめ、錚々（そうそう）たる広島の重鎮が並んでいる。また、52の企業や団体が定期演奏会を通じて支援をしてくれた。私は本当だろうかと目を疑った（付録6－2、385ページ）。

昭和20年代からジュニアオーケストラが存在し、学校関係者との連携が始まっていた。何人かのメンバーは海外を含む演奏会を視察し、現地の様子をレポートしている。また、音楽関連の時事的なニュースについて会員に解説し、曲目の選択についても広く意見を聞いている。

新たな入団希望者に対しても完全には否定せず、きちんと対応しようとしている。定は焦らず、確実にオーケストラを完成させようと、丁寧にコミュニケーションを取りながら進めている。

広島市民交響楽団は、以前のＮＨＫ広島交響楽団とは違う。この楽団にはＮＨＫの後ろ盾がないのだ。援護は市民の善意と応援だけ。しかも、そのとき定はプレーイングマネージャーだったが、今度はプレーイング理事長である。以前の経験は生かせるが、過酷さは全く違う。

広島市民交響楽団の設立から、定が亡くなるまでの５年間の出来事である。

◇休業状態のＮＨＫ広島管弦楽団員で広島市民交響楽団１〜10回の定期演奏会皆勤は７名

指田　守　　バイオリン（不動のコンサートマスター）
柳川　日出丸　　バイオリン（次世代を担うべく加入）
田中　敬　　ビオラ（楽団の中でリーダー的に動いた）
田頭　徳治　　コントラバス（発起人の一人で楽団のエース）
中元　喜信　　クラリネット
本田　巌　　トランペット（発起人の一人）
佐伯　勝　　トロンボーン

彼らは常に楽団をリードした。メンバーがどんどん入れ替わる中、新しい人を指導しながら毎回オーケストラを作り上げていく。彼らが教えた音楽教室の生徒が出演するケースもあったという。

◇その他に広島市民交響楽団の1〜10回の定期演奏会の皆勤は12名

ジュニアオーケストラ指導員から

吉田　稔　　バイオリン

教育機関から

石井　信生　　チェロ（広島女子短期大学）

安定した企業および公務員など（○は昭和31年NHK広島交響楽団メンバー）

○富永　清治　　バイオリン（国鉄職員）

○和田　昌行　　バイオリン（広島音楽高校教師）当初コンサートマスター

大部　交　　バイオリン（中国電力変電課）

○篠田　啓之　　ビオラ（国鉄職員）

田中　達朗　　コントラバス（中国電力変電課）

○東谷　光郎　　コントラバス（広島鉄道病院）

山口　隆久　　ホルン（広島県警）ジュニアオーケストラ指導員

上野明　常太郎　　ファゴット・バズーン（僧職）

岡田　文子　　バイオリン

◇広島大学大学院生から始め、就職してもそのまま続けた人

向井　詳与　　バイオリン

広島市民交響楽団1〜10回の定期演奏会皆勤は計19名で固定メンバーはこれだけしかいない。

1956（昭和31）年の第九を演奏していたNHK広島交響楽団のメンバー表を比較してみると、当時の演奏メンバー66名のうち、24名が広島市民交響楽団の第1回演奏会のメンバーであった。それが5年間で9回の演奏を経て14名となる。定や橋爪なども含め、10名抜けたことになる。元NHK広島管弦楽団の木戸全一（チェロ）は途中復帰している。理由はさまざまであろう。定、橋爪、国清など引退した人もいる。人を入れ替えながら、曲目の難易度をどんどん上げていった。成長していたのだ。

運営は困難を極めたに違いない。

◇指揮者を除く団員

第1回会員79名（うち客員5名）　インスペクター2名[*注1]（演奏もする）
　　　　　　　　　　　　　　　ライブラリアン1名[*注2]（演奏もする）
第2回会員89名（うち客員7名）　インスペクター1名
　　　　　　　　　　　　　　　ライブラリアン2名（演奏もする）
第3回会員94名（うち客員10名）　インスペクター1名

第4回会員103名（うち客員7名）

ライブラリアン1名（演奏もする）
インスペクター1名（演奏もする）
ライブラリアン1名（演奏もする）
インスツルメント1名（演奏もする）

第5回会員

第6回会員

第7回会員89名（うち客員4名）

インスペクター2名（演奏もする）
ライブラリアン3名（演奏もする）
インスツルメント3名（二名は演奏もする）

第8回会員95名（客員？）

インスペクター2名（演奏もする）
ライブラリアン3名（演奏もする）
インスツルメント2名（演奏もする）
プレーイングコンサルタント（演奏もする）

第9回会員94名（うち客員2名）

インスペクター3名（演奏もする）
ライブラリアン3名（2名は演奏もする）
プレーイングコンサルタント（演奏もする）

柳川日出丸は第1回からずっと演奏していたはずなのに第9回に演奏できていない。ライブラリアンには名前がある。おそらく体調でも崩していたのではないだろうか。第10回には第二バイオリンとして復帰している。

メンバーを維持するには大変な苦労があったと思う。その都度かなりのメンバーが入れ替わっている。また客員メンバーは徐々に減っている。

天考亮太はＮＨＫ広島管弦楽団所属で若手。第1回　第二バイオリン、第2回　インスペクター専任、第4回　第二バイオリンで演奏に復帰、第7回　第二バイオリンに名がある、第8回　インストルメント、第9回　第二バイオリンに復帰、第10回　見当たらない。

国清博義　バイオリン（海田高校教師、元ＮＨＫ広島交響楽団員）は第1回・第2回　第二バイオリン、第3回　第一バイオリン、第4回からは演奏はしていないが、幹事という形で当初から最後まで尽力し、楽団内の会報の編集の総まとめをしていた。

秋吉章子は広島女子短大の教員。第1回はピアノが必要のない演奏だったが、第2回からはずっとピアノ演奏を担った。彼女も元ＮＨＫ広島管弦楽団員であった。第5回定期演奏会ではソリストとして登場している。

橘常定は戦前より満州でも実績があり、戦後も東宝交響楽団の主席奏者および同団のトレーニングを担当していた。１９６４（昭和39）年に東宝交響楽団が解散した後フリーとなり、翌年11月の第4回定期演奏会から広島市民交響楽団に参加し、プレーイングコンサルタントとして協力した。

有松（林）洋子（バイオリン）はNHK広島の楽団の頃から何度も協演していた。NHK広島交響楽団第8回定期演奏会では高校生でソリストとして演奏した。丁未音楽会はなくなっていたが、戦下でも広島で育った広島の宝であった。1954（昭和29）年からフランスに渡り、パリ音楽院とベルギーのブリュッセル王位音楽院で学んだ後、1960（昭和35）年に帰国し、ソリストとして活躍していた。また、武蔵野音楽大学や桐朋学園の講師も務めた。そして、広島市民交響楽団第2回演奏会にソリストとして参加した（付録2－1、376ページ）。

有松洋子提琴独奏会
24日児童文化会館で

広島音楽協会では結成以来着々と成果をあげてきているが、今回日本提琴界のホープ郷土出身有松洋子嬢のフランス、コンセル・バトワールへの留学記念として、二十四日午後七時から広島児童文化会館で有松洋子提琴独奏会を開くことになった。有松洋子嬢は広大付属中学校在学当時からすでに頭角を現わし、中國新聞社主催の中國音楽コンクールに再度入選していた二十六年度全国音楽コンクール二位、二十八年度にはついに第一位の栄冠を獲得、東京フィルハーモニイ、NHK交響楽団などとの演奏経験を持ち名実ともに日本楽壇の俊秀である。なお同演奏会では今回の演奏会入場料は有松嬢の渡仏滞在費の一部にと同嬢へ贈ることになっている。

当夜の曲目はモーツアルト「ヴァイオリン・ソナタ・変ロ長調」メンデルスゾーン「ヴァイオリン協奏曲ホ短調」フランク「ヴァイオリン・ソナタ・イ長調」サラサーテ「チゴイネルワイゼン」ほか小品数曲、伴奏は県大講師秋貞和子氏。（写真は有松嬢）

有松洋子提琴独奏会／広島児童文化会館（出典：中国新聞　昭和29年7月16日）

大橋利雄（音楽評論家）は最初から定が亡くなるまで顧問の一人として楽団を支えた。

横山滋（近所の耳鼻咽喉科）は長年にわたり客席から支援した。「演奏会は演奏者だけでは成り立たない」と、生涯を通じて常任理事として応援を続けた。私も小さい頃、診察してもらったことがある。温子の葬儀にも駆けつけてくれた。ご近所だったこともあり、創設当時の定の苦労を目にすることもあっただろう。横山滋は客席のコンサートマスターとも呼ばれた。

◇大学の音楽教師も参加した（第2回定期演奏会時）。

元松竹管弦楽団 広島大学教育学部音楽科講師　末永国一（フルート）ＮＨＫ広島管弦楽団員

バロック室内合奏団 エリザベト音楽大学講師　石橋尚子（バイオリン）

バロック室内合奏団 エリザベト音楽大学講師　讃井若葉（フルート）

エリザベト音楽大学講師　新保明子（ビオラ）

◇音楽教員とみられるメンバーもいる（第2回定期演奏会時）。

和田昌行、国清博義以外にも

大竹高校　上屋一郎（オーボエ）

五日市中学校　道井英子（オーボエ）

可部高校　光成洋（ホルン）

広高校　岡崎邦朗（バイオリン）元ＮＨＫ広島管弦楽団員

広島県盲学校　乗末倫子（バイオリン）

観音中学校　岡村道信（チェロ）

大野中学校　野田耕右（コントラバス）

広大福山付属高校　杜純三郎（コントラバス）

宇品中学校　三村明（ビオラ）

◇異色のメンバーが顔を揃えた。このリストは当初のメンバーであるが、途中からのメンバーにさまざまな人がいただろう（第2回定期演奏会時）。

広島記念病院　福重謙治（バイオリン）元NHK広島交響楽団員

広島地裁　青木幹夫（クラリネット）

三菱レーヨンの研究員　末次雅夫（チェロ）NHK広島交響楽団エキストラ昭和31年

広島県西警察署刑事一課　亀井悌二（オーボエ）NHK広島交響楽団エキストラ昭和31年

広島テレビ　岡部茂（バイオリン）佐々木恒美（チェロ）

ラジオ中国　小笠原道朗（クラリネット）

山一証券　東郷昭朗（バイオリン）

大正海上火災　朝日智三（ビオラ）

三菱重工　滝川孝司、林　恒夫（トランペット）

東洋工業　河内和彦（バイオリン）

坪川製作所　原田正憲（ビオラ）元NHK広島交響楽団員

中島商会　金子計夫（ホルン）元NHK広島管弦楽団員

朝日ビルディング　酒井利男（チェロ）

陸上自衛隊音楽隊　山田光男（ホルン）

中国電力工務部　赤木芳子（バイオリン）

◇広島ジュニアオーケストラ（第２回定期演奏時）
山口和彦（ティンパニー）元ＮＨＫ広島交響楽団員
渡部ミサオ（バッテリー）
島田善雄（コントラバス）
藤田律子（バイオリン）
北沢久子（バイオリン）
もちろん学生もいた。
◇高校生６名（第２回定期演奏時）
基町高校　柴山洋（フルート）
基町高校　福場真二（ホルン）
基町高校　多々良正徳（クラリネット）
基町高校　沖田晏広（ホルン）
基町高校　藤田成矣（チューバ）
音楽高校　岡本繁邦（トロンボーン）
◇大学生15名（第２回定期演奏時）
エリザベト音大　西村ふき子（フルート）
広島商大　木本裕二（トランペット）

第８回定期演奏会。左から５人目（第１バイオリン２列目奥）髙橋定（広島市公会堂、昭和42年12月11日）

広島大学　山崎和章（トロンボーン）
エリザベト音大　吉池美沙子（バイオリン）
エリザベト音大　今津征子（バイオリン）
エリザベト音大　尾崎明子（バイオリン）
エリザベト音大　加賀本月美（バイオリン）
エリザベト音大　原小枝子（バイオリン）
エリザベト音大　渡辺保子（バイオリン）
広大教養学部　入江乙彦（ビオラ）
広島大学　恩地与隆（ビオラ）
エリザベト音大　大島順了（セロ）
エリザベト音大　桑村岳志（セロ）
エリザベト音大　栗本良江（セロ）
◇その他　三村洋子（フルート）、前川弘子（バイオリン）、今井和子（バイオリン）、山口直子（バイオリン）

それこそ、結婚や転勤などでみんなで祝福して別れた。岡田啓志（商店）という記

広島市芸術祭 青年音楽会で感謝状を手にしているのが菊池麗子

広島市芸術祭　青年音楽会。定最後の演奏、第一バイオリン前から２列目奥（広島市公会堂、昭和 43 年 11 月）

録もある。[*注3]

おもしろい集団だが、これから人がどんどん変っていくと考えると、半年に1回しか演奏できなかったということがわかる気がする。

体調や家庭事情、仕事の事情もメンバーそれぞれさまざまだった。こんな楽団ではあるが、少しずつ楽曲の難易度を上げ、皆と話し合いながら、徐々に難しい曲へ進んでいった。

「☆30日に広島市民交響楽団が第二回の演奏会を開いた。曲目は（中略）四月に旗上げの演奏会に行けなかったので、はたしてどんなものか一度は聞いておかねばと出かけた。失礼な話だが、実際のところ二曲聞いたらスタコラと帰るつもりだった。ところが最初の気持ちはどこへやら、とうとうアンコール曲まで居すわって、もう一曲くらいやればいいのにと思いながら夜道を歩いたのだからおもしろい。

☆細部にわたる技術的なことは専門家にまかせるしかない。門外漢はたのしければ結構である。ナマの音が聞ける魅力はあたりまえのことだが知った顔が舞台に点在して、とにかく一生懸命やっているのがたまらない魅力である。お医者さん、先生、学生…。アッ、彼女がバイオリンをひいているぞ、フルートはいつもバスでいっしょの彼氏じゃないか—同じ広島の人間の近親感というものだろう。音を出すほうも、それをすなおに聞くほうも音楽にとけ込めればそれでよい。要はこの楽団がよりりっぱなものに育つようみんなが会場に足を運んでやることだ。」（＊6）（付録6－8、391ページ）

その頃の雰囲気をよく表した記事である。楽団の会報の中で引用されていた。定の狙い通り、市民の楽団として愛されていたのがよく分かる。

巻末の付録（「広島市響　ⅠⅡ／１９６５」）は広島市民交響楽団設立から約一年半経過した、１９６５（昭和40）年２月１日に第２回の定期公演を終えた後、楽団員に対して配布した楽団内の会報である。その中で臨時総会の様子が報告されている。少なくとも会計について総会を開いて報告されていたことがわかる。

「（前略）概算報告あり、収支決算は未だ明確ではないが、採点すれば可のようで、早急に決算報告を提出するとの発言があった。」（＊６）（付録６－７、３９０ページ）

〝可〟というのは〝赤字〟を指していると思われる。独立した団体なので、できたばかりのこの段階では明らかに借金である。そのリスクは主に理事長が被らなくてはならないと思う。或いはこの資料には寄贈として、

「第一回演奏会終了後、市民としての演奏に感激した、基金の一部にと匿名の金一封が届けられた。その後、調査の結果、寺地さんという方と分りましたので、紙上を借りて厚く御礼申し上げます。第二回定期後、独奏者の林さん、増広先生、中山楽器店より基金の一部にと金一封を頂きました。御厚志に対し深く感謝すると共に、基金として有用に使わせて頂き度いと考えます。」（＊６）（付録

6－9、392ページ）

このように寄付についてもきちんと報告されており、団員全員に感謝の気持ちを寄贈者に送るべく情報を共有している。ちなみに林さんとは第2回定期演奏会で独演した有松（林）洋子のことである。わずかな収入であったが、このような寄贈に頼る運営をしていたこともこれで解る。

「各位の努力によって切符は相当に出ており、予定を上回ったことに対して理事側より謝辞があったが、聴衆が少なかったことは、大口の買上げ団体の配布方法に熱意がなかったと思われるので、今後の切符配分について考慮を払う必要があるとの説明が加えられた。」（＊6）（付録6－7、390ページ）

チケットの販売は多くの方々に協力をお願いしたと思われるが、学生を含む団員に同じような負担のお願いは難しい。それぞれが自腹を切ったかどうかは不明だが、〝大口の買い上げ団体〟というものが存在し、〝その熱意がなかった〟ために実際には行き渡らなかったと記されている。その〝大口買い上げ団体〟のことと思われる記録が他にもある。

「司会　いろいろ運営には苦労したでしょうね。

橋爪　理事、事務局など、みんなが一致してやったけど、特に高橋理事長の努力はすごかった。経費節約のため事務局を高橋病院に置いたこともあって、公演前にはスポンサー廻りから、プレーヤーのかき集め、一人何役かで、その他あらゆることをやった。私も彼に振り廻されて演奏会前には家業もロクロクできなかったな。エライのは、公演が済むと、無理をいったところにはお礼廻りまでした。団員にはギャラが少いのだからといって、打上げだけは私費をつぎ込んで派手にやったものだ。」（＊2）

ここでいうスポンサーというのが大口買い上げ団体とかなり一致していたのではと思われる。橋爪とは、定と一緒にＮＨＫ広島に加わり、同じく広島市民交響楽団の発起人であり、理事でもあっ

第４回広島市民交響楽団演奏会後の懇親会　右から２番目から井上一清、田頭徳治、島夫人、橘常定、温子、定、２人とんで浜井広島市長　昭和 40 年 11 月

た橋爪将のことである。大口を担当したのは少なくとも理事である方々であり、その中でも、理事長である定が主にそれを担当し橋爪がそれを助けていた。こういう役回りは音楽専門の楽団員には難しい。また、大口の買い上げ団体の配布方法に熱意がなかったという状況を考えると、十分認知もされていないこの頃は、配布をお願いする程度の協力から始まったのではと考える。それでも協力いただければ有難かった。定は〝奉仕の精神〟に従って事務手続きをして、打上げなども含め相当な額を自腹で行ったものと思う。

温子が呆れるのも無理はない。

第10回の定期演奏会を迎える頃には、チケットの売れ行きはかなり好調になっていたと聞くので状況は改善していったと思われる。ただ、その段階に至っても、その後しばらくプロ化する1972（昭和47）年までは、楽団員にギャラを払えなかったということなので、定が亡くなるころまでの財政状況はある程度落ち着い

スピーチをする定と井上一清／第４回広島市民交響楽団演奏会後の懇親会　昭和40年11月

ていたとはいえ、まだかなり苦しい状況が続いていたと思われる。

しかし、定の狙い通り、身近な音楽家が成長している様子を観客は関心をもって応援していたのだろう。市民との距離感が非常に近い楽団として、人気を博していった。

「広島市響　１Ⅱ／１９６５」は当時の熱気と苦労が垣間見られる貴重な資料である。他にも当時の状況がうかがえる資料が付録として巻末にあるので参照いただきたい（付録６、３８４ページ）。

田頭徳治の証言によれば、途中からＮＨＫ第二スタジオは使えなくなった。まだ給与も払えていない楽団に酷い仕打ちであるように思える。なにかあったのだろうか。

楽団員を引き連れて、協力してくれるスタジオを転々とする日々もあった。しかし、どちらにせよ年２回の定期演奏会だけでは、プロとしてまともな運営を続けることは難しかった。

広島交響楽団プロ化35周年誌に次のような文が載っている。

「『市響』は昭和44年8月高橋理事長の急逝にあい、存廃の岐路に立たされたが緊急理事会で全員一致、存続に決まり、後任理事長に高橋氏の友人であった原田医師に理事長就任を委嘱した。その年11月、役員の陣容も一新し、更に規約を改正して広島交響楽協会を結成。楽団は演奏に専念し、協会は経営面を引き受けることとした。昭和45、46年は、演奏活動をそれぞれ信加し、特に音楽教室に力を入れた。46年には、念願の県外演奏も２ヶ所行った。経済的には赤字運営ではあったが、従来の広島市の補助の外、県教委の御尽力によって広島県、文化庁から初めて各２００万円づつの補助が得られた。かくして、昭和47年5月、社団法人広島交響楽協会の結成式が行われ、中四国地域を活動拠点とするプロ楽団への第一歩が印されることとなったのである。」（＊7）

定が生きている間に黒字化など夢のまた夢であった。大橋利雄も定への追悼文（付録4－1、380ページ）の中で定は、「身銭を切ってひたすら努力した」と記している。

＊注1　インスペクター／オーケストラや楽団でのリハーサル管理や演奏にかかわる進行マネージャー。主に楽団の調整や監督、指揮者の補佐をする役割を担う。インスペクターは自身も演奏を行うことがある。
＊注2　ライブラリアン／楽団やオーケストラにおける楽譜係。さまざまなプログラムの楽譜を用意して楽員に配ったり、演奏会のリハーサルや公演では、楽器ごとに違う正確な楽譜を提供することや、必要な楽譜の準備を行う。
＊注3　『広島市響　ⅠⅡ』

【引用文献】
＊1　島薫「広島市民交響楽団生みの親　高橋理事長の追想」『島薫あれもこれも』紺野耕一（編）、島忍、1983年
＊2　「広響の生いたち　35年前の座談会」『広響プロ改組35周年記念誌　Listen Plus』広島交響楽協会、2007年
＊3　「『広島市民交響楽団』の発足にあたって」『広島市民交響楽団発表演奏会プログラム』1964年4月6日
＊4　『中国新聞』2022年2月18日
＊5　「追悼のことば　中村哲二」『第51回広島交響楽団定期演奏会プログラム』1979年12月17日
＊6　『広島市響１Ⅱ』広島市民交響楽団会報、1965年
＊7　「広響だより創刊号」より（1972年10月）、（『広響プロ改組35周年記念誌　Listen Plus』広島交響楽協会、2007年に収録）

第六章　さまざまなこぼればなし

できたばかりの平和記念公園にて。左定、右温子。（昭和 32 年頃）

渡米壮行会。前列中央、定。（昭和 31 年 2 月 16 日）

1. エルマンを追って

温子が言っていた山田耕筰の次に世話になった定の恩師は、外国人バイオリニストだったが、名前をはっきりとは思い出せなかった。そんな時、中国新聞に掲載された音楽評論家の大橋利雄の追悼文を見た（付録4－1、380ページ）。

そこには、定がエルマン（ウクライナ出身のユダヤ人）に憧れてバイオリンにのめり込んだことが書いてあった。なんとなく聞き覚えがあると思い、調べていくと、エルマンは山田耕筰と相当な昵懇であることが分かった。もしかして、エルマンが定の恩師ではなかったか。彼は3回来日している。以下、私の推測を交えた話である。

1回目の来日の1921（大正10）年に山田耕筰が迎えている。エルマンが日本滞在中は終始同行していた。2人は旧知の仲で、共にニューヨークのカーネギーホールの演奏会で頭角を現した音楽界に革命を起した実力者であった。山田耕筰は哈爾濱交響楽団に関わっていて、そこで音楽活動をしていたユダヤ人たちとも面識があった。その多くはエルマンと同じくニューヨークに移住していた。

エルマン来日中に山田耕筰はエルマンのために曲を書き下ろしている。

前列左 エルマン、後列左端 山田耕筰（Holst-Hendrix, Henriette. 1921. “Foreing Music in Japan.” In Musical Courier. April 21, p. 23）

『哀愁の日本　ミッシャ・エルマンに捧ぐ』である。

この時、山田耕筰とエルマンが一緒に写った写真が多数残っている。2回目の来日は1937（昭和12）年1月で、5日間にわたり日比谷で公演している。この頃、定は日本医科大学に在学中で時間がとれる状況であった。山田耕筰がそれほどエルマンと昵懇ならば、定もおそらく対面できたと思われるのだ。

定のバイオリンを弾くフォームは、現在ではそれほど珍しくないそうだが、当時としては珍しい弾き方で、エルマン奏法をどこかで学んだのではないかと思われる。短時間でも彼から指導を受けたとすれば、この上ない幸せだったであろう。定にとってエルマンは憧れのバイオリニストであったのだから。

表紙カバーの写真は「一万人の大合唱」のときの写真だが、温子はこの写真を寝室の枕元に置いて人には見られないように大事にしていた。

戦後、1955（昭和30）年、定が渡米する前年に3回目の来日が記録されている。エルマンはニューヨーク在住であった。定がニューヨーク滞在するなら挨拶に行くのは道理である。この想像があたっているなら、それは定にとって非常に幸せな時間だったと思う。

もしかしたら、本当の渡米のきっかけは、このことによる志願だったのかもしれない。私は定の訪米時に撮影されたと思われるスライドを見直した。その中に、定には珍しく満面の笑みで、エルマンに似た人物と肩を組んでいる姿が写っている。残念ながらぼやけがひどく、本人かどうかは確認できない。

日本における音楽評論家の草分け的存在である大田黒元雄（1893〜1979年）は次のように述べている。

「エルマンは、日本へ演奏に來た最初の世界的名人です。それがために、彼は、その後來朝したどの名人よりも盛んな歓迎を受けました。然し、それはあながち彼が一番先に來たからばかりではなかつたかも知れません。なぜと云へば、すべての世界的の演奏家［ママ］の中で、エルマンの名前は、日本の好樂家に最も博く知られてゐたものの一つだつたのにちがひないのですから。おそらくジムバリストが最初に來たとしても、エルマンほどは騒がれなかったことでしたらう。」（＊1）

エルマンの初来日当時、日本社会において彼の演奏は衝撃的であった。帝国劇場の洋楽部長であり、管弦楽団のコンダクターだった永井建子(けんし)は、この初来日公演のときに担当していたことになる。永井建子と山田耕筰は二人とも、このときエルマンに寄り添っていたことになる。エルマンファンだった定は二人の話を夢中になって聞いたことだろう。

大正時代には、さまざまなところで西洋音楽が受容されるようになっていた。クラシック音楽が盛んに演奏され、外国人演奏家が来日した際には、東京・丸の内の帝国劇場で演奏会が開かれることが多かった。海外からの演奏家の受け皿になったという意味では格別だった。

１９１１（明治44）年に開場した帝国劇場は、日本で最初の本格的な洋式劇場で1階席から4階席まで約１７００席を有していた。

「今日は帝劇、明日は三越」（三越の宣伝マン浜田四郎によって広められた）というキャッチフレーズが流行語となったほどだ。

「西洋式の劇場とはいえ、今日的な『コンサートホール』だったわけではなく、むしろ当時は、歌舞伎や新劇など日本の演目が高い割合を占めていたのである。そのような中で、西洋音楽の試みとしては、たとえば開場から半年後の8月に発足し、三浦（柴田）環（1884〜1946）らが活躍した帝劇歌劇部によるオペラ、イタリア人振付家のジョヴァンニ・ヴィットーリオ・ローシー Giovanni Vittorio Rosi（1867〜1940）が歌劇部の教師として招聘されてからは《マスコット》や《天国と地獄》のようなオペレッタ、そして東京フィルハーモニー会の『音楽会』などを挙げることができる。これらは日本人によって演奏されていた。」（＊2）

帝国劇場内部（国立国会図書館所蔵　帝国劇場写真帳掲載　明治44年）

山田耕筰と永井建子が参加したオペラ運動は、このような形で帝国劇場において実現し、日本社会に大きな影響を及ぼしたのだ。永井建子は関東大震災の1923（大正12）年まで帝国劇場にいた。そして、エルマンの演奏による衝撃はこの二人の主導によって広められ、エルマン本人から定に伝わったのだろう。

エルマンを追うことで、定の音楽に対する考え方を偲ぶことができた。

他の伝説のバイオリニストに比べて、エルマンのバイオリンは甘美で心を揺さぶるような音を出す。これが定にも大きく響いていたのだろう。

定が少年時代の1921（大正10）年から1923（大正12）年にかけて、この奏法をマスターしたバイオリニストが来日演奏しているわけだが、彼らは皆ハンガリー出身のレオポルド・アウアーの弟子である。アウアーはバイオリンの持ち方の大事さを説いている。ハイフェッツ、エルマン、ジンバリスト、ミルシテイン、皆そうである。もちろん細かくは彼らの間でも多少違うかもしれない。それほどバイオリンの演奏にはフォームが大切なのだそうだ。当時はラジオがあっても動画を簡単に見ることは難しかったため、そう簡単に会得できたとは思えないのである。この教えは当時のバイオリン奏者に革命をもたらし、伝説的なバイオリニストたちの来日に繋がったのであった。

「正しく楽器を持つことは、これから後のすべての上達の前提条件なので、バイオリン教育のこの段階こそ、なによりもまず考察の対象としなければならない。」（＊3）と力説している。

エルマンは革命的に演奏法を広めた人物である。その演奏法が定の時代に広まるが、定がそれをどこで会得したかは謎である。少なくとも1951（昭和26）年の時点では、すでにそれを習得していた。バイオリンは持ち方がほんの少し変わるだけで音色が大きく変わってしまうのだ。定が陸軍入隊前に、渡邊弥蔵率いる広島フィルハーモニー会の招きで世界的バイオリニストが来広している。1926（大正15）年には広島県立女学校にボリス・ラス、1927（昭和2）年12月9日にジンバリストが来ていた。定はこ

ヤッシャ・ハイフェッツ／広島県立広島高等女学校友朋会主催プログラム　昭和6年10月11日（広島市公文書館所蔵　渡邊弥蔵資料＃222）

の2人の演奏会を間近で見ていたであろう。

長橋熊次郎が始めた広島における弦楽器指導はそこまで行っていた。渡邊弥蔵の著書によると、これより以前にも丁未（ていみ）はジンバリストを呼んでいたとあるが、いずれにせよ定は旧制広島高等学校時代にジンバリストを間近で目撃していることになる。

定が陸軍に入隊した後も、1931（昭和6）年には広島県立女子の講堂にヤッシャ・ハイフェッツが公演している。常に満員だったというから、満州事変前のバイオリン人気は相当なものだ。

しかし、温子がいう山田耕筰の次に世話になった外国人は別人物のようだ。その外国人の恩師にオーケストラの技術的部分を教えてもらったと温子が言っていたのを思い出したのだ。わたしがオーケストラの演奏の技術的なことは山田耕筰にならったのかと聞いた時、それは山田耕筰ではなく外国人の恩人だと言った。エルマンとは名前の感じもちょっと違う。エルマンのことを調べて彼はどちらかといえばソリストタイプで、定が磨いたオーケストラの運営技術にたけた人ではないのでどうも違うようだ。ただ、エルマンは定が心から愛したバイオリニストで少年時代からのファンだったことは間違いない。

2．丁未音楽会を発展させたのは

丁未(ていみ)音楽会を発展させたのは吉田信太（1870－1954、宮城県出身、東京音楽学校本科師範部卒）である。彼を中心に、渡邊弥蔵(やぞう)と山本寿のコンビ、広島高等師範学校（広島高師）の三人の教授陣の奥様方、および東京音楽学校出身者で「同声会」を結成し、吉田信太をたきつけて、どんどん幅広い参加を促すようになっていったという。東北出身者が多く、東北弁が飛び交っていたようだ。

山本寿は1913（大正2）年に群馬県の師範学校から広島高師付属小学校に着任した。岩手県南部の出身で岩手県師範学校で学び、渡邊弥蔵ともその頃から縁があった。山本寿も東京音楽学校を出ており、作曲の才能も持っていた。渡邊弥蔵とは生涯の名コンビで子供達にも大人気だった。

同声会のメンバーは、渡邊弥蔵、山本寿の他に小西教授夫人、藤村教授夫人の藤村（旧姓荒島）すえ／山中高女の音楽教師、塚原教授夫人の塚原（旧姓新渡戸）ハマ／女学院の音楽教師だった。この三人の女性音楽家がいろいろと要求して広く高度になっていった。

その結果、技術のあるものは誰でも参加できる極めて柔軟な音楽会ができた。それは各学校も独自の音楽会を開く活動に繋がり、また、互いに先生方が出演しあうようになっていた。

特に当時の男子校は音楽を重視しておらず、この制度は高度な音楽教育を欲する男子生徒には有難い存在となった。音楽を担当する各学校の教師にとっても自らの腕を上げるチャンスとなる。

当然、各学校の教師たちは、自ら教える優秀な生徒を丁未音楽会に参加させ、学ばせたに違いない。女子生徒たちにとっても地域の大事な音楽組織になった。東京高等師範学校でさえ丁未音楽会のような幼年生徒のための高度な仕組みはなかった。東京の音楽教育は東京音楽学校にその機能を集中して始まり、他の音楽学校に普及する形で発展した。戦前の昭和期における幼年の音楽教育の環境は広島が日本一だったと思う。

その基盤のうえに長橋熊次郎がこの会を担当することになった。彼は弦楽器演奏の教育に力を入れ、管弦楽のオーケストラを作ることを目指し、多くの弦楽奏者の育成に成功するのであった。そこに、定は自然と興味を持ったのである。

同声会「広島音楽界50年の裏表9」(出典：中国新聞　昭和38年1月18日)

定は丁未音楽会について、1950（昭和25）年に以下のように語っている。

「廣高師付中に特設された音楽科は、当時の男子中学校として全國に珍しい試みであり、同校から丁未音楽会を育てた長橋熊次郎翁がこの地の音楽界に興えた影響は呉の海軍軍楽隊の河合太郎氏などの盡力とともに現在東京、大阪についでどうにか全放送の電波に乗るほど成長した廣響の楽團組織を支える大きな地盤になっていることをいまさらしみじみ感じる。」（＊4）

そうなのである。女学生にとって、広島では女学院を中心にいろんな形で音楽を学ぶ環境はあったが、男子学生にとっては、広島高師しかなかったのである。ただ、ここに所属していない学生でも、彼らが主宰する丁未音楽会に参加することができた。

この会は子供、社会人、音楽の先生など、腕に自信があれば誰でも参加できる貴重な組織だった。あらゆる壁をなくし、女性だって参加できた。非常に柔軟な組織だったから、いろいろな音楽を企画できたであろう。また、長橋熊次郎は当時まだそれほど普及していなかった弦楽器に力を入れた。そうして、音楽の幅を管弦楽に広め、広島の地の音楽シーンであらゆる分野に波及した。

戦後すぐ、渡邉弥蔵は次にように振り返っている。

「（前略）丁未音楽会が明治大正を通じて東京の大家連を招聘して大衆に紹介した事は没却することの出来ない大きな功績だと思います。之は丁度現在の目崎さんの音楽聯盟と同一組織で、年に一度は必ずよい音楽家を紹介されました。其重なものは大正四年五月には多久寅、貫名美那彦、信時潔、船橋栄吉の四君、同五年にはヴァイオリンの田中久子、ピアノの石原和子、声楽の廣田ちづゑのお三人、六年には歌の花島秀子、ヴァイオリンの蜂谷龍、歌の樋口信平の皆さん、十年には弘田龍太郎、杉山長谷夫の二君と今の女高師の小野康孝君が来られ、水野さんが「かもめ」だの、あさね、叱られてなどをいゝ声で歌って聴衆をうならせたものでした。又同年に澤﨑良之、榊原直、武岡つるよ、多忠亮の四君が山中に来られ、九月には関鑑子さんが丁未に、十一年には初めて外人ピアニストのショルツが見えました。此年は學制發布五十年記念で各校とも音楽会が開かれ、縣師範に小倉末子さん、女学院では三浦環さんの独唱會で、初めてバタフライの本場ものを演奏され雲霞のやうに壽座に集うた聴衆は怒濤のような喝采を浴せました。十二年にバルダスと早川美子さんが来られ、十三年には柳兼子さん、十四年には今の遠藤夫人喰田比佐子さんと渡邊宣子さんがおいでになつて高師の講堂を唸らせました。十五年にはピアノのコハンスキー、それに廣島フィルハルモニーの為めにボリス・ラス。昭和に入ってモギレフスキーのヴァイオリンは流石に輝いたもので、又広島フィルハルモニーではヂンバリストを招いて其妙音を紹介し、五年には帰朝匆々の関屋敏子さんが来られなど澤山の音楽家が広島の蒙を啓いて下さった事は忘れられない事であります。（後略）」（＊5）

丁未音楽会を運営していた広島高等師範学校ではなく、広島県師範学校の音楽教員だった立場の渡邊弥蔵からみた広島の音楽界である。遠藤夫人の「遠藤」とは１９４９（昭和24）年当時ＮＨＫ広島交響楽団で指揮をとっていた遠藤宏のこと。喰田比佐子は長橋八重子の妹で、姉妹ともに東京音楽学校の出身。この姉妹は熊本出身ながら広島の音楽界に多大な功績を残した。大正期の広島の音楽界の様子をよく説明してくれている。すでに広島で活発に洋楽の演奏会が開かれていた様子を表している。1916（大正5）年5月13日の第28回丁未音楽会の演奏会には、田中、石原、廣田の三名の他に呉海兵団軍楽隊の海軍軍楽師石井春省他、24名の出演が記録されていた。同年11月10日第29回では、生徒と音楽教師、正会員の混成の管弦楽演奏が記録されている。

渡邊弥蔵　昭和20年代初頭（竹内俊夫所蔵）

3．渡邊弥蔵という人

渡邊弥蔵（やぞう）は1879（明治12）年12月に福島県で生まれ、98歳まで広島の音楽のために尽くした広島音楽界の重鎮である。

1907（明治40）年より広島県師範学校（広島高師とは別の学校）で幼年教育の教師の指導にあたっていた。広島県内の学校を巡り、教師の指導、ピアノやオルガンなどの楽器の設置を呼びかけ、児童の合唱会の普及に力を入れた。特に戦前めざましい成果をあげたが、戦後も県内学校の合同音楽会を指導するなど、児童の音楽環境を整えることに尽力した。1909（明治42）年に渡邊弥蔵によって始められた唱歌教育は、1920（大正9）年には現場の教師を主体としてできた音楽鑑賞団体の広島フィルハーモニー会および合唱団を結成させた。第1回演奏会には河合太郎率いる呉海兵団軍楽隊が招かれ演奏している。その後の会のメンバーにはかつて広島で音楽教師を経験して芸能界入りした松島詩子や杉村春子も名を連ねた。この会も丁未音楽会と競って多くの国内最高の演奏家を招いた。教師たちへの刺激は甚だしく、各学校での音楽会も盛んに開かれ互いに出演し合うようになる。生徒、父兄にも波及したであろう。

１９２５（大正14）年に進徳実科高等女学校（現・進徳女子高等学校）に移り、スタインウェイのグランドピアノを設置して頻繁に演奏会を開いたというから、そこでの合唱もかなりの規模だったようだ。

１９３０（昭和５）年には、進徳実科高等女学校だけでなく、渡邊弥蔵率いる広島フィルハーモニー合唱団と県下23の学校とその小学生児童も参加して、「県下小学生児童音楽会」が盛大に催された。２５００人収容の講堂は埋め尽くされたという。この音楽会は１９３３（昭和８）年まで続いた。この時期までは、戦争の影響もなく西洋音楽の音楽会を活発に開催していた。この頃の広島の幼年音楽教育が戦後の音楽界を開花させるのであった。

１９６３（昭和38）年1月8日からは、42回の連載で「広島音楽界50年の裏表」として中国新聞に寄稿している。他にも「渡邊弥蔵資料」として多くの資料を広島市公文書館に残している。

また、中国吹奏楽連盟の重鎮としても戦時下より活動した。福島師範学校から岩手や新潟の中学校に勤務し、その後、東京音楽学校甲種師範科を卒業している。

彼は日本教育音楽協会広島支部長、広島県高校合唱連盟会長、広島県教育音楽研究連盟理事長、広島青少年オペラ研究会長などの役職を務めた。また、中国文化賞、文部大臣賞も受賞している。

渡邊弥蔵は歌唱以外にも、ピアノやバイオリンの奏法を東京音楽学校で習得。同期にソプラノ歌手の三浦環（たまき）がいるなど、国内最高の音楽教育を受けた人物である。定が師事したであろう山田耕筰より２学年先輩で、特に三浦環は同じく声楽科にいた山田耕筰を卒業後、直接指導した経験があった。従って、当時秀才でならした山田耕筰とは顔見知りだったと思われる。

渡邊弥蔵が残したプログラム集「PROGRAM／Y・WATANABE 渡邊弥蔵」の最後は、1951（昭和26）年7月7日開催の「第1回 ポピュラー・コンサート 広島フィルハーモニー交響楽団設立公演会」であり、指揮は佐藤正二郎であった。弥蔵72歳のときである。

戦後になって、丁未（ていみ）音楽会の穴をうめるべく結成された広島フィルハーモニー交響楽団は、広島児童文化会館を文化活動の拠点として大いに利用した団体として、他の多くの劇団とともに同会館の資料の中に記録されている。そこで学校の先生方は相当練習していたと思われる。

佐藤正二郎は新潟県の出身で、広島大学の福山分校にあった音楽科に、昭和26年に打楽器演奏の指導教員として赴任したばかりであった。陸軍戸山学校に学び、戦後、高田信一が指揮者として率いていた東京フィルハーモニー交響楽団で打楽器奏者として活躍していた。吹奏楽演奏で多く活躍し、渡邊弥蔵に続いて、中国吹奏楽連盟の重鎮となった。広島大学名誉教授、広島文化短期大学名誉教授、日本吹奏楽指導者協会終身名誉功労会員である。

音楽教師を主軸に合唱を中心とした活動をしていた広島フィルハーモニー会を大正時代より主催していた渡邊弥蔵にとって、弦楽器も参加する交響楽団を作ることは、大変困難だったはずだ。

この演奏会の後援として、中国新聞や広島音楽高校、NHK広島管弦楽団のスポンサーである広島中央放送局や、消滅直前の丁未音楽会の名がある。渡邊弥蔵自身、初期の丁未音楽会から少なからず関わっ

第1回広島フィルハーモニー交響楽団演奏会プログラム表紙　昭和26年7月（広島市公文書館所蔵　渡邊弥蔵資料＃222）

ていた。広島フィルハーモニー交響楽団のメンバーの中に、丁未音楽会の最後の演奏会を企画し、1942（昭和17）年秋に丁未音楽会に参加した山本登（広島高等師範学校昭和19年卒）と、1963（昭和38）年の広島市民交響楽団創設時にNHK広島管弦楽団のメンバーだった天考亮太の名前があった。若い人を中心とした楽団だったようだ。

NHKラジオ年鑑をよくみると、NHK広島管弦楽団・交響楽団は「広管の時間」という番組（1950〈昭和25〉年9月開始）や、月1回の「FKリサイタル」を1952（昭和27）年4月より開始していて、中高生の音楽家の発掘や郷土音楽家の紹介に努め、その研究発表を行うようになる。

定も関わっていたその活動は、広島フィルハーモニー会の活動に触発されたのかもしれない。戦前丁未音楽会を中心に行われていた広島の音楽家を育成するための活動がこの時期には多くの人々の協力によって引き継がれていた。この番組で定は有松洋子だけでなく、井上一清（かずきよ）にも出会っていたと聞いたことがある。

4．丁未音楽会を引き継いだ広島市民交響楽団

丁未（ていみ）音楽会に弦楽器を導入して管弦楽団にした長橋熊次郎は、1933（昭和8）年12月に病のため亡

くなった。広島高等師範学校付属中では、そのときすでに八重子夫人が教鞭を執っていた。

広島高等師範学校は翌年1月から八重子夫人が臨時に教鞭をとり、3月からは二人の愛弟子である竹内尚一を助教授として迎えた。竹内尚一は本当に優しく、生徒に慕われていたことを示す記録が多く残っている。戦後、島根大学へ移っても、竹内の優しさは変わらず、生徒たちに慕われていた。島根大学には銅像も残っている。

ある意味、丁未音楽会の文化をいちばん引き継いでいるのは島根大学なのかもしれない。竹内夫妻は長橋夫妻と同じく、ご夫婦で生涯を音楽教育に捧げた。

その後、1936（昭和11）年からは再び長橋八重子が広島高師に講師として迎えられた。同時に、のちにNHK広島管弦楽団の戦後当初の団員となる喜利清人が授業嘱託として迎えられたが、1942（昭和17）年にはその職を離れた。喜利清人は1926（大正15）年に、竹内尚一や岡田二郎より一年遅れて広島から東京音楽学

竹内尚一が就任したばかりの丁未音楽会、弦楽器ばかり並ぶ。右端に竹内尚一、奥のピアニストが長橋八重子、左前列3人目は竹内文子（竹内俊夫所蔵）

校の選科で学んだバイオリニストである。丁未音楽会で定と一緒に長橋熊次郎に師事し、出演した経験があったかもしれない人である。

1944（昭和19）年、広島高師卒の山本登は「丁未音楽会の思い出」の中で、丁未音楽会に参加していたNHK広島管弦楽団のエースになる田頭（たがしら）徳治が、生徒たちの良き手本となっていたと記している。コントラバスを担当していた山本登は、田頭の隣でその卓越した演奏を目の当たりにしたのだ。田頭は既に海軍々人で軍楽隊の中でもエリートとして養成された人だった。

竹内尚一は1942（昭和17）年に結婚して東京に移住した。東京交響楽団に所属し、アーニーパイル管弦楽団や東京フィルハーモニー管弦楽団でも演奏していた。終戦は東京で迎え、1948（昭和23）年まで東京にいた。広島高師の音楽教師には今井仁（しのぶ）が講師として赴任した。今井によって戦前、最後の丁未音楽会が開かれている。

他にも山本登は「丁未音楽会の想い出」の中で、次のように語っている。

「小寺きよ（ソプラノ）・高山教子（アルト）・升田徳一・大田司郎（テノール）・山本秀（バス）と言った広島の音楽界重鎮の方々のご出演が実現し、合唱団も大学高専のアマチュア並びにプロ合唱団二百名、管弦楽は丁未音楽会を中心に賛助出演を合わせ約六十名、という当時としては、広島市音楽界の総力を挙げた大音楽会となった。この演奏会は昭和十七年の秋、広島県立高等女学校[*注1]の講堂で行なわれ、コントラバスを受持ったが、今井先生の一振りで最初の音が出た時、今ここに長い間の苦労と練

習の成果が開始されたと思うと、思わず涙が出た。」（＊6）

前述のように戦後再スタートするＮＨＫ広島管弦楽団の主要メンバーの一部も、丁未音楽会の演奏に加わっているようだ。岡田二郎も東京から駆け付けた。戦争が激しくなるにつれ、活動がしにくくなっていた時期に最後に広島に残っていた人々が総力を結集して行った丁未音楽会だった。その後、戦渦はどんどんひどくなり、音楽教育はままならなくなる。そして、１９４５（昭和20）年８月６日を迎えた。

「今井先生は、昭和二十年八月六日、原爆で音楽教室と運命を共にされた。後日、奥様が先生の遺品でもと一縷の望をもって音楽教室を訪れたと聞く。然し、遺品らしいものは見当らず、跡に残された赤茶けたドアの取手を大事そうに持ち帰られたそうである。」（＊6）

原爆は今井仁だけでなく、丁未音楽会の貴重な楽器・楽譜などの記録をすべて奪ってしまった。

今井仁は長野県塩尻の出身で、１９２４（大正13）年春に東京音楽学校本科器楽部を卒業している[＊注2]（長野県諏訪郡高島尋常小学校から諏訪中学を卒業）。渡邊弥蔵（やぞう）の「広島音楽界50年の裏表」によると、山中女子でも講師をするバイオリニストであったと記されている。

山本登は戦後の丁未音楽会についても語っている。

「戦後、乃美尾時代、合唱団として再出発をするが、この中心的役割を果たしたのが村田昇君（現滋賀大学教授）である。（中略）しかし、文理大・高師の名称がなくなり、新制広島大学となるに及んで、明治四十年来の長い歴史と伝統の上に、広島音楽界に大きな足跡を残した丁未音楽会の名も、消滅の運命をたどることになってしまったのである。」（＊６）

村田昇はのちに滋賀大学名誉教授になった教育学者である。乃美尾というのは広島県賀茂郡乃美尾村（現東広島市黒瀬町乃美尾）の旧海軍衛生学校（乃美尾校舎）のことである。終戦後すぐは広島文理科大学はここに疎開していた。しかし、１９４７（昭和22）年８月に乃美尾仮校舎も火災で焼失し、同年10月には現在の広島県立広島皆実高校の隣にある旧陸軍被服支廠で一部の授業を行うようになり、翌年３月には出汐町校舎に統合された。１９５１（昭和26）年発行の『広島高等師範学校創立五十年記念史』によると、終戦後に音楽指導教員になった者はおらず、空席のまま廃校した。

１９４９（昭和24）年５月31日に広島大学が設定され、広島文理科大学（附置研究所を含む）、旧制広島高等学校、広島工業専門学校、広島高等師範学校、広島女子高等師範学校、広島県師範学校および広島青年師範学校を包括し、広島市立工業専門学校を併合した。旧制広島高等師範学校は広島大学高等師範学校と改称し、１９５２（昭和27）年３月の卒業式をもって廃校となった。ここに広島高師を中心に行われてきた丁未音楽会は消滅する。

しかし昭和24年、25年に二回の丁未音楽会を開いた記録があった。昭和27年春の廃校が決まって新入生を取らなくなった頃のことである。人情に厚い音楽教師を中心とした関係者が楽器を持ち寄って、合唱中心になって毎年生徒を送り出すだけになった丁未音楽会に華を添えたのだ。それが昭和26年に第1回の演奏会を開く広島フィルハーモニー交響楽団に繋がった。多くの丁未音楽会の卒業生がこの楽団に参画した。ただ、この楽団の核となるべきNHK広島の正式な楽団員は専属契約があるから参加は難しかった。

広島フィルハーモニー交響楽団は昭和20年代のうちは活発に活動する。しかし資金的問題などがあり、その後休眠状態に陥ってしまう。30年代に代わりに広島で活躍するのはラジオ中国放送管弦楽団であり、宮原禎次(ていじ)を含め多くの指揮者が活躍する。佐藤正二郎も当初この楽団で指揮をした。その後の佐藤正二郎は福山の広島大学音楽科などの吹奏楽の楽団で光明を見出し、その後そちらでの活躍が多数記録され大成功をおさめる。渡邊弥蔵は丁未音楽会の初期よりそれに深くかかわっていたので、その精神を深く受け継いでいると思われていた。広島フィルハーモニー交響楽団の演奏団体としての登録は佐藤正二郎を責任者として休眠状態のままでずっと残っていた。

しかし、昭和40年、広島市民交響楽団の第4回の演奏会の時、佐藤正二郎が広島市民交響楽団の理事に加わる。広島市民交響楽団は音楽年鑑(音楽之友社)昭和43年度版から演奏団体として記録が始まり、広島フィルハーモニー交響楽団は同版を最後に記録がなくなる。佐藤正二郎は常任指揮者として名を連ねることになった。明治39年より延々と引き継がれていた丁未音楽会の精神の継承は広島フィルハーモニーを経由して、こうした形で当時少年少女たちの参画も促していた広島市民交響楽団に継承された。

173、174ページにあるパーティーを金欠の広島市民交響楽団が行うのは珍しいことだった。そのお祝いという意味もあったようで特別に開催されたものだ。この日の写真が他にも多数我が家にある。丁未音楽会には広島の多くの音楽家や音楽マニアが参加していた。その火を消さず継承した形がとれたことのお祝いでもあった。そんな話を温子がしていた記憶が蘇る。この時の定がえらく上機嫌なのはそのためだったらしい。プロの団体であるNHK広島の楽団ではこのような形をとるのが難しかった。休眠中だった丁未音楽会の後裔といわれた楽団をなんとか引継ぐというのも、わざわざアマチュアの楽団として広島市民交響楽団を設立した定の狙いの一つだった。そう考えれば、プロ楽団としての広島交響楽団は、現存する日本最古の楽団といわれる東京フィルハーモニー管弦楽団よりも古い歴史・伝統を持つ楽団ということになる。

5．幻の昭和21年旧制広島高等学校講堂における「未完成交響曲」

2017（平成29）年、突然、朝日新聞、毎日新聞、読売新聞、日本経済新聞、中国新聞の一面に巨大な広告が掲載された。出稿元は「NPO法人音楽は平和を運ぶ」であった。

この広告には1946（昭和21）年の2月、「未完成交響曲」の演奏を小学2年生二人を含む複数の人々が目撃したという内容だった。その演奏には、プログラムがあるわけではなく、楽器を持ち寄って行われたようだ。まだ改修が完了していない旧制広島高等学校講堂で行われ、指揮をしたのは竹内尚一だったと証言があった。当時、竹内尚一は東京にいたため、広島にわざわざ来たということになる。

私はこう考える。もしかしたら定が関係者に声をかけ、日時を決めて旧制広島高等学校講堂で演奏会を行ったのではないか。定は1946（昭和21）年の2月10日に復員していた。復員といっても、終戦を福岡大刀洗で迎えた。だから通常の復員と違い、定は戦いで疲弊し尽くした状態ではなかったのだ。そして、1928（昭和3）年の旧制広島高等学校開校記念の思い出の音楽会では、「未完成交響曲」も演奏している。また、この建物は定が在学中の1927（昭和2）年に完成したもので、かけがえのない思い出が詰まっている。さらに、旧制広島高等師範学校の音楽科関係者への追悼の意味もあったのだろう。

定は丁未（ていみ）音楽会だけでなく、呉海兵団軍楽隊、陸軍の音楽関係者にも声をかけることができた。それにしても、未完成交響曲を広島高等学校でやるのなら、本当なら当時何度もこの曲を指揮した河合（かあい）太郎が指揮をするのが一番自然なはずなのだ。彼は当時呉在住でNHK広島管弦楽団のディレクターで指揮者でもあったからだ。

6．山田耕筰の広島に向けてのメッセージ

山田耕筰

定（さだむ）がNHK広島交響楽団のプレーイングマネージャーをしていた1949（昭和24）年に、山田耕筰が広島のために、いち早く曲を書いてくれたのは注目すべきことだと思う。

◇山田耕筰が被爆都市のために書いた曲

昭和21年　「原子爆弾に寄せる譜」山田耕筰・作曲　葉室潔・バレエ振付

昭和23年　「鳩と虹」山田耕筰・作曲　大木惇夫・作詞

昭和23年　「平和を讃える3つの歌」山田耕筰・作曲　湯川秀樹・詩

昭和24年　「ひろしま平和都市の歌」山田耕筰・作曲　大木惇夫・作詞

昭和24年　「1949年8月6日に寄せる歌　ヒロシマ」山田耕筰・作曲　エドマンド・ブランデン（英）作詞、寿岳文章訳

昭和24年　「南天の花」山田耕筰・作曲　永井隆・作詞

昭和26年　「しろばらの（永井隆博士辞世の歌）」山田耕筰・作曲　永井隆・作詞

（広島と音楽データベース「ヒロシマと音楽」委員会編等参考）

旧制広島高等学校講堂内部（広島大学開学記念音楽会　昭和25年 11月頃（広島大学文書館所蔵）

山田耕筰にとっても広島は、西洋音楽新興の同志である永井建子（けんし）と、その弟子だったと思われる定の地であった。東北出身の教師が多かったので、知人も多くいたと思われる。渡邊弥蔵（やぞう）とは年は離れているが、東京音楽学校在学年次は2年しか離れていない。また、愛弟子だった宮原禎次を送り込んだ地でもある。本当に広島を気にかけてくれていたのがわかる。

山田耕筰が「原子爆弾に寄せる譜」を作曲した経緯

「いたましい犠牲者の音楽法要をするとともに、世界的文化都市として復興にあたっている市民に対する激励ともしたい。」（＊7）

「終戦の秋の暮れであった。私は中国から九州一円にわたる演奏の旅を続けた。その時、私は原爆に壊滅した二つの町をみた。それは地獄の絵図そのままの身の毛もよだつ風景であった。その強烈きわまる印象に激しくも撃たれた私はなんとも言い表し得ぬ気に圧されて、3年の歳月をただ無為に過ごしてきたのである。しかし私の胸に蒔かれた感銘の種、知らぬ間に新しい創作の芽生えとなって私の心に蘇生した。」（以下略）（＊8）

「広島に寄する歌」の作詞をしたエドモンド・ブランデンは、駐日英国大使館教育顧問として来日中の1948（昭和23）年に広島を訪れ、目に焼きついた印象を詩に託し、翌年に広島市に寄贈した。

「ヒロシマよりも誇らしき　名をもつまちは　世にあらず」

寿岳文章（じゅがくぶんしょう）がこのように訳したのが印象的である。山田耕筰はいち早くこの詩に曲をつけた。

「平和を讃える3つの歌」は、原子爆弾を発明した湯川秀樹から始まり、続いて斎藤茂吉と永井隆の短歌に曲をつけた意味深な歌である。

本当はもう一曲あるようだ。「ヒロシマと音楽」のデータベース、リスト「ヒロシマと音楽」委員会編では、1953（昭和28）年発表の「ああ、広島の鐘は鳴る」という曲は、吉田正という別人物の作曲と書いてあるが、中国新聞の1966（昭和41）年の記事では、同じく昭和28年発表の作品として紹介されている。

「NHK①〝私たちの音楽〟の時間で、鈴木政輝作詞、山田耕筰作曲『ああ、広島の鐘は鳴る』発表」（＊9）

2つの情報は食い違っている。私はデータベースが間違っているのではないかと思う。

また、1946（昭和21）年に発表された「原子爆弾に寄せる譜」についても不思議なことが起こっている。この曲は山田耕筰が、作曲の経緯を説明しているので彼の作品に間違いないが、その資料が残っていないというのである。この曲は1948（昭和23）年に、始めての平和音楽祭で最初に演奏された広島にとって大切な楽曲である。しかも、葉室潔バレエ団の舞踏もついていた歴史的に極めて重要な曲である。その資料が紛失したというのだ。このありえない失態は、なぜ起こったのか？　少なくとも当時演奏したであろうNHK広島交響楽団と葉室潔バレエ団から伝わっていないとおかしいと思うのだが……。

以上を踏まえると山田耕筰は8曲もの作品を作曲していることになる。

1953（昭和28）年まで、被爆都市のためにこれ程多くの曲を作ってくれていた山田耕筰がピタリと曲を提供しなくなった。サンフランシスコ講和条約が取り交わされた、そのタイミングだった。NHK広島交響楽団での定期演奏会もこのタイミングでできなくなった。何があったのだろうか。山田耕筰は、広島市民交響楽団が立ち上がった2年後の1965（昭和40）年12月、病院から成城の邸宅に移った約1か月後に心筋梗塞で亡くなった。これも意味深だ。東京オリンピックで日本が盛り上がった翌年のことである。享年満79歳。

1966（昭和41）年7月30日の中国新聞「広島の歌」という特集記事で、1949（昭和24）年の第2回目の平和音楽祭のことを振り返っていた。

「広島の文化をささえ、はぐくんできたものの中に、NHK広島中央放送局の活躍がある。毎年、八月六日の式典では広島放送管弦楽団や合唱団が中心になり、放送でも〝平和の歌〟歌唱指導の時間や、平和音楽会を企画するなど、楽しみといえばラジオしかなかった時代に積極的に取り上げげた。二十四年八月六、七の両日、基町児童文化会館で開かれた〝平和音楽祭〟では、〝平和の歌〟在広の詩人山田迪孝氏の朗読と管弦楽による〝ひろしまの歌〟ほか、ベートーベンの『第九交響曲』が広島放送交響楽団を中心に、広島の各合唱団だけの演奏で堂々と演奏されている。」（＊9）

ＮＨＫ広島が威信をかけて世界に向けて開催した演奏会で〝堂々と演奏されている〟と記述されてはいるが、山田耕筰作曲の「原子爆弾に寄せる譜」とベートーベン作品１１８番〝追悼の曲〟が抜けている。日付も６日７日ではない。６日当日は演奏されていない。当時の新聞の記録によると、前夜の５日と翌日の７日になっている。原爆の日は英霊のために沈黙している（第一章、36ページ「中国新聞１９４９（昭和24）年８月７日の記事」と比較）。

当時亡くなったばかりの山田耕筰の名前が見えない。

悲しいことに私よりあとの世代は山田耕筰を童謡作家ぐらいにしか認識していない。そういう教育を受けさせたことは意図的なものであったと言わざるを得ない。

これはただの間違いではない。何かの強い圧力を感じざるを得ない。記事を書いている本人に悪意は感じられないが、広島児童文化会館建設に対するＧＨＱの対応の件、１９５０（昭和25）年の平和祭が中止になった件、その当時報道関係者に粛正があった件、サンフランシスコ講和条約の頃、山田耕筰の歌の提供が急止し、ＮＨＫ広島交響楽団の定期演奏会が止まってしまった件、１９６１（昭和36）年にＮＨＫ広島としての楽団活動が急停止してしまった件、楽団がまだ苦しんで活動している最中に、ＮＨＫのスタジオ使用の支援が一時休止となった件など考えると、広島市民交響楽団が軌道に乗ってきた１９６６（昭和41）年のこの報道の意図は意味深と言わざるを得ない。

7. 定のバイオリン

一つ気になることがある。大正から昭和にかけての名工・菅沼源太郎が製作したNo．45・1950年作のバイオリンを定が愛用していたことを中国新聞に掲載してもらい少しだけ話題になった（中国新聞2022年10月19日「愛用バイオリン発見」）。しかし、実は温子はバイオリンは2本あったと言っていた。そして大変哀しそうだったのを覚えている。たしか私が「もう少し大事に保管したらどう?」と聞いたとき、「本当はもう1本あったのよ」と哀しげに言ったのであった。私は定はこれより安いバイオリンで演奏していて、1950（昭和25）年に新調したのかと思っていた。しかし、定のことをここまで調べてみて、本当にそうだろうかと思い始めたのである。定の遺品には高価なものが多かった。カメラも当時、家一軒買えるほどのものであったと言われた。バイオリンを生涯の夢としていた定にとって、菅沼源太郎のバイオリンが本当に一張羅であろうか。1950（昭和25）年髙橋定として新聞で自己紹介している時、わざわざ買ったばかりのこのバイオリンを紹介している。

定にしては珍しいことだった。人にひけらかすことをほとんどしなかったからだ。しかし、このバイオリンについては違っていた。

もしかしたらこれは自らの存在を消すための行動の一つではなかったかと思うのだ。

私がその話を一部の人にしていたところ、「定は宮本金八製作のバイオリンを持っていた」との証言を得た。原田康夫元広島大学学長である。原田康夫は医師であり声楽家である。そしてバイオリンも弾く。

当時学生だった彼は、90歳を超えた今でも音楽活動をしており、現在バイオリンも複数所有している。バイオリンマニアの彼がそう証言したのである。

　他にも当時看護婦として働いていた元婦長が、「定は2本以上のバイオリンを持ち、ケースも、あごあてもそっくりで、非常に高価なものだと聞かされていた」と証言した。

　宮本金八は東洋のストラディバリウスといわれ、日本のバイオリン作りの第一人者といってよい方である。彼の作品はクライスラー、ジンバリスト、ハイフェッツらに賞賛され、アインシュタインも来日時に試奏して大変喜んだという話が残っている。やはり定が菅沼源太郎のバイオリンしか持っていないのは不自然であった。宮本金八のバイオリンはどこに行ったのだろう。

　2022（令和4）年10月、私の自宅で広島交響楽団のコンサートマスターである蔵川瑠美に菅沼源

新聞　2022年（令和4年）10月19日（水曜日）　16版　社会　(26)

愛用バイオリン発見

専門家「貴重な名器」

広響初代理事長　高橋定さん

　広島交響楽団の初代理事長で、被爆者支援にも尽力した医師の高橋定さん（1906～69年）が愛用したバイオリンが、広島市中区の遺族宅から見つかった。大正から昭和にかけての名工・菅沼源太郎作の国産バイオリンで、専門家は「貴重な名器」と評価する。

　バイオリンは高橋さんの養子に当たる勇さん(54)が自宅に保管していた遺品の中にあった。内部に菅沼のサインがあり、50年製とみられる。今月上旬、広響コンサートマスターの蔵川瑠美さん(35)が勇さん宅を訪れ、約半世紀ぶりに音色を響かせた。蔵川さんは「驚くほど豊かな音色。保存状態も良い」と手応えを話した。

　定さんは呉市出身。陸軍軍医を務め、戦後間もなく広島市中区で外科病院を開いた。55～56年には被爆女性25人の渡米治療に同行。アマチュアのバイオリン奏者としても活躍し、63年、広響の前身である広島市民交響楽団を結成した。

　武蔵野音楽大楽器ミュージアム（東京）の守重信郎学芸員によると、菅沼は24年に日本楽器製造（現ヤマハ）でバイオリンを製作した国産バイオリンの草分け。その後、独立して東京に工房を構え、生涯で120本余りを製作した。今回の一本について「戦後間もない作で歴史的価値が高い」とみる。勇さんは「養父の思いが詰まった楽器。何かの形で広響のお役に立てば」と望む。（西村文）

◇

22日の文化面に詳報を掲載します。

動画は中国新聞デジタルで

広響初代理事長・高橋定さんが愛用したバイオリンを手にする蔵川さん㊧と勇さん。背後は定さんの肖像画（撮影・山下悟史）

中国新聞　令和4年10月19日

太郎のバイオリンを弾いてもらった。その時のバイオリンの音色は感動的であった。今までに聞いたことのないほどの音色だった。53年ぶりに奏でられたバイオリンはなにか喜びにあふれていた。バイオリンが感情をもつ生き物のように感じられた。あれほどの贅沢があろうかと一生忘れられない。バイオリンは造り手の良し悪しもあるが、弾き手に育てられるという。このバイオリンは定に育てられている。その時私は定は本物だと確信した。演奏する彼女の後ろには定の銅像（３０２ページ）が立っていた。それが本当に笑っているような気がした。このバイオリンも菅沼源太郎の製作者として全盛期のものだと思う。よく手に入ったと思うのであった。彼のバイオリンが定のお気に入りだったのは間違いなさそうだ。

8. ウェイクとウェワク

第三章で紹介した段ボール箱のスライド（95ページ）の中にはウェイク島のスライドがあった。空からのウェイク島の写真の他にその中の一枚にはアメリカの国旗が写っていた。

私は温子（やすこ）から聞いてウェワクはウェイクのことだと思っていた。出版社の方に指摘されて気付いたのだが、ウェワク（Wewak）とウェイク（Wake）は違う場所である。

ウェワクは定の所属した第47飛行場大隊が終戦まで潜伏していた場所であった。

ウェワクは半島である。ウェイクのスライドの中に橋がかかったものがあったので、ウェワク（Wewak）とウェイク（wake）が同じものと勘違いしていたようだ。温子にはこの橋がニューギニアとウェワクを結ぶ橋だと思えたようで、ウェワクも島だと勘違いしたのであった。その橋はウェイク（wake）島内の橋であった。

ウェイク（wake）はニューギニアとハワイの中間あたりに浮かぶ島である。ニューギニア島とは遠く離れている。開戦と同時に日本軍が占領し、中継基地として利用した島であった。日本はこの島を大鳥島という名前にしていた。終戦までこの島は陥落しなかった。ただ、飢餓に苦しみ多くの犠牲があったそうだ。日本敗戦をもって降伏し米軍が接収している。定がアメリカに渡米した昭和31年頃にアメリカの民間航空機の給油中継基地として使用されていたことがわかった。被爆女性たちがレイを首にかけてもらっている写真が定の著書「アメリカに渡った原爆乙女」（語録7、400ページ）の初めのページにあるのはこのウェイク（Wake Island）を経出した時のものらしい。その後、飛行機の航続距離が伸びて中継基地の必要がなくなりこの島は軍専用の基地になる。その後はベトナム戦争終結まで米軍軍事基地として活用された。定の死後ベトナム戦争終結後は基地も撤収し、民間ののどかな島にもどっている。温子は定の話をこのスライドを見ながら聞いて美しい戦地で過ごしていたものと勘違いしたのだろう。というよりそう思いたかったのだろう。いずれにせよ、気づかせてくれた出版社の方々に感謝である。

＊注1　広島県立高等女学校は現在の広島県立広島皆実高校の前身である。当時下中町にあり、戦後その辺りに髙橋病院が建つのであった。また、広島音楽高校も戦後この近くにできるのである。

＊注2　同聲会会員名簿2013．東京音楽学校

【引用文献】

＊1　大田黒元雄『影繪：大演奏家の生活と藝術』第一書房、１９２５年
＊2　越懸澤麻衣（２０２０）「ミッシャ・エルマンの最初の来日公演をめぐって」、https://senzoku.repo.nii.ac.jp/?action=pages_view_main&active_action=repository_view_main_item_detail&item_id=1937&item_no=1&page_id=13&block_id=21
＊3　L・アウアー『ヴァイオリン奏法』シンフォニア、２０１２年
＊4　『夕刊中国新聞』１９５０年7月3日、有限会社夕刊中国
＊5　渡邊弥蔵「広島音楽界の回顧」『籟音』原稿、昭和24年1月4日（広島市公文書館所蔵、渡邊弥蔵資料）
＊6　『広島高等師範学校創立五十周年記念史』広島高等師範学校、１９５１年
＊7　『中国新聞』１９４６年６月27日「楽譜に躍る悪夢の再現」
＊8　『山田耕筰全集　第九巻』春秋社、１９８９年
＊9　『中国新聞』１９６６年7月30日「広島の歌」

定の海外の写真から

ニューヨーク（昭和 31 年）

ニューヨーク（昭和 31 年）

ノーマン・カズンス（ニューヨーク、昭和 31 年）

定の海外の写真から

グランドキャニオンにて（昭和 31 年）

エジプトにて

第七章　定の謎にせまる

指揮　遠藤宏、河合太郎

第一ヴァイオリン
丹羽廣志
竹内文子
迎　綾子
稲葉壽美穂
添田貫一郎
橋爪　將
杉山家久
指田　守

第二ヴァイオリン
石田武男
喜利清人
森川定實
西田芳雄
田中　敬
久萬昭三
岡村昭典
碓井ひろ子

ヴィオラ
瀬川昌二
後藤　敏
石井洋之助
大石行圓
藤澤善七

チェロ
竹内尚一
奈良井　浩
松村フミ子

コントラバス
田頭德治
山本　登
三宅正規
野口　要

フルート
末永國一
山内一郎
多々浩爾

オーボエ
吉田正治
藤澤正康

クラリネット
淺尾良夫
中本喜信
野村　清

ファゴット
白井威彦
久保　淳

ホルン
金子計夫
山本　秀
美濃村聖勝
増廣卓三

トラムペット
富田正人
本田　巖
三上令二

トロンボーン
山本隆一
藤山　要

テューバ
福原美光
ピアノ
遠藤フサ子

テイムパニー
福原信夫

バッテリー
杉岡　晄

ライブラリー
森川定實
田頭德治

インスペクター
岸　毅
森川定實
石井信一

NHK広島第3回定期演奏会メンバー表　プログラムより　1949年3月27日（広島市公文書館所蔵　渡邊弥蔵資料＃222）

1. NHK広島管弦楽団はどうやってできたのか

髙橋定の謎を探るためにまず、昭和16年に改組されたNHK広島管弦楽団の前身であるFKアンサンブルを調べてみた。定が家出して陸軍に入隊した昭和4年に当時、新交響楽団（後のNHK交響楽団）の団員だった紙恭輔（1902～1981）が故郷のために暇を見つけては帰郷して、故郷の演奏家を探して活動を始めたものだ。当時まだNHK広島中央放送局も開局して1年のころだ。

紙恭輔は定より四歳年上の広島市大手町の出身、広島高等師範付属卒なので丁未音楽会で学んだコントラバス奏者で、東京帝国大学法学部卒である。戦前、戦後直ぐの日本のジャズ、軽音楽、映画音楽界の第一人者である。大学在学中から山田耕筰主宰の新交響楽団に参加している。もともと長橋夫妻の丁未音楽会に学ぶクラシックの人だが、ジャズで有名になった。後に、仲間を募って「東京ブロード・キャスターズ」という国内初のメジャージャズバンドを結成、NHKの堀内敬三が製作したジャズの番組で演奏した。

広島のFKアンサンブルでもこの時代にすでにジャズに取り組み、演奏もしている。紙恭輔はそれに飽き足らずFKアンサンブルなどは人に任せて1931（昭和6）年にカリフォルニアに1年留学、そこでシンフォニック・ジャズを学び、帰国後日本初のガーシュウィン作曲、グローフェ編曲版のラプソディ・イン・ブルーをいち早く演奏し、国内の音楽家を驚かせた。紙恭輔は新交響楽団のメンバー中心でできたコロナ室内管弦楽団でそれを指揮した。そのコロナ室内管弦楽団から引き抜いた楽団員を中心にPCL（後の東宝）オーケストラを結成している。ところが、松竹楽劇団の初代楽長に招かれ、服部良一を迎え、そこで笠置シヅ子が活躍する。多くの映画、ミュージカル、ジャズ、クラシックと幅広く活動した。戦後は過去の実績を買われたのだろうＧＨＱの音楽監督となり、竹内尚一も一時所属していたアーニー・パイル劇場専属オーケストラの指揮者として6年間君臨した。

定が面白い先輩がいると語った人物として温子（やすこ）がよく紙恭輔のことを楽しそうに話した。これまた広島の生んだ誇るべき音楽人である。紙恭輔が作った広島のＦＫアンサンブルは昭和6年以後は、東大オーケストラ出身の三戸知章が指導に加わり、紙恭輔の渡米後、いずれも元海兵団軍楽隊隊長の瀬戸口藤吉、内藤清五、そして河合（かあい）太郎が加わったとある。

戦後、ＮＨＫ広島は１９４８（昭和23）年4月から、自ら発行する〝ＦＫニュース〟という機関紙を、ＧＨＱの厳しい検閲の中で許可を得て、翌24年まで月刊で発行した。わずか1年ではあるが、貴重な情報を得ることができる。ＮＨＫ広島文響楽団第3回定期演奏会の直後、昭和24年の4月発刊号でＦＫアンサンブルやＮＨＫ広島交響楽団について重要な記述がある。著者は福原信夫という人物で、その後ＮＨＫ広島交響楽団のインスペクターとなる打楽器奏者だった。養子に行って苗字が変わっているが、定の追悼文を中国新聞に掲載し、ムシカで音楽評論を続けていた大橋利雄の実の弟でもあった。後に東京音楽大学の学長になる人である。

「（前略）昭和十六年頃それまでＦＫアンサンブルとして存在していた放送局専属樂團が改組され、現コンサート・マスターの丹羽氏を主力にクラシックへ方向轉換を圖り、ヘンデル作曲「メシア」の公演（十六年秋）に迄漕ぎつけたが、太平洋戦争のため頓挫を来したのであつた。終戦後地方の總力をあげて復興に努め遂に昭和二十二年七月戰時中より廣島放送管絃樂團を中心に交響樂團の形態をとゝのえる迄に至り、坂本良隆氏を迎えて華々しくスタートしたのである。

越えて二十三年遠藤宏氏が廣島北方の庄原町に疎開されているのに出蘆をねがい、まづ結成準備としてFK開局二十周年記念をトし、二十三年六月に第二聲をあげた。この項から豫備的胎動も高潮し、しばらく東上していた竹内夫妻をはじめ現在の優秀なるメンバーによる廣島放送管絃樂團が再編成され、之を根幹とし地方在住演奏家の参加を得て二十三年十月東京、大阪につゞいて定期演奏會の第一聲をあげたのである。」（＊1）

この文と、これが発刊される直前に公演されたNHK広島交響楽団第3回定期演奏会プログラムに記載されているメンバー表（第七章扉、211ページ）とを合わせて考えると、丹羽(にわ)廣志が昭和16年にNHK広島管弦楽団を立ち上げた張本人であり、この演奏会のコンサートマスターであった事を証明している。あの『ハレルヤ』がこけら落としの曲とは、中学時代の合唱を思い出す。

FKニュースによると瀬川昌二は、昭和17年あたりにNHK広島管弦楽団に加わったとある。また、我が家には昭和30年あたりの写真で、瀬川を定と若い人たち何人かで広島駅から送別する写真が残っている。この機関紙FKニュースの中で、楽団員として河合太郎（指揮）、竹内尚一（チェロ、指揮、団長）、文子（バイオリン）夫妻、迎綾子（バイオリン）、瀬川昌二（バイオリン、ヴィオラ）が写真付きで紹介されたが、コンサートマスターの丹羽廣志の紹介はされずじまいだ。この後すぐFKニュースは廃刊となった。

昭和16年秋のＮＨＫ広島管弦楽団の最初の公演は、広島市上流川町（現・幟町３－30）にＮＨＫが練習場を開設したのを記念して行った番組への出演と思われる。昭和17年までに海軍病院や陸軍病院で慰安演奏をした記録も発見した。また被爆２日前に菅原明朗の指揮で1時間にわたる演奏をスタジオで行ったとの記録も発見した。放送局の楽団は戦時中でも比較的活動できたようである。しかし、そのスタジオのピアノを含む楽器や楽譜は原爆で壊滅している。メンバーのうち何名かは被爆死した。原爆の被害はすさまじく、復帰には1年以上の時間を要した。

創業オーナー・梁川義雄と表看板。胡町に移転した昭和 30 年頃
（広島市市民局文化スポーツ部文化振興課提供、個人所蔵）

2.　戦後すぐの「ムシカ」に定がいた

私は「純音楽茶房ムシカ」の創業者・梁川（やながわ）義雄のご子息にお会いできた。彼は１９４３（昭和18）年生まれで、昭和28年以降、何度か定（さだむ）に会っていた。野球で腕を怪我した時には、定が手術をしたそうだ。彼は小学校から高校まで私と同じ学歴の大先輩だった。のちにムシカの主人を継承した人でもあった。

温子（やすこ）は、私が高校生の時、定こそが丹羽廣志であるといっていたのである。梁川義雄のご子息はそれを知っていた。ムシカの創業者である父の梁川義雄にそのことを聞いていたのである。またそんな話をかつてはムシカに来て話をする客が何人かいたそうだ。しかしそれを定に固く口留めされていたそうだ。戦争を経験した人はそういう事に非常に敏感な人が多く、口留めされたらそれは固く守られた。死後もそれを言うと楽団と定の家族、つまり私にも迷惑がかかると思われていたということだった。温子が話してくれていた事は本当だったのだと我が意を得た。よくも偽名を使って音楽をやっている人と結婚したものだとも思うかもしれないが、よく考えると温子も学生時代自分の名前が大嫌いで自分の妹の名前を使っていた。そういう話には抵抗がなかったのかもしれない。私の知る温子は温和でやさしい人なのだが、お転婆な話も結構好きな人であった。スパイ映画の話が大好きで、その話しぶりに何度か私はついていけずに困ったことがあった。

そして、梁川義雄のご子息はこんなことも教えてくれた。第一章で記述した、広島市長になる前の浜井信三が石島治志と広島の将来の事を語り合ったという話があったが、それはまさに、ムシカで話がされたのであった。その事は2013年3月16日「復興を夢見た男たち」と題してNHKのドキュメンタリー番組で放送された。そこで広島の中心部を貫く百メーター道路の構想も話し合われたそうだ。ちょっとずるい話ではあるが、定は浜井信三が市長になれると確信して浜井市長誕生前の昭和22年初頭にいちはやく百メーター道路沿いの下中町（現中町）の土地を購入し始めるが、それもその情報があったからだった。

昭和21年8月に開店する「純音楽茶房ムシカ」には実は前身があった。梁川義雄は5月に同じ場所で〃白頭山〃というステーキを出すレストランを開業した。しかし、被爆直後の広島で広島市民には外食に大金を使うような余裕はなく、客の反応は全くだめだった。ただ、人数は少ないが有名な文人や画家などが通うようになり彼らのサロンと化した。その中に21年2月に復員したばかりの定もいたと梁川義雄のご子息は教えてくれた。そこへ、後に市長となる浜井信三が、広島駅周辺のバラックを視察しにきていて、新たにできたレストランに入って互いに夢を語り合っていたのだった。さらにいうなら、その席で店をいっそクラシック音楽が聴ける喫茶にしたらどうかというアイデアもでたのだった。ムシカとはラテン語の〝音楽〃のこと。その時、この名前も決められた。それが同年8月開店の「純音楽茶房ムシカ」であった。そのきっかけはクラシックの音楽家でもあった定だったかもしれない。しかし、ＮＨＫのドキュメンタリーでは前身にレストランがあったことは紹介されなかった。

当時、浜井も市長になる前で、市の配給課長として市民の実情を最前線で理解している役人だった。浜井が市長になるのは翌年昭和22年4月だ。ＮＨＫ広島交響楽団も戦後まだ再始動していない。再始動するのはその昭和21年の秋である。当時ＮＨＫ広島の局長の石島治志をそこに連れてきたのも定だったかもしれない。

そんな経緯で定と「純音楽茶房ムシカ」は深く繋がっていた。そこで浜井市長や大橋利雄との友情も育まれたのだった。浜井市長は広島高師付属の出身で岡田二郎と同級だったのだ。だから丁未（ていみ）音楽会の事はよく知っていて、音楽にも通じていた。浜井市長と定は原爆で亡くなった岡田二郎や長橋八重子、それに在学当時の音楽担当の長橋熊次郎やそこに出入りした渡邊弥蔵（やぞう）、永井建子（けんし）の話から二人は懇意になっていったに違いない。女学院で臨時講師をした杉村春子の話や、戦前音楽が盛んだった広島中の女学校の話にも及んだかもしれない。或いは大先輩の紙恭輔の話でも盛り上がったことだろう。

少なくともＮＨＫ広島時代の楽団員はよくムシカに集ったそうだ。喫茶なのに酒を持ち込む団員もいたという。それも店主の裁量で許していたということだった。その後昭和30年にムシカを胡町にいち早く移転させたのも店主が浜井市長の駅前構想に大賛成で協力したからであった。

３．定の行った印象操作

田頭(たがしら)徳治の定(さだむ)への追悼のことばの中に次のような記述があった。

「(前略) 広島放送交響楽団第一回定期演奏会であった。ＮＨＫのバックアップで出来たが、先生は生き生きと輝く眼をされ、第一バイオリンの三プルトに、その魁偉なる姿をおかれていたことが、実に懐かしく、その情熱と誠意と共に忘れられない。(後略)」(＊2)

つまり、田頭が１９４８(昭和23)年に行われた初めてのＮＨＫ広島交響楽団の定期演奏会で、定が第一バイオリンの三プルトにいたと断言している。また、ＮＨＫ広島の開局60周年の記録をみると、定は当時プレーイングマネージャーだったと紹介されている。

私は竹内尚一夫妻のご子息・竹内俊夫から当時の演奏資料をいただき、オーケストラの写真を拝見した。

写真には「広島放送交響楽団定期演奏会」と題した看板があり、指揮者は遠藤宏。その前にいるのは三宅春惠であり、これはまさに第三回の定期演奏会のものだ（口絵4）。写真をみると、コンサートマスターの席には迎綾子が座っている。

口絵の中にある第3回NHK広島交響楽団定期演奏会の写真のからくりは、冷静に見れば簡単だった。同演奏会の曲目リスト（曲目リスト、33ページ）を見ると、この演奏会は第一部と第二部に分かれている。ボーカルの三宅春惠が写っているので、第二部の全国放送の前の写真に見える。第一バイオリン奏者の数は6名で、このプログラムの中にある演奏者リスト（第七章扉、211ページ）の8名より2名少ない。写真から見て、丹羽廣志と女性演奏者と思われる稲葉壽美穂がいない。定はわざと全国放送になるタイミングで自らが抜けるのである。それでも十分全国放送に耐えうる演奏ができるという自信があった。さらにこの写真を撮影して自分はいないと工作できる。背景がわかれば難しいトリックではなかったのだ。

この演奏から4か月後、1949（昭和24）年8月の平和音楽祭のオーケストラの写真に定が写っている。後ろのほうにいるが、最後尾の二人をかなり後ろに下げて第一バイオリンの中心にいようとしているとわかる。いずれにせよ、昭和24年の夏に定は第一バイオリンにいる（口絵5）。

髙橋内科医院の元婦長が語ってくれたように定は音楽関係の写真を撮られることを拒んだ。指田守とよく話をした彼女がそう証言した。周辺の方々も困っていたそうだ。

数少ない定の写る写真である、第9回NHK広島交響楽団定期演奏会のオーケストラの写真が竹内俊夫の資料にあった。しかし、この写真にはいくつか疑問点がある。第一にこの演奏会は何故かNHK年鑑には記述がない。NHK年鑑に自らが開催した定期演奏会の記載がないのは不可解である。ただし、『音楽の友（12）（4）4月号』（音楽之友社1954年4月）に記載があった。この時の楽曲は遠藤扶佐子によるクリークのピアノ協奏曲とベートーベン第二交響曲、その他で、確かに遠藤宏の指揮は合致しているのだが、ピアノが見当たらない。ピアノと遠藤扶佐子がいなくてはいけないのだ。また、他とあるので確実ではないが記載の楽曲はボーカルの必要のない楽曲なのだ。狭い舞台にピアノがない、かわりに必要のない女性ボーカルがいるのである。そしてよくみると後ろの弾幕に刺繍がしてあり、この演奏会のあった日付がある。しかし、よくよく考えるとたった一回の演奏会のために弾幕に日付を入れて刺繍をするというのは考えられない行為だ。よくみると、弾幕の皺と刺繍の文字のゆがみが一致してないように見える。

どういうことだろうか。昭和47年の座談会で橋爪将がおかしなことをいっている。ただ、これは原田東岷宅で行われた座談会の記録で公式といえるかどうか問題があるが、広島交響楽団プロ化35周年誌に載っているのでその時点で公式記録のようになっている。

「（前略）昭和28年8月頃からは放送ばかりでなく一般公演もやるようになった。遠藤宏さんが指揮し髙橋先生や私などもこのころから参加した（後略）」（＊3）

少なくとも定期演奏会は昭和23年10月に始まり、昭和24年に定はいたことは明白である。橋爪自身も昭和24年3月のメンバー表（第七章扉、211ページ）に名前を連ねている。昭和35年有松洋子の帰国コンサー

第9回 NHK 広島交響楽団定期演奏会か？（左側第1バイオリン2列目奥に定。竹内俊夫所蔵）

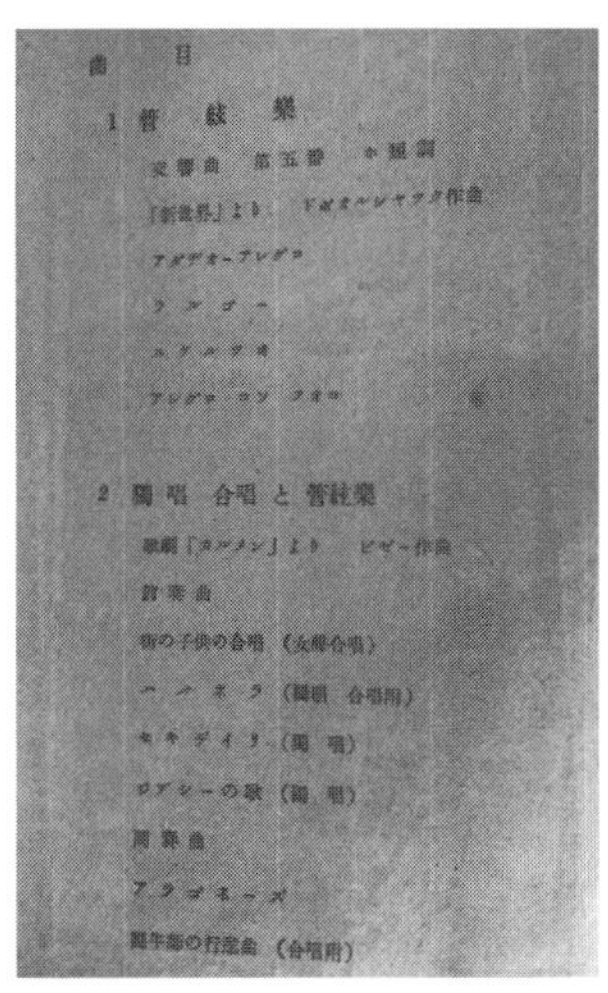

曲目

1 管絃樂

交響曲 第五番 ホ短調

「新世界」より ドヴォルシャック作曲

アダヂオ－アレグロ

ラルゴー

スケルツオ

アレグロ コン フオコ

2 獨唱 合唱と管絃樂

歌劇「カルメン」より ビゼー作曲

前奏曲

街の子供の合唱（女聲合唱）

ハバネラ（獨唱 合唱附）

セギディリヤ（獨唱）

ジプシーの歌（獨唱）

間奏曲

アラゴネーズ

闘牛士の行進曲（合唱附）

廣島放送交響楽団臨時公演　曲目リスト　昭和 23 年 11 月 28 日（広島市公文書館所蔵　渡邊弥蔵資料＃ 222）

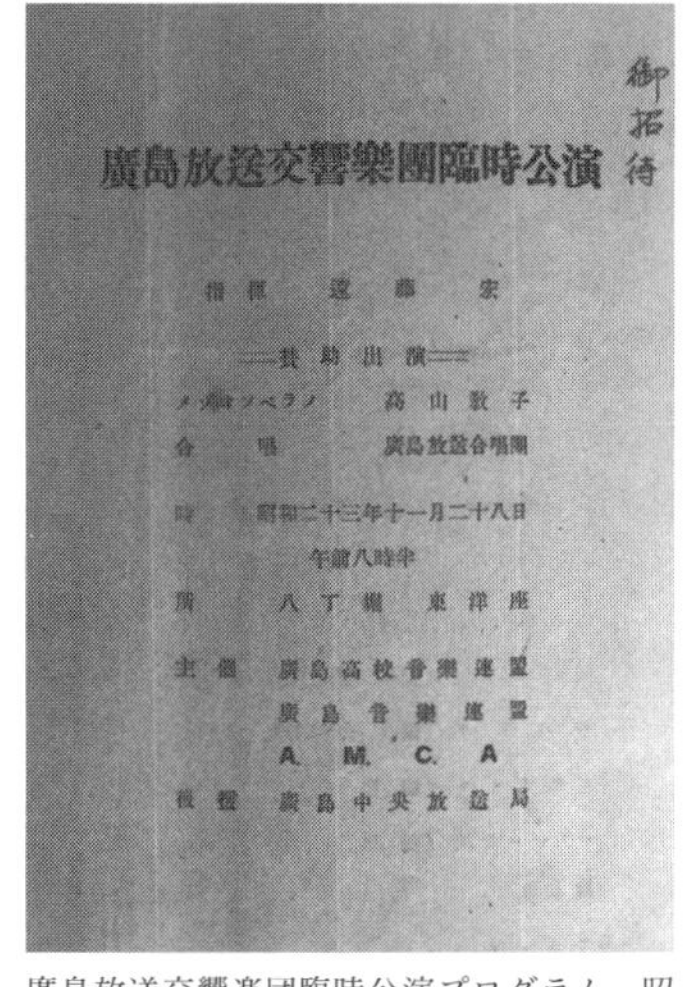

御招待

廣島放送交響樂團臨時公演

指揮 遠藤宏

＝賛助出演＝

メッツォソプラノ 高山敦子

合唱 廣島放送合唱團

時 昭和二十三年十一月二十八日

午後八時半

所 八丁堀 東洋座

主催 廣島高校音樂連盟

廣島音樂連盟

A. M. C. A

後援 廣島中央放送局

廣島放送交響楽団臨時公演プログラム　昭和 23 年 11 月 28 日（広島市公文書館所蔵　渡邊弥蔵資料＃ 222）

トのプログラムに寄せた髙橋定のメッセージ（語録1、394ページ）によれば、昭和25年当時、定は中学校を卒業前後の有松とＮＨＫの番組の中で「広響」の一員として共演し、ベートーベンの協奏曲を演奏したと記している。音楽年鑑25年度（音楽之友社、音楽新聞社共編、音楽之友社、1949年12月）にも髙橋定の名前がメンバーに掲載されているので橋爪将のこの発言は明らかな虚偽である。

これは、定の死後昭和47年に至っても昭和28年頃に楽団に参加したかのように偽装するためにわざと簡単に見破られる虚構を製作した証拠である。情報が混乱するように絶対の証拠にしない。あきらかな偽装なのである。しかも、この座談会に参加していた温子（やすこ）、田頭、橋爪は定の正体を絶対に知っているはずの人物であり、彼らは口を合わせて偽装したことになる。また、第9回の演奏会の事をＮＨＫ年鑑に記述していないＮＨＫもその偽装にかかわった可能性もある。私もこの座談会の記録を初めて見たとき温子から聞いた話と違うので、ずいぶん混乱したのを覚えている。広島交響楽団プロ化35周年史が出版されたのは2007（平成19）年。温子は既に亡くなっている。当時、私は広島交響楽団とまったく接触していない。実に不可解な偽装がその時期にも続けられたことになる。おそらく第9回定期演奏会の写真はこの虚構の座談会を肯定するために、作られた疑いがある。

考察のためにこの第9回の定期演奏会の写真の会場に注目する。この会場は児童文化会館でも、旧制広島高等学校講堂でもない。あまり広くなく映画館のように見える。この頃広島では映画館が乱立する。そして、遠方の交響楽団の演奏会は時に映画館で行われた。そこでＮＨＫ広島交響楽団が映画館で行った演奏会がなかったか探した。昭和23年11月28日に行われた『広島放送交響楽団臨時公演』がそれに該当する。

渡邊弥蔵（やぞう）が招待された演奏会で女性ボーカルは高山教子。指揮は遠藤宏。場所は八丁堀東洋座。ここに定が写っているが、もしそうなら、昭和23年11月に定が第一バイオリンにいた証拠にもなる。それは第1回の正規の定期演奏会からひと月もはなれていない。演目も正規の第1回定期演奏会と同じに見える。そして、丹羽廣志もまだコンサートマスターをしているはずの時期である。残念だが現在、東洋座がかつてあった現在の八丁座には当時のことを知る人はもうおらず確認は難しいが、あの写真の劇場はここではないかと思う。午前8時半に開演したこの臨時の特別な演奏会は恐らく定のことを知る人々にその秘密を説明するために開いたものだろう。だから〝NHKの年鑑〟にも登場しない（221ページ下段）。

また、音楽年鑑25年度（音楽之友社、音楽新聞社共編　音楽之友社、昭和24年12月発行）に広島放送管弦楽団、交響楽団のメンバーが記録されたが、丹羽廣志の名前はなく、その後も出てこず、代わりに髙橋定の名前が登場するのである。

定は何かに追われていたようだ。どうしても正体が判明することをおそれた。だから、1956（昭和31）年に被爆女性たちと渡米している最中、多くの新聞記事に定は登場するが、そこで音楽家であることは一文字もでていない。隠蔽しているのである。これとはまったく関係なく、帰国後すぐに巻末にプログラムのある第九の大演奏会で第一バイオリンをつとめるのであった。

原田東岷（とうみん）は晩年多くの著書を残しているが、定のことを一言も書いていない。第十章でも述べるが、わずかに一枚の集合写真に定を説明なしで載せているだけである。浜井信三の著書でも被爆女性の渡米や百メーター道路、被団協、広島交響楽団のことなど定が関わったことをたくさん書いているが髙橋定の名前は一切でてこない。本当はもっといろんなところで定は浜井に助言をしていたのではないかと思う。

ＮＨＫ、浜井信三、原田東岷も含め定のことは隠蔽し続けたのであった。定が亡くなった後もそれは続いた。定の存在が不都合で知られないほうが都合がよい人もいたかもしれないが、定本人の願いで隠蔽されていて、温子やその家族のためにそうした人も多くいたのだ。

昭和24年あたりまで、定は〝丹羽〟の名前で諜報をしていた。それで正体が知られそうになり、髙橋定の本名にもどって、新人のアマチュア音楽家のふりをしたのであった。それが、１９５０（昭和25）年7月3日の夕刊中国の記事「メスを握る手に弦を」であった（語録6、３９９ページ）。ここで定はわざと新しく買ったバイオリンを自慢してそれが自分の愛器だとした。そしてそれは「定のバイオリン」（第六章―7、２０４ページ）にも書いたように偽装であった。昭和25年以前にＮＨＫ広島の第一バイオリンにその姿は確実にあった。まったく同じ形式の箱に入れた、素人では見分けがつかない2本以上のバイオリンを所有していた。これも、定自身が虚構を演出していた動かぬ証拠である。昭和28年まで定期演奏会が終わったのもそのせいであろう。少し正体が明るみに出そうになったのではないだろうか。昭和35～36年あたりまで、かなり活発に活動していたがそれが急に止まったのも、昭和43年第9回定期演奏会が放送されなくなったのも同じであろう。

そうしてみれば、温子がテレビの影響が大きかったと言っていた意味がわかる。録音なら演奏する人物の特定は難しいのでよいが、映像として記録に残るとごまかしはきかない。昭和31年時点でそれほど普及していないテレビだが、カメラで録画されてしまえばやはり問題だ。定は演奏をやめるための準備に入った。演奏する場面が写らない演劇やミュージカル等に力を入れ、音楽だけの場合は公開ではなくスタジオ録音の形に集中した。それで一時は凌げた。しかし限界だったのだろう。

その秘密は多くの人の協力のもと守られ続けた。私は温子から定の手記はある人に預けたと説明をうけた。私はそれを見たことはない。定は翻訳の仕事をやったとも説明を受けた。ただ、頼み込んで人の名前を借りて書いたので定の翻訳者としての記録は残っていないと言っていた。どうもこれもその秘密を守るための行動の一環だったようだ。出版社の担当者にも無理をいったのだろう。お世話になったという言い方をしていた。私はそれを知らされてもどうすればいいのかわからず、ただ困惑したのを覚えている。ムシカの梁川は翻訳の話を知っていた。定が大変そうだったという昔話をする客もかつてはいたそうだ。

そんな大げさにと思うかもしれないが、終戦直後には東京裁判がある。定が一番世話になったといっていた山田耕筰はそれにかけられそうになっていた。山田耕筰は少将格以上の帝国陸軍顧問であるから、東京裁判にかけられＧＨＱに協力しなければ命はなかっただろう。ＧＨＱは日本の諜報部隊を恐れていた。そのため戦前の音楽教育機関には相当な圧力がかかった。丁未（ていみ）音楽会で多くの音楽家を輩出した広島高等師範学校が廃校になったのもそのためかもしれない。東京音楽学校は廃校を検討された。しかし、なんとか政府が頑張って交渉して残ったのだ。但し、教員は総入れ替えとなり、美術大学と合併し、東京芸術大学として再スタートすることになる。遠藤宏も終戦後、東京音楽学校から追放された一人である。

渡邊弥蔵も不自然なほど定にかかわる記述を残していない。渡邊弥蔵は広島の音楽界の生き字引のような人だった。その渡邊の遺族が広島公文書館に貴重な資料を寄贈した。例えば1963（昭和38）年、定が広島市民交響楽団を立ち上げる年に渡邊が書いた「広島音楽界50年の裏表」（中国新聞に42回連載）には、NHK広島交響楽団、管弦楽団、FKアンサンブルなどNHK広島の楽団のことは一切書かれていなかった。彼のプログラム集「PROGRAM／Y・WATANABE」には、彼の鑑賞した演奏会のプログラムがほぼ順に並んでおり、そこにはNHK広島の演奏会のプログラムもあった。

そして、1928（昭和3）年に定が旧制広島高等学校時代に河合太郎指揮で演奏した（第二章で説明）「第2回開校記念演奏会」のプログラムだけが、順番を大きく変えて、戦後昭和23〜24年に催されたそのNHK広島交響楽団の第1回から第3回までの定期演奏会のプログラムの後にファイルされていた。しかも、演奏日のページが〝のり付け〟して見えなくなっていて、知らない人が見るとその重要性がわからないようになっていた。私がわかったのは広島高等学校50周年記念誌にそのプログラムが肝心の第二部の演奏曲目が切れた状態で載っていたのでこの演奏会の存在を知っていたからである。その両方を見なければその重要性はわからないようになっていたのだ（77ページ）。

また、広島公文書館に収蔵されている渡邊資料の中の原稿「広島音楽界の回顧」（昭和24年1月4日）には、戦後すぐ広島の楽団が演奏するオーケストラでいきなりベートーベンの「交響曲第5番」が聞ける幸せをかみしめるような文章が書かれていた。相当な印象があったことの証である。

もう一つ面白い印象操作がある。第五章の中にある写真などからもわかるように、定の演奏時の姿をみると髪が黒々としている。しかし、普段の定は髪を染めていない。髪染めには墨汁のようなものを使い、演奏後は直ぐに洗い流していたそうだ。温子が言っていたことにも符合する。その証拠が昭和43年11月広島芸術祭の定の最後の演奏の写真だが、演奏直後に菊池麗子とともに写真を撮っている。髪はぼさぼさで白髪交じりにもどるのである。晩年の定はいつもそうだった。看護婦など周辺の人にも「髪を染めたら」と勧められた定だが、その意見はきかず、演奏の時だけ真っ黒い髪になるのである。演奏翌日の診察時の定の髪はいつもの髪であった（169ページ）。これも自らの印象操作の一つだったのであろう。いわれなければ同一人物とはわからないように自らの印象を使い分けていたこれも一つの傍証である。

4. 丹羽廣志と髙橋定の伝説

「3. 定の行った印象操作」で定が丹羽廣志（にわ）になりすましていたという話をした。

何処かに定が偽装して名乗った丹羽廣志の痕跡はないかと探していたら、東京音楽学校（現東京芸術大学）のデータベースのバイオリン選科に名前が記録されていた。その記録によると彼は定より二歳年上で宮城県出身。同校への在籍期間は1926（大正15）年4月入学、呉出身の喜利清人と同期入学ということになる。1928（昭和3）年に一回目の検定にパスして1931（昭和6）年3月修了としてあった。一見すべて修了しているので卒業しているように見える。

しかし、何故か卒業名簿に載っていない。よくよく調べると1931（昭和6）年2月13日に除籍とあった。摘要欄に「滞納」とある。要は卒業要件を満たしたが滞納して卒業していないのだ。だから同窓会名簿に載っておらず、卒業後の足跡が追えなかった。彼の東京音楽学校入学時の願書に書かれた経歴を記す。

◇丹羽廣志の入学以前の経歴

明治37年11月2日生まれ

大正7年4月　宮城縣立水産学校入学

大正11年3月　卒業

大正12年4月　東洋音楽学校予科入学

大正12年　「病気の為退学ス」

東洋音楽学校（現東京音楽大学）は当時、予科がない。定は180㎝の大男なので年上に偽装するのは自然である。東京音楽大学に問い合わせたが丹羽廣志の在学記録はなかった。もっとも当時この学校に予科はないわけだから当然なのだが。

また、丹羽廣志は1927（昭和2）年3月31日に東京音楽学校を一旦退学して、4月15日に再入学願を提出して受理されている。その理由は不明だ。

定は1925（大正14）年に旧制広島高等学校に入学して、1927（昭和2）年に進級している（軍歴より）。それ以外に広島で音楽活動をした記録は1928（昭和3）年11月の第2回広島高等学校開校記念音楽会しかない。その年以外は留年なので授業も受けていないかもしれない。そして、1929（昭和4）年4月に自主退学と同時に陸軍に入隊している。その後1931年（昭和6）年12月に備後歩兵第41連隊に入隊するまで軍歴もない。定の所在が不明な時期に丹羽廣志の東京音楽学校のカリキュラムをこなすことは可能である。しかも、丹羽が一回目の検定をパスした翌年の昭和4年に家出した定は、陸軍からの支援も受けられる。

選科のシステムは竹内や岡田たちが行ったコースとは違う。竹内たちが進学する予科、器楽科、師範科などは入学に厳しい審査があり、願書に信頼できる方の推薦状などがないと入学できなかった。しかし、この選科は一応保証人が必要なはずだが入学は難しくなく、ほぼ全入であるが、期間内に検定にパスしなければ強制退学になる。選科は音楽理論などの座学はなく、週3時間以内の演奏技術のレッスンがあるだけである。3時間以内であるから、とにかく実地演習すべきときなどは通わなくていいこともあったろう。

丹羽廣志の場合、保証人の記録もなかった。ただし、その期間容赦なく授業料が発生した。留年すればそれだけコストはかかる。大変多くの生徒が入学するものの一度目の検定をパスするのもかなりの難関で挫折するものも多く、二度目の検定まで合格するものは極まれであった。そして、定が丹羽廣志として検定に合格していたのなら、当時日本国内で最高レベルのバイオリンの演奏検定に24歳で合格したことでもあった。

現代とは技術水準がずいぶん違うのでわかりにくいが、定が22歳で旧制広島高等学校の第2回開校記念音楽会第二部で演奏した定のソロの楽曲は、「東京芸術大学１００周年史演奏会編第2巻　音楽之友社１９３３」の演奏記録を見ると、当時の東京音楽学校で優秀な生徒が演奏する楽曲として適当なレベルに見えた（77ページ）。バイオリンの演奏技術はこの時代、アウアーの演奏技術の普及で急速に向上する時代でもあった。当時、哈爾濱（ハルビン）などに音楽家の諜報を潜入させるために人材育成したい陸軍にとって誠に都合のよいシステムである。卒業リストに載せなければ、卒業後に学校から追跡されることもない。

宮城縣立水産学校（現宮城県立水産高校）に問い合わせると丹羽廣志という人物が実在した。ただ、学校には卒業後の記録はないそうだ。また、彼の学んだ学科のカリキュラムは缶詰工場などで働くための教育だった。卒業生はその方面に多く就職した。だから、実際にバイオリン好きの丹羽廣志はいたのだろう。それを知って定はどこかでその名前を借りたのだ。東北弁は丁未音楽会で仕込まれ、得意だった。

保証人の協力さえあれば定が丹羽廣志になることは可能であることが分かった。しかも痕跡を残さず最高峰の技術を学ぶことができた。陸軍が音楽家の諜報員を育成したいならこのコースを選んだであろう。そして、実力さえつけば卒業せずに退学する。それが諜報員のならわしであった。

広島平和記念資料館の初代館長・長岡省吾もその一人であり、定より年長である。彼が諜報であったことを私が高校生の頃温子が教えてくれた。平和記念館の初代館長と言われても、当時の私にとって長岡省吾という名前自体初めて耳にするものだった。学校でも教わらない。しかし、最近彼の遺族がその事実を証言していることを知った。温子はそれよりずっと以前にそのことを知っていたのだ。長岡の一族も裕福な家庭だったときく。

「特務機関に属する人々の中には、名前や経歴を隠さなければならないことがあり、日露協会学校の卒業生でも、特務機関に進んだ者の中には卒業者名簿から削除されることもあったそうだ。長岡が満州で家族ともども身元を隠していたこと、学歴そのものを偽っていたことには、そうしたことが関係していたのかもしれない。

長岡が堂々と身分を明らかにして暮らせるようになったのは、二十三歳で特務機関を辞めてからだった。（後略）」（＊4）

定が偽装のために名前を借りて翻訳した一冊が、本物の丹羽廣志の弟である丹羽小弥太が1959（昭和34）年に翻訳したことになっている**「ノー　モア　ウオー　丹羽小弥太（訳）」**である。その中で訳者のあとがきとして次のように記したのであった。

「（前略）今年は広島での原爆被災が煩いして志半ばにして不帰の客となった兄（当時NHK広島放送管弦楽団所属）の十二周年に当る。」（＊5）

また、定が丹羽小弥太に書いてもらった日記が1986（昭和61）年にそのご子息の丹羽不律が**「父のガン14年戦争最後の日記」**として掲載した。丹羽廣志についての記述で騒ぎになったのだった。その時の騒ぎがムシカで話題となっていたのであった。その中で書かれた丹羽廣志に関する記述が以下である。

「そう、原爆、原爆の放射能……。戦時下のあの忌まわしい日、広島で原爆に遭い、非業の最期をとげた兄。入院中のゴタゴタに取り紛れ、今年の八月六日には、兄の冥福を祈ることを忘れてはいなかっただろうか。

ヴァイオリン弾きだった兄。同志を語らい、弦楽四重奏団や小編成のオーケストラを組織し、サン・サーンスやフォーレ、ドビュッシーなど、当時はそれほど人気のなかったフランスの作曲家の作品を、必死になって紹介していた兄。とうとう東京を食いつめ、満州のハルビンまで流れて行き、無名の天才演奏家たちが五万といた亡命白系ロシア人の間で腕を磨き、ついに実力日本一のヴァイオリニストの声価が高まり、招かれてNHK広島放送管弦楽団の指揮者兼コンサート・マスターに着任、ようやくその真骨頂を発揮し始めていた兄。その矢先にあの憎むべき原爆放射能の生け贄とされてしまった兄。さぞ無念やるかたなかったことであろう……。」(＊6)

定はこの二つの文章で丹羽廣志の弟である丹羽小弥太の名を借りて、いずれにしても丹羽廣志は原爆で死んだと記した。しかし、1949(昭和24)年3月、戦後4年経って、定は丹羽廣志の名前でNHK広島交響楽団第3回定期演奏会に登場し、コンサートマスターとして演奏するのである(第七章扉、211ページ)。そこに出てくる丹羽廣志は同年8月の平和音楽祭での写真(口絵5)にあるように髙橋定なのである。これも髙橋定の諜報員としての情報工作であった。本物の丹羽廣志の弟である丹羽小弥太に定は協力をお願いしたのであった。自分の存在を消すために。

私は実母や親戚からある事を聞いていた。定の父・兼吉(かねきち)がどうも定が旧制広島高等学校で見当たらないと定の友人に聞き、方々聞きまわって東京にいることを突き止めて訪ねたという。そこで見た定は上半身裸で汗びっしょりになって、畳の上で必死にバイオリンと格闘している姿だった。兼吉は定を一度やめさせて広島に連れて帰ったことがあったという。私の実母はそれが上野の音楽学校だったはずだといってい た。私は東京芸術大学に問い合わせて髙橋定の名前がないか尋ねたが名前は出てこなかった。当時の東京音楽学校は予科や師範科などの一般の学科の受験をする人は数も少なく、願書がすべて保管されていたのだ。しかし定の名前はなかった。そこで他の音楽学校に名前はないかと方々探したがやはり定の名前はなかった。どうなっているのだろうと途方にくれたことを覚えているが、偽名を使っていれば見つかるはずはなかったのである。丹羽廣志が昭和2年春に一度退学しているのが、兼吉がやめさせた一件に該当するのではないかと思うがどうだろう。

もう一つ別の話がある。定が行方不明から復帰して日本医科大学の学生となった時代、呉製砥所は絶好調で軍関係の仕事を独占していた。生産能力増強のため大阪に新工場を進出し、中国戦線が活発化していたこともあり、業績は極めて好調だった。行方不明から復帰した定を懐柔したい父・兼吉は資金に余裕があったために東京に一軒家を借りて定に使わせていた。定も今度は順調に進級していたので安心していたのだが、ある日学校から問い合わせがあったという。それは「定がロシアに音楽留学する話があるそうなのだが聞いているか?」というものだった。何も聞いていない兼吉は飛んで東京に行きやめさせたそうだ。当時その家には苦学して音楽を学ぶ生徒で満ちていたという。兼吉はこれはいけないと一軒家を借りるのをやめたそうだ。そうして定は中野学校に近いアパートを借りることになったようである。定は当時すでに陸軍少尉の軍人であり、軍からの支給もあっただろうから何も困らなかったと思う。

定の行動には多くの謎があり、親戚たちは定が諜報だったといってもさほど驚いていなかった。

もう一つ、「定は第二コンサートマスターだと説明を受けた」と証言した人がいる。この人はクラシックファンであり、定の実力を理解したのであろう。広島市民交響楽団が立ち上がる少し前に定の姪と結婚し、定のソロ演奏で〝チゴイネルワイゼン〟を聴く機会があり、後で特別に説明を受けたというのだ。この第二コンサートマスターという言葉を私も初めて聞いたが、実際にオーケストラを管理しているのは定だったということを意味していると思う。

諜報活動をしなければならない定は、自分の実力を隠したかった。だから最初は偽名を使い芸名と称してオーケストラに参加し、その名前が追われると本名に戻し、アマチュアバイオリニストを装う。それも明るみになりそうになると第二コンサートマスターだと煙にまく。東北弁で、眼鏡をかけて、東北出身の別人を装い、広島で活動する。髙橋定本人は、九州にいたことにした。

5．NHK広島の楽団のバイオリニストたち

昭和23年8月にNHK広島交響楽団が設立。NHK広島管弦楽団と両立時代に入り、昭和29年まではNHK広島管弦楽団に登録のバイオリニストは竹内文子、迎綾子、指田守、石田武夫の4人で不変である。

竹内文子は昭和12年東京音楽学校本科卒。夫の竹内尚一はチェリストとして戦前、戦後プロの楽団で活躍していた。FKニュース（NHK広島の機関紙）には、竹内文子は昭和23年に広島に帰ってきて「しば

らく遠ざかっておられたバイオリンを再び手にして」とある。夫の竹内尚一はＮＨＫ広島管弦楽団の責任者としても名前があった、ＮＨＫ広島の両楽団で主席チェリストとして活躍している。昭和24年3月、竹内文子がバイオリニストの筆頭に書かれる。しかし、翌年春から夫の竹内尚一とともに彼女は島根在住で島根大学の音楽教授となり、広島に常駐できなくなる。同時に夫の尚一は楽団責任者の任を降りる。ただ、二人は時々ゲストとして呼ばれて広島に演奏に行くことがあったとご子息が証言してくれた。その時の写真と思われるＮＨＫ広島交響楽団の練習風景が残っており、彼女が第二バイオリンを務めているものもあった。彼女は広島の音楽学校のバイオリンの講師として招聘された時期もあり、そのためだけに広島に通うことが多くあったのだ。少なくとも晩年まで島根大学の教授であり島根に在住し続けた。二人の島根大学での評判は頗るいい。ＮＨＫ広島にとっては名誉職のバイオリニストだった。昭和31年の労音コンサートの演奏者リストに二人の名前はなかった。

迎（旧姓　佐々木）綾子は当時の新聞ＦＫニュース（ＮＨＫ広島の機関紙）に紹介されており、その記事によるとアメリカ育ちで東京音楽学校本科バイオリンを出た優秀なバイオリニストである。ただ、昭和24年当初より広島音楽高校の音楽教員でもあり、その時既に子供がいたと記録にある。夫は広島文理科大学の地質学の助教授だった。彼女は途中からエリザベト音大の教師にもなられる方で、昭和30年頃まで活躍するが、昭和31年労音の第九コンサートには竹内文子と同じくその名前がない。また、彼女は英語も流暢でＦＫニュースの紹介記事には「進駐軍の演奏などの折にはヴァイオリンと共に偉大な偉力を発揮する。」とあり。何気に楽団が進駐軍のために演奏したことがあると記録がしてある。竹内文子と同じく名誉職のような扱いだったと思われる。

石田武夫は、昭和24年のリストでもNHK広島交響楽団の第二バイオリンの奏者であり、昭和25年度、昭和29年度版の音楽年鑑でも一貫して第二バイオリンだった。

指田守はこの中で最も若年だった。昭和31年の労音の演奏会頃からはコンサートマスターに指名され続ける。ただし、昭和24年3月のメンバー表によると、NHK広島交響楽団設立時は第一バイオリンの末席だが、昭和25年度版音楽年鑑では第二バイオリンとなっている。従ってNHK広島交響楽団設立当時の中心メンバーで全体を管理していたとは思えない。その後コンサートマスターとなるように楽団の中で誰かに指導を受け成長する過程であったと思われる。

従って昭和24年から30年にかけて、この楽団で多くの新しい取り組みが行われているが、NHK広島管弦楽団のバイオリニストの中にそれを牽引するバイオリニストがいないのである。それをやったのはNHK広島交響楽団に登録されていた人物がやっているはずなのである。この期間NHK広島の楽団の中心はNHK広島交響楽団にあった。

それではNHK広島交響楽団のバイオリニストを検証してみる。

音楽年鑑25年度（音楽之友社、音楽新聞社共編　音楽之友社、昭和24年12月）には、第一バイオリンに竹内文子、迎綾子、橋爪将、添田貫一郎、西田芳雄、髙橋定、木曽田繁、白井和子の順で計8名が記録されている。１９４９（昭和24）年8月平和音楽祭の陣容（口絵5）に見える。この時点で丹羽廣志、杉山家久、稲葉壽美穂がはずれ、指田守は第一バイオリンの末席から第二バイオリンに移動している。代わりに定を含む4名が加わっている。昭和29年度の音楽年鑑にも同様にメンバーが記録されているが、指田が第一バイオリンに復帰して、定、竹内、迎以外のメンバーは入れ替わっている。この頃、竹内文子は島根県在住である。迎も昭和31年の労音のメンバー表には名前がなくなる（労音プログラム、付録1－17、374ページ）。迎は入団時より子供がおり、この頃すでに退団してエリザベト音楽大学で講師をしている。25年のメンバー表より一貫して第一バイオリンなのは、昭和31年の労音時で、すでに定しかいない。記録に残るバイオリニストを原文どおり列挙する。改名したり、芸名や略字を使ったりして解りにくいが、丹羽廣志、髙橋定、指田守を中心に見ていただくとありがたい。

◇NHK広島管弦楽団、交響楽団の登録バイオリニストの変遷

昭和24年第三回NHK広島交響楽団定期演奏会（プログラムより211ページ）

（第一バイオリン）**丹羽廣志**、竹内文子、迎綾子、稲葉壽美穂、添田貫一郎、橋爪将、杉山家久、
指田守（8名）

（第二バイオリン）石田武夫、喜利清人、森川定實、西田芳雄、田中敬、久萬昭三、岡村昭典、
碓井ひろ子（8名―計16名）

昭和25～28年音楽年鑑NHK広島管弦楽団

（提琴）竹内文子、迎綾子、石田武夫、指田守

昭和25年音楽年鑑NHK広島交響楽団

（第一堤琴）竹内文子、迎綾子、橋爪将、添田貫一郎、西田芳雄、**高橋定**、木曾田繁、白井和子（8名）

（第二堤琴）石田武夫、指田守、眞鍋秀勝、森川定實、兒島延雄、谷本忠義、岡村昭典、佐伯峻（8名—計16名）

昭和29年音楽年鑑NHK広島管弦楽団

（堤琴）指田守、田中敬、友広裕、柳川日出丸、石田武男、谷本忠義（計6名）

昭和29年音楽年鑑NHK広島交響楽団

（第一堤琴）迎綾子、指田守、竹内文子、田中敬、**高橋定**、友広裕、柳川日出丸、真鍋秀勝、久万昭三、佐伯知江子、沖村澄子（11名）

（第二堤琴）石田武男、谷本忠義、梅住美江、清水琢磨、福重謙二、吉松寛一、為定敬子、石田坦、国清博義、石井文夫、谷口豊（11名—計22名）

昭和31年12月労音（プログラムより374ページ）

（第一バイオリン）指田守、友広祐、柳川日出丸、谷本忠義、和田昌行、由居学、**高橋定**、佐伯知江子、児島信雄、小林孝己、藤田哲哉、白井成一、竹原均、竹本洋（14名）

（第二バイオリン）石田武男、岡崎邦夫、国清博義、福重謙次、富永清治、小坂瑛子、中原敏子、牧洋子、田村尚子、寺沢マスミ（10名—計24名）

昭和36年音楽年鑑（NHK広島管弦楽団）

（バイオリン）指田守、柳川日出丸、石田武男、谷本忠義、岡崎邦朗、天考亮太（計6名）

昭和36年音楽年鑑（NHK広島交響楽団）

（第一バイオリン）指田守、柳川日出丸、谷本忠義、岡崎邦朗、**髙橋定**、梅住美江、T・C・范、児島延雄、小島秀夫、小坂瑛子、越智景、村田洋子（12名）

（第二バイオリン）石田武男、天考亮太、国清博義、福重謙治、富永清治、牧洋子、中原敏子、富島信子、戎能三郎、森川潤子（10名―計22名）

昭和39年4月広島市民交響楽団発表会（参考）

（第一バイオリン）指田守、柳川日出丸、岡崎邦朗、由居学、谷本忠義、**髙橋定**、富島信子、富永清治、井上博子、中畝みのり、河内和彦、山本佳代子、吉田稔、東郷昭郎（14名）

（第二バイオリン）天考亮太、宇都宮一郎、国清博義、今井和子、大部交、野田芳子、岡部茂、岡田啓志、岡田文子、田中靖子、向井詳与、福重謙治（12名―計26名）

その後も含めて生涯にわたって定は第一バイオリンを離れることはない。その後の期間同じく第一バイオリンに居続けるのは、当時若手の指田一人である。数少ない写真なども合わせてみて、定のポジションは常に第一バイオリン全体の真ん中あたりにある。

つまり、定のいう第二コンサートマスターとは第一バイオリンの中心にすわり、交響楽の中心の音を出す第一バイオリン全体の音を調整する役割をしながらコンサート全体を調和させる役割のようだ。こういう人がいると指揮者もコンサートマスターも楽だろう。オーケストラが大きければ大きいほどこの役目は重要になるし、また難易度もあがるのではなかろうか。

そして、昭和31年に行われる労音の第九の演奏会の写真（口絵6）を見ると、一つ大きな革命がこの楽団に起きていることがわかる。バイオリン奏者が第一も第二も左側に移って隣接して大集団になり、チェロやコントラバスなどその他の弦楽器が右側に大きく人数を増やして集まるのであった。そしてこの演奏会で定は第一バイオリンの2列目奥側、第二バイオリンも含めて真ん中周辺に座り、一列目に座る指田守をバックアップする体制を整えるのである。どうもこの後もそういう方法で大所帯になったバイオリン奏者全体をまとめていくのであった。広島市民交響楽団のバイオリニストは30名近くにも膨れ上ったが、それ全体を統括するような配置である。楽団は明らかに育っていた。多くの新曲にも携わり、異色の楽曲も多く含まれた。この短期間に一貫してそれが出来たのは、髙橋定しかいないのである。そして、昭和29年からは様子が変わる。ＮＨＫ広島管弦楽団に新しいバイオリニストを多く迎え、今度はＮＨＫ広島管弦楽団に演奏の実態を移し、楽団を運営するようになる。自らはＮＨＫ広島交響楽団のみに登録して、髙橋定はこの楽団の主力ではないように偽装するのである。記録は管弦楽団の演奏ということにし、プログラムには愛称の広響にちなんだ交響楽団で宣伝し、自らはエキストラという形で参加し続ける。オペラの伴奏に定が参加しているところを多くの人が目撃している。放送番組〝広響の時間〟もＮＨＫ広島管弦楽団によって行われている。

労音の第九は、プログラムでは交響楽団の名で出演したことになっているが、ＮＨＫ年鑑には管弦楽団が出演したと書いてある。この労音の大演奏会の後はラジオ放送や、オペラでの伴奏など自らが演奏するところを見せないようにピットに隠れて演奏するようになるのである。ラジオ放送といっても結構難しい楽曲をやっているので、そこにも定が参加していたはずだ。

6．医者の髙橋定に本当にそれができたのか？

答えはイエスである。まず、髙橋病院の印象は相当に操作されている。

実は当時の制度では土地の取得に関しては公文書があり、記録が残るので、昭和22年3月に定が土地を最初に買い始めたことはわかっている。その後少しずつ買い増しして昭和30年頃に落ち着くのである。ただ、建物の登記や事業開始の登記は当時、制度が確立されておらず記録がないのだ。

数ある説の中で一番早い昭和23年11月としたのは、昭和31年に定がアメリカに行っている頃に出版された紳士録によるものであった。恐らく温子がそれにはかかわっている。その後、昭和33年発行の交信所の調査本では昭和24年開院となっている。微妙に遅くなる。温子の履歴書では、昭和26年に髙橋病院の副院長になっている。しかし名前だけの副院長だってあり得る。温子は元々眼科医で結婚して昭和28年春まで広島県立病院で内科医の勉強をしている。ただ、少なくとも温子の妹が通学を始めた昭和28年には病院はあったし、病院のスタッフとの写真が残る（付録扉、357ページ）昭和27年9月にも病院は存在したと思われる。病院の写真で年月がわかるもので一番古い写真はこれなのである。

クレトイシの元従業員の証言でガラスを九州から運んで病院の建設にあてたのは、昭和27年から29年ごろの印象だった。

その後昭和29年から30年あたりになると急に写真が増える。朝鮮戦争があった時代は物資不足でフィルムが手に入りにくかったとの話も聞いたが、それにしても定はカメラマニアでもあったのでちょっと疑問符がつく。だから、この写真の昭和27年あたりで初めてこの病院はきちんと運営されたのだと思う。少なくとも昭和26年に温子が内科医として副院長に就任したと主張するまでは、通常に機能していないと思うのである。ただ、原爆直後の広島で定は未熟ながら外科医として役に立つために、ケロイド治療に集中したのであった。数えきれない程火傷痕に苦しむ患者がいた。痛みが回復してもその痕跡は残った。定は軽微な骨折などの治療の他には、火傷痕を修復する治療に集中したのだった。そんな特殊な環境の中であったため、定は火傷治療の医師として論文まで書くに至ったのであった。世界的にも稀に見るものだったかもしれない。昭和27年までの髙橋病院は画像が残っていないからわからないが、火傷痕の修復専用の診療所程度のバラックだったのだ。そんな状況なら、定が音楽に力を入れることも可能だったと思うのである。

原爆で医師不足だった広島ではそういう事情もあったのだ。半人前の外科医である定を支えて、半人前の内科医の温子があの髙橋病院を取り仕切っていた。第四章扉にある大きな病院に見える髙橋病院の病棟は、実は2階部分は全部結核患者専用のものであった。それは温子が県立病院の助けを借りながら運営していたもので、定はノータッチだったのである。結核患者は隔離を必要としていて、こういった病院が必要だったのである。当時結核も蔓延していた。

それは年の離れた温子の妹である叔母の毛利寛子の証言から解った。寛子は昭和28年から2年間の学生時代を髙橋病院から通学して卒業した。彼女が、温子が名前がかわいいと羨んだ妹である。温子は結婚前の名前である永井完(さだ)という名前を嫌い大学の卒業アルバムには永井寛子という妹の名前で載っている。そ

SL 安芸で神戸へ　C59184　昭和 20 年代
実物はカラースライド

神戸駅プラットホーム　昭和 20 年代
実物はカラースライド

の寛子が、定は当時から病院のことはほったらかしで音楽に一生懸命なようだったと証言してくれた。

定は手術をそれほどしなかったとも話してくれた。難しいものは他の病院に回したり、自分の病院で手術するにしても他の病院の外科医にも立ち会ってもらったそうだ。軽微で緊急を要する手術なら、温子がなんとかしたという例さえあったそうだ。そんなことだから広島市医師会が隣にあるのは好都合だった。

当時女医は非常に少なく、温子より先輩は広島では確か嘉屋文子（１９１４－２００４）がいただけだった。内科医の温子は非常に人気だったようで病院は賑わった。これも定を優秀な外科医であったのごとくカモフラージュする見事な工作となった。定の死後の話であるが、嘉屋文子先生には私も含め随分お世話になった。温子が体調を崩した時には、嘉屋先生が髙橋内科医院を代わりに運営してくれたのであった。ときには、広島市民病院の藤井信先生も来られた。広島県からの指定病院（被爆者一般疾病医療機関）だった髙橋内科医院を被爆者の方々に対して途切れさせないためだったのだと思う。

定の外科医としての実績は火傷痕の治療に集中していた。原爆によって火傷を負った人が多かったので、それに集中した。皮膚移植等の形成外科に集中している。バイオリニストとして指先が器用なことがそこで活かされていた。それに関連した勉強会だけには出席していたというのである。外科の病室は一階に数個あるだけであった。それも入院すれば温子が担当した。病院の運営はほぼ温子がやっていたようである。同じく一階には診察室など医療区間や自宅の機能もその中にあった。

定が楽団のために時間をかなり使っていたと思う別の傍証がある。我が家にある多くのスライドの中に〝SL安芸〟で定が神戸に行ったことを示すものがある。現像してみると車両番号は〝C59184〟とある。ちょっとカビが生えているのが難点だが、カラー写真だ。写真の車両は比較的新しく見える。これが定がその頃宮原禎次（ていじ）のいた神戸へ通った傍証の一つである。〝C59184〟とGoogleで検索してみると、鉄道マニアのサイトがでてきて、この車両の記録が照会できた。この車両は1947（昭和22）年大阪管区姫路に登録―1958（昭和33）年に福島に移籍されるまで姫路登録だ。SL安芸が呉―大阪を走ったのは昭和25年からなので、昭和25年から33年の間に定が利用していたことになる。朝鮮戦争勃発で物資がなくてフィルムが手に入りにくい時代にこのカラー写真が撮られたことになる。病院の写真は一枚もないのにSLのカラースライドがあるのだ。定は宮原禎次のいる神戸に通っている。

SL安芸は昭和25年呉―大阪間で始まったと聞く。昭和25年の安芸号にお世話になったのは当時球団ができたばかりの広島東洋カープも同じだ。彼らは、当初は寝台でさえないこのSLで東京まで往復していた。3等席で雑魚寝するしかなかったときく。広島―東京は片道18時間。定もカープの選手たちと一緒のこともあっただろう。カープの開設当時から定が大きな金額を義援金として出したのもこんな縁から始まったものかもしれない。呉―神戸間といっても8時間はかかったのではないだろうか。これを往復しながら病院経営はかなりきつい。しかし、温子が留守を守る体制が整った、昭和27年からはそれをしたのだろう。NHK広島交響楽団第8回定期演奏会で、高校生の有松洋子がソリストの演奏をした頃にあたる。

経済的に問題はなかったのか検証してみた。NHK広島交響楽団時代はNHK広島のバックアップがあったのでそれはなかったであろう。広島市民交響楽団時代になると様子はかなり変わる。定の弟の経営する呉製砥所（現クレトイシ）だが、普通に考えればそこから出たのではと思いがちだ。確かにクレトイシは当時非常に隆盛でうまくいっていたが、私は広島市民交響楽団になってからもクレトイシや呉製砥所の広告をプログラムで見たことがない。金銭的にたよった形跡がないのだ。むしろ、満が亡くなり相続税が大変な時、それを援助した記録があるほどだ。ただ、年末の決算などの事務作業によくクレトイシの人が手伝いに来ていたのは覚えている。だから人手がいるときにはクレトイシの従業員が助けに来ていた。それは定が死んだ後も続いていた。

定は諜報だから、自らの出自をあまり公表したくなかった。医師といえども活動資金は相当に必要だったはずで、これは謎ということになる。ただ、温子が私にいったのは、軍の予備役などから外れる昭和31年のことだと思うのだが、その時かなり多めに加恩給をしてもらい普通以上にお金をもらったそうだ。確かに軍歴書に印鑑で加恩給の印が押印してあった。その後ももしかしたら諜報として金銭の援助をどこからかもらっていたかもしれない。定の死後、温子が髙橋病院をたたんで髙橋内科に縮小したのは、金銭に困ったからではない。1972（昭和47）年に髙橋内科医院に移る頃も結核患者はそれでも10人程度はいたそうだが、かなり減少傾向にあった。内科医でそんなに病棟を持っていても先はないし、一人で大きな病院を続けるのもどうかということで、入院のできない内科医院として再スタートしたのであった。クレトイシの株も少しも手放すことなく、温子が経営した髙橋内科医院も当時としては鉄筋コンクリート4階建ての自宅兼医院で周りのビルと比べても豪華であった。これもうまいカモフラージュになっている。温子はみごとに定の外科医としての虚像を作ることに成功している。

7．コンサート・マスターの継承

昭和31年の労音の演奏会では特にコンサートマスターの表記はない。指田守が第一バイオリンのトップに書かれているのでそのように受け取れる。広島市民交響楽団になってコンサートマスターは複数名記録される。定（さだむ）は第一バイオリンにだけ記録されている。定にとってこの楽団はコンサートマスターの教育の場でもあった。

第1回　　　　指田守、柳川日出丸&髙橋定
第2回～8回　指田守、和田昌行&髙橋定
第9回　　　　指田守、和田昌行、由居学&髙橋定
第10回　　　指田守、和田昌行、由居学

これに第9回までは髙橋定が第一バイオリンの真ん中で全体をコントロールしているわけだ。指田以外に広島音楽高校教員の和田昌行をたて、さらに市民交響楽団発起人の一人である由居学もそれに途中から計画的に参加、第9回の演奏会では4人でコンサートをコントロールしたことになる。そして、第10回は定ひとりはずれて3人態勢となる。

その間にコンサートマスターを複数名育成し、また分業でそれに当たれるように指導したものと思われる。普通一つの楽曲では、コンサートマスターは一人だが、指田守は最初から後ろに髙橋定がいてそれをこなしていた。定がいなくなった後のために別のコンサートマスターを育成する必要があった。そんなこともあり、この楽団のスタートは簡易な曲から始めたのだろう。特に最後の第10回定期演奏会はベートーベン「フェデリオ」序曲と第九の一曲なので、3人のコンサートマスターが曲ごとに変わったわけではないことがわかる。こうしてコンサートマスターは指田守に継承された。定が計画的に後進を育てている様子がわかる。もしかしたら、さらに次の世代もどこかで育成していたかもしれない。

8．河合太郎と丁未音楽会

定は音楽を学ぶために父に隠れてバイオリンを上達したかった。だから名前を偽る必要があった。それは呉中学の頃からである。定は跡取りと期待され、一方学校では男子が音楽の道に進むことを戒めた。しかし、そんな中で定は呉海兵団軍楽隊の隊長・河合太郎と出会い、懇意になった。すでにある程度バイオリンが弾け、ハーモニカバンドの経験のある定を河合太郎は可愛がったという（付録4－1、380ページ）。ならば、定がバイオリンを学べるように協力するのは自然の成り行きだった。当時呉海兵団としても市民との融和は大きな課題で、定は仁井屋髙橋の御曹司なのでこれは大事にすべきと考えたであろう。一方、小遣いに困らない定は丁未音楽会にも興味を抱き、旧制呉中学時代にも潜入していたかもしれない。

そこで思い出されるのが、１９２５（大正14）年から１９２８（昭和３）年までの間、呉海兵団軍楽隊が夏休み中心に弦楽器を加えた管弦楽演奏を時折行うようになったことである。常ではない。時々なのだ（第二章参照）。しかも重要な演奏会には弦楽器はない。そして、新聞には弦楽奏者がもう少しほしいとの記述が見えるのである。私は夏休みの演奏会に定が助人として参加していなかっただろうかと疑念をもっていた。もしかしたら、同郷の竹内尚一や岡田二郎、喜利清人も時にはまぎれ込んでいたかもしれない。

呉海兵団軍楽隊は洋楽を市民に広めたことで知られるが、当時の軍楽隊長・河合太郎は日本的な洋楽を模索していて、西洋音楽と日本の伝統的音楽を融合させることを目指していた。そのため藤井清水（現呉市焼山出身）、坊田壽眞（現安芸郡熊野町出身）、通堂方一（呉市音戸出身）といった人たちと交流し、盛んに活動した。彼らの活動は「新日本音楽」として知られ山田耕筰も評価していた。河合太郎自身も〝明邦会〟を結成して音楽活動をしている。しかし、この活動は吹奏楽が中心で弦楽器が加わるとうまくいかなかったといっている。一方で、一般大衆には洋楽が人気であり、その普及にも大いに貢献していた。１９２７（昭和２）年７月29日の

河合太郎（呉新聞昭和２年７月29日）

演奏会には7千人の観衆があったと報じられた。

「まず大正十四年だが、八月二九日に行われた演奏会の批評として、Uという人物の『休暇前七月二十五日夜の演奏に比べて異常の上達を示して居るのには驚かされる…然し矢張り管楽器部の方が優れて居る事は争われず…』という記事が掲載されており、管弦楽編成を開始した年は、まだ管弦楽編成のほうのレベルは十分高いとはいえなかったことが伺われる。それは河合太郎自身のインタビュー記事にも現れており、九月十二日の記事には、彼の『ブラスバンドの方はオーケストラとちがい我隊は相當の歴史を持ち修練も積んで居るから、無難な成績は挙げ得るであらう』という言葉が紹介されている。

一方、昭和二年八月五日の記事には、『心ある者は「世界の何処に持って行っても恥しくない演奏振りだ、出来栄えだ」と感激して繰り返した、全く〈スラブ協奏曲〉は好評であり最もよかった』とあり、二年前の演奏批評に対し、手放しの褒めようとなっている。」（＊7）

「二河校庭の軍楽隊の演奏　聴衆七千人に及ぶ盛況　妙技に魅了される」（呉新聞　昭和2年7月31日）

陸軍軍楽隊が所属する戸山学校では東京音楽学校から弦楽奏者を招聘していて、1931（昭和6）年まで弦楽奏法を教えていた。海軍も横須賀では同様なことを行っていて、岡田二郎も担当したことがあった。しかし呉についてはそんな記録はない。それなのに1925（大正14）年に突如としてバイオリニストが少数であるが出現する。この頃の演奏会後の河合太郎のコメントが残っている。

「バイオリンの伴奏オーケストラは迪當な譜がなく又ピアノは特別の練習が必要であり更にオーケストラ役のクワルラットは軍樂隊としての發表を見る迄には十分な練習の結果に依らねばならないので盛んに練習中ですが今の處發表し難い有様今頃東京等から休暇で歸つて居る学生諸君に萬一笑われる様な事があれば夫れこそ大變だからなハハ々と語った」（＊8）

私には意味深な発言に聞こえるがどう思われるか。

定と河合太郎はえらく懇意だったという。そう考えると定であればやり得た。何人かの弦楽奏者の友を連れて変装して呉海兵団軍楽隊の演奏に加

海軍々楽隊の
管絃樂
廿九日の夜

呉海兵団軍楽隊管弦楽プログラム（呉新聞　大正14年8月27日）

われば容易に実現する。演奏会ができるのは人数が揃う夏休みなどに限られた。本当にそうなら実に楽しい夏休みに違いない。そんな夏休みなら羨ましい限りだ。当時、東京音楽学校在学中のバイオリニストの中でも岡田二郎が特に優れていたことが「東京藝術大学100年史」をみればわかる。チェロの竹内尚一とバイオリンの岡田二郎が入れば百人力だったはずである。

1928（昭和3）年はそれだけではなかった。広島の音楽会は最盛期を迎え、さまざまな音楽会が開かれ、呉海兵団軍楽隊は多くの女学校に出張し演奏を行い、さらに、定は広島高等学校開校記念に独演会のような演奏会を開いた。その翌年学校を退学して行方不明となり、陸軍に入隊しているのである。海兵団軍楽隊の演奏会は県北や備後地域にまで広がったのである（77ページ）。

あの演奏プログラムは定がそれまでこれらの演奏会に帯同していなければ難しいのである。「未完成交響曲」は昭和3年6月23日に、呉海兵団軍楽隊の演奏会で演奏され大変好評だった記録がある。これが広島での初めての未完成交響曲だったと思われるのだ。

「既報の通り呉市民に取つて唯一の慰安の夕である、海軍軍樂隊の公開演奏の第一回は二十三日午後七時半から五番町小學校講堂において開いたが、早くから押し寄せた聴衆は堂内に入りきれないで、そのほとんどは外で時の來るのを待ち受けてゐた。

今年は樂聖シューベルトの百年忌に當るため彼の霊をしのぶためか曲目の第一部全部（三曲）は彼の作品で滿たされてゐた。

呉海兵団軍楽隊の公開演奏（呉新聞　昭和３年６月26日）

一部の曲は大曲であるだけに演奏者の誰からも謹慎味が見えてゐた三番目のロ短調の未完成交響楽の幕になつてはその度は一層にまし河合楽長の指揮振りはます〳〵さえてきたが、聴衆が静まらなかつたゝめ、ピアニツシモまでも聴き取ることの出来なかつたのは遺憾であった。（中略）今夜は歌謡作家としてのシューベルトを、交響楽作家の彼として、聴衆はひとしくたつたわけである今宵聴衆が期待したもの、シューベルトの未完成交響楽であり、また聴衆を満足させたものもおそらくこの曲であつたと思ふ。」（＊9）

「スラブ狂想曲」もその前年の1927（昭和2）年8月5日の呉新聞で最も絶賛された楽曲で、当時の呉海兵団軍楽隊として一番難易度が高く評価された曲であった。「未完成交響曲」や「スラブ狂想曲」はこの楽団としてとっておきの楽曲だったはずである。

定がソロとして弾いている曲も当時としてはかなり難易度が高かった。サラサーテの2曲などはかなりの難曲である。定がバイオリンを手にして9年目であった。

管弦楽はバイオリンだけではない。他の弦楽器も揃えなくてはならないと疑問を呈する人もいるだろう。この時期、定は丁未音楽会でも活動していたという伝聞がある。それが疑問の答えである。丁未音楽会と呉海兵団軍楽隊は記録上協演したことがないことになっている。実に不自然である。当時、洋楽好きの男子は丁未音楽会に参加するか、軍楽隊に入るしか音楽の道がなかった時代である。丁未音楽会を運営しているのは官立の広島高等師範学校だ。繋がりがないのは不自然なのである。

大正5年5月13日第28回丁未音楽会において、「呉鎮守府海軍軍樂隊石井春省　外二十余名」が出演とある。大正初期に学生と共演とまでは至らないものの、呉海兵団軍楽隊は丁未音楽会に出演しており、この頃から交流があるのだ。同年11月10日の第29回丁未音楽会では、生徒と音楽教師、正会員、特別会員の混成の作った管弦楽演奏が記録されている。正会員、特別会員は第二章でもふれたように他校の音楽教師や一般の音楽家、場合によっては音楽家と認められれば軍人とて個人の出演は可能である。この時代のこの会の演奏で管弦楽をやる場合、楽器を演奏するのはゲストや教師が多く、生徒の参加は少ない状態だった。これが大正末期には指揮以外生徒主体でも演奏できるようになっているのである。長橋熊次郎主宰の丁未音楽会が多くの人々の力をかりて手厚く生徒を音楽の世界に誘っていた実態がわかる。右記紹介した丁未音楽会のプログラムも広島市公文書館の渡邊弥蔵(やぞう)資料に残されている。

昭和初期の丁未音楽会の事を調べると、実は長橋熊次郎はあまり体調がよくなかったのだ。杉村春子は長橋八重子の代用講師として大正14年ごろ広島女学院に採用されるが、彼女の著書では長橋八重子の体調の問題でと書かれているが、それは八重子の夫のことだったのだ。そのため八重子は丁未音楽会の運営もやらなければならなかった。他にも山中女学校、県立女学校などの音楽教師としてもかかわっていて大変忙しくしていたのである。昭和3年にＮＨＫ広島が開局するのだが、彼女が元気だった証拠に当時の出演者として八重子はソロのピアニストとして出演している。ただ、熊次郎の丁未音楽会としての公演活動は低迷していた。しかし、生徒は元気に育っているのである。そして、渡邊弥蔵の資料にも、この時期丁未音楽会の生徒は弦楽器ばかりやっていたと記録されている。弦楽ばかりやって、吹奏楽がおろそかになっていたとまで書いてあった。体調の悪い長橋熊次郎は弦楽奏者の育成に集中し、演奏会は誰かにやってもらったようなのだ。八重子はピアニストであり、そういうことはあまり得意ではなかった。

その答えを温子が私に伝えていた。「当時の男の子はみんな坊主頭で見分けがつかなかったらしいわよ」。自身も笑いながら言っていた。あれは確かに少年時代のオーケストラの話だった。丁未音楽会の人が海兵団軍楽隊の中に紛れ込んでもわからなかったと言っていたのだった。当時の状況を知った上で考察すると確かにそれで疑問が解ける。

そして、私が手にする当時のプログラムには、確かに指揮者として呉海兵団軍楽特務中尉・河合太郎指揮としてあるが楽団の名前は記されていなかった。考えてみれば、その点については旧制広島高等学校の第2回開校記念演奏会のプログラム（76ページ）と同じである。

当時、男子学生が洋楽に凝ること自体、〝恥〟のように思われた時代だった。また、洋楽の弦楽器を教えることができる人はかなり限られていた。この時代以降、演奏技術が急速に発展するが、それもまだ一般に普及していない時代だったのだ。東京音楽学校で学んだバイオリニストの長橋熊次郎でさえ、大正期を通して努力を重ね、やっとのことで弦楽奏者の竹内尚一や岡田二郎を輩出できるようになったのだった。

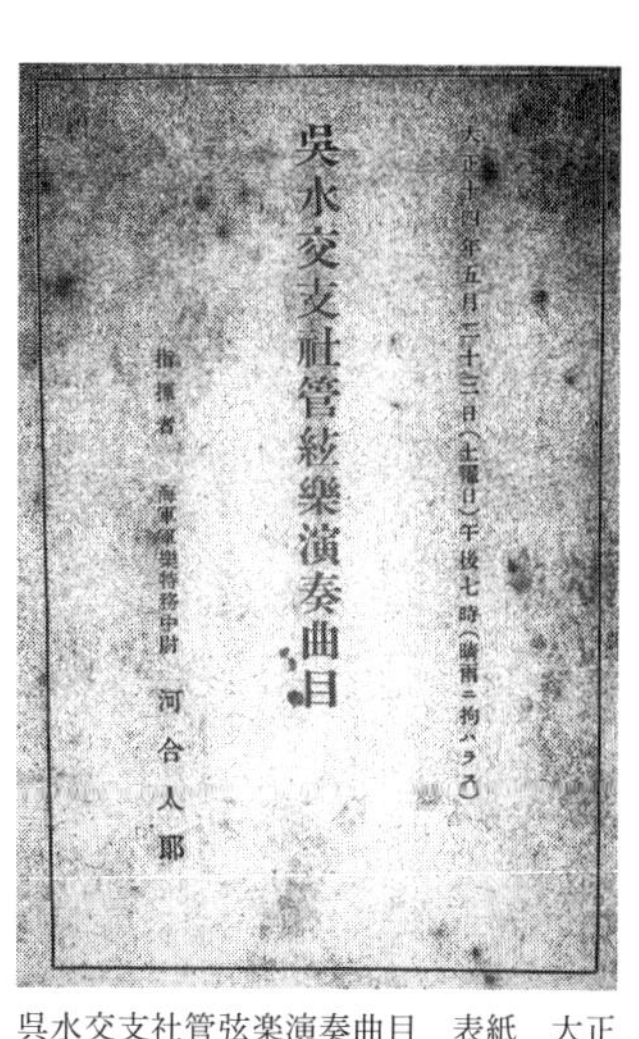

呉水交支社管弦楽演奏曲目　表紙　大正14年5月23日

それでも広島の男子学生は大変恵まれていた。海兵団軍楽隊も丁未音楽会もそこにはあったのだから。

海兵団軍楽隊が同時期に県北や備後地域まで行くというのはちょっと奇跡的だ。それは丁未音楽会の後押しや、渡邊弥蔵の尽力もあったからではないかと思う。第六章「渡邊弥蔵という人」でも述べたが、弥蔵は音楽振興のためにそれまでに県内各地を回り各学校にオルガンを設置するよう行脚していた。そして、幼年学校の教師のための学校である広島県師範学校で両手でピアノを弾くことを強要し、それを実現して各学校で先生たちのオルガン伴奏を実現していた。また、進徳女学校に移ってからは学校にスタインウェイのピアノを購入させ、女学校や幼年学校の子供たちによる大合唱大会や学校の先生で結成した広島フィルハーモニー会の先生たちの大合唱演奏会も実現した。

当時の音楽会を開催する場所は学校の講堂や校庭が主だった。それを考えると渡邊弥蔵の力があれば短期間にそんな演奏会が実現することもありえたであろう。

その動きは丁未音楽会が長橋熊次郎から彼の一番弟子の竹内尚一に繋がるまで続いた。軍楽隊の隊長が河合太郎の後任になっても県内各地の女学校への演奏会の新聞記事こそ減るが続いていた。そしてその頃の丁未音楽会は弦楽器ばかりになっていた（192ページ）。

（192ページ）

1934（昭和9）年、竹内尚一が赴任してからは通常の丁未音楽会の管弦楽団として管楽器にも力を入れ、自らが指揮して丁未音楽会の名で行う演奏会を復活させる。それと時を同じくして、同年呉海兵団軍楽隊の隊員たちは呉でロンバルディア・セレナーデスを結成して、それを管弦楽団に発展させる。また、その流れで昭和10年には一部の軍楽隊員も参加した呉交響楽団が誕生したのであった。呉で軍楽隊に所属していない音楽家の中心には、丹羽廣志と同年に東京音楽学校の選科に通い始めた喜利清人がいた。河合太郎や定がいなくなった後からこの時期までに海兵団軍楽隊の若い隊員は相当に弦楽器の技術を上達させたのである。残念ながら戦争を挟んでそれらは復活することはなかったが、当時の呉や広島の西洋音楽の盛況ぶりを想像していただきたい。

こんな盛況な広島に魅せられて居住することを決めた外国人を紹介する。セルゲイ・パルチコフである。彼はロシア貴族出身でロシア革命で日本に亡命していた。各地を転々とするも広島に流れて、子供たちを教育する場所としてふさわしいと、この地を気に入ったようだ。当時、貴族のたしなみで学習していた彼のバイオリンを見て映画館所属の音楽隊が彼をスカウトした。ちょうど女学院がピアノが専門の杉村春子を代用講師として採用していた大正15年である。彼を広島女学院が語学兼音楽教師として雇い入れた。そして、自らの子供も含め、幼年から音楽を教育する体制を整えたのであった。丁未音楽会を中心にこの町で作り上げた音楽文化が抵抗なくそれを実現させたともいえるだろう。パルチコフは自宅で音楽教室も開いたというから、定も音楽仲間からバイオリン技術の先進国から来た彼の噂を聞いたに違いない。そして、彼を通してロシアの音楽事情を知ることになったであろう。変装して軍楽隊にまぎれ込めないバイオリンが弾ける女学生は、彼を指揮者として大正15年に開設された広島女学校管弦楽団に参加する。皆が協力し互いに刺激し合っていた。

もう一人この時期の河合太郎指揮の演奏会を強力に支援したであろう大物がいる。1924（大正13）年初頭に広島に帰ってきた永井建子（けんし）だ。永井はオペラ活動に熱心で、そのために多くの人を育成した。浄土真宗本願寺派で結成された浄寶寺管弦楽団の指揮も執っていた。そのメンバー集めから始めなければならなかったはずだ。軍楽隊の人でも大歓迎だったであろう。実家が浄土真宗本願寺派の檀家の定も大歓迎されたはずだ。長橋熊次郎と永井とは顔見知りであったことは第三章で述べた。丁未音楽会の本来の目的は生徒の育成であるからよほど特別な依頼だと思うが、考えてみれば広島高等師範学校は官立の学校である。元陸軍軍楽隊の大隊長の協力依頼に答えないわけにはいかない。それに、長橋熊次郎としても永井の知識は生徒に有効である。例えば元広島大学の〝歌う学長〟で有名な原田康夫の師である阿部幸次は定より少し年下でこの頃、広島高師付属に通い、丁未音楽会でも長橋熊次郎にずいぶん可愛がられた。そのことが渡邊弥蔵が中国新聞で連載したコラム「広島音楽界50年の裏表」に記載されている。この頃すでに阿部幸次はオペラ歌手として頭角を現している。突如としてオペラ界に出てきて活動し始めるのだ。長橋がオペラを教えるというのはかなり特異なことであるが、長年オペラを夢見てきた永井建子ならその指導は可能である。永井建子の甥である川崎豊（別名 川島仟）とともに戦後も二人で協力して広島の歌劇界は大変に盛り上がるのだが裏話にはそんな歴史が隠れていると思うのだ。第三章で述べたように、永井建子にその力があることはその頃多くの歌劇歌手が本願寺関係者から出ていることからも伺える。

河合太郎としても利点があった。彼は東京音楽学校で少しだけバイオリンを学んだといっているが、元はコルネット奏者で指揮するのは吹奏楽だけだった。しかし、前述したように軍楽隊退役後も邦楽を取り入れた洋楽をするために管弦楽の指揮法を学びたいと思っていたはずだ。事実、退官後そのような音楽活動を始めるのである。他にも、呉海兵団軍楽隊で河合太郎の右腕と称され次世代の軍楽隊長として育成されていた高村吉一も河合太郎とともに管弦楽の指揮法を学んだのではないかと思う。その教育の場としても有効だったであろう。指揮・歌劇は永井、弦楽は長橋熊次郎、吹奏楽は河合、鍵盤は長橋八重子と渡邊弥蔵といった具合に、或いは音楽学校に進学したOBやOGからのフィードバックもあったかもしれない。得意な分野を分け合って育成に努めたのではなかろうか。それが丁未音楽会で結ばれ、さらにそれぞれの人脈が繋がる。

そんな多くの人が協力したなどあり得ないように思われるかもしれないが、それを肯定する記述を広島公文書館に寄贈された渡邊資料の中から発見した。終戦直後に書かれた「広島音楽界の回顧」の最後に記述されたこの文章は、定が旧制広島高等学校在学中のことも含まれている。また、これは戦後の広島がそんな協力体制ができなくなってきたことを嘆いたという意味もあったかもしれない。この頃、その中心にあった丁未音楽会を主宰していた広島高等師範学校の廃校の方針が決まった時期だと考えればご理解いただけると思う。

「(前略) 最後に申し上げたい事は、此四十年間今日に至るまで廣島に於ける音楽家の方々が、或いは其出身校に、或は其専門に、或は其任地任務に異なるものが当然あるのでありますが、何時の時代でも実に克く和衷協同して、互に相扶け合い一致して音楽促進に努力された事であります。之だけは他に多くを見ない美点で、且つ将来互に研磨努力すると共に永続したいものであると希望いたして居ります」(＊10)

定は旧制広島高等学校に在学中、特に昭和3年には広島高等師範学校丁未音楽会に参加して大活躍したとされている。定は呉海兵団軍楽隊の河合隊長とも極めて懇意であり共演もしている。永井建子率いる浄土真宗本願寺派の浄寶寺管弦楽団とも深くかかわったはずだ。そのどこにも所属していない定のバイオリンは重宝がられてどこにも参画できた。さらに進んで第三者的な視点で適材の人材を集めてオーケストラを組むこともできたはずだ。軍楽隊退官直前の河合太郎軍楽隊長が広島中でさまざまな形態の音楽会を短期間に実現できたのは、そんな定の活躍もあったのではないかと思うのだ。音楽に理解のない学校にいた定であったが、それが故に定にしかできない役割を果たせたのかもしれない。あの「特別な年」の昭和3年の広島の音楽の状況は、こうして多くの人々の協力があって初めて実現しえたのである。

9. ヨゼフ・ケーニヒ

定(さだむ)が旧制広島高等学校を退学して行方不明になった昭和4年、海兵団軍楽隊長を引退し予備役となっていた河合太郎は東京のNHKに就職する。そこにヨゼフ・ケーニヒ（1874〜1932）という音楽家が顧問格で在籍していた。彼はプラハでバイオリンを専攻し、音楽理論をドボルザークに学んだ人で、定の生まれた時代にはサンクトペテルブルクのバレエの聖地マリインスキー劇場の管弦楽団でコンサートマスターを長く務めた。ロシア革命の後、1925（大正14）年までその任にあった超ベテランの優秀なコンサートマスターであった。1925（大正14）年4月〜5月開催の「日露交歓交響管弦楽大演奏会」にロシア側メンバーとして参加、次席コンサートマスターを務めた。同12月NHK専属の指揮者兼バイオリニストとして招聘されていたのである。そのあと日本のオーケストラの夜明けともいえる日本交響楽協会、新交響楽団で指揮を執って後任の育成に当たっていた。新交響楽団時代、公演時は近衛秀麿が指揮、ラジオ放送ではケーニヒといった具合に日本人をたてることをした人であった。日露交歓交響管弦楽団演奏会でロシアの弦楽演奏技術の革新的進歩に日本中の音楽関係者が衝撃を受けていた。ヨゼフ・ケーニヒはその衝撃の中心人物だったのである。

　そのNHKに音楽担当として河合太郎が迎えられた。そうなのである。温子がいっていた定の外国人の恩師は〝ケーニヒ〟であった。温子が話していた外国人の名前は確かにこの名前である。昭和4年5月に河合太郎がNHKに迎えられて同僚になっていることを知り確信した。ヨゼフ・ケーニヒは長くコンサートマスターを務め、かつ後進指導のためなのか『次席コンサートマスター』なるポジションもこなしてい

ヨゼフ・ケーニヒ　1874（明治7）年〜1932（昭和7）年

た。そして当時国内では模範的指揮者であった。それが彼のスタイルだった。私は珍しく温子に質問をした。「オーケストラの運営なんかを定お父さんは山田耕筰にならったの？」温子はこう答えたのだった。「それは、ケーニヒよ。ケーニヒという外国人から学んだのよ。その人が山田耕筰先生の次にお世話になった恩師だそうよ」。思い出しにくい名前だったが間違いない。温子はケーニヒと言った。それはまねごと程度かもしれないが、定の第二コンサートマスターという手法はヨゼフ・ケーニヒに教えられたものだと思う。

ヨゼフ・ケーニヒは１９２９（昭和４）年６月30日に日本政府から強制退去処分を受け、哈爾濱（ハルビン）交響楽団の指揮者となっていて、１９３２（昭和７）年12月にその地で亡くなった。定は昭和４年４月５日に家出し陸軍に入隊している。それは陸軍の支援を受けて、ヨゼフ・ケーニヒについて行くためだったのだ。河合太郎も５月にＮＨＫに入局してそれを支援してくれたのだろう。この一連のことを後押しできる立場に山田耕筰がいた。

１９４２（昭和17）年満州建国10周年記念のために編成したオーケストラでの演奏会のとき、彼を偲んだ山田耕筰がオーケストラの人たちを率いてケーニヒの墓を参っている。その時の写真は有名で、よく音楽の歴史の書籍に載っているのだが、小さくてよく見えない。私はよりクリアーな写真を入手し確認した。定がそこにいた。眼鏡をかけ変装しているが、見れば見るほど、確かに髙橋定に見える。温子の言葉を思い出す。「定は丹羽廣志に変装しているとき、東北弁で眼鏡をかけていたらしいのよ」「おかしいでしょ」。この写真もその時見せられた記憶がある。そして、山田耕筰の左上を指していた。その時は写真が小さくてよく分からないので嘘だと思い、聞き流していた。その記憶が蘇ったのである。あれは本当だったのだ

（岩野裕一『王道楽土の交響楽』音楽之友社、１９９９年のP２６１に掲載されている）。

山田耕筰はヨゼフ・ケーニヒが20年間コンサートマスター、教育者として活躍したマリインスキー劇場と隣接する音楽学校を訪れている。その時の感想を音楽雑誌「音楽世界」１９３１（昭和６）年11月号に本人が「ソヴエート音樂の旅」として投稿した。この旅は同年２月12日に出発し、当地で創作したオペラ・バレエ形式の作品をパリで６月発表の予定だった。

しかし耕筰を招いた劇場の破産により公演目前で中止となり、その後、夏にロシアを10日間の予定で訪問、演奏機会を得られることとなり、50日の滞在となる。急遽山田耕筰の代表作の一つとなるオペラ「夜明け（黒船）」の序景の初演も本人指揮のオーケストラ形式でなされた。

投稿の書き出しはアメリカで起こっていたジャズ革命の肯定から始まる。それぞれの地の土着の民謡的感覚を重視すべきとある。楽譜が読めない少年バイオリニストの素晴らしい演奏や、レニングラード（現サンクトペテルブルク）で聞いた「第九」の肯定的感想も記された。

この旅の前までケーニヒの下で学んでいたと思われる定は、丹羽廣志として東京音楽学校の選科検定を修了したうえで、昭和６年２月13日に学費滞納理由で除籍している。これは郵送手続きであろう。軍歴上も歩兵第41連隊に入隊する同年12月まで消息不明の期間である。この旅に山田耕筰の投稿と同じ感想を持った24歳の定の姿があったように思えてならない。だから翌年昭和７年末に亡くなるケーニヒを偲んで、昭和17年に多くの音楽関係者を連れて哈爾濱の墓を参拝した。

欧州で山田耕筰が創作した「あやめ」は帰国直後の10月に放送、11月に公演される。

ヨゼフ・ケーニヒにバイオリンを教わったとされる人物として前田璣（たまき）がいる。彼もコンサートマスターから指揮者になった人物である。１９２７（昭和２）年ヨゼフ・ケーニヒが日本で初めてベートーベンの第九をプロの楽団として指揮し演奏したときのコンサートマスターである。第1回広島平和音楽祭に東京から広島に来て指揮をした彼である。定と前田はケーニヒで繋がっていたのである。さしずめ兄弟子とでもいうべき人物だったのであった。

【引用文献】
＊1　福原信夫「『廣響』の生い立ちの記」FKニュース、広島中央放送局、１９４９年4月1日（2）
＊2　田頭徳治「追悼のことば」第51回広島交響楽団定期演奏会プログラム、１９７９年12月17日（付録３－２）
＊3　「広響の生いたち　35年前の座談会」（昭和47年８月23日、原田理事長宅）『広響プロ改組35周年記念誌　Listen Plus』広島交響楽協会、２００７年
＊4　石井光太『原爆　広島を復興させた人々』集英社、２０１８年
＊5　丹羽小弥太（訳）『ノー　モア　ウオー』講談社、１９５９年
＊6　丹羽不律『父のガン14年戦争最後の日記』文藝春秋61（13）、１９８６年12月
＊7　竹下可奈子『呉新聞にみる呉海兵団軍楽隊　芸備地方史研究』芸備地方史研究会、２０１５年
＊8　『呉新聞』１９２５年８月28日
＊9　「呉海軍軍楽隊公開演奏の夕　聴衆實に三千」『呉新聞』１９２８年６月26日
＊10　渡邊弥蔵「広島音楽界の回顧」『籟音』原稿、昭和24年1月４日（広島市公文書館所蔵、渡邊弥蔵資料）

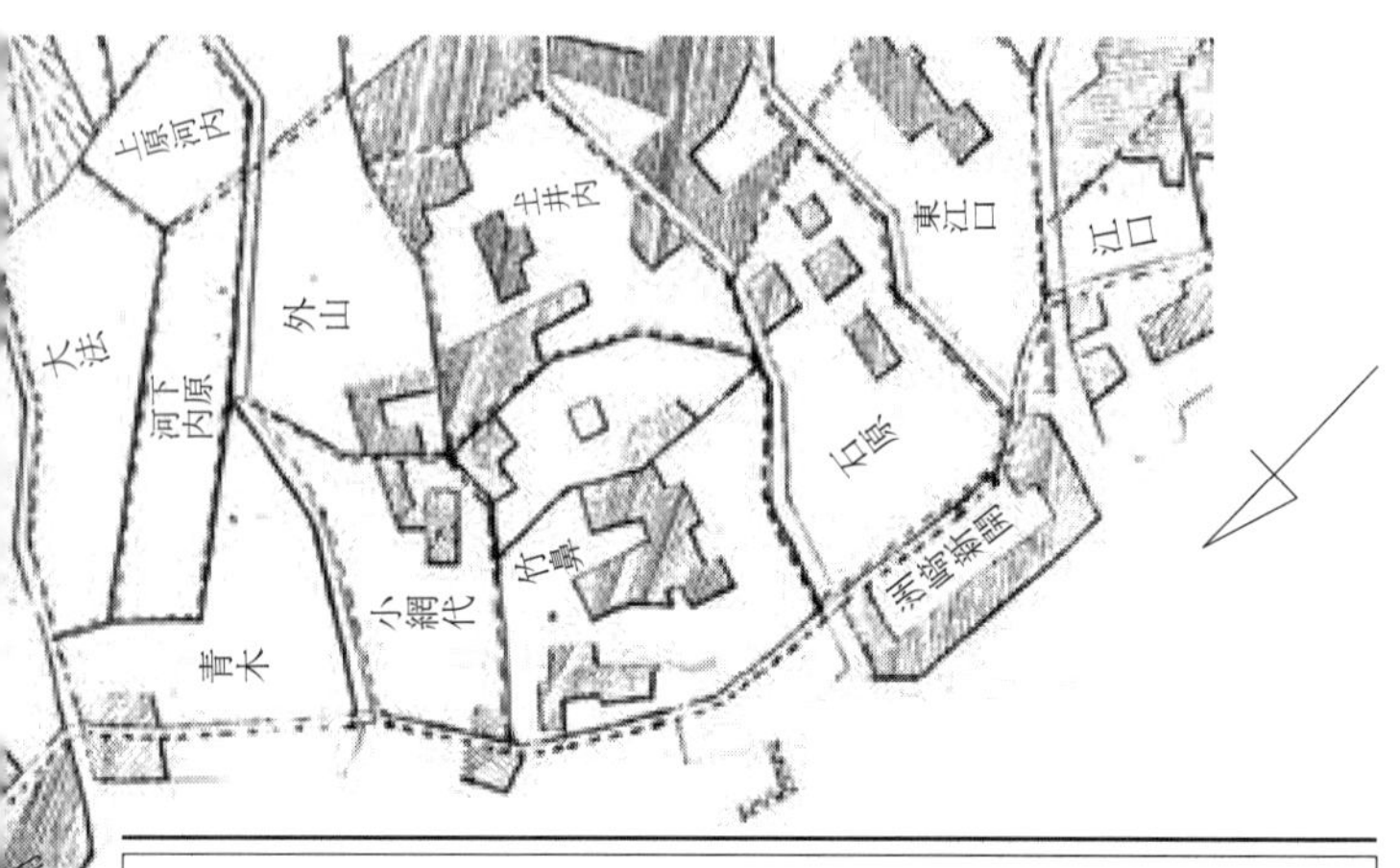

第八章 奉仕の精神と定の育った町

“赤御堂”は赤崎神社の別名で山の中腹の高台のにあった平地。ここに赤崎神社があった。今でも眺望よし。河口から“塔岡”の中を通り水路が伸び、“室瀬”という小港になっていて小舟が繋留可。“赤御堂”を囲むように人工の盛り土を意味する“畝(うね)”のつく地名が取囲む。“久保”は窪地で実際に窪んでいて荷役に使われたようだ。“堂場”は現地をみると赤御堂に向かって上がる急な崖の法面、そこに寺社仏閣が建っていたことが伺える。京都の清水を連想する。“善正地”はこのあたりにあったといわれる浄土真宗に改宗した・善正寺（かつては真言宗の寺だった）の痕跡である。室瀬から赤御堂に向かって坂道を昇る地形になっている。“花久保”には江戸時代に正圓寺（毛利氏の寺）が建っていた。同時代にもあった善正寺とは別寺。

“亀山”は現在の入船山であるが、正面に大鳥居と大楠があったことがわかる。“古町”あたりに多くの神社が乱立。この周辺は水が涌く場所が多く、戦国時代までは洗足砦と呼ばれ、海賊の要塞だった。善正寺は元は別名の神仏習合の真言宗の寺で、一旦浄土真宗に改宗しこの名を名乗るが、神仏習合をきらう浄土真宗とは折り合いがつかなかった。

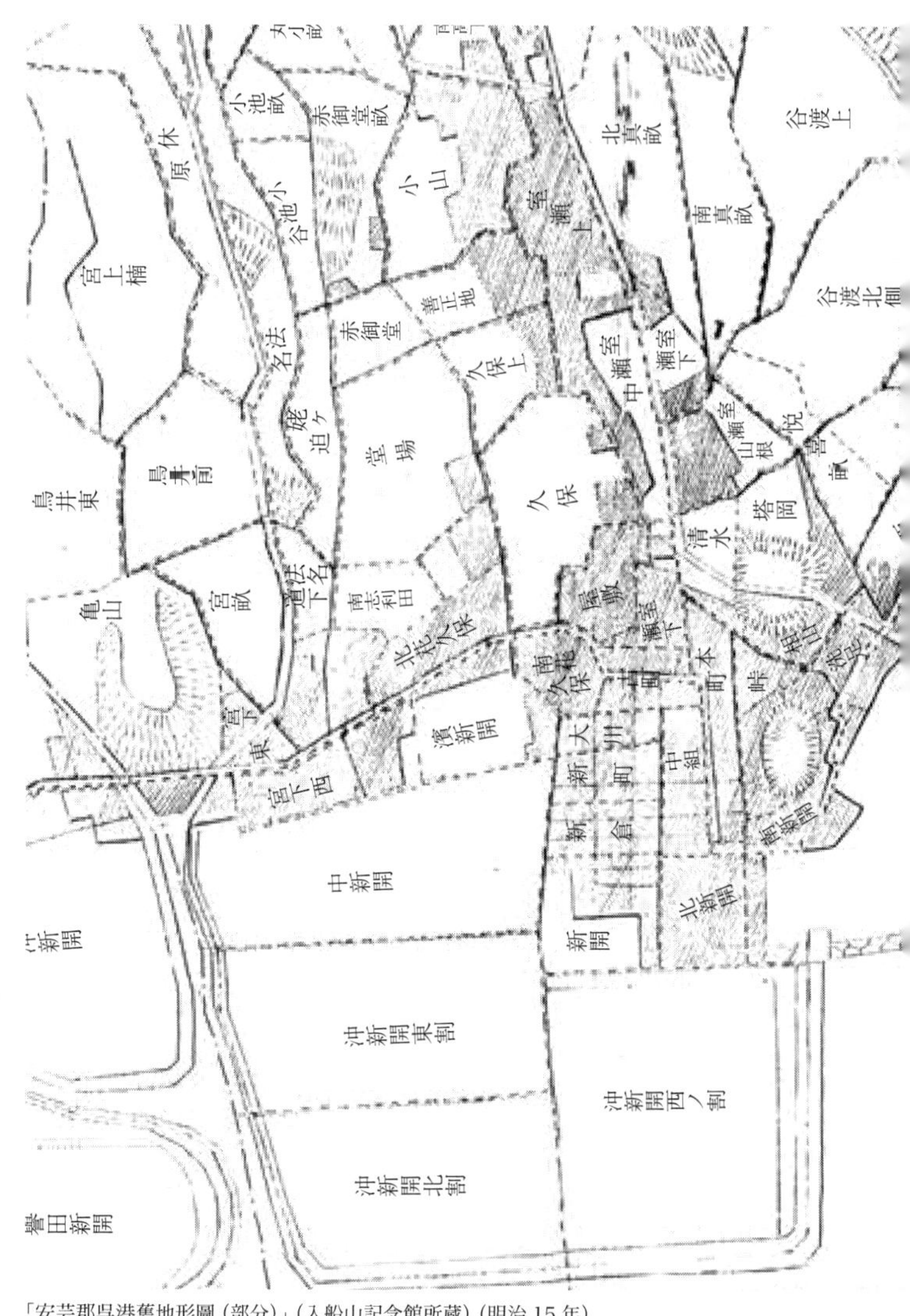

「安芸郡呉港舊地形圖（部分）」（入船山記念館所蔵）（明治 15 年）

定と弟の満（著者の実の祖父）は大変仲が良かったと思う。定が1929（昭和4）年に行方がわからなくなった時、一番身近だったはずの満にだけは事情を話していたのではないかと私は思うのだ。定にとっても満は大切な弟だった。そして自分がいなくなった後の髙橋家のことを託したのだと思う。互いの還暦を祝う宴会の写真が残っているだけではない。私が定に養子として迎えられたことも、その象徴的なことだと思う。髙橋病院建設の際にはクレトイシの顧客でもある九州のガラス会社から資材を会社のトラックで運んだという話しを古い従業員から聞いた。先述したように、満の一人娘・満里恵は私の実母だ。定は満のことを大変気にかけていた。私が合弁を終わらせたクレノートンの提携先である米国ノートン社は世界で初めて人造砥石をつくり、世界一の規模をもつ会社だっ

ノートンカンパニーのオーナー一族と。左から定、満、よし子（著者の祖母）、温子　昭和36年

た。兼吉が日本で最初に人造砥石の試作をし、そのモデルはこの会社のものだった。

かつて存在したクレノートンは、クレトイシが研削研磨事業のすべてを出資し、米国ノートン社と技術提携してできた合弁会社である。

1956(昭和31)年に被爆女性とともに渡米したときに撮影したのだろう。定の残したスライドにノートンカンパニーの遠景を撮影したものがあった。他にも重要顧客であるGMやフォードの写真もあった。合弁まで話しが進んだのは定の死後で、1972(昭和47)年に初代社長に私の実父・督が就任するのである。遅れたのは通産省の法整備がなかなか進まなかったためで、話し合いは定の生前からあったのだ。

1961(昭和36)年にアメリカからノートン社の人たちを迎え、彼らと撮影した写真が残っていた。温子もそこにいた。定の死後、満は温子を頼りにしていたらしく、1970(昭和45)年のノートン社との契約書に満と並んで温子のサインがあったほどである。

その後、エンジニアなどを入れて会社をどんどん大きくしたが、満の大らかな性格により、常に和を保った。満は呉の商工会議所の会頭まで務めた。兼吉を見て育った満は地域社会への貢献を忘れない人だった。神社仏閣への寄贈も多数行っている。少し年上の定の影響も大きかったのではないだろうか。軍に入り教育を受けた定の言動には、きっと驚いたと思う。感化されたことも多かったと想像する。

クレトイシ(当時は呉製砥所)は戦前、1939(昭和14)年に満州の瀋陽に工場建設のための会社を設立した。1943(昭和18)年に中国大陸初の人造砥石の工場が稼働し、終戦をもって中国に接収されて名前を第一砂輪廠と改名された。この会社の設立メンバーには、兼吉や満と一緒に当時医大を卒業して大学病院にいたはずの定の名前が載っていた。

当時の満州ではオーケストラの演奏がたびたび行われ、王道楽土などといわれる地域だった。定も医学生か医者としてではなく、音楽家として何かしらの活動をしていたのかもしれない。

またクレトイシはあまりに軍の仕事を多くとったので、軍が心配してクレトイシに対して他の企業に教えるよう指導があったほどだ。クレトイシが指導した会社が現在の株式会社ノリタケカンパニーリミテッドである。残念ながら今はそちらの方が断然大きな会社になっている。

終戦後、多くの元陸軍将校が大企業に就職した。クレトイシは、鉄鋼系の会社や自動車系の会社が主要取引会社であった。定の人脈はそこでも発揮された。戦争で瀋陽や大阪の工場を失うなどかなり大きな損害を被るが、戦後の会社はかなり早い時点で復興した。主要代理店の中にも元陸軍軍人が経営したものがあった。定はクレトイシの営業活動にも大きく貢献していた。

満が定へ送った弔辞に「ありがたかった」と素直に言っていたのが印象的だった。

クレトイシには満が作ったとされる社是がある。私もクレノートンの社長時代にこの社是を旨にやってみたのだが、これが最初はなかなかしっくりこなかった。

常に　和をたっとび
創意を活かし　最良の品質をもって　社会に奉仕する

私は長い間、最後の「奉仕する」を「貢献する」でいいのではないかと自問自答していた。なかなかそのように心から思えなかったのである。

しかし、社長を長くやって、そう思わなくては続かないと思うようになっていった。とにかく奉仕の精神が必要なのだ。そうでないと困った時に社会はこちらを向くことはない。そういう姿勢の会社だから続いて欲しいと社会が欲するようになる。そのようにお客様に認知いただくことこそが業績安定の秘訣であると。

このことは松下幸之助あたりから引用したのかなと思っていたが、広島市民交響楽団の会員向け第1号の会報の中で「奉仕の精神」と定が言っていたのである。

あれは定の影響だったのではないかと思い直した。陸軍中野学校の資料を読み返してみると、同じ陸軍でも諜報部隊は特にこの分野に重点をおいた教育をしたと書いてあった。これは軍人教育としての「いろは」だったのだ。

私は知らないうちに、全く記憶にない定の薫陶を受けていたのではないかと、妙に納得がいった。定の戦歴を見れば、多くの戦友を失っている。定は誰にも語っていない。定は軍人であったが、争いを音楽や芸術で和らげてきた。温子はある程度知っていたのかもしれないが、公言することを止められていたのであろう。諜報部隊にいた人はまず「奉仕の精神」を徹底的にたたき込まれたという。自ら犠牲になることを旨としていた。むしろ死後、戦友と天上で会ったとき、顔向けできるよう、そうしたかったのであろう。なので、それによって楽団を守れるなら何だってしたはずである。

定の生まれ育った呉市の**「呉」**の由来は諸説あるが、かつて宮原に存在した「呉町」からきていることは間違いない。漢字研究の大家で有名な白川静は、その「呉」という漢字について次のような意味があると『字通』に記している。

「片手に祝壽の器をささげて、神前で舞うのは、神を娯（たの）しませる意」[*注1]

「碩人（殷の子孫である舞人）俣俣（ごご）として　公庭に　萬舞す」（詩経）
（「俣」は、ここでは手をあげ、身を傾けて舞う姿を形容する）

これが正解であると私は信じる。

「呉」の字は誤解の「誤」でも使われ、意味を誤解されやすいともいわれるので気をつける必要がある。

ちなみに、白川静によると「呉」の字を含む「虞（グ）」は虎だれに「呉」と書き、訓読みでは「はかる」「おそれる」「たのしむ」と読むのだが、「虎頭を被って舞う獅子舞のようなものだろう」[*注1]とも述べている。

私は蘭陵王（らんりょうおう）のような舞ではないかと思っている。

軍令や狩猟と関係があるのであろう。その予備儀礼として、「神を娯しませる祝示の儀礼が行われた」とある。

また、日本の芸能の根源ともいわれる**「呉楽（くれがく）」**でも「呉」の字が使われる。そのうえ読み方も**「くれ」**である。後に「伎楽」と字を改めて別の読みになったりするが、元は「呉楽」である。

呉楽は記紀では、応神天皇時代頃から記述が見られ、百済を通って伝わった芸能のようである。「くれ」の読みにも諸説あるが、その北にあった高句麗の句麗（くり）のなまりではないかとの説が有力で、私もそうだと思う。ただ、呉の字を使うのはこれも春秋戦国時代にあった呉の国を通ったからだと思う。

そこで奏でられた舞楽は日本の伎楽、雅楽に大きな影響を与え、またその風俗は神楽にも反映されている。まさに日本芸能の根源なのである。

この呉楽の研究を天理大学がしており、その再現動画を見たが、そこでみる行進の内容は、赤崎神社との類似性を感じた。天狗と猿田彦（さるたひこ）と角が生えた鬼のように見える髪型の女性が行進するのである。阿吽（あうん）の赤い面もあった。

つまり、その行列のエッセンスを凝縮したのが、やぶ祭りの三体の「やぶ」の行進ではないかと。もちろんやぶ祭りには十字架など、ちょっと関連性が感じられない突飛な要素も加えられているのも事実だ。

春秋戦国時代、今の江蘇省あたりにあった〝呉〟の国は当初「句呉」といい、高句麗も当初「句麗」といった。百済は「句済」とは書かなかったが日本では「くだら」と読む。これは彼らがそこを通ってきた痕跡だろう。彼らの持つ拝火教的な風俗は、これらの地域にも痕跡があり、日本でも竈（かまど）信仰やとんど焼き、神明祭がそれにあたる。赤崎神社の竈はまさにそれなのだ。宮原でもかつて大規模な神明祭が行われてい

呉楽　金剛（天理大学雅楽部提供）

呉楽　女子（天理大学雅楽部提供）

た。江蘇の「蘇」には、鬼の意味もあるのだ（正月にいただく〝屠蘇〟は鬼を屠ることを意味する）。

呉竹（竹の名前）、呉織（呉服）は呉楽を伝えた呉人が伝えたものらしい。大分県の宇佐神宮にかかる「呉橋」も呉人によってかけられたらしい。ちなみに奈良の明日香村のはずれの栗原には高松塚古墳の隣の小山に呉津彦神社がある。現在の奈良・明日香村あたりをかつて「夜部」といい、すなわち、その頃の飛鳥人こそが〝やぶ〟らしいのだ。欽明天皇の時代に呉楽調度を天皇に献上した人物の名は「和薬使主」＊注1とされている。やぶは「薬部」でもあるのかもしれない。彼は仏典・仏像も献上したという。

江戸時代の呉では多くの牛が飼われていた。牛からは、漢方の薬の主原料が多くとれるそうである。１８１５（文化12）年の宮原村文化度国郡志によると、当時、宮原村だけで95頭いた。同様の調査で荘山田に１２３頭、和庄村に１５３頭、警護屋村78頭、吉浦村１２２頭、呉湾沿岸だけでも少なくとも５００頭はいた。近隣にも多くいた。

牛が多くいる目的がよくわからなかったが、竹村公太郎が著書で次のように語っている。

「日本の堤防の骨格の99％は、この江戸時代に築造された。日本の国土はこの260年間の平和な時代に形成され、富の蓄積が可能となった。」（＊1）

重機がない当時、土木工事は牛飼いが行っていたと思われる。土木工事に牛は必要だが、工事が終われば必要ないため、請負業者が担当していたと考えるのが自然だと思う。呉にはその仕事を受ける人々がいたのではないだろうか。それに伴い牛の通る道の整備も必要であり、それも行ったのだろう。

また、呉には明治時代に日本一の石工がいて、ロシアに出稼ぎに行ったという武勇伝がいくつか残っている。中国山地には古くて細い道がたくさんあるが、それらは彼らの仕事だったのではないだろうか。明治時代に仕事が減ってロシアに出稼ぎに行った。これは日露戦争以前の話である。

宮原も江戸時代の間に大規模な土地改良を繰り返していた。江戸時代の鳥瞰図（ちょうかんず）的な古地図を見ると、港の形が頻繁に変わっている。山の中腹に多くのため池が存在する地図もあった。これらのため池は水量をコントロールして、船のドックのために使ったのではないかと思う。呉は造船の先進地であり、当時としては大型の船を作っていた。そのためにはドックが必要であり、入船山（いりふねやま）の周辺には土地調査が行われるたびに場所を変えて移動するドックがあった。そういう所なのだ。したがって、ドックを作るのにも牛の手を借りる必要があったのだろう（表紙カバー折り返しの地図参照）。

「呉町」には海軍が来る前から、多くの娯楽施設が存在していた。呉にはこの呉楽を踊った人々が関連していたと私は信じる。春秋戦国時代の「呉」や三国時代の「呉」は、造船技術が当時世界最高峰だったというのは有名な話で、日本の呉も同じだと思う。偶然とは思えない。

呉楽は内容や衣装から、中東やインド、揚子江上流などの風俗が見られ、元は中東から渡って来た人々の芸能だったと思われるからである。

沢原文書によると呉・亀山神社は、「古来より奉唱社号・皇城宮又は大屋津比売神社又は大帯比売神社又は比売志麻神社又は鈴音宮又は八幡宮」とある。呉・八咫烏（やたがらす）神社の社紋は鷹羽紋で神武天皇に関係する由来をもち、祭神は建津身命（たけつのみのみこと）、大山祇命（おおやまつみのみこと）、玉依比賣（たまよりひめ）とどの祭神もただならぬ秘密を秘めている。

赤崎神社と同じ「輪違い」の社紋（カバー裏表紙写真）をもつ入船山（いりふねやま）・亀山皇城宮は、現在の呉市立美術館がある入船山にあった。そこには大きな舞殿（五間四面）があったと記録がある。

また、広島で浄土真宗への改宗が進む前には大般若経法会が行われていたと聞く。呉楽の日本版伎楽は神社ではなく寺院で行われていたことが知られている（東大寺落成式など）。呉でも同じような行進や舞楽が催されていたのかもしれない。奈良の都では治道を舞人たちが行進したそうだ。

赤崎神社がかつてあった呉町・赤御堂という地の隣には、善正寺[*注2]という寺の痕跡があるが、かつては名前の違う真言宗の寺でも大般若経法会が行われていた。赤崎神社には虚空蔵菩薩も祀られている。これは平安時代初期までに仏教が日本に伝来した頃に流行し、初期の仏教寺院に多い菩薩である。

定が呉中学時代に呉駅から帰る道のりは、今のイメージとは違う。呉は何度かの空襲でＪＲ呉線より海側は大きな損害を受けた。海軍工廠が設置されたときに優先的に開発された地域で、「まるで東京のようだ」

などといわれた所だ。しかし、それは空襲で失われた。埋め立て地ではあるが「呉町」の延長であった。かつての中心地は入船山の横を通り、定が自宅に向かって上がっていく道の近辺であった。その道沿いを流れる川が「呉町」の中心を貫いていた。定が呉中学（現呉三津田高等学校）に在学中、あの川の横に呉二中（現呉宮原高等学校）が開学した。呉は明治初期だけでなく、戦国時代や江戸時代初期にも弾圧があった。平安時代や鎌倉時代にも権力争いの場であった。

あの辺りは畝に囲まれた砦のような地形であった。しかも、そこには秘密の小湊がたくさんあって、多くの小舟が係留できるようになっていた。その小湊は地面を四角く切ってあるため、「室瀬」と呼ばれていた。室瀬は川の両岸にいくつもあり、まるでベネチアのように水路を廻らせ、いくつもの橋を渡していた。入船山辺りにも繋がり、その奥まで伸びていた。

その室瀬が地名として残っている。山の中腹にある現在の赤崎神社の周辺である。当時、多くの人々がそこに地名とともに移転した。少年時代の定は、あの辺りが埋め立てられ高台になっていく様子を横目で見ながら通学したと思われる。

赤崎神社の裏手

宮原高校の傍を流れる川は、現存の海上自衛隊呉地方総監部の辺りにあった塔ノ岡の小山の中をトンネルを通過して、海に繋がっていた。塔ノ岡の上には稲荷神社があり、その横に「月波楼」という楼閣があった。そこで妖しくも賓客をもてなしていた。えらく風光明媚な場所だったのである。呉町はこの地域の中心地であり、多くの祭り[*注3]が催されていたことも間違いない。

江戸時代まであった赤崎神社の別名「赤御堂」という地名はもうないが、明治時代まで存在していた。崖の上にあり、何故かその崖の法面の地名を「堂場」といった。崖に〝お堂〟があったのだろうか。京都の清水寺のあの舞台のようなものがあったのかもしれない。そこが赤崎神社がかつてあった場所である。

時期はわからないが、そこで踊りが舞われたのではないかと思う。それは「呉楽」であろうか。それとも「蘭陵王」であろうか。私は両方だと思うがどうだろう。

呉町・赤御堂の裏手の丸小山もかつては「大歳山（おおとしやま）」という意味深な名前だったと聞いた。つまり、かつて赤崎神社のあった赤御堂は入船山、大歳山、洗足山（塔之岡）に囲まれた洗足要害と呼ばれる要塞の中心地だったのである。他にも人工的に作られた〝畝（うね）〟の痕跡が散見する。

戦国時代に伊予・越智、大内、尼子、毛利などと呉衆海賊との間で戦いが繰り広げられた洗足要害とはまさにここであった。毛利がその後、呉衆の力を得て厳島神社の戦いで勝利したのはこれらの戦いでの活躍が大きかったのである。

宮原の後方にそびえる休山の頂上近く、少し向かって右側には八咫烏神社奥宮がある。プロローグで記した八咫烏神社は参拝しやすいように近年つくられたもので、山頂の祠はとても古いものである。また、現在は埋め立てられて内陸にあるが、かつては烏（からす）小島があった。烏に関する地名が多いのもこの地域の特徴だ。沖合には大麗女島（おおうるめじま）、小麗女島（こうるめしま）があって、大分県・国東半島沖の姫島を彷彿とさせるまったく不思議な町である（表紙カバー折り返しの地図、第八章地図）。

温子の生まれた牛窓（岡山県）も牛に縁がある町だった。ここも呉と同じく石清水八幡宮（いわしみずはちまんぐう）の所領だった時代がある。牛窓神社も呉の亀山神社と同じく宇佐八幡宮と関係が深い。

もともと二人は何かの縁で結ばれていたようだ。瀬戸内海が二人を結んだ。

石清水八幡宮は奈良大安寺の警護のために作られた武内宿禰（たけのうちのすくね）が主祭神の神社とされるが、「呉楽」をしていた人々が大安寺にいたようなので、彼らを警護するために牛窓や呉にも関与していたのではないかと思う。大安寺は東大寺の前身であり、東大寺以上に国の最高学府としての役割を担っていた。当時の建物は今と比較にならないほどの巨大な寺院だったと聞く。元はといえば、聖徳太子の作った熊凝精舎の流れを汲む。そこで宗教だけでなく、武具、芸術、土木、建築、薬学、服飾などが学ばれたようだ。

大安寺を守護した石清水八幡宮は後に藤原氏の力により京都に移り、男山石清水八幡宮となった。その後、源氏の氏神となって、主要寺院の警護や地域の警察的役割を担うようになる。

牛は鬼の信仰とも繋がる。当時、牛は薬の主原料としても重宝した。それも呉の「やぶ」（夜部、夜夫、養父、薬部）などにも通じている。

定の生まれた呉は不思議な町である。そこで行われるやぶ祭りの〝やぶ〟を解く鍵が、厳島（宮島）の弥山の山頂近くの三鬼堂にある。三鬼の信仰は紆余曲折あって現在の形になっているが、かつてはこの三鬼を厳島神社の奥の院として祀っていたらしい。

そこに祀られる三鬼は『九鬼文書』のように〝みかみ〟とも読めるが、ここでは、三鬼大権現として祀られている。

大日如来　福徳の徳を司る　追帳鬼神
虚空蔵菩薩　知恵の徳を司る　時眉鬼神
不動明王　降伏の徳を司る　魔羅鬼神

これらは神であり、仏であり、鬼である。この考え方は広島市西区の三滝寺などにもあり、厳島だけではなく、この一体の概念である。呉宮原の中核神社は八咫烏神社、赤崎神社、亀山神社。かつては猿と縁のある幸神社もあった。やぶ祭りは神を神社に導く祭りである。八咫烏も神亀（亀山を連想する）もやぶ祭りに出てくる猿田彦も〝導きの神〟である。〝やぶ〟の三体のモデルともいえそうな、天岩戸伝説も神を復活させるためのもの。三体の神が神を導き出すと解釈できる。どの鬼神も等しく主役なのだ。

赤崎神社には大巳貴命、須勢理姫命の他に虚空蔵菩薩が祀られている。

また、奈良の高松塚古墳の側にある呉津彦神社には木花咲耶姫とともに天児屋命が祀られている。

やぶは鬼の姿をした(導き)の神である。やぶの正体はこの考え方に由来するのではないかとも思えるのである。

猿田彦	大日如来	福徳の徳	追帳鬼神	〝やぶ2番〟
天鈿女命	虚空蔵菩薩	知恵の徳	時眉鬼神	〝やぶ3番〟
天児屋命	不動明王	降伏の徳	魔羅鬼神	〝やぶ1番〟

よく祭りではこの三体のことを〝おじ〟、〝息子〟、〝嫁〟などと呼称する。伝説では天児屋命は猿田彦の父とされるが、謎の関係だとされている。だから、〝天児屋命〟が〝おじ〟で、〝猿田彦〟が〝息子〟、天鈿女命が〝嫁〟でつまり新しい家族だといってもおかしくない。天岩戸の儀式の後、天照大神の仲介で猿田彦と天鈿女は結ばれる。やぶ祭りはまるで結婚行進のようである。無事結婚することにより、般若と呼ばれていた女鬼神はその家の〝おかみさん〟になる。そして神に見立てられた米俵の米（神が宿る食べ物）によって子孫が繁栄するのである。まだ小さい頃に、しつこく〝一粒の米には7人の神様がいる〟と教えられていたのを思い出す。特に満がしつこかったと記憶する。

山口県熊毛郡平生町に神峯山用明院「般若寺」という真言宗の寺がある。奈良市般若寺町にも同じく般若寺があり、なんらかの関係がありそうだ。そこには欽明天皇の皇子で、聖徳太子の父である「橘豊日皇子（たちばなのとよひのみこ）」（後の用明天皇）と鬼のように美しかったとされる〝般若姫〟とのロマンスの伝説が残る。この寺が望む、周防大島との海峡は、「竜宮西門」であったとの伝説も残る。この寺では竜宮の東門は鳴門海峡で、すなわち瀬戸内海沿岸が竜宮だったことがあると主張しているのである。竜宮の所領は東に拡大していって、いつしか消滅してしまったのではないだろうか。瀬戸内海を挟む愛媛県と山口県のこの周辺には欽明天皇、用明天皇、広島より東の山陽道には、聖徳太子の痕跡が散見される。また、かつて何度も呉町周辺は為政者たちの争いの地になり、歴史は覆い隠されてしまっている。

定の祖父・貞助の打った赤崎神社のやぶの3番は〝般若〟とも呼ばれる。〝やぶ面〟の般若と、竜宮西門の〝般若姫〟の話に関連性をみるが気のせいだろうか。それがわずかに残された竜宮の痕跡ではないかと思うのである。『日本書紀』に「雉堞整頓、臺宇玲瓏」[*注4]などとわずかに竜宮らしき〝海神乃宮〟の特徴が書き残されているが、その場所は特定されていない。しかし、そこの記述と呉宮原に存在した「呉町」の神域の様子を比較するとそれは合致すると思うのである。私は山陽地域に痕跡の残る拝火教的な三鬼大権現の信仰と呉宮原は関係があり、そこに存在した「呉町」の神域がその中心地だったのではと疑うのである。それは〝三つ巴〟や〝三輪〟の意味にも通じるかもしれない。

聖徳太子は隋に使者として小野妹子を送った。「隋書」では太子の名を〝多利志北孤〟（通説は〝多利志比孤〟）とし、姓は阿毎とある。平安時代からしばらく、広島―呉間の海峡周辺の地域は安満郷とか、安摩庄とか呼ばれていた。その海峡にある天応町は、かつて大屋村といっていたので、大屋津とはここを指すのかもしれない。そうならば、その津の最深部が呉町である。飛鳥、奈良時代より（恐らくそれ以前も）外洋船の造船は第一に呉町中心のこのあたりが選択されたとある。亀山神社に祀られる大屋津姫は木製の構造物（木造建築、木造船）の神である。紀ノ国（和歌山県）の三つの一宮の中でも最古の伊太祁曽神社に兄・五十猛、妹・抓津姫と共に祀られる。近隣に竈山神社があり、まさしく海の民の神である。その地の上流にあたる吉野にも鬼に親しい人々が棲んでいる。呉は外洋にでる海民たちにとって母港であった。

平安貴族・小野篁（たかむら）の生家は現在の広島空港近くにある竹林寺であり、聖徳太子の重臣小野妹子は彼の祖先である。

もちろん諸説あり、これは私の説である。

＊注1　『新撰姓氏録』左京諸蕃下・和薬使主条
出自は呉国の主である照淵の孫、智聡である。天国排開広庭天皇（諡は欽明）の御世に、使者の大伴佐弖比古に随って、内外の典・薬書・明堂図など百六十四巻、仏像一体、伎楽調度一具などを持って入朝した。

＊注2　廃寺、古寺跡　壱ヵ所　右慶長之頃迄真宗善正寺と申寺有之由之所被退転、当時其寺跡ヲ赤御堂と申候今此所ニ赤崎神社御座候。宮原村文化度国郡志1815（文化12）年、沢原文書掲載とあり、慶長年間（1596～1615）までに宮原村にあった浄土真宗の善正寺があった場所が、赤御堂という地名の場所でそこに赤崎神社が建ったことが記述されている。
赤御堂は赤崎神社の別名でもある。神仏習合の寺があったのだろうが、浄土真宗は神仏習合をきらう。最初からここに浄土真宗の寺があったとは思えない。

真言宗の寺が浄土真宗に改宗するが、結局、神社と一体だったというのが問題になり廃寺となったと思われる。残された著者の先祖であるこの地域の人々が神社だけを再建したものと思われる。

真言宗の寺はその後江戸時代に入ってから別の近隣場所で大いに発展した。

この時代、秀吉、毛利氏の手によって多くの寺が浄土真宗に改宗し、また安芸の国中の有力な浄土真宗の寺が現広島市中区の寺町周辺に集められた歴史があり、その時に集められたようだ。

ただ、そのうち多くの檀家は結局呉に返されたという話を音戸の法専寺の住職から聞いた。また、著者の家に先祖から代々伝わる掛け軸には、親鸞上人が書いた文書として、浄土真宗は様々な神社の信仰を包含した信仰であるかのようなことが記述してあった。

本当に親鸞上人がこの文章を書いたのならすごい発見だが、どうもこれは、人々に浄土真宗への改宗をすすめるために書かれたもので、親鸞上人が書いた文書というのは嘘だと思われる。毛利氏はこの宮原に別に正圓寺を建て、純粋な浄土真宗の寺としたため、元善正寺と正圓寺の人々の間で多少の仲たがいがあったようだ。

ただ、明治維新後、帝国海軍の進出で毛利氏の建てた正圓寺ともども山の中腹に移されたこともあり、仁井屋髙橋も含め、多くの家が対立していた正圓寺の檀家になった。そのために仁井屋髙橋は灯篭や納経堂を檀家になるあいさつとして正圓寺に寄贈している。それは友好の印でもあり、また、過去に対立してきた人々への弔いでもあったと思う。納められた経典は一切経で、般若経を含む宗派を越えたものである。

これが安芸門徒、呉衆の顛末であろうかと思う。西本願寺や関連寺院に問い合わせたが、このような顛末について肯定はしなかったが、否定もできなかった。

＊注3　沢原文書によると、宮原村に祭日をもつ神祠が十三か所存在し、その中に一年に2回祭りのある社も散見される。旧暦の九月には、二日、五日、十五日とつづき、赤崎神社の縁日である十七日は塔ノ岡の稲荷社と千足の千曽久社も同日に祭りがあったとされる。

＊注4　日本書紀　神代下　第十段－2　1599　舎人親王他撰（たかがきひめがきととのへそなは、たかどのてりかかやと読む。

【引用文献】

＊1　竹村公太郎『〝地形と気象〟で解く！日本の都市 誕生の謎』株式会社ビジネス社、2021年

第九章

「第九」そして、定の死

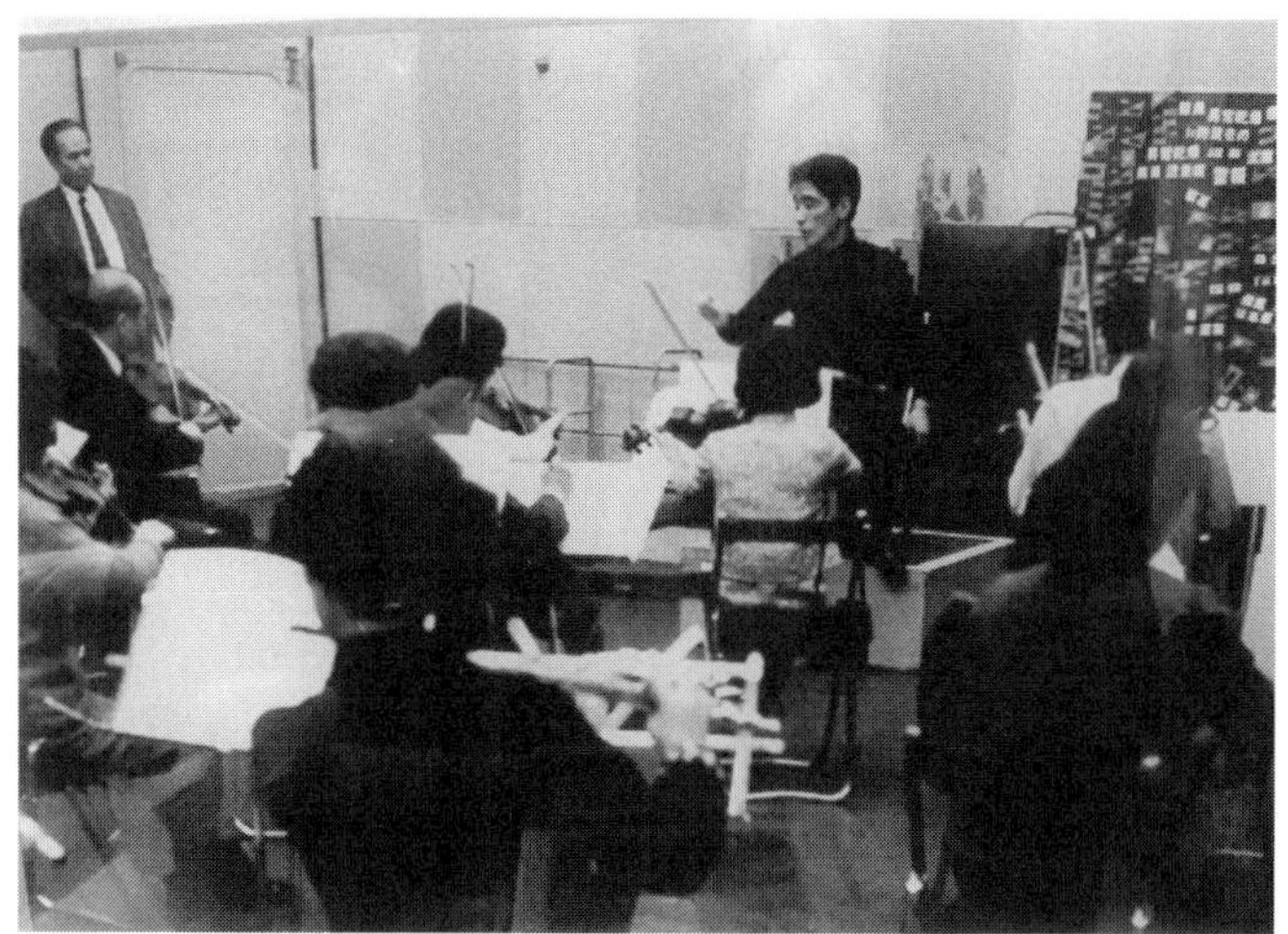

楽団を見守る定（左端）。指揮者は井上一清　昭和44年

「私は、あなた方に、更に偉大な芸術家としてだけでなく、更に善良、更に完全な人間としてお目にかかるつもりです。そして、たとい、どんなに私達の故郷が裕福になっているとしても、私は、私の芸術を、ただ、貧しい人々のためだけにつくるつもりです。　ベートーベン」（＊1）

ベートーベンは西洋音楽に革命を起こし、庶民のための音楽にこだわった人である。庶民の町「ひろしま」の人が好むわけだ。

広島市民交響楽団は第1回から5年かけて、記念すべき第10回の記念演奏会のベートーベンの「第九」に進んでいく（付録2、376ページ）。

依頼演奏も少しずつ入るようになるが楽団は年に2回のスローペースで定期演奏会をこなし、じっくり、じっくり、楽曲のレベルを上げながら進んでいた。楽団の会報の内容のように丁寧に指導しながら、成長させていた。

広島のいろんな事情を抱えている人がいた。それを仕切りながら、全員を納得させ前進する。外から見ていてもハラハラする状況ではなかっただろうか。しかし、市民に愛される楽団となっていった。

1965（昭和40）年5月15日に、福岡久留米で「オールNHK管弦楽団」として演奏会を開いた記録を発見した。（「発掘レトロ洋楽館松坂屋少年音楽隊楽士の軌跡　古稀回顧」長谷義隆　丹羽（にわ）秀雄）という本でこの演奏会の写真が掲載された。その中に当時広島市民交響楽団から髙橋定（さだむ）と田頭（たがしら）徳治が選抜され演奏しているのである。その演奏会でこの楽団は第一バイオリンと第二バイオリンを左手に並列配置して、定はいつもより少し後ろ目ではあるが中心あたりでこの本の主人公である丹羽秀雄と同じ楽譜で演奏している。丹羽秀雄は定より二つ年下であった。その写真は丹羽秀雄の遺族が愛知県立芸術大学に寄贈し所蔵されている。丹羽秀雄は哈爾濱（ハルビン）で定と一緒にケーニヒの墓参りの写真に写っているバイオリニストである。

コーラスタイムのムシカ内部　（広島市市民局文化スポーツ部文化振興課提供。個人所蔵）

当時、定は丹羽を名のり、眼鏡をかけて東北弁で喋っていたと温子（やすこ）から聞いていた。哈爾濱で活躍した二人の丹羽が久しぶりに会い、演奏した。二人とも山田耕筰と縁が深かった。

また、同じく、丹羽秀雄の遺族が愛知県立芸術大学に寄贈し所蔵されている写真の中に丹羽秀雄一行の観光団体の写真があった。その写真の中に案内役だったのか広島市民交響楽団の田頭徳治と天考亮太の二人が写されていた。厳島神社の鳥居の前であった。定は音楽関係者との撮影を拒んでいたのでそこに写っていない。定の旧友を二人が案内したものと思う。丹羽秀雄の風貌から二つの写真は同時期ではないかと思われる。定もＮＨＫから高く評価されていた一つの証である。

この頃、純音楽茶房ムシカはさらに発展し、３階を改装して定期コンサートを開けるようにした。また、ピアノ音楽教室も開催されるようになっていた。

１９６７（昭和42）年には西広島にジュニア・ムシカとして、少しモダンな2号店も開設された。第10回記念特別定期演奏会のパンフレットにそれが載っている。ムシカは、第1回のパンフレットからずっと広告を出していた。

毎週月曜日と金曜日には音楽鑑賞会が開かれ、解説者が熱く音楽を語るのである。また、それとは別にお楽しみのコーラスタイムが始まる。中は人でいっぱいだった。椅子を並べて二つの椅子に3人座っていただく。定員は３００人。そこでいつも伴奏のアコーディオンを弾いていたのは佃という人物。彼は音楽学校に行きたかったが周囲の反対にあい、広島高等師範に進み教師になる。昼は教師、夜はアコーディオン奏者。人生を謳歌された。そんな人生がそこにもあった。呉の出身だったという。

◇広島市民交響楽団・第10回記念特別定期演奏会　１９６８（昭和43）年12月9日

指揮　井上　一清

コンサートマスター　指田守、和田昌行、由居学

Playing Consultant 橘常定

バイオリン29名、ビオラ12名、チェロ12名、バス7名、その他楽器34名　計94名

合唱指揮　山本定男　佐藤晨　益田遙　ピアノ伴奏　土屋照子

合唱マネージャー　坂木敬佳　吉田毅

ソプラノ　平田恭子　他47名、アルト　丸尾勝代　他56名、テノール　西尾優　テナー41名、バリントン　石津憲一　バス52名、合唱　合計２００名（コンサートマスター、Playing Consultant、合唱マネージャー、インスペクター、ライブラリアン、インスツルメントは含まず）合計２９９名

プロのソロの歌手を含め、広島に深い縁のある人ばかりである。この演奏会の12年前、１９５６（昭和31）年の第九とはまた違ったすごみがある。約束通り、ヒロシマの「第九」といえるのではないだろうか。ひろしまの人がひろしまの思いを発する〝歓喜の歌〟だ。

「焔の高かさは未だ低くとも、基盤の堅実さと広さとを私は誇りと思います。このたのもしい若人との生甲斐ある音楽活動が進むにつれて、私も交響楽運動家の誰もが抱く夢を持ったのです。即ち、ベートーヴェン第９交響楽の演奏を実現すべく本団発足以来各種の準備を進めて来ました。しかも私の夢は純血種の「第９シンフォニー」であったのです。
（中略）そうして広島市響を改めて身近かに感じて下さる事でしょう。そうです。この楽団は、広島市民の、市民のための楽団なのです。皆さんも一声合わせて見たくありませんか。」（＊２）（語録５、３９８ページ）

このとき定はすでに病でドクターストップがかかり、演奏できていない。

（定がメッセージを送った人数とプログラムのリストの数が合わない。定は何故か少なく見積もっている。理由は不明）

「第九」は楽団設立当初からの目標だった。この曲は純音楽茶房ムシカの開店当初からの看板曲であった。広島市民交響楽団の第２回演奏会のパンフレットには、コロンビアレコードから当時発売されたバーンスタインとニューヨーク・フィルハーモニーの「第九」のレコードの広告が出ている。パンフレットの広告の中で、レコードとしてはこれが最初であった。

無論この曲は戦前から国内でもよく知られていた。

もともとドイツでは、第一次大戦（１９１４〜１９１８年）の敗戦後、年末にこの曲を演奏することが習慣になっていったようだ。

◇ベートーベン「第九」の日本国内の初期の歴史。代表的なものを列挙した。

１９１８（大正７）年

６月１日　鳴門のドイツ人捕虜収容所で、日本で最初に演奏（たびたび映画化）

12月３日　久留米高等女学校に久留米俘虜収容所のドイツ人捕虜オーケストラのメンバーが出張演奏（合唱なし）、久留米俘虜収容所内でも二日後男性歌唱だけをつけて開催

１９２４（大正13）年１月26日　福岡市記念館

摂政宮殿下御成婚奉祝音楽会として、指揮・榊保三郎

1924（大正13）年11月29日
東京音楽学校の生徒と教師で上野公園内の旧奏楽堂で演奏、指揮・グスタフ・クローン（完全版として世界で初演100周年を記念して）
1927（昭和2）年5月3日より6夜連続「ベートーベン百年祭大演奏会」の中で
指揮・ヨゼフ・ケーニヒ　新交響楽団、日本青年館。国内プロ楽団として初演奏。ラジオ放送される。
1928（昭和3）年12月
国立音大の開校二年目に新交響楽団がコラボして、指揮・近衛秀磨
近衛秀磨は新交響楽団でこの後、昭和10年までに何度か第九を公演するも放送はできていない。
1935（昭和10）年3月22日
一連の日本放送交響楽団のベートーベン交響曲連続演奏の中で「第九」を演奏し、ラジオ中継される（指揮・近衛秀磨、ソプラノ・関種子）。この後、新交響楽団は内紛となり近衛は海外に。
1935（昭和10）年12月23日
皇太子殿下（後の平成天皇）御誕生奉祝放送として、新交響楽団による指揮・山本直忠、ソプラノ・長門美保他で演奏（ラジオ放送）
1936（昭和11）年11月関西初演　関西人によるベートーベン
指揮・メッテル　京都大学交響楽団、他参加　17日京都宝塚劇場、22日大阪朝日会館（ラジオ放送）
1937（昭和12）年12月1日

新交響楽団、指揮・山田耕筰　ソプラノ・武岡鶴代他と東京高等音楽学院生徒同調会員の合唱付で演奏（ラジオ放送）

1939（昭和14）年6月20日

日本放送交響楽団、指揮・ローゼンストック、独唱者合唱団（ラジオ放送）

昭和11年に日本に赴任したローゼンストックは、この時までに新交響楽団と何度も第九を演奏したが放送できなかった。[*注1]

1940（昭和15）年4月14日

日本放送交響楽団、指揮・マンフレット・グルリット、日本放送合唱団、関種子他独唱（ラジオ放送）

1940（昭和15）年12月31日

日本放送交響楽団、指揮・ローゼンストック、日本放送合唱団及び四名の独唱者関種子他（ラジオ放送）

1945（昭和20）12月30日

指揮・ローゼンストック、日比谷公会堂（ラジオ放送）

1948（昭和23）年5月29、30日　九州大学医学部講堂

第63回定期演奏会　指揮・石丸寛

終戦の年の年末に、すでにこの曲は演奏されているのだ。

戦前戦後、私が確認しただけでも「第九」は数多くの演奏が行われ、ラジオで放送されている。合唱付きの演奏や年末の演奏が徐々に定着していった。ベートーベンの生まれ月が12月だったということにも帰因しているようだ。

１９４９（昭和24）年8月5日、7日には、広島児童文化会館にてＮＨＫ広島交響楽団と、多くの広島の合唱団による演奏会が行われた。ベートーベン作品１１８番〝追悼の曲〟に続いて「第九」が演奏された（詳しくは第一章）。これはＮＨＫ広島交響楽団が結成されて初めての原爆の日の前後に開催された。指揮は遠藤宏。

全国中継されたのは快挙であった。当時全国放送で第九を演奏できている楽団は限られた。ＮＨＫが全国放送を受容する程信頼された証である。特に平和音楽祭は世界からも注目されていた（口絵5）。定は履歴書のドラフトには１９３９（昭和14）年4月～12月・日本医科大学第一病院に所属としてあるが、日本医科大学の在籍記録は確認できたが、日本医科大学第一病院の所属は確認が取れなかった。同年12月からの広島陸軍病院所属も表面上だけの短期だけだったと思われる。この時期に中国湖北省で髙橋少尉として掛軸（口絵2）を頂いている。

従って、昭和14年～18年まで軍歴の足取りが不明なのだった。定はその頃に「第九」を放送できるコンサートマスターとしてＮＨＫから信用を得る活動をしていたはずである。それが評価されて昭和16年に紙恭輔（かみ きょうすけ）が広島に作ったＮＨＫ広島のＦＫアンサンブルが丹羽廣志（髙橋定）によって運営することになったのであろう（第七章、２１４ページ）。「丹羽不律「父のガン14年戦争最後の日記」（２３１、２３２ページ）

の記述からもそう思うのであった。丹羽不律は彼の母から、丹羽廣志は東京のＮＨＫで活躍していた、と説明を聞いていた。

１９３９（昭和14）年から記録の残る数少ない第九の演奏が安定してできた日本放送交響楽団はＮＨＫ主導で臨時に楽団員を選抜して作られた楽団であると思われる。当時新交響楽団も併存した。新交響楽団が改組してその後ＮＨＫ交響楽団の前身日本交響楽団になるのは１９４２（昭和17）年である。昭和14年当時、ＮＨＫは新交響楽団が分裂してできたコロナ室内管弦楽団の後裔である東京放送管弦楽団も配下にし、また、別に中央交響楽団（後の東京フィルハーモニー交響楽団）も存在した。中央交響楽団は昭和15年に日本ビクターの運営となる。日本ビクターにはＮＨＫのディレクターから移籍した河合太郎が所属していた。１９３８（昭和13）年に紙恭輔が初代楽長となった松竹楽劇団は帝国劇場で笠置シヅ子を中心にショーを繰り広げていた。定の人脈が大活躍している時期だった。山田耕筰は温子が定の一番の恩師だと言っていたので、それを総合的に支援していただいていたのではないかと思う。

１９５６（昭和31）年12月は、広島での2度目の「第九」の演奏が行われた。慣例にのっとり年末の演奏となった。朝鮮戦争も停戦になり、サンフランシスコ講和条約により、一応の独立国となり、被爆者支援などある程度の自由を獲得して歌う環境が整った時期であった。

この時期に連続4回演奏するというのは、相当大がかりな演奏会だったと分かる。プログラムの説明によると、広島はもともと合唱が盛んな地域であり、合唱団は五ヶ月にもおよぶ練習を敢行したという（付録1－13、370ページ）。合唱のメンバーの一人として参加した当時21歳だった高田資生（よりお）は、「食うや食わずの生活の中、どうしてあんなに音楽に熱を注いだのか。でももし音楽がなかったら、私は道を踏み外していたかもしれない」（＊3）と語っている。独唱歌手も国内では一流であった。合唱団は過去の国内の演奏に負けないものだ。そこに定はアメリカから凱旋してすぐに第一バイオリンとして演奏したのは感慨深い。当時国内では若きエリートでならした高田信一が指揮を担当し、できたばかりの広島市公会堂で自由の謳歌を熱唱する被爆地ヒロシマの市民たち。完璧な設定ではないか（口絵6）。

定は市民との一体化を目指していた。だからこの曲が重要だったのである。市民が参加しての「第九」。それは市民の音楽理解の賜である。市民の平和を願うエネルギーが発せられる最高のイベント。ヒロシマが世界に向けて発すべき大切なイベント。そう感じたに違いない。

1968（昭和43）年2月26日、原爆市長の異名を持つ元広島市長・浜井信三が、心筋梗塞で急死した。彼は広島市民交響楽団初代会長だった。浜井信三は市長をやめても政治を引退していなかった。民社党から参議院議員として出馬することを決心していた。しかし、それを決めてすぐに広島平和記念公園で演説した直後に倒れたのであった。

浜井信三　昭和40年

1968（昭和43）年5月13日、定は第9回の定期演奏会で浜井信三の追悼公演を行い、珍しくメッセージを発した。その中で、「かねてより、いつか広島市民交響楽団でもやろうと暖めていたベートーベンの『第九』を近々やる」と公表したのであった。

この頃、ベトナム戦争はすでにエンドレスの泥沼に入っていた。「第九」は自重すべきだったはずだ。浜井市長の死がそれをさせたのだろうか（語録3、396ページ）。

NHKは第7回の定期演奏会から広島市民交響楽団の演奏をラジオ放送していたが、第9回は放送されなかった。戦後、「第九」を演奏し、「歓喜の歌」を歌うのは、戦場で苦しんでいる米軍からみて不愉快だったはず。サンフランシスコ講和条約が締結されても、締め付けはいろんな場面でみられた。NHK広島交響楽団が活動を急停止したのも何らかの圧力だったはずだ。ベトナム戦争が佳境に入っていた時期にこれを演奏するのは、ある意味挑戦だっただろう。或いは定自身が放送しないようにお願いして、NHKを怒らせたのかもしれない。定は演奏している画像を取られたりテレビに映ることを極度に恐れていた。

これまで楽団の中心的役割だった方々が急死していた。稲葉俊作、高田信一、山田耕筰、浜井信三。皆、急死で心臓疾患であった。楽団が重要な演奏会を行ったり、うまく行き始めると、キーマンともいえる人が亡くなるのであった。定はそれが頭をよぎらなかったのだろうか。これまで影にかくれて前に立つことをしなかった定はついに意を決して表に立つのであった。実はそれより前の広島市民交響楽団でのプログラムでは、代表メッセージは会長の市長が行い、定が理事長として出すメッセージはこれが初めてだった。NHK広島交響楽団の時代から通して、定が出したメッセージは巻末の〝語録〟に限られる。

案の定、定はこの演奏のあと、最初の心臓発作を起こした。ひと月ほど入院したと聞いている。そして、生還。定は一遍の詩を色紙に書き残している。

いとまなき　この三十年の　あけくれを
むなしかりしと　我は思わず。
定
昭和四十三年夏の頃

それに対して温子は次のように返している。

されど現在の父の如く病むるなかれ
母

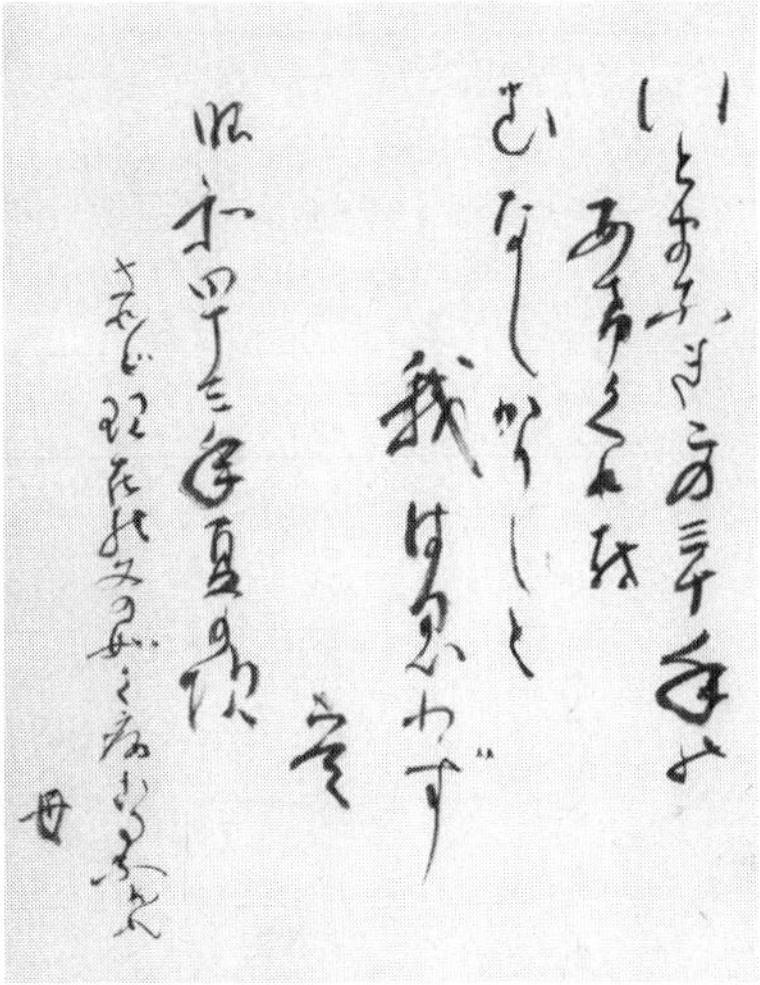

（☆著者が生まれたのは昭和43年7月19日である。）

定はドクターストップで演奏をしなくなった。そのドクターとは温子だった。

定の最後の演奏は昭和43年11月に広島市芸術祭　青年音楽会で、菊池麗子の伴奏である（169ページ、写真）。このときは温子が特別に許したようだ。菊池麗子はその一年前に広島市民交響楽団第8回定期演奏会にソリストとしてゲスト出演していて、その時からの約束だったのだろう。しかし、これにより、定の病状は演奏できないほど深刻なのではないことがわかる。定の演奏会の写真はあまり残っていないが、

「定と温子の書」昭和43年夏

何故か第8回定期演奏会の写真が我が家にあった（168ページ、写真）。この二つの演奏会はピアニストの菊池麗子の演奏であり、比較ができた。最後の演奏は少し歯抜け状態で演奏者の数が少ないので違う演奏会と解った。どちらも定は第一バイオリンの2列目奥で演奏している。もしかしてこの第8回目の演奏会の演奏をしている姿が写真に撮られたこともNHK広島との問題の火種になったのかもしれない。第9回定期演奏会は放送されなかった。

そして第10回広島市民交響楽団定期演奏会が決まる（口絵7）。定は裏方に回る。プログラムの表紙はムシカに飾られていたデスマスクとなった。定は舞台のそでで見ていたそうだ。第一バイオリンがうまくまとまるか心配だったであろう。コンサートマスターは指田守一人ではなく和田昌行、由居学の三人態勢になるよう準備してきた。定が抜けた穴を三人でうめるのであった。

演奏が終わると、無事満足のいく演奏ができたと、定は思わず舞台に飛び出したという。

1969（昭和44）年の春、井上一清は中国新聞の取材でこのように発言した。

「『広島の音楽レベルは高い』と言い切る。音楽に関する限り広島は不毛の地ではない。明治四十年にさかのぼる『丁未（ていみ）音楽会』の活動は戦前の広島を知る人の語りぐさである。広島高師を中心に結成されたこの管弦楽団は国費によって育成され、約四十年間にわたって西日本各地で活発な演奏活動を続けた。広島市響の誕生に奔走した市響理事長の高橋定氏（医師）も、昭和三年ごろ広島高校生として参加しバイオリンをひいた。『広島には先輩の残した偉大な音楽遺産がある。

戦後、いくつかのオーケストラが生まれて消えたが、広島市響だけは手弁当で市民が誕生させた楽団だから、何としても成長させる』。」（＊4）

この文章が新聞に掲載された時、定は広島市民交響楽団の理事長ではあったが、ドクターストップという形で既に演奏はやめている。井上が定の意思を引き継いで広島の音楽遺産の継承と楽団をけん引する強い決意が感じられる。また、1928（昭和3）年頃の定が音楽遺産になるような活動をしていたということを暗に示唆している。文中の広島高校生とは旧制広島高等学校の生徒という意味である。

この年、呉海兵団軍楽隊の河合太郎率いる楽団が、旧制広島高等学校だけでなく広島中の女学校で様々な趣向を凝らした演奏会を開いている。井上は楽団での演奏をやめた定から当時のことを聞いたのであろう。5月27日の第11回定期演奏会のあと、定の勧めでヨーロッパに行くのである。

井上は広島交響楽団の第10回忌記念追悼演奏会の追悼文の中で、この演奏会後の出来事を振り返って、次のように述べている。

「（前略）『練習であまりうるさく云わなくなったナ。君は。若い時は、カッカしないといかん。』といってヨーロッパ行きを勧めて下さったのも先生でした。」（＊5）

また、定を偲んでこのように語っている。

「(前略) 今夜の『第9』を聴いてどう仰有 (おっしゃ) るでしょうか。『少しはウマクなったナ』あるいは、『ボクがまた第一ヴァイオリンにいないといかんナ』(先生、両方仰有って下さい!!)」(＊5)

当時の組織図に音楽監督はいない。この楽団に心血を注いでいた井上に意見できる人物は限られた。プレーイング理事長である定がその立場だったといえる。広島市民交響楽団所属当時高校生だった岡崎耕治はそのような関係だったことを知らなかった。この時期になっても正体を知られたくない定は普段の練習ではまったくそういう雰囲気を見せていなかったのだ。

井上一清

「1933年広島生まれ。東京藝術大学楽理科卒業。作曲理論を安部幸明、ピアノを遠藤比佐子、長谷川久子、指揮を高田信一、橘常定、アルビド・ヤンソンス[＊注2]の各氏に師事。1961年「オーケストラのための変奏曲」、「交響曲第2番」を東京交響楽団により作品発表。オペラ作品も数多く指揮。1969年東ドイツ国際音楽講座とオーストリア・ザルツブルクの国際講座に参加。元エリザベト音楽大学学長、教授。」(＊6)

彼の経歴に定のことは書かれていない。それは秘匿されているのである。本人は生前拒んでいたが、死後、広島交響楽団名誉創立指揮者を拝命した。

定は諜報であるから目立ちたくないし、定が目立つと困る人もいて二重の意味で消されるのである。広島で音楽を活用した平和活動をすることは非常に有効で、特に交響楽ならなおさらであった。戦争を続けたい権力者たちにとって最も都合が悪い勢力なのである。あまり活発に成功してほしくないのだ。影響力があっては困るのだ。しかも定は陸軍出身。彼らにとって一番悪者にしたい急先鋒の部類の人間だった。陸軍軍人が現地の方々を含め多くの人と協和しようとしたという事などもっとも隠蔽したい事実だろう。定のせいで楽団が攻撃されると困るという事もあったかもしれない。

岡崎耕治は、広島市民交響楽団に１９６６（昭和41）年から１９６７（昭和42年）の第5回から8回までの演奏会に参加、基町高等学校の学生でほぼ初心者の状態で楽団に加入し、ファゴットを演奏した。当時、弦楽器は演奏試験のような面接を経なければ入団できなかった。ファゴット奏者はなかなかいなかった。同じファゴットの上野明常太郎とコンビでいろいろな仕事が回ってきて、小遣いを稼いだこともあったそうだ。岡崎はその後武蔵野音大、東京交響楽団、ドイツ留学を経て、長くＮＨＫ交響楽団の主席奏者として活躍した。エリザベト音楽大学や武蔵野音学大学、東京藝術大学でも教鞭をとった。広島市民交響楽団が生んだもう一人の一流の音楽家である。

定は広島出身の指揮者を切望し、井上一清を指名した。その彼に対して、定は意見していたのであった。定が練習に参加し、少し離れたところから厳しい眼差しで井上たちの練習を見ている写真が残っている

（第九章扉、283ページ）。この写真は1996年頃に、井上一清から温子に「自由に使ってください」と言われたものである。元婦長がその時のことを覚えていた。封筒にそれを入れて下さった。それは私が米国赴任中の出来事である。井上が定のことをインタビューで話しても後で消されてしまうとのことだった。

そのとき温子はすでに病気だったので、写真は間接的に私に使ってくれという意味だった。今思えば、温子が言っていた「いつか定の伝記を書きたい」という思いに彼は共感し、私に託したのではないかと、井上の著作『忘れ得ぬヒロシマの音楽』を読んで思う。

定は音楽監督のようにじっと見ている。この写真が撮影された後、常任指揮者の井上一清は定の勧めで、東ドイツ・ワイマールとザルツブルクに出発する。

当時は東西冷戦の時代であり、日本と東ドイツは国交がなかった。そこで、定は浜井広島市長の後任の山田節男市長に頼んで、東ドイツでの身の安全を確保するためにワイマール市長宛ての親書を書いてもらった。それを携えての旅であった。井上一清はこのときの講習で、当時最新のアルヴィド・ヤンソンスに指揮を学ぶことができた。

これが井上一清の経歴にある東ドイツ・ワイマールとザルツブルクへの講習会出席の顛末である。もしかしたら井上一清の身を案じて、定が行かせた意味もあったのかもしれない。

1966（昭和41）年にワイマールでは**オペラ「ヒロシマの花」**という楽曲が作曲され、翌年に初演されていた。その公演を通して広島市の浜井市長とワイマールの市長は深い交流ができていた。定はそれをよく知っていたので、新任の山田市長にお願いしたのであった。

当時としてはかなり危険な旅だったと思う。心配だった定は、駅のホームまで井上一清を見送るのであった。そして、定は井上一清の旅の途中で亡くなってしまった。

当時の東欧諸国では、ヒロシマにちなんだ楽曲がいくつか作られ、広島に贈られていた。井上一清は中国新聞主催の「忘れ得ぬヒロシマの音楽1980」での主催者挨拶で、音楽的にみても専門家の間で高く評価される曲として次の曲を紹介している。

昭和24年発表　「ひろしま平和都市の歌」山田耕筰・作曲　大木惇夫・作詞
昭和45年寄贈　「ヒロシマ繰り返すまじ」ユーリ・レビーチン・作曲　ロシア
昭和35年寄贈　「ヒロシマの犠牲者への哀歌」ペンデレツキ・作曲　ポーランド
昭和46年寄贈　「オペラ『ひろしまの花』全4幕」J・K・フォレスト・作曲　ドイツ
　　　　　　　「レクイエム・シャンティ」早川正昭・作曲

これらを含む広島に贈られた曲を国別でみると、日本国内17曲、ソ連7曲、ドイツ5曲、チェコ3曲、イタリアとポーランド各1曲だそうだ（1980年当時）。

ヒロシマには多くの楽曲が提供されている。それはかけがえのない財産だ。

定が生きていた時代の広島市民交響楽団は市民のための市民の交響楽団であると認知されたようで、別のところから援助が寄せられたのではないだろうか。ただし、残念ながら確証となる資料は見つけられなかった。世界のために犠牲となったヒロシマの市民のための楽団ならば、何処かで存続のために助けてくれる人が現れてもおかしくない。それは世界にとって〝絶対に必要な楽団〟だからである。

我が家には定の銅像がある。定が自らの死を予感した頃に自らオーダーしたものだ。完成は死後であった。定の「偲ぶ会」でお披露目された。それは定が後進の方々に楽団の未来への確信と願いを込めて強烈なメッセージとして残したものだろう。

定の銅像（昭和 44 年作成、台座は広島交響楽団より寄贈）／肖像画「医学博士　高橋定先生　昭和 44 年 8 月」弓削富資　昭和 47 年 2 月作品

台座はのちに広島交響楽団から贈られたものだ。それは広島交響楽団がこの定の銅像の意義を認めた証拠である。延々と続くベトナム戦争の真っ只中、平和活動を鬱陶しく思う勢力は確実にあったはずである。最初の発作から広島市民交響楽団の「第九」を見届け、井上一清にメッセージを残し、将来の楽団のた

めに自らの銅像を造って、

1969（昭和44）年8月17日午前11時40分　髙橋定　永眠

中國新聞

広大へ機動隊導入

本部封鎖解除きょうに持ち越す

全共闘

火炎ビンで抵抗

学生集会所焼く

学生ら12人逮捕

広大紛争の今後

抜本的改革にカギ

話し合い解決と再建

私の責任で要請

大学法と関連ない

川本ポンプ

中国新聞朝刊　一面記事　昭和44年8月18日

死因は廻診中の心臓発作だった。*注3 大橋利雄の追悼文に「死の十数分前まで患者の手当てをされていたと聞く」（付録4－1、380ページ）とある。

定の死のニュースは新聞に出ることはなかった。翌日の新聞紙面は「全共闘」一色だった。特に定のニュースを取り扱うべき広島で、見事にその死を覆い隠している。事件はすでに起こっていた。6か月にわたって全共闘の紛争が続いていた。

大学側の要請により、広島大学本部構内に機動隊約1200人余りが突入。学生たちは火炎瓶や投石などで抵抗する。大学は燃えていた。日本中大騒ぎであった。逮捕者も大量に出した。広島大学だけではない。その日の新聞には、中央大学、日本大学、京都大学などの記事もあった。

広島の紛争の中心は、定が4年間通った旧制広島高等学校の後身である広島大学教養学部であった。広島大学の東広島市への移転はしばらく後になるが、この事件が発端となって行政が動いたのであった。定の心痛は広島市民交響楽団の運営だけではなかったのだ。

翌日8月18日の中国新聞に定の葬儀の公告が出る。喪主は一歳の私である。そして19日に葬儀が行われた。葬儀と同時に、甲子園では今でも語り草である松山商業と三沢高校の終わりなき決勝の延長18回決着がつかずの引き分け再試合が行われた。世間のほとんどの人はNHKのその放送を聞き入っていたと思う。日本全体が燃えていた。

高橋　定

午前十一時四十分心筋梗塞のため急逝いたしました

こゝに生前のご厚誼を深謝しつつしんでご通知申しあげます

おって葬儀は左記のとおり行ないます

記

一、日時　八月十九日　午後一時から

一、場所　広島市寺町　広島別院

昭和四十四年八月十八日

高橋　勇

高橋温子

高橋　満

島　薫

定葬儀の公告（中国新聞　昭和44年8月18日）
喪主は1歳の著者

同じ時期、南ベトナムの傀儡政権はクーデターなどで政変が続き、手に負えなくなっていった。この年に韓国軍の参戦が始まった。その後もベトナム戦争は長期間にわたり混迷し続け、終結する1975（昭和50）年まで6年間も続いたのである。

また、8月17日、午前11時頃、まさに定が発作で死んだ頃、北朝鮮の領域に入ってしまった米軍のヘリが落とされた事件も起きたが、この関連ニュースでさえ小さい扱いだった。

北ベトナムや北朝鮮で中野学校の残党が活躍していたとも聞く。諜報部隊にいたと思われる定は何に苦しみ、何を考えていたのだろうか。

定のことを調べ多くのことが分かったその先に、さらに大きな謎ができてしまった。

三島由紀夫の作った〝盾の会〟が崩れ始めるのが定が死んだ頃にあたる。まさに騒乱の時代の真っ只中であった。被爆女性たちが渡米したときは、国内の大きな問題に発展せずにすんだが、この頃の国内情勢は定が恐れた分裂状態にかなり近づいていた。

この年の7月にはジョン・レノンとオノ・ヨーコが世界に反戦を訴えてレコードをリリースした。「平和を我等に(Give Peace A Chance)」(1969年)である。ベトナムに対する反戦歌がヨーロッパで大ヒットした。アメリカでは当初それほど注目されなかったが、だんだんと認知された。ジョン・レノンもその後、1980（昭和55）年に不慮の死を迎えるのであった。日本の若者たちもこの時期、自由な雰囲気のポップミュージックが大流行する時代に向かっていくのである。

参加人数が40万とも50万ともいわれた伝説のウッドストック（ニューヨーク州サリバン郡ベゼル）「愛と平和と音楽の祭典」は、なんと定が亡くなった日、最高潮の盛り上がりを見せた。3日間の最終日だった。時差を考えれば真っ只中だったといえる。ジャズフェスティバルから始まっていた野外音楽祭の動きはヒッピーの祭りとして席巻されると思われていたが、参加者は予想を遙かに上回る倍以上となり、本当に平和を訴える音楽祭になった。今でも史上最大といわれるこの音楽祭は、ポップスやロックの世界でも爆発的なムーブメントを呼び起こす引き金となった。

演劇の世界では市川染五郎時代の現・松本白鸚が、初めて「ラ・マンチャの男」を公演。「不屈の男」をコミカルさを交えて演じ、大好評となった。そして、その人気は54年過ぎた現在、２０２３（令和５）年でも続いているのだから驚愕である。

映画の世界では「男はつらいよ」シリーズの第1作が８月27日に公開された。

文芸の世界では、産経新聞で連載されていた司馬遼太郎の『坂の上の雲』が、４月に第一巻の初版を発売した。いずれも明るくひたむきに努力を続ける男たちの物語で、現在にも大きな影響を及ぼす傑作である。私も大人になるにつれて、自然とこれらの作品の大ファンとなっていき感慨深い。

一方、世界では１９６９（昭和44）年６月28日にストーンウォールの反乱事件（ニューヨーク）が起こり、初めて「ＬＧＢＴＱ」という言葉が生まれた。そして、７月20日にはアポロ11号の月面着陸が注目を集め、新聞紙面を賑わせたことにより、反乱事件をかき消していた。２０２３（令和５）年の現代と比較すると、なかなかおもしろい。

日本でテレビが家庭に浸透したのはこの時期であり、アメリカ国防総省で研究していたインターネットの原型ＡＲＰＡＮＥＴが公用のために実験されたのも１９６９年であった。

５Ｇ（第5世代移動通信システム）が普及し、何のために必要なのか７Ｇの実験まで始まっている現代は、当時とよく似ていると思ってしまうのは私だけであろうか。

この年の秋、佐藤栄作首相が日米安保継続の会談のためにアメリカに向かう際、「全共闘」の動きだった学生運動は、「安保闘争」と形を変えて再び盛り上がりを見せるのだった。


広島市民交響楽団が次に「第九』を演奏したのは、1970（昭和45）年12月14日。ビートルズの「Let It Be」（1970年）が全米だけでなく全世界で大熱唱されていた時代である。作詞・作曲はレノン＝マッカートニーとなっている。ポール・マッカートニーが自分の作だと主張しているが、どうも妖しい。ビートルズのアルバムの中で最初は小さな扱いだった。それが反響によってどんどん大きくなり、そのためのドキュメンタリー映画までできるが、それが進むにつれて、ビートルズが解散に向かっていった。この曲は音楽史に残る問題の作品である。ジョン・レノンの活動はその後、さらに反戦の歌が続くことになる。彼の歌に世界が酔いしれた。反戦の歌はポップス界に火をつけ、盛り上がっていった。ベートーベン「第九」の歓喜の歌でなくとも、ポップス曲で平和を願う歌が世界を席巻していったのであった。

反戦と平和を願う音楽は、この後、「イマジン（Imagine）」（1971年）や「ハッピー・クリスマス（Happy Xmas）」（同年）へと繋がり、アメリカ本土を震源地として世界を覆い尽くした。故にかどうか分からないが、以前ほど「第九」が問題視されることもなくなっていった。

まさに転換の時だった。

私は生まれる前から、男の子が生まれたら定の養子になることが決まっていた。一歳になる前のこども

定の葬儀における広島市民交響楽団の演奏／広島市寺町　浄土真宗　広島別院にて　昭和44年8月19日

の日に、定が私のことを抱いている写真がわずかに残る。定の葬儀のときにはまだ私は籍に入っていなかったが、温子が一歳の私を抱いたまま焼香している写真も残っている。

実際に私が温子の籍に入ったのは、その1か月後のことであった。

葬儀ではたくさんの弔辞が読まれ、広島市民交響楽団の演奏も行われた。

生後10ヶ月の著者を抱く定　昭和44年5月初旬

温子は終ぞ私の前でクラシック音楽を聴かなかった。全く聴かなかったのである。音楽自体、真剣に聴いている姿をあまり見なかった。時々、古い唱歌を鼻歌で口ずさむくらいだった（元婦長に聞くと私と一緒に暮らす前はそれなりに聴いていたそうである）。

私は少年時代、ザ・ベストテンなど歌謡曲番組を一生懸命テレビにかじりついて見ていたが、その傍らで温子はなにも言わず、もくもくと医療カルテと格闘していた。ただ、「星影の小径」には反応していたのを覚えている。その曲は１９５０（昭和25）年、小畑実の歌（矢野亮・作詞、利根一郎・作曲）で、定が好きな曲だったのかもしれない。

若き日のノーマン・カズンス

そういえば、私が中学受験の頃だったか、ビートルズの「Let It Be」を賞賛したとき、音楽にほとんど興味を示さない温子が珍しく大変喜んでいた。そして、オノ・ヨーコにちょっと嫉妬しているようなことを言っていた。私はなんのことかさっぱりわからず、困惑したことを覚えている。そのとき、温子は「The Long and Winding Road もいいでしょ」と嬉しくも悲しくもある表情で言った。

温子は定が亡くなった後も、被爆女性たちを含む被爆者たちの診療に心を尽くした。定が渡米したときに親交を深めたノーマン・カズンス（ジャーナリスト）は「笑いの医療」のパイオニアだった。温子はノーマン・カズンスの論文の教えを実践していた。「笑いには免疫力と回復力を上げる力がある」と。彼らが診療にやってきて温子にボソボソ何かを話すと、温子は決まって大声で笑うのであった。その笑い声は向こう三軒両隣などと、あまりにも大声なので評判になった。私の友人たちも温子のことを「ほがらか母さん」と言ってくれていた。

髙橋内科に最も頻繁に訪れていたのは、定と共に渡米していた山岡ミチコ[*注4]だったと思う。ほとんど毎日来ていた時期もあった。坪井直(すなお)[*注5]もよく見かけた。頻繁ではないが、回忌法要の時には森滝市郎[*注6]が来ていたのを覚えている。彼は他の女性たちの中で、法要の後もあまり会話をするでもなく、じっと定のことを偲んでいたのを思い出す。テレビで見かける被爆者の方々ほとんどすべて髙橋内科医院の待合室で見かけたと思う。そして、皆さんが帰るときにはいつも笑顔になっていた。

髙橋定　偲ぶ会（写真奥に出来立ての銅像が写る）昭和44年

温子は定のために毎月墓参りをした。平日の時は、朝5時に馴染みの黒塗りのタクシーを呼び、9時の開院に間に合わせた。また、17日の月命日の法要も欠かさず、平日の場合は、昼休みがあてられた。そこには必ず何人かの被爆者の方々が含まれていた。というより、彼らが中心だった。法要の後、専立寺（広島市中区京橋）の住職の法話を聞いて、賑やかにお茶会を催した（定は呉宮原の正圓寺の紹介で専立寺の世話になっていた。現在も正圓寺や音戸の法専寺との付き合いは続いており、定の葬儀も温子の葬儀もこの3つの寺の住職によって私が喪主で行われた）。

定が還暦を迎えた昭和40年9月、アメリカで一緒に過ごした被爆女性たちが揃ってお祝いに駆けつけてくれた。その時の写真が我が家に残っている。彼女たちと呉の野呂山観光をしている写真もある。帰国後も定と彼女たちとの親交は続いていた。もっとも、それは温子の尽力が大きかったと思う。

これだけでも真似できないと思っていた情けない息子である。

定や温子が、笑顔で前向きな姿勢を彼らに勧めたことは、きっと最近の米国オバマ大統領の訪広に役立ったに違いないと心の中で感無量となる。浜井市長が被爆直後から発言し続けていたように、彼らを恨むのではなく、被爆の実相を知ってもらって世界平和に役立てていただきたいとの思いは、彼らを通して世界に発信し続けられた。これからも被爆体験のない私たちがその意志を継いでいかなければならない。

2023年5月、G7サミットで広島に世界の首脳が集まった。とうとう世界の首脳がこの広島の価値を認めざるを得なくなったのだ。多くの犠牲を払って、世界は前に進む。

温子はよく職業婦人という言葉にこだわっていた。それを誇りに思い、死ぬまで貫くのだと。結果、病気で寝たきりになるまで、温子は医師であり続けた。いまさらだが、私は温子の爪の垢を煎じて飲みたいものだ。

定は死後、日本精神薄弱者育成会（現全国手をつなぐ育成会連合会）より表彰された。1971（昭和46）年11月19日（渋谷公会堂にて）、創立20周年記念全国大会に温子が招待され感謝状が授与された。この時は皇族の方も来賓出席されていたという。その写真記録が残る。温子の隣に写る人物は、当時の育成会の理事長・徳川義親である。島薫（かおる）も同席している。徳川義親は美術関係者やアイヌの保護もしており、音楽教育家の鈴木鎮一やバイオリニストの諏訪根自子などの支援をしていた人である。マレー半島で虎や象を狩り、熊狩り、虎狩りの殿様の異名を持つ。植物学者としての一面も持ち合わせ、貴族議員の経験もある人であった。

表彰されたのは、恐らく島薫が1959（昭和34）年より活動し初代理事長となった「社会福祉法人ひかり会」に定も設立時より理事に名を連ねていたので、その設立活動に参加してそれが評価されたのだと思うが詳細な記録はない。定の死後、温子もそこの理事を長く勤めた。

日本精神薄弱者育成会にて　右から徳川氏、温子、ひとりおいて島先生　昭和46年

＊注1　藤井百合「小原國芳と音楽教育─玉川学園の第九と共に歩んだ道（1）」によるとローゼンストックは、昭和12年5月5日（日比谷公会堂）、昭和13年6月15、16日（日比谷公会堂）、10月28、29、30日（大阪朝日会館）、12月26、27日（東京歌舞伎座）と新交響楽団で演奏をしているが放送できていない。

＊注2　アルヴィド・ヤンソンス（1914年10月24日〜1984年11月21日）（ロシア帝国領クールラントのリバウ（現在のラトビア共和国リエパーヤ）生まれ。リバーヤ音楽院でバイオリンを学び、リバーヤ歌劇団やリバーヤ交響楽団でバイオリン奏者として活躍。同劇場でフレッド・レイモンドの喜歌劇「青い仮面」を指揮、さらにリガ音楽院に学び、ラトビア国立歌劇場でバイオリンを演奏しながら、レオ・ブレッヒから指揮を学び、ラトビア国立歌劇場の指揮者となる。1946年全ソ連若手指揮者コンクールで2位となり、ラトビア放送管弦楽団を率いるようになる。1952年からレニングラード・フィルハーモニー交響楽団のエフゲニー・ムラビンスキーのアシスタントとなり、1965年からハレ管弦楽団の首席客演指揮者となっていた。1984年イギリス・マンチェスターでハレ管弦楽団の演奏後亡くなる。日本にも単独でも、交響楽団を従えて来日し、東京交響楽団からは、永久名誉指揮者の称号を与えられる。その他1951年スターリン賞受賞。レニングラード音楽院教授。

＊注3　昭和47年の座談会で司会者が〝廻診中に発作を起した〟という説明をして温子は否定していない。廻診は病院内あるいは外の患者を診て廻るという意だが、広島交響楽団の人が先輩から応診中だったと聞いていた。しかし、当時帰省中だった元婦長と親戚は院長室で倒れたと認識している。どちらが正しいのかはわからない。私は大騒ぎにならないように、事実を伏せたのではないかと思う。本文では座談会の説をとる。

＊注4　山岡ミチコ（1930−2013）／広島市中区出身。洋裁の教師、被爆体験語り部、ワールドフレンドシップセンター理事。広島市の進徳高等女学校に在学していた15歳の時に被爆。被爆体験を戦争を知らない人などに伝える語り部として知られた。一命は取り留めたものの顔や腕に大やけどを負う。1955年5月、アメリカのジャーナリスト、ノーマン・カズンスや広島流川教会の谷本清牧師が中心となった日本とアメリカの市民の支援で大やけどの治療のためニューヨークに渡る。1年半に渡り合計27回の手術を受ける。被爆者とは見られないように生活する。しかし、1979年母親の死去を契機に、戦争を知らない、原子爆弾の恐ろしさを知らない人たちに自身の経験と考えを伝えようと決意する。国内や海外でも多くの人々に積極的に証言する。2006年8月6日脳梗塞で倒れる。その後、リハビリに励み、療養生活の中でも修学旅行生に証言を続ける。2013年2月2日肺炎のため広島市中区の介護施設

で死去。

＊注5　坪井直（1925－2021）／日本原水爆被爆者団体協議会代表委員、広島県原爆被爆者団体協議会理事長。広島市名誉市民。元中学校教諭。オバマ大統領を広島で出迎えた被爆者団体の代表。

＊注6　森滝市郎（1901－1994）／原水爆禁止日本国民会議（原水禁）代表委員、原水禁議長、広島高師大学文学科、京都帝国大学大学院哲学科卒、広島大学教授。中学校教師の経験もある。

【引用文献】

＊1『広島労音12月例会プログラム』1956年
＊2『広島市民交響楽団第10回記念　特別定期演奏会プログラム』1968年12月9日
＊3『中国新聞』2023年4月8日「広島サミット　復興　あのとき〈9〉歓喜の歌」
＊4『中国新聞』1969年4月18日「広島の素顔　―市民の楽団も誕生―」
＊5「追悼のことば　井上一清」『第51回広島交響楽団定期演奏会プログラム』1979年12月17日
＊6『広響プロ改組35周年記念誌　Listen Plus』広島交響楽団、2007年

第十章　未来に向けて

日本臨床外科医科学会の後、洞爺湖にてモーターボートを操縦する定（原田東岷夫人、温子らと）昭和 37 年

自宅兼外科病院で番犬を飼い続ける定　昭和 30 年代

未来に向けて、浜井信三・初代広島市民交響楽団会長の話をせねばなるまい。浜井は戦後、市の課長から市長になり、広島に多くのレガシー（遺産）を残した人物である。平和記念式典、平和公園、原爆ドーム。これらを未来への遺産と決めた中心人物である。

「安らかに眠って下さい
　過ちは繰返しませぬから」

このように記された慰霊碑を広島平和記念公園の中心に据えた人でもある。

1949（昭和24）年に演奏された戦後初めての「第九」は、広島が世界に向かって発すべきレガシーとして期待された演奏だった。NHK広島交響楽団としては、第1回の演奏会から10か月後の演奏であった。2回目を迎える平和音楽祭の雰囲気は格段に進化したに違いない。

少なくとも戦後すぐから、浜井広島市長と定との付き合いは既に始まっていた。浜井は広島高師附属の出身で、原爆で亡くなった岡田二郎と同級だった。定と浜井にとって岡田は共通の知人だったのだ。浜井もまた岡田のことを羨望の目でみていただろうから、岡田のことを語り合うこともあったであろう。浜井は1953（昭和28）年から立ち上がる「広島原爆障害対策協議会（原対協）」の会長も務めており、ここでも定は浜井と強い絆で結ばれていた。1955（昭和30）年に始まった被爆女性たちをアメリカに送るプロジェクトを、なんとか成功に導いた定の功績は浜井にとっても本当に大きかったはずだ。また、「原対協」の特別委員として、アメリカの原爆傷害調査委員会（ＡＢＣＣ）との交渉をするのも当初は定が先頭に立ってやっていたと聞く。そう考えると、この時期から浜井と定は厚い信頼で結ばれていたと思う。だから、広島市民交響楽団でも浜井に会長になってもらった。広島市民交響楽団の初代会長・浜井が一貫して願ってやまなかったのは、世界に向かって平和を発する思いで、広島交響楽団の真の目標なのだ。原爆ドームや平和記念公園と同じく、広島交響楽団も広島のレガシーとして認識してほしいと願う。

定は丁未（ていみ）音楽会のような機能も楽団に求めて、市民への音楽喚起もねらっていた。丁未音楽会、ＮＨＫ広島管弦楽団、交響楽団、広島市民交響楽団、広島交響楽団、これらの楽団を一本の線で繋ぎたかったのだ。それができれば、定が生まれた１９０６（明治39）年から続く、子供たちに西洋音楽を学ばせるために始まった広島の音楽教育文化のレガシーが継続していることにもなる。そうであれば、60年でなく１２０年の歴史が繋がっていることとなる。定はその楽団にいて後に軍人になった。それを守るべき義務感も感じていただろう。それが墓の下に眠る髙橋定の本当の願いであろう。そうすれば、日本最古の楽団であると胸を張って言えるようになるのではないだろうか。

定は多くの一流の音楽家の薫陶を受けた幸せな人だったのではないかと思う。しかし定はそれをひけらかすことは禁じられていただろうから手記をほとんど残していない。

定はどうも死期が近いことを知っていたと前述した。どうして死期がわかったのかはわからない。定は少なくとも死の直前に、井上一清をヨーロッパに送り出すために動き、そして駅まで見送っている。

そう考えると、定は自分の死後のこともある程度決めていたのではないかと思えてならない。原田東岷に広島市民交響楽団の理事長をバトンタッチしたのも、定が決めていたのかもしれない。

誰が引き継いでもうまくいくものではなかったようだ。だから、「広島の意志」を引き継げる人ということに重点をおいて、原田東岷を指名したのではないかと思う。原田東岷も軍医として戦争を経験しており、また、「原対協」で被爆女性をアメリカに連れて行った経験もあった。定は自分に近い感覚を持っていたと感じていたのだろう。定にとってはそれが一番大事に思えたのではないだろうか。そして、とにかく、楽団がその精神を受け継いで続くことを願った。そういうことではないかと思う。

定としては、市民に近い楽団運営をしてほしかっただろうが、それよりも優先すべきことはある。楽団のメンバー表の変遷を見ると、かなり限界感があった。プロとして音楽に専念している人にとっては、あまりにも演奏回数が少なすぎる。逆に、アマチュアのメンバーにとっては多くの演奏会を開くことは難しい。おそらく元々プロだった人たちも経済的に限界に達していただろう。

温子は定のことをアマチュアのバイオリニストと呼ばれ続けたことに対して大変な憤りを感じていた。ムシカにいた人々がアマチュアと呼んでいたのは、叱咤激励もあったと思う。でも今の言われようは本当にアマチュアであったかのような言われようだ。

しかし振り返って考えれば、定自身がそのように言ってもらうように自らお願いしていたのだと思う。定は諜報員だったので自分の本当の姿を隠す必要があった。しかし、温子にしてみればそれに耐えるのがつらかったようだ。

温子は、亡くなって20年以上経った現在でも広島交響楽団の名誉会員として登録されている。温子は私が養子に来てからクラシックを一切聴いていなかった理由はむしろこちらであろう。「定のことをちゃんと伝えたい」そんな思いが毎月の呉宮原への墓参りと法要を続けることに繋っていたのかもしれない。楽団の話をする時、どちらかというとＮＨＫ広島交響楽団時代の話をしようとした。「結構たくさん演奏していたのにね」「水上音楽会なんてなかなかいいと思ったのにすぐに終っちゃった」などと懐かしそうに言っていた。そして、定の恩師のことをチラッと話しても理解できない私の様子を見ると、すぐ切り上げていた。

「ＮＨＫの年鑑」と広島市公会堂における演奏会のジャンル別公演数の推移を丁寧に見るとよくわかる。ＮＨＫ広島管弦楽団は、実は現在の広島交響楽団が１９７２（昭和47年）にプロ化した後も存在した。１９７６（昭和51）年まで記録がある。ＮＨＫはその後も広島交響楽団の演奏会を放送した。１９７９（昭和54）年からしばら

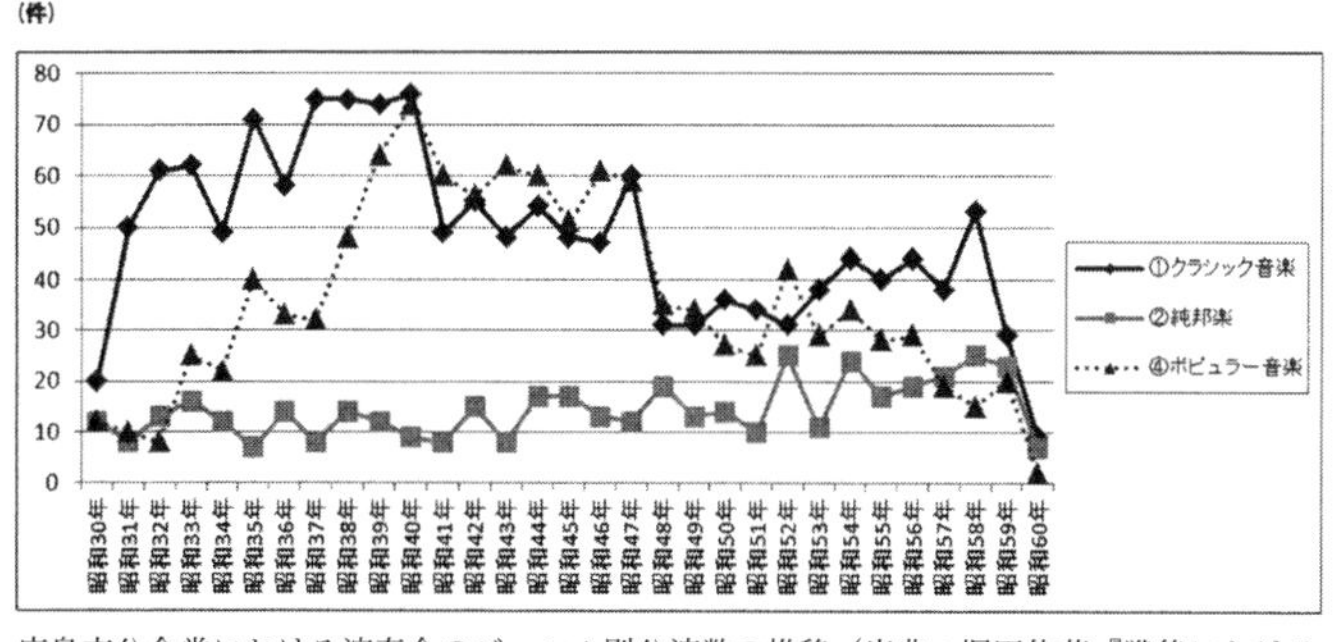

広島市公会堂における演奏会のジャンル別公演数の推移（出典：堀田佳苗『戦後における広島市公会堂の役割に関する研究』2012）

く広島交響楽団の名前も消える。NHKは広島交響楽団が独立できるように、突き放したり、援助したりを繰り返していたのだ。しかし、市民交響楽団ができる以前から、時々NHK広島管弦楽団はその年鑑から消えたり、なにか不自然に自虐する記述があったりする。例えば、大成功の1956（昭和31）年の「第九」はプログラムには「広島放送交響楽団」と明記してあるにもかかわらず、NHKの年鑑には「管弦楽団」としてあり、その後、昭和32年、33年は活動は活発であったが控え目な表現で記録されている。33年7月のオペラ「蝶々夫人」など大きな依頼演奏を広島音楽協会から受け、表面上は隠れた。また、「広響演奏会」という有名指揮者を招いての演奏などの企画で、多くの演奏会を開き、相当活発に活動していた。

特に昭和34年度のNHK広島交響楽団の活動はNHK年鑑に詳しく書かれている。

「白鳥の湖」（チャイコフスキー）指揮・安部幸明（5月）

「交響曲第6番ヘ長調」（ベートーベン）指揮・高田信一（6月）

「交響曲第3番イ短調スコットランド」（メンデルスゾーン）指揮・前田幸市郎（8月）

「弦楽4重奏曲ハ長調作品76第3（皇帝）」（ハイドン）指揮・安部幸明（9月）

「ピアノ協奏曲第1番変ロ短調」（チャイコフスキー）指揮・高田信一、ピアノ・大塚康生（10月）

ラジオファンタジー管弦楽と合唱「瀬戸うちの幻想」（11月、山田迪孝）

歌劇「まぼろしの五橋―錦帯橋物語―」11月公演、12月放送

このように、世間はサンフランシスコ講和条約で独立を勝ち取った雰囲気になり、慎重に活動を活発化している。

これまでNHK広島交響楽団で最も重要な演奏を指揮していた高田信一が亡くなる。

「昭和三十五年一月十六日 作曲家高田信一死去。東京病院にて。心臓性喘息。三十九歳」（＊1）

昭和35年度の活動はまた控え目になり、音楽活動の情報が限られるが、それでも、以下のような記述があった。

音楽劇「ヨミの国のイザナミの命（吉田文五作、別宮（べっく）貞雄作曲）全国放送（3月）

モーツァルト作曲第36番「リンツ」など、岩城宏之（4月）

ハイドン作曲交響曲100番「軍隊」、ミュージカル「南太平洋」など、石丸寛（7月）

さらに「モーニングコンサート」という番組が週に一度のペースで放送されている。

それでも大忙しだったことを示している。

広島でクラシック人気が衰えていない証拠として、1955（昭和30）年以降も有力なクラシック演奏会が広島で盛んに行われている。

昭和31年4月17日　ウィーン・フィルハーモニー（広島市公会堂）指揮・パウル・ヒンデミット

昭和32年11月13日　ベルリン・フィルハーモニー（広島市公会堂）指揮・ヘルベルト・フォン・カラヤン

カラヤンは昭和41年にもベルリンフィルを率いて来広し、広島市民交響楽団関係者と交流している。定の死の翌年、昭和45年にもプロ化を目指す〝広響〟に激励のメッセージを送っている（322ページ新聞記事参照）。

山田耕筰は1910（明治43）年から3年間ベルリン王立芸術アカデミーで作曲を学んでいる。1937（昭和12）年6月22日には、ドイツ宣伝省の招きでベルリンフィルを指揮し、日独で放送された。この時、定は30歳。陸軍少尉として日本医科大学在学中であり、同行しえた。私にはカラヤンと定でコンサートマスターの考え方に類似性があるように見えるのだが、それは素人の勘違いだろうか。

昭和35年5月17日、ボストン交響楽団（広島市公会堂）指揮・シャルル・ミュンシュも来広している。

世界一流といっていい楽団がこんなに来ていた。興業にあてがなくて来広したとは思えない。

プロ化50年 広響ものがたり

第1部 焦土からの出発

⑤ 1枚の写真 カラヤンが寄せた激励

音楽愛した兄弟 志一つに

広響第14回定演のパンフレットに寄せられたカラヤンのサインとメッセージ

1966年4月、カラヤンが広島を訪れた際の写真。左から福原さん、カラヤン夫妻、福原さんの母、大橋さん。カラヤンの直筆サインもみえる（大橋忍さん提供）

クリック

福原信夫（ふくはら・のぶお）1918年広島市生まれ。広島一中（現国泰寺高）を経て、早稲田大、東洋音楽学校（現東京音楽大）卒。41年NHKに入局。74年に定年退職後は音楽評論家として活躍し、東京音楽大教授、同大学長を歴任。88年3月死去。

中国新聞　令和4年2月19日「1枚の写真　カラヤンが寄せた激励」

これほど活発だったにもかかわらず、昭和36年からの音楽活動の記述が消える。実際には井上一清の初指揮、原田康夫の初主演の「椿姫」が依頼演奏で公演されたが、その記述もない。そしてとうとう昭和36年、37年と開店休業状態になる。定の4本の医学論文はこの頃に集中している。

自主的に開催する音楽会ができないといっても、定は医師として働き、被爆者支援の仕事もこなしながら、ＮＨＫ広島の音楽活動に参加していた。なにより広島音楽協会の一員としても、こうした依頼演奏の企画に携わっていたはずである。

１９６３（昭和38）年は市民交響楽団が立ち上がった年だが、この年、広島放送局の記述に音楽番組がわずかに紹介される。そして、昭和41年の活動から久々にＮＨＫ広島管弦楽団の名前が出てくる。広島市民交響楽団の名が初めて登場するのは、１９６７（昭和42）年の広島市民交響楽団第７回定期演奏会からである。この年からＦＭ放送が始まったことが大きく影響したようだ。

ＮＨＫ年鑑によると、この頃ＮＨＫ広島の局長が毎年変わっている。石島治志や稲葉俊作のときのように広島で平和活動が広がることを恐れる何者かの圧力でもあったのだろうか。

ＮＨＫ広島は朝鮮戦争勃発時の１９５０（昭和25）年に粛正されている。１９５２（昭和27）年に「一万人の大合唱」を行った後も、当時の稲葉局長は急遽異動となってしまった。昭和43年は市民交響楽団が年末に「第九」を演奏した年だが、ＮＨＫ広島管弦楽団員は数多くの遠方への出張演奏が企画され、当時の交通事情を考えると大忙しで、逆の意味で叱咤激励だったかもしれない。

そして浜井信三を追悼する第９回の定期演奏会は放送されなかったが、「第九」を演奏する第10回の定期演奏会からしばらくは定期演奏会を放送してくれたのであった。田頭（たがしら）の言う、ＮＨＫ第二スタジオが使えなくなったのは、第9回目の演奏会の頃だった。当時を知る元婦長もそのことを覚えていた。当時、各パートごとの練習になったようで、元婦長の証言によれば、髙橋病院では毎日のように若い人たちが3、4人ずつ入れ替わりながらバイオリンの練習をしていたという。それはいつも夕暮れから始まっていたと。その頃、全体練習をする機会がなかなかとれないのが悩みだったと証言してくれた。

定は自らの技術を秘密にしていて、限られた人にしか教えていなかった。多くの若い演奏者に定はこれまで隠してきたバイオリンの腕をその練習によって公開したことになる。多くの若者に一人ずつ自分のことを秘密にせよとは言えなかったであろう。そして、その噂は直ぐに広まったであろう。定は分かっていたはずだ。自分の役割はもう終わったと思ったかもしれない。夕暮れの楽しい時間、その若い人たちとの触れ合いは定にとってかけがえのない時間であったに違いない。自らの死を自覚したのはそんな時だったであろう。定はもう隠れられなかった。テレビの普及からも逃れられない。広島市民交響楽団の後輩たちも十分に育ったと考えたこともあっただろう。最後に自分の技術を少しでも多く伝えたいと思ったのではないだろうか。そんな定は考慮の上で自らの銅像を用意し始めたのだった。未来の私たちのために。

第9回定期演奏会の直後に、定が一回目の心臓発作を起こし、橋爪と一緒に演奏を離れる決断をした。自分さえ写らなければ問題ない。定は自分が出演しないのならテレビにも出せると考えたのだろう。

そう考えると、広島市民交響楽団の運営がアマチュアに合わせて、ゆっくり、慎重に活動を活発化させていたのは、何かの圧力がかかるかどうか見極めながらという意味もあったのかもしれない。支援団体がない楽団が攻撃されたら、存続するのは難しい。失敗は楽団の即解散に繫がる。派手に成功すると頭ごなしに攻撃を受ける。だからNHKと話し合いながらゆっくり進んでいたのだろう。そして、若者の育成に重点を置いた運営をした、というのが真相だろう。今も昔も芸能の世界はうまく行けばどこからか圧力がかかるものだ。

定の死後、NHK広島は広島交響楽団がプロ化しても暫くスタジオを練習場所として提供し続けた。使えなかったのは昭和43年頃の短期間だけである。それ以外は一貫して広島交響楽団に協力していた。

偶然かどうかわからないが、アメリカ本土で平和や反戦を歌う曲が増え、爆発的な社会現象になるにつれて、日本の平和を願う反戦の音楽活動は、比較的締め付けが緩くなり、どんどん演奏できるようになった。

右から原田東岷夫妻、二人とんで島薫夫妻、一番左定と温子　昭和37年学会参加の後北海道洞爺湖にて

ただ、ＮＨＫをいつまでも頼りにはできない。それは市民交響楽団を作ったときからわかっていたことだった。定の後を引継いだ原田東岷はまず、楽団の名前から「市民」という名前を外した。それからプロ化ということで、営利を第一に考えなくてはならなくなった。

それは仕方のないことだ。独立したオーケストラを永続的に維持するには、経済的な安定は絶対だからだ。そして、見事にオーケストラそのものは順調に育ち、利益も出るようになっていった。定の十回忌の記念公演は１９７９（昭和54）年で、第51回目の定期演奏会であった。この前年の広島交響楽団の演奏会の回数は年間70回にも及ぶようになっていた。

長い年月をかけ、紆余曲折を経て今がある。かつて兼業で参加するような演奏者の例はもう見られなくなった。大衆の交響楽への関心はどんどん減っていく。ただ、よく考えてみれば１９６９（昭和44）年は若者がフォークやロックに熱狂し、軽音楽が爆発的に流行する時代である。若者の嗜好を無理に変えることはできない。音楽に親しむことはいいことで、それが発展し、いつか交響楽に戻ってくればいい。そして、その頃には日本人による、日本人のための日本的な交響楽に発展し、世界に理解されるようになればいい。それまで、その思いは封印しておく必要があったのかもしれない。そんな事を温子も言っていた。「いつか交響楽に戻って来る時が来る」と。

最近思うのは、その頃から日本国内で無数の名曲が生まれたことだ。それはポップスだったり、歌謡曲だったり演歌だったりかもしれない。それは日本的な音楽ばかりである。これらの曲は人々の心を掴んだ。

そういった曲が歴史的に何重にも重なり、現在がある。その結果、人々はより重厚感のある曲に向かっているように思う。

たくさんある過去の名曲の中にも、交響曲に発展できるものもあるのではないかと思う。NHKの紅白歌合戦でも交響楽団を見かけることが増えた気がする。これは皆日本オリジナルのものである。まだまだ世界に紹介しきれていない日本の優秀な楽曲は山ほどあるに違いない。

一方で、現代の曲はやはり、現代の若い人に作ってもらいたい。若者をもっと喚起して、音楽に親しみ、共感してもらいたい。一部の人たちだけのための音楽になってはならない。日本国内における音楽理論は相当に進化したと思う。しかし、そんなことよりも、若者を育成し、堂々と発表できるように環境を整えてあげたいものだ。

交響楽団は音楽をビジネス的に考えると最も難しい。だからこそ、みんなで共有し支えなければ続かない。その代わりに、交響楽団には奉仕の精神で、もっといろいろな取り組みに参画して柔軟に対応してほしいと思う。究極の日本人の日本人による世界に通じるすばらしい楽曲が誕生するよう幅を広げて、対応してもらいたいものだ。そして皆に愛され、支えられて維持してもらいたい。

とにかく、原田東岷には感謝申し上げたい。なにせ原田は欠席裁判で2代目理事長が決まったと聞く(もしかしたら定との約束だったのかもしれないが)。そして、「医の心」を楽団の中核においてくれた。有名無実にさえならなければ、それが楽団の存在意義を高めてくれる。その心をきちんと踏まえたうえで、これからも楽団に進んでもらいたい。

時代は進み、日本人で世界的な楽器奏者は既にそろっている。指揮者も世界的なスターがいるではないか。楽曲作りも、環境さえ整えばすばらしい音楽を発表できる実力のある音楽家が育っていると思う。彼らは、世界で評価されている。最近のNHKの大河ドラマの交響曲などを聴くと、えらく進化したように思う。もう、世界を目標に曲を作り、演奏すべき時が来ていると感じる。日本文化の理解はいろんな分野で世界に浸透しつつある。スポーツやその他の芸術の世界で、日本人の世界での活躍はめざましい。世界へ向けての本格的な交響楽への欲求が高まっていないだろうか。

一方で、「第九」が広島市民交響楽団で演奏された頃、隆盛を誇っていた「純音楽茶房 ムシカ」は2020(令和2)年3月、74年の歴史を残して閉店した。広島音楽高校も2022(令和4)年に廃校となった。定の作った広く、堅実な広島の音楽の基盤が大きく揺らいでいる。

もう一度ネジをまき直してもいいときではないだろうか。

定はどうして、あのような銅像を残したのか……。

こんなときのために、あの銅像は存在するのかもしれない。定の数少ない言葉を思い出す。

「耳ある人は聞いて下さい。業(わざ)ある人は参加して下さい。」

耳あるすべての市民に気軽に聞いてもらうように、そして、業ある人も気軽に参加してもらえるように、広島の地に、そして人々に、深く浸透して、楽団は市民のための、人々のための楽団であると再認識すべき時ではないだろうか。

被爆体験者の方々も多くが亡くなり、その意思の継承が問われる時代である。

最近の広島交響楽団は飛躍的に技術向上が見られると評判だ。大変喜ばしいことである。この楽団は、ムシカに集うような音楽好きな市民に育てられた。しかし、その拠点が失われ、人々は音楽の潤いに飢えていると思う。コロナ騒動が一段落した２０２３（令和５）年現在、市民のために恩返しをする時だと思うがいかがだろう。

楽団は社会に対して〝奉仕の精神〟を基本としなくてはならないと思うのだ。それによって社会に愛され、絶対に市民に必要な楽団と認識してもらわなければならないと思う。「広島カープ」を見習いたい。温子の妹・寛子によれば、広島カープが球団を設立したとき、定はかなり積極的に応援し、かなりお金も出したと聞いている。音楽に限らず、文化振興に対して協力していた。平和都市広島の文化を世界に発することが大事だと認識していたのだろう。そうするには楽団は演奏者の負担を増やすのではなく、周りの関係者がサポートしないと実現できない。自治体の問題解決に広島交響楽団が奉仕するのだ。もちろんお金をいただいてであるが。楽団も永続的に維持できなくてはならないのだから。

定の創設した広島交響楽団には、自治体や学校、企業などの団体と協力して、市民にとって価値のある形をつくることを望む。音楽はサッカーよりも愛好家が多い。誰でも音楽は聞くもので、音楽家は誰もが憧れる存在だと思う。それで生活できる人が一人でも増えるように、音楽にかかわる演奏者以外の人々のためにあらゆる制度改革を進めてほしい。サッカー〝Ｊリーグ〟を見習いたい。彼らは本当にフェアにやっていると思う。プレーヤーだけでなく、サポーターや老若男女のアマチュア愛好家に対しても多くの貢献をしている。審判やショップなど関連するビジネスに対しても制度設定など、その向上のために多くの努力がなされている。見習うべきことが多い。

広島市民交響楽団は広島交響楽団に進化した。広島市以外への活動は確実に広がっている。名前を戻す必要はない。広島近県を中心とした人々のための楽団になるよう求められるようになった。めでたいことだ。広島エリアでは、平和都市の楽団として外交にも繋がるような音楽活動をする他に、広島を訪れる人々の目的が音楽となるような都市づくりのリーダーとしての役割も果たしてもらいたい。

呉に対しては、芸術の町を取り戻す活動の一環としてのサポート、県北に対しては、過疎化対策になるような音楽祭や演奏会の企画、その他の地域に対しても若き才能を伸ばす支援活動や、多くの音楽マニアの音楽活動を支援する基盤作りにも期待したいところだ。

音楽マニアが一人でも増えれば、それは必ず還ってくる。懸命に鍛錬している未来ある市民（音大生も含む）に何らかの形で練習参加の機会を与えて、広島から巣立つ音楽家が一人でも多く出るように支援していただきたい。そして、深い音楽理解のある市民を育てていただきたい。交響楽を愛する人は音楽理解の深い人ではないだろうか。また、音楽に関わる仕事の環境整備をお願いしたい。彼らの頑張りは、時に楽団員の刺激になるはずである。そして大いに宣伝したらいいと思う。

「純音楽茶房　ムシカ」のような交響楽愛好家が集う場所が市内にできることを願いたい。アマチュアでもいい。もっと街中で音楽を演奏する愛好家が増えたらいい。そのための制度が整備されたらいいと思う。

ニューヨークやウィーンなどに行くと、ホテルでチェックインの際、その街で当日演奏されるコンサートのリストが手に入る。突然訪れ、コンサート鑑賞ができるのである。私がニューヨークで鑑賞したのは、観客が15人ぐらいのミニコンサートで、料金も4～5ドル程度のものだったと記憶している。場所は夕暮れ時の教会。それで十分だった。ニューヨークという街が少し楽しめた。ウィーンの夜会でも同様に小さなコンサートを楽しむことができた。料金はニューヨークよりもう少し高かったと思う。日本で同じようなコンサートを提供するためには、さまざまな問題があるようだ。その仕組みづくりが望まれるところだ。

指田守の後継として元広島交響楽団主席コンサートマスターの小島秀夫が始めた「HIROASHIMA MUSIC FESTIVAL」は尾道開催となり、ご子息の小島燎の献身により、コジマ・ムジカ・コレギア主催「しまなみ海道　秋の休暇村」として続いている。小島秀夫はベルリンフィルで演奏の経験がある人である。私の好きなジャズの世界では、地方都市で町と一体となったジャズフェスティバルが広がりつつある。広島県では三原の瀬戸内ジャズキャッスル、近県の岩国ジャズストリート。特に岩国のそれは古い商店街を利用した素朴で素敵なイベントで、今後も楽しみだ。広島交響楽団も、もっと、広島の、そして世界平和をリードする楽団として牽引していただきたいと願う。広島の人々は潤いを求めて音楽を渇望しているに違いないのだから。

ところで、定の辞世の句のようなあの言葉は私が生まれた頃に書かれた。亡くなる1年前だ。死期がわかっていたなら、なぜ私は亡くなる前に戸籍に入っていなかったのだろうか。わざわざ亡くなってから入れる理由があったのだろうか。

まるで死が決まっていたかのようだ。また、なぜ温子は「父の如く病むなかれ」などと書き加えたのだろうか。定にはまだまだ秘密があるようだ。ヨーロッパや中東、東南アジアで定は何をしていたのだろうか。生前の定を知っている人に聞いても、定は多くは語らない人だったという。

温子は「私のこと、忘れないでね」の本意は「私の謂ったこと、忘れないでね」だったのかもしれない。あの明るかった母の表情は晩年にはえらく暗かった。私に身振り手振りで一所懸命伝えた定の話が、ちゃんと伝わったか不安だったに違いない。正直私も不安だ。ちゃんと表現できただろうか。


戦前の日本は世界から理解されていなかった。核兵器を開発した日本は恐れられ、原爆が落とされた。そして、〝ひろしま〟は自らの犠牲によって核兵器のなんたるかを世界に知らしめた。その後に日本人とはどんな人たちなのか、われわれ日本人はいろんな分野で訴え続けた。まだまだ誤解はあるかもしれないが、日本は世界に確実に理解されたと思う。最近までの私もそうだが、呉の〝やぶ〟はただの乱暴者であるかの如く誤解している人が多くいるように、誤解され続けた日本人だが、世界に認知されてきたのではないだろうか。そして、音楽を代表とする芸術で世界に理解を求める時が来ている。今日の日本人の芸術観や音楽観を違和感をもってみる人は世界にはもういないと思う。

市民のための楽団で、しかも、世界一流の技術を持った楽団であるべきなのである。広島の交響楽団はそうなる理由もある。そうなるべき楽団なのである。

広島市民交響楽団はＮＨＫから独立させてもらったのだ。外圧に屈せずプログラムを組み、世界に発する。それは国際的にみれば大きな進化なのだ。進化させてもらったのだ。ＮＨＫにも感謝申し上げたい。後は皆の意識だけの問題ではないだろうか。国際的視点でみれば、それが文化都市としての証でもあると思う。個々の技術は世界最高水準なのだから。市民の心が乗り移る、世界に誇る曲づくりや演奏を実現したいところだ。

核兵器の犠牲になった〝ひろしま〟からもっと世界に共感を求めたい。犠牲となった人々の事を思い、音楽を発することはそれ程重い意味をもつと思う。芸術は国境を軽々と越えるのである。

日本臨床外科医科学会の後で、北海道観光中の定（左）と原田東岷　昭和 37 年

被爆体験をした方々が少なくなっている今、世界で無意味な戦争がいまだに行われている。そして、使い方を間違えると自殺行為になる技術が世界で増え、そのことが認識された。今こそ広島の音楽文化をなんとか継承しようとそ

の基盤を作った定が、戦争で忘れ去られた諸先輩たちと共にきちんと評価されるべき時が来たと思うのだ。

そして、先人たちの思いも含めて、世界に発するべきだ。核廃絶は広島だけの問題ではない。それは世界共通の課題であり、世界の為政者にとっても同様に重要な課題であり、本気で戦争をすることが世界にとって自殺行為であることを世界共通で理解すべき課題になったと思うのだ。

私は、その方が世界にとってもいいことになったのだと思うのだがいかがだろう。

そして、〝広島にこそ泉あり〟なのである。頑張れ、広島交響楽団と申し上げておきたい。

【引用文献】

＊1　『音楽年鑑昭和36年』音楽之友社、1960年

エピローグ

ワールドフレンドシップセンター会合。広島ＹＭＣＡ　昭和 42 年 11 月（右端バーバラ・レイノルズ、リーン・シーバース、二人とんで定）

定（さだむ）のアルバムの中にバーバラ・レイノルズとの会合の写真がある。バーバラ・レイノルズはＡＢＣＣ（原爆傷害調査委員会）へ派遣された夫と共に米国から来日し、被爆後の広島の実態を知り、最初は家族とヨットで世界一周をしながら、その後も何度となくいろんな方法で世界に核のない世界を訴え続けた有名な反核運動家である。原田東岷（とうみん）と共に広島市の名誉市民にもなっている。果敢にも当時鉄の壁のあるソ連へも彼女は核の実態を伝えにいっている。彼女との写真に、彼女が作ったワールドフレンドシップセンター（ＷＦＣ）の模型を囲んで撮られた一枚（エピローグの扉参照。裏側に〝Y.M.C.A Nov.1967〟とある）がある。別の一枚の裏側には〝１９６５（昭和40）年6月来々軒にて独逸よりバーバラ・レイノルズさんを囲んで～〟と記されていた。また、別の1枚の写真には〝バーバラさんを送る～〟と書かれた看板の下で彼女がスピーチをしている姿を写したものもあった。バーバラ・レイノルズは１９６９（昭和44）年初頭にアメリカに帰国しているのでその時ではないだろうか。それは定が亡くなる年でもある。

そもそも定は、原田と共に「原対協」のメンバーとしてＡＢＣＣのメンバーと被爆者の健康診断の方法を協議していたので、その頃からの付き合いかと思われる。原田こそが、彼女の依頼を受けてＷＦＣの責任者になった人物で、日本人の中では彼女の一番の理解者であった。バーバラはベトナムのための医薬品を広島の外科医たちに依頼した。彼女はまた、ベトナムで負傷した少女を日本に連れてきて治療するプロジェクトを進めた。戦災で大やけどしたマイフォン・ダオという女性を皮切りに、ＷＦＣで何人かの戦災児（こ）を引き受けた。マイフォン・ダオの整形外科治療は原田が行った。定もその治療団に加わっていたと温（やす）子から聞いていた。大やけど治療は定が座長として学会で発表した専門分野だったからと聞いた。ＷＦＣ

が設立したのは昭和35年だが、その翌年のWFC理事会の写真に定が写っていた。[*注1]

原田は何冊も本を出版する中で、WFCや渡米して被爆治療をしたことについて何度も語っているが、定のことを一度も記録していない。広島交響楽団のことを含め、この理事会の写真だけで説明書きもないので、現WFCの方々も知らなかった。温子がそれを悲しそうに話していたこと思い出す。

しかしそれは、定自身の意思でそうするように頼んだのだろう。温子は抗議どころか、何も発していない。ただ悲しそうだった。思えば温子の「私のこと、忘れないでね」の遺言は、定のように忘れさられる恐怖からの言葉だったのではないか、とも私は思うのである。

そのWFCに昭和42年の1月、突然の珍客が訪れた。

ジョーン・バエズである。アメリカではフォークの女神と称され、生まれながらのクエーカー教徒の彼女はベトナム戦争反対の立場から先頭に立って活動していた女性シンガーである。その時のことが小谷瑞穂子著の『ヒロシマ巡礼　バーバラ・レイノルズの生涯』に書いてある。また、当時アメリカではニューズウィークがこの事件を取り上げ、詳しく報じた。その情報をもとに、遅れて日本でもその詳しいいきさつが1967年2月21日の朝日新聞に掲載された。「TOKYO　ミステリー　バエズ公演・放送の舞裏　CIA、通訳に圧力？　反戦歌など堂々誤訳要求」であった。

ジョーン・バエズはアメリカ情報局（CIA）に相当警戒されていた。この頃のベトナム戦争は泥沼である。ジョーン・バエズが発した言葉を、通訳を務めた高崎一郎が正確に訳さなかったというので相当お

TOKYOミステリー

バエス公演・放送の舞台裏

CIA、通訳に圧力？

反戦の歌など 堂々と誤訳要求

米国大使館では否定

なんとも不思議な話

朝日新聞朝刊　昭和 42 年 2 月 21 日

冠であった。そこで頼れる在日のアメリカ人ということで、バーバラ・レイノルズを頼り、信頼できる通訳を紹介してもらえるようわざわざWFCに足を運んだのであった。高崎はのちにハロルド・クーバーというCIAの諜報員を名乗る人物に強要されたのだと主張した。もちろん米国側は全面否定する。そこで、高崎はこう言い訳をするのであった。

「なんとも不思議な事件だ。バエズはベトナム反戦を売物にした要注意人物で、アメリカの放送界でもほされているということは聞いていたし、アメリカの友人からも、今度はおりた方がいい、と再三いわれた。しかし、私はビジネスとして引受けた。日本の聴衆は彼女の政治演説ではなく、音楽を聴きにくるのだから、私としては何もCIAからいわれなくても、最初から音楽以外の政治的な発言については、全部を通訳する意志はなかった。それなのにわざわざ人をよこして圧力をかけるなんて、アメリカも少し神経質すぎると思う。

クーバー氏とは、ジャパンタイムスの記者といっしょに会ったこともあるが、その席でも堂々と誤訳を要求した。こんなむちゃな申入れは、と思い、何度か断ろうとしたが、相手が自分の子どもの名前や仕事の内容をよく知っており、気味が悪くなって心ならずも言うことを聞いた。

バエズはすばらしい音楽的才能の持主だ。何も〝ベトナム反戦平和〟を売物にしなくてもいいのにと思うのだが……。」（＊1）

高崎は当時、ニッポン放送のプロデューサーでその年の10月より始まるオールナイトニッポンの初代パーソナリティとなる人であり、その後、テレビ界にも進出、パシフィック音楽出版を立ち上げ実業家としても成功を収める人である。この事件に反応し、自民党の谷川和穂「明らかに行きすぎ」や社会党の石橋政嗣「厳重な抗議が当然」など、同じ新聞紙面でメッセージを発し抗議するが、バエズはその後二度と来日することはなかった。バーバラ・レイノルズの生涯を記した自身の著書で小谷瑞穂子は次のように記している。

「(前略) バーバラはバエズのジョンソン政権批判、ベトナム戦争批判を聞きながら、それをヒロシマの市民にはしらせまいとしている勢力があることに、アメリカの危険を感じていた。これはCIAの差し金なのだろうか? それともアメリカのジョンソン政権におもねる、日本政府筋の判断からでた行動なのだろうか?」(＊2)

昭和42年といえば、ようやく広島市民交響楽団が軌道にのった頃である。定は圧力をさけ、青少年育成のための楽団からプロ集団への復活を模索していた時期だった。アメリカでジョーン・バエズのような若い音楽家が米国内で反戦のために戦い成功を収めていた話は相当刺激があったと思う。彼らの活動は参考になったのではないかと思う。ジョーン・バエズは広島での公演の収益の全てをWFCと原爆病院に寄付して帰ったという。

定が育成にかかわった有松洋子は、当時創設されたばかりの桐朋学園に進んだ。そこで小野アンナ（１８９０－１９７９）を頼っている。小野アンナの母はロシア貴族、父もロシア官僚で、桐朋学園とは設立当時から縁の深いバイオリニストである。ロシアに留学していた小野俊一（ロシア文学者、生物・昆虫学者、社会活動家）と出会い、１９１７年に結婚。１９１８年に革命下のロシアを離れ日本に赴く。１９６０（昭和35）年に帰国し、ソ連で亡くなるが、現在でも門下生主体で構成されている小野アンナ記念会が存在している。定は日本医科大学時代にロシアへの音楽留学の話がでていたので、彼女との繋がりがあったのかもしれない。オノ・ヨーコは小野俊一の姪にあたる。小野アンナが日本を離れた後も、アンナと小野家は親密だったそうだ。温子がオノ・ヨーコにジェラシーを覚えると言っていたことはまったくミステリーだったが、意外な所で繋がりがあったのかもしれない。

ところで、温子は定の一番の恩師は山田耕筰だと言っていた。山田耕筰の得意分野はいろいろあるが特に優れているのは、作曲と指揮だと思う。どちらも人目に立つ音楽活動だ。定は諜報なので表立ってそれはできない。だから誰かに曲をプレゼントしたり、どこか別人になりすまして指揮をすることもあったかもしれない。実は温子が定は東京で一度だけ大きなオーケストラを指揮したことがあると言っていた。それにしてもＣＩＡの動きもミステリーだが高橋定もまたミステリーである。

私が高校に入った頃、温子には再婚の話もあったが断ったと言っていた。もしもそれが成立していたら、私はどうなっていただろう。感謝しなければならない。また、同じ頃に温子が唐突に私に東京の中野にある学校に転校を考えないかと聞いたことがあった。私は気が進まず断ったが、これも不思議な提案だった。なぜ中野なのか。その理由は怖くて聞けずじまいに終わった。

かつて日本国内で音楽会をリードした永井建子(けんし)、山田耕筰、河合(かあい)太郎、渡邊弥蔵(やぞう)、長橋熊次郎、ケーニヒに愛されたと思われる髙橋定は戦争を乗り越えて、広島の音楽の基盤を再整備し、多くの人々に守られて未来のために走り抜いた。それはほとんど奇跡だと思う。あの頃の「ひろしま」は音楽の町の復活に突き進んでいた。世界平和のために市民一体で活動する「ひろしま」の人々の、市民のためのオーケストラだった。

この度、定のことを調査してみて、定は本当に諜報員だったと私は信じる。定は諜報員として活発に活動したが、世間に隠れるようその素性を明かさなかった。そんな定が自ら銅像を残したのは、「いつか本当のことを知ってもらうべき時が来る」と確信していたからではないだろうか。「もう一度、〝ひろしま〟の思いを皆に思い出させて欲しい。その時にこの銅像を役立てて欲しい」との思いが込められていると私は解釈した。

それにしても、定の人生を振り返ってみて、定の人生は、小学生の私には解らなかった〝The Long and Winding Road〟に想えてならない。

最後に、呉町に隣接していた塔ノ岡の上の「月波楼」で、明治維新の志士に似た名前の人物がその頃滞在し、歌った漢詩の中から一句紹介する。安政庚申(1860〈安政七〉年)に詠まれている。

頭童歯豁老書生
幾歳金丹學不成
御就江樓疑換骨
羽衣道士近人鳴

長州　城晋

自分はすでに頭童歯豁の老人となってしまった。何年にもわたり、仙人になろうとして不老不死の道を学んだが遂に成り得なかった。ところが、この楼上では変身したのではと疑われる。はごろもを着た仙人が、人に近ずいて話しかけるのだ。（＊3）

おもしろき、こともなき世に、おもしろく歌ってくれていないだろうか。

＊注1　原田東岷著『母と子でみる∧6　ヒロシマに生きて　ある外科医の回想』1999年

【引用文献】
＊1　『朝日新聞』1967年2月21日「TOKYO　ミステリー」
＊2　小谷瑞穂子『ヒロシマ巡礼――バーバラ・レイノルズの生涯』株式会社筑摩書房、1995年
＊3　『館報　入船山　第10号』呉市入船山記念館、1998年

参考文献

岩野裕一『王道楽土の交響楽　満洲――知られざる音楽史』音楽之友社、１９９９年
朝比奈隆『朝比奈隆　わが回想』中央公論社、１９８５年
上河内良平『日本の中の「呉」』泰平商事株式会社書籍部、２００３年
呉市史編纂委員会『呉市制１００周年記念版　呉の歴史』呉市役所、２００２年
『館報　入船山』第５～13号、呉市入船山記念館、１９９３～２００１年
堀口悟史『呉のやぶ』「昔の祭り（赤崎神社編）」https://kureyabu.hatenablog.com/entry/2022/03/19/113953
「沢原文書」『呉市史　資料編近世Ⅱ』呉市史編纂委員会、１９９９年（宮原村文化度国郡誌〈文化12年〉収録）
『太平洋戦争師団戦史』新人物往来社、１９９６年
斎藤充功『中野学校全史』論創社、２０２１年
山口常光（編著）『陸軍軍楽隊史―吹奏楽物語り―』（有）三青社出版部、１９７３年
生田惇『陸軍航空特別攻撃隊史』株式会社ビジネス社、１９７７年
『広響プロ改組35周年記念誌　Listen Plus』広島交響楽協会、２００７年
『第51回広島交響楽団定期演奏会プログラム』１９７９年12月17日
『呉水交社管弦楽団演奏曲目』大正14年５月23日
『広島市響ⅠⅡ』広島市民交響楽団会報、１９６５年
『ＮＨＫ広島放送局六〇年史』ＮＨＫ広島放送局、１９８８年
木俣滋郎『陸軍航空隊全史』株式会社潮書房光人社、２０１３年
後藤暢子『山田耕筰　作るのではなく生む』ミネルヴァ書房、２０１４年
山田耕筰『山田耕筰「自伝　若き日の狂詩曲」』株式会社日本図書センター、１９９９年
日本経済新聞社（編）『私の履歴書　第三集』日本経済新聞社、１９５７年
樋口季一郎『樋口季一郎回想録』啓文社書房、２０２２年
伊藤秀美・保坂廣志（編）『陸軍暗号将校の養成　第51教育飛行師団資料』柴峰出版、２０１４年

『大日本者神國也』「第一飛行集團司令部（のち第五十一教育飛行師團司令部、第五十一航空師團司令部）」http://shinkokunippon.blog122.fc2.com/blog-entry-581.htm

白川静『字通』平凡社、１９９６年

井口淳子「戦時上海の文化工作　上海音楽協会と原善一郎（オーケストラ・マネージャー）」第24回諜報研究会（インテリジェンス研究会）、２０１８年

紺野耕一（編）『島薫あれもこれも』島忩、１９８３年

奥川忠『奥川一三　八十年の歩み』１９８８年

「広島市民交響楽団プログラム」第1～4回、第7～9回、１９６４～１９６８年

『トーク＆コンサート』（財）広島市文化財団　南区民文化センター、２０００年

「広島労音12月例会プログラム」１９５６年12月15、16日

竹下可奈子「河合太郎軍楽時代の呉海兵団軍楽隊における奏楽実態」『広島市公文書館紀要』第27号、２０１４年

竹下可奈子「呉海兵団軍楽隊が広島の音楽普及に果たした役割」『戦前の広島における洋楽の普及―「広島の音楽史編纂に向けて」第1回中間報告集』２０１３年

井上一清「忘れ得ぬヒロシマの音楽」『ヒロシマと音楽』株式会社汐文社

原田宏「音楽はいかにヒロシマを伝えてきたか」『ヒロシマと音楽』株式会社汐文社、２００６年

光平有希「広島の洋楽普及におけるミッション・スクール、及び母体教会の役割」『戦前の広島における洋楽の普及―「広島の音楽史編纂に向けて―第1回中間報告集』２０１３年

越懸澤麻衣「ミッシャ・エルマンの最初の来日公演をめぐって」『洗足論叢』第49号、洗足学園、２０２０年

Japan Arts クラシック・マガジン『月刊クラシック音楽探偵事務所』「日本のオーケストラ事始め ２００９．６．10」

中川利國「ハワード・ベルと広島の児童文化」『広島市公文書館要インターネット臨時号』、２０１５年

広島市ホームページ「広島市Ｗｅｂ展覧会『新収資料展』」

「声聴館アーカイブコンサートⅡ～原爆の日にあたって」『東京芸術大学演奏芸術センター・東京芸術大学演奏芸術ブラグラム』２０２２年８月６日

竹内俊夫『故・竹内尚一ヒストリー』２０１７年

髙橋定「アメリカに渡った原爆乙女―原爆の日におもう―」『家庭教育8月号』西日本図書、１９５７年

広島県ホームページ『原爆被爆者援護事業概要について』「原爆被爆者援護事業概要」

田邊雅章『原爆が消した廣島』株式会社文藝春秋、２０１０年

竹村公太郎『〝地形と気象〟で解く！日本の都市　誕生の謎』株式会社ビジネス社、２０２１年

『広島市民交響楽団　第10回　記念特別定期演奏会プログラム』１９６８年

L．アウアー『ヴァイオリン奏法』シンフォニア、２０１２年

被爆70年史編修研究会（編）『特論2　広島と音楽 広島被爆70年史』２０１８年

髙橋裕子「『満州国』における日本人の西洋音楽の足跡」『神奈川大学大学院言語と文化論集』神奈川大学大学院外国語学研究科（編）２０００年

井上さつき『日本のヴァイオリン王』中央公論新社、２０１４年

放射線影響研究所『ＡＢＣＣ―放映研の歴史』

児玉琢雄『平和都市建設に活躍する人々』県報関西新聞社、１９５７年

矢野義昭『世界が隠蔽した日本の核実験成功』勉誠出版、２０１８年

髙橋五郎『〝スパイベラスコ〟が見た広島原爆の正体』学研プラス、２００６年

杉村春子『杉村春子　舞台女優』株式会社日本図書センター、２００２年

『東京藝術大学１００年史演奏会編　第2巻』音楽之友社、１９９３年

桑原功一「昭和初期、呉における『新日本音楽』運動の展開」『呉市海事歴史科学館（大和ミュージアム）研究紀要　第二号』２００８年

竹下可奈子「『呉新聞』にみる呉海兵団軍楽隊」『芸備地方史研究会』２０１５年

石井光太『原爆　広島を復興させた人びと』株式会社集英社、２０１８年

堀田佳苗「戦後における広島市公会堂の役割に関係する研究」『広島大学大学院教育学研究科　音楽文化教育学研究紀要ＸＸＩＶ』２０１２年

広島大学50年史編集委員会　広島大学文書館（編）『広島大学の50年』広島大学出版会、２００７年

広島女子高等師範学校付属山中高等女学校追悼記編集委員会（編）「追悼記　一冊の貯金通帳番号控えより」『広島大学の五十年』

１９８５年
『広島高等師範学校創立五十年記念史』広島高等師範学校、１９５１年
『追懐　広島高等師範学校創立八十周年記念』広島高等師範学校創立八十周年記念事業会、１９８２年
廣島高等学校創立五十年記念事業準備委員会　記念誌部（編）『廣島高等学校創立五十年記念誌』廣島高等学校同窓会、１９７３年
音楽年鑑　昭和25年度版　音楽之友社、音楽新聞社共編、１９４９年
音楽年鑑　昭和26年度版　音楽之友社、１９５０年
音楽年鑑　昭和27年度版　音楽之友社、１９５１年
音楽年鑑　昭和28年度版　音楽之友社、１９５２年
音楽年鑑　昭和29年度版　音楽之友社、１９５３年
音楽年鑑　昭和33年度版　音楽之友社、１９５７年
音楽年鑑　昭和36年度版　音楽之友社、１９６０年
音楽年鑑　昭和43年度版　音楽之友社、１９６７年
音楽年鑑　昭和44年度版　音楽之友社、１９６９年
音楽年鑑　昭和45年度版　音楽之友社、１９７０年
『映画手帳7月号』「コラム」、１９５６年
『中国新聞』１９２３年10月17日「前人気湧くが如き　芸術復興音楽会廿二日夜の演奏曲目」
『中国新聞』１９２３年10月22日「芸術復興大音楽会　広告」「広島市立女学校音楽会　告知」
『中国新聞』１９２３年10月24日「震災が恵んだ土地で初手の大音楽会」
『中国新聞』１９２５年10月16日「コハンスキイ氏のピアノリサイタル」「音楽の三日」
『中国新聞』１９２９年１月６日、８日、９日、10日「昭和三年における広島の音楽界」
『中国新聞』１９４６年６月27日「楽譜に躍る悪夢の再現 山田氏・即興曲提げ來廣せん」
『中国新聞』１９４６年７月６日「花電車や山車も登場・盛澤山な廣島市復興祭」「音楽コンクール總評」
『中国新聞』１９４６年８月７日
『中国新聞』１９４７年８月７日

『中国新聞』１９４８年８月７日

『中国新聞』１９４９年８月７日

『中国新聞』１９４９年８月10日「川面を流れるメロディ平和祭飾水上演奏會」

『中国新聞』１９５１年８月28日「廣島水上音楽会」

『中国新聞』１９５１年11月25日「一万人の大合唱」

『中国新聞』１９５４年７月16日「有松洋子提琴独奏会」

『中国新聞』１９５４年７月26日「心はパリの空へ―有松さん留学記念演奏会に帰広―」

『中国新聞』１９５６年２月24日「原爆乙女　つきそいに二医師渡米」

『中国新聞』１９５６年４月３日「仕上げを急ぐ原爆乙女治療」

『中国新聞』１９５６年５月26日「整形手術で心臓マヒ」など

『中国新聞』１９５６年６月18日「原爆乙女けさ母国に第一歩」など

『中国新聞』１９５６年６月22日「治療の結果に満足」など

『中国新聞』１９５６年11月６日「原爆乙女の13名帰る」など

『中国新聞』１９５６年11月７日「原爆乙女　今夜我が家へ」など

『中国新聞』１９６６年７月30日「広島の歌」

『中国新聞』１９６９年４月18日「市民の楽団も誕生」

『中国新聞』１９６９年８月17日、夕刊

『中国新聞』１９６９年８月18日、夕刊

『中国新聞』１９６９年８月19日、夕刊

『中国新聞』１９６９年８月22日「大橋利雄　髙橋定をいたむ」

『中国新聞』２０１５年８月４日「岡田二郎に70年ぶり光　原爆に散ったバイオリニスト」

『中国新聞』２０２０年10月19日「戦前　教員オケの情熱　広島高等師範の『丁未音楽会』１９３０年代写真残る」

『中国新聞』２０２２年２月18日「プロ化50年　広響ものがたり」

『中国新聞』２０２２年２月19日「１枚の写真　カラヤンが寄せた激励」

『中国新聞』２０２２年3月25日「草創期　音楽に見た希望」
『中国新聞』２０２２年10月19日「愛用バイオリン発見」
『中国新聞』２０２２年11月15日「『平和のため音楽はある』アピールし続けて」
『中国新聞』２０２３年4月8日「広島サミット　復興　あのとき、〈9〉歓喜の歌」
FKニュース　NHK広島中央放送局
１９４８年5月20日「こども達のパラダイス」開館式全国中継放送、広島児童文化會舘
１９４８年7月20日「開局二十周年記念日を迎えて」廣島中央放送局長　石島治志
　開局二十周年祭典七月一日より四日間　廣島児童文化會舘で
１９４８年9月10日　世界平和への祈り「平和祭式典」「世界音樂」広島から全国中継
１９４８年10月19日「廣島藝術祭」スケジュール、「私たちの音楽」
１９４８年12月10日「廣島放送交響樂團 第一回定期演奏會」
１９４９年1月20日　FK音樂演藝放送回顧
１９４９年4月1日『廣響』生い立ちの記
１９４９年5月1日　放送の横顔「広管のコンダクター河合太郎」「音楽おしどり」コンビ竹竹内尚一夫妻
１９４９年6月1日　放送の横顔（2）瀬川昌二氏
１９４９年7月1日　放送の横顔（3）迎綾子さんのことども
１９４９年8月1日　平和祭特輯番組
『夕刊ひろしま』１９４６年8月7日、有限会社夕刊ひろしま新聞社
『夕刊ひろしま』１９４８年8月7日、有限会社夕刊中国
『スポーツ中国』１９６４年12月4日、中国新聞社
呉新興日報社（編著）『大呉市民史（明治編）』呉新興日報社、１９４３年
『呉新聞』１９２５年7月19日「管弦楽演奏会十八日の夜」
『呉新聞』１９２５年8月28日「音楽の社会的効用／転任噂ある堤琴の名手　軍楽隊の古村兵曹長」
『呉新聞』１９２５年9月12日「紙上放送　海軍軍楽隊のことども」「今夜の公演・平易なものばかり選んだ演奏曲目」

『呉新聞』1925年9月19日「露西亜曲を主として選んだ管弦楽」
『呉新聞』1926年9月4日「オーケストラ土曜の夜—水交支社で」
『呉新聞』1927年6月21日「諒闇中で許されぬ海軍軍樂隊の演奏　海軍思想普及の意味で」
『呉新聞』1927年6月22日「各地で好評の海軍軍樂隊　扶桑に搭乗し点呼地で演奏」
『呉新聞』1927年6月27日「海軍々楽隊の管弦楽廿九日の夜」
『呉新聞』1927年7月21日「非常に人気音楽と舞踊の会　大講堂に流れる聴取者」
『呉新聞』1927年7月29日「今晩催される軍楽隊公開演奏二河小學校校庭にて」
『呉新聞』1927年8月22日「海軍軍樂隊演奏本月末と来月初とに五番町校で開く豫定」
『呉新聞』1927年9月16日「海軍軍楽隊管弦楽演奏会十七日広公会堂」
『呉新聞』1928年6月15日「演奏曲目　海軍々楽隊」
『呉新聞』1928年6月26日「呉海軍軍樂隊公開演奏の夕　聴衆三千」
『呉新聞』1928年9月14日「広島市から海軍軍楽隊放送　十四日夜プログラム」
『夕刊中国新聞』1947年8月6日「マ元帥のメッセージ　ダグラス・マッカーサー」有限会社夕刊ひろしま新聞社
『夕刊中国新聞』1950年7月3日「メスを握る手に弦を」有限会社夕刊中国
中国新聞、日本経済新聞、読売新聞、朝日新聞、毎日新聞
2017年2月16日　広告『昭和21年2月　広島の「未完成」』特定非営利法人　音楽は平和を運ぶ
『朝日新聞』1967年2月21日「なんとも不思議な話」
渡邊弥蔵資料（広島市公文書館所蔵）
渡邊弥蔵資料＃144『広島高等師範学校丁未音楽会　第36回音楽演奏会　似島独逸俘虜音楽会演目』1919年
渡邊弥蔵資料＃149『丁未音楽會　第八十四回音楽會』1931年
渡邊弥蔵資料＃150『楽聖ヤッシャ・ハイフェッツ堤琴大演奏会』1931年10月11日
渡邊弥蔵資料＃153『東京音楽学校大演奏会　東京音楽学校同声会広島支部／広島文理大高師丁未音楽会』1939年
渡邊弥蔵資料＃158『渡邊弥蔵・山本壽先生功績顕彰記念音楽会』広島教育音楽協会、1951年
渡邊弥蔵資料＃160『NHK Symphony Orchestra』NHK交響楽団他、1952年

渡邊弥蔵資料＃１６５『全県下大学高校合同学生音楽祭 第2回』広島県教育音楽協会、１９５８年
渡邊弥蔵資料＃１７１『広島高校音楽連盟発表会 第一回音楽会』広島高校音楽連盟、１９５７年
渡邊弥蔵資料＃１８７『有松洋子 ヴァイオリン演奏会』１９６０年
渡邊弥蔵資料＃１９２『辻久子提琴独奏会』広島勤労者音楽協会、１９５５年
渡邊弥蔵資料＃１９３『東京芸術大学交響楽団』広島勤労者音楽協会、１９５５年
渡邊弥蔵資料＃２１７『演奏会一覧』
渡邊弥蔵資料＃２２２『廣島高師丁未音楽会第28回音楽演奏会』１９１６年５月13日
渡邊弥蔵資料＃２２２『廣島高師丁未音楽会第29回音楽演奏会』１９１６年11月10日
渡邊弥蔵資料＃２２２『皇太子殿下御成婚奉祝音楽會』広島市段原尋常小学校、１９２３年６月１日
渡邊弥蔵資料＃２２２『第三回音樂演奏會プログラム』広島市高等女学校、１９２３年10月28日
渡邊弥蔵資料＃２２２『創立20周年記念 東京音楽学校教授演奏』縣立廣島高等女學校同窓会、１９２４年11月２日
渡邊弥蔵資料＃２２２『第19回兒童學藝大會』広島高等師範学校附属小學校、１９２５年１月23日
渡邊弥蔵資料＃２２２『音楽と舞踊の会』広島童謡研究会、１９２５年７月18日
渡邊弥蔵資料＃２２２『第六回音楽演奏会』広島市高等女学校、１９２５年10月10日
渡邊弥蔵資料＃２２２『広島高等学校音楽部・文芸部　第二回開校記念音楽会』１９２８年10月13日
渡邊弥蔵資料＃２２２『第44回定期研究鑑賞會 獨唱とピアノ演奏会』広島音楽連盟、１９４７年９月21日
渡邊弥蔵資料＃２２２『第48回定期研究鑑賞會 植野豊子提琴獨奏会』広島音楽連盟、１９４８年３月27日
渡邊弥蔵資料＃２２２『廣島音楽協会第50回記念演奏会』１９４８年５月30日
渡邊弥蔵資料＃２２２『第51回特別研究鑑賞會 笹田和子獨唱会』広島音楽連盟、１９４８年６月６日
渡邊弥蔵資料＃２２２『広島放送交響楽団臨時演奏会』１９４８年11月28日
渡邊弥蔵資料＃２２２『第二回 広島放送交響楽団定期公演』１９４８年12月12日
渡邊弥蔵資料＃２２２『第三回 島放送交響楽団定期公演』１９４９年３月27日
渡邊弥蔵資料＃２２２『ＰＲＯＧＲＡＭ／Ｙ・ＷＡＴＡＮＡＢＥ』１９５１年
渡邊弥蔵資料＃２２２『大澤寿人と広響 の演奏会』広島市教育委員会他、１９５１年３月17日

渡邊弥蔵資料#222『広島フィルハーモニー交響楽団創立演奏会』1951年7月7日
渡邊弥蔵資料#480『中国新聞』渡邊弥蔵「広島音楽会50年の裏表1〜42」1957年1月8日〜3月6日
渡邊弥蔵資料#481『中国新聞』渡邊弥蔵「日本の音楽教育」1960年1月17日夕刊
渡邊弥蔵資料#486「広島音楽会50年の裏表」不掲載記事
渡邊弥蔵資料#501　渡邊弥蔵　原稿『籟音』(「広島音楽界の回顧」1949年1月4日)
日本放送協會(編)『昭和六年ラヂオ年鑑』誠文堂、1931年
日本放送協會(編)『昭和七年ラヂオ年鑑』日本放送出版協會、1932年
日本放送協會(編)『昭和八年ラヂオ年鑑』日本放送出版協會、1933年
日本放送協會(編)『昭和九年ラヂオ年鑑』日本放送出版協會、1934年
日本放送協會(編)『昭和十年ラヂオ年鑑』日本放送出版協會、1935年
日本放送協會(編)『昭和十一年ラヂオ年鑑』日本放送出版協會、1936年
日本放送協會(編)『昭和十二年ラヂオ年鑑』日本放送出版協會、1937年
日本放送協會(編)『昭和十三年ラヂオ年鑑』日本放送出版協會、1938年
日本放送協會(編)『昭和十五年ラヂオ年鑑』日本放送出版協會、1939年
日本放送協會(編)『昭和十六年ラヂオ年鑑』日本放送出版協會、1940年
日本放送協會(編)『昭和十七年ラヂオ年鑑』日本放送出版協會、1941年
日本放送協會(編)『昭和二十二年ラジオ年鑑』日本放送出版協會、1947年
日本放送協會(編)『ラジオ年鑑　昭和二十三年版』日本放送出版協會、1948年
日本放送協會(編)『ラジオ年鑑　昭和二十四年版』日本放送出版協會、1949年
日本放送協會(編)『ラジオ年鑑　昭和二十五年版』日本放送出版協會、1950年
日本放送協會(編)『NHKラジオ年鑑1951』ラジオサービスセンター、1951年
日本放送協會(編)『NHK the radio year book　1953』ラジオサービスセンター、1953年
日本放送協会(編)『NHK radio & television year book　1954』ラジオサービスセンター、1954年
日本放送協会(編)『NHK radio & television year book　1955』ラジオサービスセンター、1955年

日本放送協会（編）『NHK radio & television year book 1956』ラジオサービスセンター、１９５６年
日本放送協会（編）『NHK radio & television year book 1957』ラジオサービスセンター、１９５７年
日本放送協会（編）『NHK radio & television year book 1958』ラジオサービスセンター、１９５８年
日本放送協会（編）『NHK radio & television year book 1959』ラジオサービスセンター、１９５９年
日本放送協会（編）『NHK radio & television year book 1960』ラジオサービスセンター、１９６０年
日本放送協会（編）『NHK radio & television year book 1961』ラジオサービスセンター、１９６１年
日本放送協会（編）『NHK radio & television year book 1962』ラジオサービスセンター、１９６２年
日本放送協会（編）『NHK radio & television year book 1962（2）』ラジオサービスセンター、１９６２年
『ＮＨＫ年鑑１９６３』ＮＨＫ出版、１９６３年
『ＮＨＫ年鑑１９６４』ＮＨＫ出版、１９６４年
『ＮＨＫ年鑑１９６５』ＮＨＫ出版、１９６５年
『ＮＨＫ年鑑１９６６』ＮＨＫ出版、１９６６年
『ＮＨＫ年鑑１９６７』ＮＨＫ出版、１９６７年
『ＮＨＫ年鑑１９６８』ＮＨＫ出版、１９６８年
『ＮＨＫ年鑑１９６９』ＮＨＫ出版、１９６９年
『ＮＨＫ年鑑１９７０』ＮＨＫ出版、１９７０年
『ＮＨＫ年鑑１９７１』ＮＨＫ出版、１９７１年
『ＮＨＫ年鑑１９７２』ＮＨＫ出版、１９７２年
『ＮＨＫ年鑑１９７３』ＮＨＫ出版、１９７３年
『ＮＨＫ年鑑１９７４』ＮＨＫ出版、１９７４年
『ＮＨＫ年鑑１９７５』ＮＨＫ出版、１９７５年
『ＮＨＫ年鑑１９７６』ＮＨＫ出版、１９７６年
『ＮＨＫ年鑑１９７７』ＮＨＫ出版、１９７７年
『ＮＨＫ年鑑１９７８』ＮＨＫ出版、１９７８年

『NHK年鑑1979』NHK出版、1979年
『NHK年鑑1980』NHK出版、1980年
日本放送出版協会編　放送研究1（3）日本放送協会、1941年
日本放送出版協会編　放送研究2（11）日本放送協会、1942年
日本放送出版協会編　放送文化6（4）日本放送協会、1951年
音楽の友12（4）音楽之友社、1954年
音楽の友30（6）音楽之友社、1972年
大田黒元雄『影繪：大演奏家の生活と藝術』第一書房、1925年
東京音楽学校（編）『東京音楽大学校一覧　従大正15年　至大正16年』1926年
桑原功一「昭和初期における海軍軍楽隊と地域　呉海兵隊付軍楽隊と「音楽都市」呉を事例に」『軍樂史学』第44巻第2号、2008年
『陸軍中野学校』中野校友会、1978年
『三輪町史』三輪町史刊行委員会、2001年
『三輪町史（非売品）』三輪町役場、1970年
小谷瑞穂子『ヒロシマ巡礼―バーバラ・レイノルズの生涯―』筑摩書房、1995年
『日本書紀』「巻第二　神代下」舎人親王他撰、1599年
「神峯山　用明院　般若寺」パンフレット、真言宗　御室派　般若寺、制作年不明
東京音楽学校在籍者データベース
海軍軍楽隊在籍者データベース
東京藝術大学 音楽学部楽理科／大学院音楽文化学専攻音楽学分野（geidai.ac.jp）
『大正15年度、昭和4年度　東京音楽学校　預科入学願書』
『東京音楽学校　同聲会　会員名簿』2013年
被爆建物調査研究会（編）『被爆50周年ヒロシマの被爆建物は語る』広島平和記念館、1996年
日本舞踊会議著、出版『音楽の世界 World of Music』1981年
都市計画協会『新都市広島平和都市建設特集4（8）』1950年

広島市編　広島新史社会編　広島市、１９８５年
広島市編　広島新史市民生活編　広島市、１９８３年
広島大学東雲社会科研究室編『私たちの郷土広島縣』実業教科書、１９４９年
広島県印刷工業組合　第14回印刷文化典記念誌編集委員会編『印刷文化典記念誌』１９６８年
広島市公文書館編『広島市公文書館紀要（10）』広島市公文書館、１９８７年
廣島大学東雲社会科研究室編『私たちの郷土広島縣』実業教科書、１９４９年
時事通信社編『広島県年鑑１９５１年』時事通信社、１９５０年
ＮＨＫ交響楽団『フィルハーモニー＝Philharmony26（５）』ＮＨＫ交響楽団出版社、１９５４年
吉田文五『中国芸能風土記』たくみ出版、１９７６年
帝国秘密探偵社編『大衆人事録第20番西日本編』帝国秘密探偵社、１９５８年
丹羽小弥太（訳）『ノー　モア　ウオー』講談社、１９５９年
『文藝春秋61（13）１９８６年　12月』文藝春秋、１９８６年
鈴木慎一朗『広島女子高等師範学校から広島大学再編における音楽教員養成　―体育・音楽教員養成から音楽教員養成へ　論集（鳥取大学地域学部紀要）第９巻第３号』２０１３年
西村文・廣谷明人・二口とみゑ『明子さんのピアノとパルチコフさんのヴァイオリン』２０２３年
ＮＨＫ総合「ヒロシマ復興を夢みた男たち」２０１３年３月16日
広郷土史研究会編集委員会「芸州・野間氏四代実録」上河内良平『広郷土史研究会会報１６４号』２０２３年
広郷土史研究会編集委員会「呉空襲で壊滅した栄光の帝国海軍」相原謙次『広郷土史研究会会報第１６７号』２０２３年
機関車データベースＣ５９１８４「デゴイチよく走る―蒸気機関車のページ―　よく走る！」２０２３年９月27日
長谷義隆　丹羽秀雄『発掘レトロ洋楽館松坂屋少年音楽隊楽士の軌跡　古稀回顧』発掘レトロ洋楽館、刊行委員会、２０２１年
九州大学文書館「九州大学　大学文書館ニュース」第30号、２００７年
藤井百合「小原國芳と音楽教育―玉川学園の第九と共に歩んだ道（１）」（『論叢』10号玉川学園女子短期大学、１９８６年）
『不当労働行為事件命令集 第24・25集』中央労働委員会事務局、１９６１年
片山杜秀『話題のディスクで根掘り葉掘り、傑作!?問題作！演奏編21』レコード芸術、２００６年11月号、音楽之友社

山田耕作『ソヴィエト音樂の旅』音楽世界3（11）、音楽世界社、敬文館、1931―11
『東京朝日新聞』1937年6月19日夕刊「山田耕筰氏伯林でタクト フイルハーモニーを指揮　日本へも特別放送」
内山惣十郎「浅草オペラの生活」雄山閣出版、1967年
昭和音楽大学オペラ研究所、オペラ情報センター　https://opera.tosei-showa-music.ac.jp
日本財団図書館データベース　https://nippon.zaidan.info

協力

中国新聞、広島県立図書館、広島県立文書館、広島市立図書館、広島市公文書館、広島市市民局文化振興担当、入船山記念館、呉市史編纂室、呉市海事歴史科学館（大和ミュージアム）学芸課、広郷土史研究協議会、呉海上自衛隊軍楽隊、国立国会図書館、国文学研究資料館、防衛研究所、広島大学文書館、広島大学中央図書館、東京藝術大学未来創造継承センター大学史史料室、大刀洗平和記念館、知覧特攻平和会館、全国労音、ワールドフレンドシップセンター、広島平和記念資料館、広島県原爆被爆者団体協議会、日本被団協事務局、広島市医師会、日本医科大学、天理大学雅楽部、広島交響楽団、呉三津田高校同窓会、呉清水ヶ丘高校、宮城県水産高校、島根大学教育学部、桐朋学園大学同窓会、国立音楽大学、東京音楽大学、大阪音楽大学、愛知県立芸術大学、小野アンナ記念館、全国手をつなぐ育成連合会、広島県手をつなぐ育成連合会、社会福祉法人ひかり会、石井栄、稲田勲、入江乙彦、上田定則、岡田晋輔、奥川浩一、岡崎耕治、澤野京子、島秀行、竹内俊夫、田中民雄、田邉俊彦、仲田裕介、丹羽不律、原武、原田康夫、原田義弘、堀口悟史、桝川兵郎、毛利寛子、山田浩子、呉宮原赤崎神社、真言宗御室派般若寺、浄土真宗本願寺派広島市浄寶寺、無障山報専坊、為安山専立寺、呉海龍山正圓寺宮原本坊、呉音戸法専寺、浄土真宗本願寺派本願寺（西本願寺）、廿日市市椿原山善正寺、広島市白神山天遊院西向寺、日本キリスト教団広島流川教会、日本聖公会広島復活教会、（株）序破急八丁座、（株）ワールドコーヒー、（株）村田相互設計事務所、樋口バイオリン工房、文藝春秋、名井珈琲店

その他多くの方々にご協力いただきました。御礼申し上げます。

付録

＊個人情報の関係で、一部改変している箇所があります。

髙橋病院前、もっとも古い病院スタッフらとの写真。左後ろは広島市医師会館（昭和 27 年 9 月 24 日）
前列中央に温子と定

付録１－１

広島労音２周年記念

広島労音12月例会プログラム　1956年12月15、16日

付録1－2

付録1－3

広島労音12月例会

PROGRAM

・曲　目・

1. 序曲「エグモント」ヘ短調

作品84……………………………………ベートーヴェン

2. 交響曲 第9番 ニ短調

作品125「合唱」………………………ベートーヴェン

指揮・高田信一

独唱・ソプラノ 三宅春恵

アルト 川崎静子

テノール 柴田睦陸

バリトン 伊藤亘行

合唱・「第九」合唱団（在広合唱団合同）

管弦楽・広島放送交響楽団

1956年12月 15日 3時・6時半 16日 2時・6時 広島市公会堂

広島労音12月例会プログラム　1956年12月15、16日

付録1－4

……私は、あなた方に、更に偉大な芸術家として
だけでなく、更に善良な、更に完全な人間として、
お目にかかるつもりです。
そして、たとい、どんなに私達の故郷が裕福にな
つているとしても、私は、私の芸術を、ただ、貧し
い人々のためだけにつくるつもりです……。
ベートーヴエン

広島労音12月例会プログラム　1956年12月15、16日

楽曲解説

〔第1樂章〕 速く但し速すぎぬようそしてやや威厳をもつて ＝短調 4分の2拍子 ソナタ形式。

呈示部、展開部、再現部、終止部と4部構成のきわめて大規模なソナタ形式で、ベートーヴェンが書いた数多くのソナタ形式のうちもつともすぐれたものの一つ。

序奏は、第1ヴアイオリンとチエロの不安定なトレモロの上に、弱いホルンが乗つてはじまり続いて第1主題の断片的なひらめきが、第1ヴアイオリンから、ヴイオラとコントラバスに引継がれながら繰返し、大曲の序としてふさわしい神秘的な雰囲気をかもし出す。序奏の中途からは次第に音力の増大がはかられ、続いて全楽器の最強奏により、強烈で巨大な第1主題が荘重に奏される。第2主題は木管にはじまり直ちにフルートに引継がれるが、穏やかできわめて明るい。

以後、ソナタ形式に従つて展開、再現されて終止部に入るが、再現部は序および主題の単なる再現という意味を越えて、呈示部および展開部を通じて発展してきた、大きな力のクライマツクスとして現われており、又終止部も通常より著しく長大である。この大作品の冒頭を飾るにふさわしい、強烈にして荘重な楽章。

〔第2樂章〕 きわめて速く活潑に ＝短調 4分の3拍子。

スケルツオ・トリオ・スケルツオの三部形式をもつているが、スケルツオにあたる部分はソナタ形式の構成が適用されている。

冒頭のテインパニーの印象は強く、4分の3拍子のスケルツオの激しい律動が、激しい速度に乗つてはじまり、鋭く活潑な主題が次第に強く展開され、その律動は終始一貫、間断なく執拗に繰り返される。トリオはオーボエとクラリネツトにより2分の2拍子のやや明るい感じをつくる。第3部分のスケルツオは、第1部分のほとんど全部をそのまま再現する。

この楽章は、激しい運動性のうちに鋭い批判的精神を表現しており、スケルツオもこの曲ではもう「諧謔曲」の訳語はあてはまらずむしろ、奔放な精神の躍動を想わせる。

〔第3樂章〕 甚だおそくかつ歌うように 変ロ長調 4分の4拍子。

全体は7部分にわかれ、二つの対照的な性格をもつ部分が交代して現われ、それに変奏の手法が加えられている。形式は独特で、明確に何形式ときめられない。

第1部は、ヴアイオリンによる美しい静かな旋律（A）が流れていくが、この旋律は短い木管の間奏によつて中断されながら続く。第2部は第1部より速めとなり、絃楽器によつて旋律（B）が明るく奏される。第3部は（A）の旋律を優美に変奏。第4部は（B）を反復。第5部は間奏的性格をもつ中間部で、伴奏部に現われるピチカツトが非常に印象的。第6部は再び（A）の変奏で、限りない美しさで惻々と胸にせまる。第7部は終止部にあたり、冒頭および途中で管楽器によるフアンフアーレが鳴りひびき、第4楽章への暗示を与えながら静かに曲を閉じる。

気高くも抒情的な崇高美あふれる楽章で、すべての音楽作品の中で、もつとも美しいものに属する。

〔第4樂章〕 フイナーレ。

全体は9個の部分から成り、それぞれの拍子、調子、速度をもつている。

第1部は、第3楽章が静かな終止をつげた後、休止をおかず直ちに2分の2拍子の速いテンポではじまる。最初管と打楽器により渾沌とした不協和音が激しく鳴り、これを受けついでチエロとコントラバスにより敍唱風の否定するような旋律が応える。続いて過去を回想するかのように、1・2・3楽章の主要旋律の短い断片が次々現われるが、その悉くが冷たい低音弦の響きでかき消されていく。

第2部は、遂に「歓喜」の主題がチエロとコントラバスによつて低く、弱く、ゆつくりと唱い出され、ヴイオラとチエロ、第1ヴイオリン、全楽器と次第に盛り上りながら4度反復される。第3部に至り、楽章はじめの激烈な楽音が奏された後、バリトン独唱が「おお友よ……」と高らかに唱い、続いて第四部、歓喜の主題がバリトン独唱と合唱、4重唱によつて荘重に唱われる。

第5部は、フアゴツトと打楽器によつてはじまる行進曲風な音楽に変り、美しいテノールのソロが入る。第6部は、合唱によつて第2の主題が重々しく唱われ、第7部では歓喜の主題と第2の主題が対位法的な技法で同時に唱われている。第8部は弦楽部の速い導入をもつ間奏的な部分、第9部は速いテンポで合唱ともども全楽器が動員され、圧倒的な迫力で力強く曲を結ぶ。

広島労音12月例会プログラム　1956年12月15、16日

付録1－6

歓喜の歌 第九交響曲

1821年～23年の間住み＜第9＞のスケツチを完成したバーデン

大音楽家のただ一つの作品によつて、世界が、それも、その同時代の世界だけでなく、その後代の世界までが、すでに100年以上も昂奮状態におかれたということは、ベートーヴエンの＜第9交響曲＞以外に決してなかつた……。

いうまでもなく、この作品はベートーヴェン9曲の交響曲中、最後にして最大の交響曲です。いやただ単にベートーヴェンの最高の作品であるばかりでなく、その秀れた内容といい、巨大な構造といい、全音楽作品中に燦然として輝く、千古不朽の名曲といえるでありましよう。

今日＜第9＞といえば、すでにこの作品の代名詞のようになつています。勿論第9交響曲を書いた人は、ベートーヴェンだけではありません。古くはハイドン、モーツアルトにしても、新しくはマーラーやショスタコヴィツチにしても書いています。何故＜第9＞といえばベートーヴェンの作品だけをいうのでしよう。――それは何よりもこの作品が、世界の多くの人々の共感を呼び、又あの有名な合唱の旋律に親しみを覚えるからではないでしようか。

＜第9＞は、ベートーヴェンの他の交響曲と同じように4つの楽章から出来ています。しかし、最後の楽章にシルラーの「歓喜への頌歌」が用いられ、甚だ独自な構成を示しています。私たちは、この楽章を聴くとき、ベートーヴェンが人間として又作曲者として、到達した高さと広さと大きさとがいかなるものであつたかを充分知ることが出来ます。そして又、声楽を交響曲の中に用いようと考えついた気持を了解することが出来ます。

バーデンより帰り最後の仕上を行つたウインのアパート

＜第9交響曲＞が表現している世界は、おそらくオーケストラのもつ器楽的なひびきだけでは現わし得なかつた。そこには人間の声が、じかにひびいてくることを必要としたに違いありません。こゝでベートーヴェンが必要としたものは、純粋な声楽曲ではなく、器楽曲でもなく、両者が何れも従属関係を超えて渾然と綜合・融和される点にあつたでありましよう。

独唱と合唱は、器楽と同等の役割をもつて対峙し、先行する3つの楽章はすべてこのクライマツクスを作る終楽章の土台をなし、その上にシルラーの頌歌が、宏壮な殿堂として形作られています。この意味で最初の3つの楽章がなくては、終楽章の威力と効果は半減するでしよう。先行各楽章の主題の断片は、終楽章に使用されて全曲の統一が図られていますが、このような手法は、後にロマン派および近代楽派に所謂循環形式として、一つの新しい範を示しています。

ベートーヴェンは、既に＜第3交響曲・英雄＞において、その尨大な形式の中に英雄的な雄渾さを余すところなく表現し、＜第5・運命＞においては、更に円熟した手法で情熱を吐露していますが、＜第9＞においては、＜英雄＞をしのぐ構成の中に、＜運命＞をしのぐ劇的表現を行つています。

＜第9＞は、ベートーヴェンが斗い抜いた運命を謳歌し、哲学的な達観をもつとも瞑想的に、劇的にかきつづつているのです。

広島労音12月例会プログラム　1956年12月15、16日

序曲「エグモント」

ヘ短調　作品八四

「エグモント」は5幕物の悲劇で、ゲーテの傑作として知られていますが、物語は「16世紀、フランドルの政治家エグモント伯が、祖国をスペイン王フイリツプ二世の圧制から救わんとして兵を起したが、そのために捕えられ死刑の宣告を受けたので、それを聞いた愛人クレールヒエンが悲しみのあまり、自ら毒をのみ生命を断ち、その幻は自由の女神となり獄中にある彼の面前に立ち現われて、その手に月桂樹を授け愛国の志士エグモントの光栄ある死を祝福し、彼は断頭台上に果てていく」と云う筋です。

この劇には音楽が必要で、すでに他の作曲家の作曲したものが使われていましたが、「エグモント」がウイーンの宮廷劇場で上演された1810年にその劇場支配人ハルトルの依頼で序曲と9曲の附随音楽を作曲しました。ベートーヴエンは日頃ゲーテの文学を崇拝していましたので、かえつて喜んでこの序曲をひき受けました。それが序曲「エグモント」なのです。

これらの音楽はいずれも悲劇の内容とよく一致したすぐれたもので、殊に序曲は1806年の「レオノーレ第3」、翌年1807年の「コリオラン」とともに中期の最も充実した創作力を遺憾なく発揮されており、強烈な感動を与えます。

曲は3つの部分に分けられますが、序奏部はヘ短調2分の3拍子のヘ音のユニゾンがではじまり、その重々しい感じの旋律は暗い悲しさを持つていて、圧迫された民衆の悩みを現わすかのように感じられます。

次が主要部でソナタ形式からなり、チエロの奏する悲壮な感じの第1主題と、フオルテイシモによる律動的和音的な要素と、弱く奏される線的な要素とから成る優しさをこめた第2主題とが出て、エグモントの強い性格や、愛情や、闘斗がこの中に鋳込まれています。

終りは結尾部ですが、非常に迫力のある豪壮な終末で、木管と金管の強奏による終止主題が高らかになり、死を通じて得られた永遠の勝利をあらわすようにひびきわたります。そして全合奏の燦然たる音の流れが続いて曲が閉じられます。

曲想をねるベートーヴエン

広島労音12月例会プログラム　1956年12月15、16日

付録1－8

歓喜の頌

ベートーヴェンがよく散歩したハイリゲンシュタットの森

「おお、友よ、このような音ではなく、私たちはもつと心持のよい、もつとよろこびに充ちたものを歌い出そうではないか。」

歓喜よ、美しい、神々の如ききらめき、楽園の娘よ
われわれは炎のように酔いしれて
汝の天の如き至聖所に足を入れる
汝の魅力はこの世の慣習がきびしく切りはなしたものを再びむすびあわせ
汝のしずかな翼がとどまる所で、すべての人は兄弟になる

一人の友の友になるという難事に成功した人
貞淑な女性を自分のものにしたい
それらはその歓声をともにあげよ
そうだ、たとえ1つでも地球の上で人の心を自分のものと呼び得る人も共に
これらのことに失敗した人は、涙を流しながらこの団結から立ち去れ

すべての物は自然の胸乳から歓喜を飲む
すべて善なるもの
すべて悪なるものは自然のいばらの小路をたどる、自然はひとしくそれらにくちずけとぶどうの房を与える
また、死によつて試みられた友よ
そして虫けらには快楽が与えられていて
神の前には熾天使が立つ

天の美しい計画によつて
天のいくつかの太陽がたのしく飛びかけるように、兄弟たちよ
汝のみを凱旋の英雄のようによろこんで走れ

百万の人々よ、互に抱き合え
全世界の接吻をうけよ
兄弟よ　星のあげばりの上に愛すべき父は必ず住みたまう
百万の人々よ　跪いたか
世界よ　創造の神の存することに思いいたつたか　星のあげばりの上に神を求めよ
星の上に彼は必ず住みたまう

広島労音12月例会プログラム　1956年12月15、16日

広島労音12月例会プログラム　1956年12月15、16日

付録1－10

三　宅　春　恵

まだ上野の音楽学校を卒業したばかりのころ、当時の新交響楽団（現在のN響）の定期公演で、ベートーヴェンの歌劇＜フイデリオ＞全曲演奏がありましたが、そのとき未経験の私が、いきなりマルチエリーナの役を、ローゼンシュトツク氏の指揮棒にちぢみ上りながらも、どうやら歌い終りました。ところがその後直ぐに、同団の＜第九＞の公演には大先輩の四家文子、木下保、矢田部勁吉諸先生の中に入れられて、夢中で歌つたのが＜第九＞の初舞台でした。

それから年々、少くとも二回は歌つているような次第です。ソリストとして、柴田、中山（或いは伊藤）川崎の諸氏と名コンビとして、歌いつゞけていけるのを心から誇りとしております。

一昔前までは、＜第九＞のコーラスは音楽学校の生徒しか歌えないむづかしいものとされていましたが、その後10数年の間に、全く日本も進歩したもので、最近地方の方々が、兎も角一応あの大曲をお歌いになるようにまでなつたと云うことは、何んと喜ばしい現象でございましよう。

外国ではめつたに聞けない＜第九＞の演奏が、日本では年に何回も催され、しかも＜第九＞ならば必ず満員になると云うことは、色々と考えられる点もあるような気がします。たゞのお祭り騒ぎの第九演奏会でなく、心から音楽を味わい、楽しむ催しであるように、そしてすべての点で広島の皆様のプラスになる会であるようにと、遥かに祈つております。

◇

川　崎　静　子

昭和16年より本年まで15年間、1年に2回くらいの割で歌つています。演奏しました土地は東京をはじめ横浜、名古屋、京都、大阪、神戸、岡山、福岡、札幌と広く、又一諸にやりましたオーケストラは、日響、東響、東京フイル、ABC響、名古屋管弦楽団等です。指揮者は、山田耕筰、近衛秀麿、上田仁、山田和男、グルリツト、ローゼンシュトツク、カラヤン、クルト・ウエス、フエルマー、金子登、前田幸市郎、高田信一の諸氏でした。

＜第九＞は、皆さん、アルトのパートはやさしくてよいと申されますが、此の曲は歌つた人でなくてはわからないほど、声の出し方がむつかしい曲です。アルトのパートは、いつも4重唱でおもてにはつきり出ませんが、それだけにバランスを、一寸でも油断をするとそのバランスをこわしてしまいます。（勿論他の曲でも同じことですが）特に＜第九＞の場合器楽的に音が配置してあるため、歌いやすくポルタメントをつかつたり、易しい出所で声を張り上げてみたり、と言うことは絶対に許されないので非常に神経を使います。でも幾度歌つても幾度聴いても、すばらしい曲と、心から拍手を送つています。

◇

柴　田　睦　陸

戦前から歌つていますが、何度くらい歌つたか記憶がありません。戦後の記録も昭和28年の12月からで、それまでの分は月日・場所がはつきりしません。

交響楽団は、日響・東響・東フイル・関響・岡山放管指揮者は、尾高尚忠・金子登・山田和男・高田信一・朝比奈隆・前田幸市郎等。場所は主として日比谷公会堂ですが、共立講堂・大阪産経会館・岡山公会堂等でも歌つています。

28年12月　N響定期（マルチノン）、29年5月～6月N響（カラヤン）、29年10月　東フイル（山田和男）、29年12月　東フイル（前田幸市郎）、30年3月　近衛（近衛秀麿）、30年8月　東フイル（ニコラ・ルツチ）、30年9月　東響（上田仁）

私はまだ音楽を始めなかつた田舎の少年の頃に、＜第九＞を聴かされて凄いショツクを受けた経験があります。又上野の学生の頃、日響の定期でローゼンシュトツクの指揮を聴いて涙が出た記憶があります。今は残念ながらゆつくり聴く時がないので、現在の感想となると、一寸困つた感じですが、ともかく大曲であり、名曲だとも思います。

しかしこの頃のように、一種の流行のようになるのはどんなものでしよう。また、フエステイバル（お祭的な）演奏と、音楽的に追究した演奏とは、やる方の側も聴く側も、あらかじめそれにふさわしい覚悟が必要なのではないかと思うことがあります。

◇

伊　藤　亘　行

＜第九＞演奏は、年末の定例N響公演を始めとし数多く出ていますが、最も感銘の深かつたのはカラヤン氏来朝の際に歌つた時です。ついでマルチノン、クルト・ウエス、エツシュバツハー氏等の指揮により公演、今年末はローゼンシュトツク氏のN響＜第九＞公演に出演することになつています。

「第九」の初舞台は昭和26年5月、遠山一行氏指揮による東響の＜第九＞の際で思い出懐しいものです。東響では上田仁氏の棒で数回演奏を致しました。

「第九」のソリストは4人ですが、4楽章に入つてからオーケストラ全部鳴りやんで一瞬、バリトンソロで「おゝ友よ……」と歌い出すあの気持は、何ものにも例えようがないくらい全身の血が躍動します。まさに、全責任を一人で背おつて立つた一瞬とも云えるでしよう。4人のソロの中では、何と云つても歌い甲斐があるわけです。

今度、広島の皆様とご一緒に＜第九＞の演奏の出来る日を、大いに楽しんで待つております。

広島労音12月例会プログラム　1956年12月15、16日

三　宅　春　恵

昭和14年東京音楽学校卒業。

ヘルマン・ウーフアーペーニツヒに師事。

安定した発声と天与の美声によつて、又、その正確無比な歌い振りを以つて日本声楽界に君臨している。リードにおいて特に深い解釈とすぐれた表現を示し、オペラにおいてはゲルハルト・ヒツシユとの共演による〝タンホイザー〟のエリザベートで名演、また他に〝魔笛〟のパミーナ〟コシ・フアン・トウツテ〟のフイオルデリージ等を演じている。

川　崎　静　子

昭和16年東京音楽学校卒業。

田中伸枝氏に師事。

三宅春恵さんとともに二期会女声歌手の双璧。豊かで艶麗な声と自然な発声法はきわめて魅力的な印象を与え、高、低音にむらのない美しさは彼女自らのユニークなもの。オペラでは誰知らぬ人とてないカルメンの名歌手。

最近「バラの騎士」に主演して好評を博した。

柴　田　睦　陸

昭和13年、東京音楽学校卒業。

薗田誠一、ウーフアーペーニツヒに師事。

云うまでもなく我国テノール界の第1人者。レパートリーは極めて多く、歌曲においてはイタリー歌曲を最も得意とし、亦宗教音楽において、ヘンデルの〝救世主〟を始め、ハイドンの〝天地創造〟、ベートーヴエンの〝ミサ・ソレムニス〟などを手がけている。オペラにおいては昭和28年秋、至難の曲と云われたヴエルデイの〝オテロ〟上演に際し、オテロを演じて毎日音楽賞を受けた。

伊　藤　亘　行

昭和16年東京音楽学校卒業。

木下保、中山悌一の両氏に師事。第19回音楽コンクールに入賞。稀にみる美声と豊かな声量、加えて深い音楽性の持ち主として、誠に貴重な存在である。歌曲ではドイツリードにおいて貫録ある仕事振りを示している。またオペラにおいて〝オテロ〟の難役イヤゴーを演じて、毎日音楽賞を受けた他〝フイガロの結婚〟の伯爵、〝リゴレツト〟のジルダの父親などで名演を残している。

広島労音12月例会プログラム　1956年12月15、16日

高　田　信　一

昭和16年東京音楽学校作曲科を卒業。

以来作曲・編曲の分野及び指揮として活躍している。

主要作品に「カプリチオ」「田園組曲」などがある。日響（現N響）、東フイルの専任指揮者を歴任し、現在はフリー。ご存知の東京ニューアンサンブルを率いるかたわら、各交響楽団を指揮して演奏会、放送を通じて広く親しまれている。現在広大福山分校教授。

練習中の
第九合唱団（右）
広島放送交響楽団（下）

広島労音12月例会プログラム　1956年12月15、16日

合唱団の人々に聞く アンケート

1. 5ケ月に亘る長い練習期間中
 うれしかつたこと。苦しかつたこと。
 団員の変り種、エピソードなど。
2. <第九>公演にどういう態度で臨むか。
3. 団員に何を聴いて欲しいか。

中本剛
テノール　労音合唱団

① 同じ職場の仲間が一緒の練習に行けた頃は本当に愉快でした。ところが労音の「労」の字がつくばつかりに上役から色目で見られたり、その為にか1人2人減りした時は淋しかつた。

合唱練習後、夜遅く帰宅した時の夫婦の会話を1駒――「あなた年はいくつ、若い人たちと合唱だのなんだの、わいわい歌つて、少しは考えたらどう？」「ドン・コザツクを見ろ最高65才で、平均年令は53才だよ。俺だつて声の続くかぎりは……」

② それはもう決つている。「全力を尽す」それだけだ。

③ 皆様に聴いて頂けるのが有難いだけだが一言。「云うは易く行うは難し」という言葉通りだ。冷し批判すること、ケチをつけるとは容易だが、行う側の仲間に入つて、温みのあるご批判と育成をお願いしたい。我々の向う見ずの意気の強さと、合唱意慾の盛り上りを充分お聴き下さい。

高田資生
バス　労音合唱団

① 不安のうちにも〝どうにか演奏に漕ぎつけそうだ〟とおぼろげながらも感じたとき。又公演の意義をくんで暖い目で見守つてくれる人達の多いことを知つたとき。残念なことは声、特に高音部の声の充分出ないこと。

ソプラノのXさん。失礼ながら相当の年配と見うけるのですが、いつも熱心に練習されているのを見るにつけ〝かくあるべし〟と思うのは私だけでしようか？

② 中央楽壇の演奏と比すべくもないが、懐疑に溺れることなく、中央のそれにたとえ一歩でも近づくべく……

③ 広島の人で演奏するという意義は意義として、演奏は平素の例会と同じように聴いて頂だければ幸い。

脇本順子
アルト　中電合唱団

① 歌うこと自体が楽しいことなのに、浜本先生の熱心な、しかもユーモラスな御指導のおかげで、1日1日が楽しい日でした。

汽車の都合で、帰宅は11時、翌朝は6時半に出勤と、苦しい事もありましたが、いよいよ無事に公演を終つた時の喜びは、今から胸のうちで高鳴つています。

練習は殆んど若い人達で、いつも明かるい談笑が会場にみなぎつています。そんな中で或るおとなしく美しいお嬢さんが、いつも1人の男の人と睦まじく語り、練習が終ると自転車に乗せてもらつて帰つていました。ずい分仲の良いお2人だナ、と思つていましたがその男性は彼女のお父さんだと聞いて、驚いたり、笑つたり……。それにしても、なんとうらやましい光景ではありませんか。

② 日頃の練習の成果を大いに発揮して最上のものを演奏したいと思います。

③ 二百数十人が力強く歌つた時の大音響はおそらくめつたに聞けない音だろうと思います。合唱特有のその音を聴いて頂きたいと思います。

山田みどり
ソプラノ　労音合唱団

① 何といつてもソプラノは高い音なので、初めは声が出ず、翌日は喉が痛く心配でしたが、練習を重ねるうちにどうにか出るようになりました。一番困難だといわれていた。フーガも猛練習の末、各パートがぴつたり合うようになつたときの嬉しさは格別でした。

若い人々が多い中に、ロマンスグレイのおばちやん（？）が出席しているのは全く感心。「女性は家庭に入ると止められるが、是非、続けて欲しい」とのこと。

某月某日の練習日、「ハイ、次はソプラノ45頁のQgから。（譜面の記号）」一同、声が出るどころではなく、全くキユウ、キユウ。

② 音楽もただ単に鑑賞するだけでなく、口から目から理解するというところに意義がある。

③ 素人ばかりの集まりなので、技術的には立派なものではないかも知れないが、音楽を愛するものが集つて歓喜の歌<第九>ととり組んできた意慾だけは大いにかつてもらいたいと思います。

広島労音12月例会プログラム　1956年12月15、16日

付録1－14

各階完全暖房装置

平均温度22度

貴方と私はもう十年の交際ですね、其の間色々の人生劇を演り、観て来ましたね、嬉ばしい時・悲しい時・腹立たしき時・何時も貴方はじつと私をみつめて居られた。私も貴方々の心まで知つて居るのよ。人間ツて何故淋しがつたり、怒つたりするの、私はエリゼを一人想つて一生を捧げて此処に静かに目をつむつて居るのに貴方は、貴女は、私が誰れか知つて居られる。?

知つて居られたら今度のXマスの集いに私と一諸に楽しく一夜を過しましよう。

◎解答者3名様招待（会員券A）はがき又はムシカ投書箱へ　12月19日まで

純音楽茶房

ムシカ

TEL ④5433

年一度の楽しい
クリスマスの集い

12月22日（土）午后8時よりオールナイト
12月23.24.25日午前二時まで営業致します
プログラム多彩、ムシカの入口にあります
賞品沢山
会費 ¥300（コーヒー、デコレ・ケーキ、ハイボール、其の他）

コンクールのど自慢

クリスマスにはオルガンを……

バンビシロホン発売元

木定楽器店

広島・本通5丁目　TEL③0703

広島労音12月例会プログラム　1956年12月15、16日

ベートーヴェン

ウイルヘルム・フルトヴエングラー

ベートーヴエンの名前のように、絶大な畏敬の念を以つて全世界に呼ばれているドイツ人の名前は、ほかに殆んどない。

一部の人々は、彼の中に「古典的作曲家」を見ている。即ち、既に我々と全く無関係な、ただ、「歴史的に忠実に」演奏されることだけが許されているような、完全に過去的な人物を見ている。他の人々は、彼において浪漫主義者が作り出した似姿に従つて、何よりも先ず巨人の、限界を知らぬ主観主義者の最初の人を見出だそうとしている。ところでまた、逆に、彼を、無意味な、不毛な、新即物主義の「杓子定規」に近づけようとするものさえいるに至つては、既に論議の外であるこれらの見解はすべて、もしもそれらが意識的にそして徹底的に遵守されるならば、彼の作品を戯画化することになるだろう。

ところで、これらの作品を文章によつて解釈したものに至つて更に甚だしい。ここでかつて、リヒアルト・ワグナーが、「……何となれば、我々がベートーヴエンの音楽の本質を語ろうとしても、我々は、その音楽を聴いた瞬間に、直ちに恍惚とした気分に陥つてしまうので、その本質を語ることは全く不可能であるから……」と云つたことが思い起されなくてはならない。ベートーヴエンを本当に知らない人には、これらの言葉は誇張に見えるだろう。

ベートーヴエンの作品はその独自の言葉において、すなわち、その音楽において、はなはだ一義的に明瞭であり、比べるもののない程に確固としている。このようなベートーヴエンの作品に対して、もしも我々が、他方において、音楽と無関係な側面から近づこうとすれば、例えば、この音楽の中に、何か、「詩的な鍵」のようなものを見出すだろうと思うならば、それによつてこの音楽の本質認識が促進されないことも云うまでもない。と云つて、我々がこれらの作品を、何らかの様式批評的な理論に従わせてみたり、形式的な「分析」に従わせてみても結果は同じである。

ここで役に立つことは、ただ一つのことだけである。即ち、与えられた音楽的実在を頼りにすることだけである。ベートーヴエンの作品においては、魂と音楽が一つのものになつているが、偉大な音楽家というものはいつもそうである。この一方を他方から分離しようと試みることさえ、誤つている。音楽家としてのみ、我々はこの巨大な人の魂を知ることができるだろう。そして、また、更に、全人としてのみ、この音楽の強大な現実的な力を理解することができるだろう。

広島労音12月例会プログラム　1956年12月15、16日

付録1－16

生きる喜びのために

——<第九>の演奏に寄せて——

園部三郎

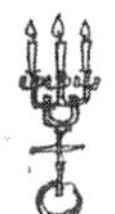

さる夏、療養生活を送つている或る青年から手紙をもらいました。その手紙には、闘病生活を送る人びとが、現代社会の汚濁と困窮のためにどんな苦しい生活をしているかを訴えていました。クリスチャンで詩を愛するその青年は、次のような言葉でその手紙を結んでいました。それは

木々は叫ぶ
緑の木の葉は一斉に散る

という二行で始まり、次の数行でおわつていました。

私を傷つけながら
地球は私を愛している
私はもう
天に向つて飛ぶまいと決意する
地球が私を愛している間は

苦しみと喜びとは別のものであつても、真の喜びは苦しみとの戦いのなかでのみ識ることとができるものであることを、この青年はわたしに教えてくれました。

わたくしは青年の詩のなかに、ベートーヴェンがあれほど愛したシルラーの詩〝喜びの頌歌〟と同じ心を感じるのです。「苦しみを通して喜びへ」、これこそは真に苦悩を体験したものだけが識る喜びであり、そして、それを高らかに歌いあげるヒューマニズムこそベートーヴェンの<第九>の最高の感動なのだと思います。

全曲の曲想の壮大さにおいて、この交響曲にまさるものはありませんし、また、その思想性において、これほど深く、高遠なものもありません。ベートーヴェンは、この比類なく大規模な構想を表現するのには、彼自身の過去の一切の創作経験を以てしても、また彼以前の歴史の上に蓄積された器楽音楽の伝統を以てしても、到底充分でないことを知つたでしよう。彼は30年の間、幾たびか、スケツチを作り、曲想を練つてきていた。シルラーの「頌歌」の一部を終楽章につけて、自らの理念の完成を計つたのです。

この交響曲が、全ゆる国の境界を越えて、稀有の名曲として親しまれ、愛されるのは、その卓抜な器楽的構成によることはいうまでもありませんが、シルラーの言葉の世界と、ベートーヴェンの音の世界とが、みごとに統一されて、聴き手を強烈な感動で昂揚させることにあることは否定できません。

勤労者の方々が、単なる鑑賞の道から、さらに進んで、自ら歌う道に進まれ、しかも、ベートーヴェンの人類愛の熱情に共感して、高らかに「喜びの頌歌」を唱和することこそ現実の汚濁と困窮への力強い抵抗であり、また真に人間として生きる喜びをかちとるための行為であると思います。

その意味で、今度の<第九>の演奏は、いままでのどれよりも意義深いものであると信じています。

成功を祈り、かつ信じつつ……。

広島労音12月例会プログラム　1956年12月15、16日

広島放送交響樂団

第1ヴアイオリン

指田　守
友広　祐
柳川　日出丸
谷本　忠義
和田　昌行
由居　学
高橋　定
佐伯　知江子
児島　信雄
小林　孝己
藤田　哲哉
白井　成一
竹原　均
竹本　洋

第2ヴアイオリン

石田　武男
岡崎　邦夫
国清　博義
福重　謙次
富永　清治
小坂　瑛子
中原　敏子
牧　洋子
田村　尚子
寺沢　マスミ

ヴイオラ

田中　敬
江国　誠
橋爪　将
篠田　敬之
竹光　克己
富永　英雄
野村　昌三
竹内　利忠

チエロ

木戸　全一
山崎　隆
末次　正夫
田中　馨
升本　辰郎
三木　敬三
石川　浩司
東谷　光郎

ダブルバス

田頭　徳治
大槻　信夫
高橋　諭
大橋　敏成

フルート

末永　国一
竹本　博
松本　洋二

オーボー

吉田　正治
佐々治　一郎

クラリネツト

中本　喜信
浅尾　良夫

バズーン

斉藤　定人
渡辺　健

コントラバズーン

菅原　眸

ホルン

谷中　甚作
金子　計夫
牧野　雄
真下　惇至

トランペツト

富田　正人
本田　巌

トロンボン

山本　龍夫
佐伯　勝
葉田　定男

バツテリー

西野　邦夫
田岡　真吾
山口　和彦

≪第九交響曲≫

東京労音機関紙「ひびき」より

僕の席は、2階の一ばんはしつこだつた。前の人の頭でオーケストラパートが見えない……。

第4楽章〃　オーケストラの急テンポな盛り上り、バリトンのソロ、美しい4声部の重唱、そして力強い合唱、大合唱——。

不思議な感情だつた。目に涙がグツとあがつてきて後から後から出てきてとまらない。合唱団の紺の上着と白いブラウスが、ボウツととけてぐるぐるまわる。

ベートーヴェンは無上の歓喜を歌つた筈なのに、どうして僕のひざが濡れるんだろう……。

誰がどう歌つたのか、新らしい感情の波が押しよせる度にからだがふるえた。

広島労音12月例会プログラム　1956年12月15、16日

合唱團の人々

ソプラノ

赤木 美代子
石田 芙二子
池田 英子
上野 松枝
今岡 愛子
井沢 英子
植野 知子
内田 俊江
胡川 典子
江口 令子
大橋 瑞代
大野 英子
小川 幸子
大竹 節子
大場 みを子
勝田 康子
桑原 道子
久保 弘子
楠田 美恵子
近藤 恵美
近藤 貞子
佐々木 洋子
坂上 キクヨ
清水 千代子
下高 泰子
神出 栄子
砂田 ひろえ
瀬川 章子
瀬尾 法子
高木 潔子
谷元 鈴代
田実 瑠美子
武田 愉矩子
高橋 由美子
多賀谷 嘉子
戸谷 郁子
中島 みち子
中野 美彌子
西垣内 信子
沼口 郁子
野口 道子
野田 知恵
長谷川 佳世子
林 敦子
長谷 重子
原田 渓子
平田 美都子
藤田 年子
福本 恵美子
藤原 栄枝
松野 聰子
松下 静江
宮崎 幸子
三河 雅子
三浦 信子
宮内 郁子
水田 公子
三力谷 恂子
溝下 和子
道管 千佐子
湊 宜子
室岡 美重子
森川 登代子
山岡 ミドリ
湯浅 温子
吉光 慶子
吉馴 泰子
若井 美恵子
石原 馨子
小川 妙子
斉藤 節子
川手 敏江
角谷 慶子
矢野 千代子
寺井 万寿美

アルト

市村 信子
池 真澄
蒐原 羲子
植木 宣子
奥田 千鶴子
尾崎 佐智枝
小野 明子
梶川 亮子
川口 良子
金崎 恵子
兼重 安子
木村 佳子
栗栖 喜美子
桑原 嘉江
古谷 佳子
佐藤 允子
潮見 達子
高橋 田鶴子
棚田 弘子
田上 静子
伊達 久江
津島 シン子
手島 道子
友田 恭子
中井 千鶴子
仁科 絢子
西本 祐子
任都栗 京子
日置 くに子
船田 仲子
福間 祥子
福城 淳子
藤田 早苗
古本 順子
宝理 朱実
堀川 照子
松本 弘江
正信 佳子
三宅 真理子
宮川 利知子
道山 慶子
室山 温恵
森原 良江
山本 清子
山田 トシエ
山本 和子
横井 孝子
吉田 恭子
渡部 豊子
和田 千秋
脇本 順子
井上 芳江
清水 一子
山県 絹子
榎並 とし江
秋田 智美
入江 とし江
田中 智子
笠井 竜子
江原 順子
岩田 敦子

テノール

伊沢 博丈
池松 真
蛯原 幹夫
大森 哲夫
大久保 五郎
佐野 正澄
迫田 数美
清水 忠
鈴木 輝彦
杉山 介英
武田 要
高橋 希一
寺尾 弘
中本 剛
西尾 文宏
萩尾 善正
早志 幸是
松尾 英一
三宅 吉代
宮下 真
三宅 利明
宗像 基
宗藤 芳丸
柳田 正雄
山本 定男
湯木 立登
田中 稔
児玉 定信
竹田 時保
上河内 竹美
門出 俊之
佐々木 進
高橋 恭博
中山 是男
藤田 秀院

バス

浅霧 茂夫
綱本 泰助
阿部 昭夫
一ノ瀬 哲男
井内 貞利
磯部 敏明
伊藤 璋一
井上 和也
石井 昭人
釆 三郎
大川 宏幸
小野 明夫
小田 利彦
押田 栄一
尾部 隆男
川中 勝教
黒瀬 暁雄
佐伯 羲弘
沢村 一
沢村 稔
佐竹 俊彦
佐藤 光正
白石 周夫
清水 豊
城島 孝
住友 一郎
谷田 守
谷内田 卓司
田中 厚生
高田 資生
高野 晋一
千葉 裕
中村 慶一
永谷 正治
二野宮 良雄
西畠 慱
布田 郁男
根石 正溥
原 孝
福山 成海
藤川 昌彦
堀 幹雄
松林 孝昭
松川 陽登
松本 幸三
松原 政幸
正守 和夫
正守 憲之
宮本 慶一
宮本 知司
三浦 賢彬
山地 一平
大下 隆雄
平井 寛
岡本 盛三
高田 正彦
田辺 忠直
山本 芳男
深石 俊夫
江種 祐司
伊藤 佑二
熊野 真澄
宗岡 義信
橋高 栄一

合唱指導
浜本 正孝

広島労音12月例会プログラム　1956年12月15、16日

付録２－１

広島市民交響楽団　演奏会の軌跡（「第九」発表の10回まで）

第1回　定期演奏会　昭和39年4月6日（月）於　広島市公会堂
序曲「エグモント」（ベートーヴェン）、ピアノ協奏曲 第1番（ベートーヴェン）、交響曲 第5番（ベートーヴェン）
ピアノ・山上雅康　指揮・奥田道昭、井上一清

第2回　定期演奏会　昭和39年11月30日（月）於　広島市公会堂
組曲「道化師」より（カバレフスキー）、ヴァイオリン協奏曲 第1番（ブルッフ）、交響曲 第9番「新世界」より（ドヴォルジャック）
ヴァイオリン・林洋子　指揮・井上一清

第3回　定期演奏会　昭和40年4月27日（火）於　広島市公会堂
交響曲「フィンランディア」（シベリウス）、ピアノ協奏曲 第3番（ベートーヴェン）、交響曲 第5番（チャイコフスキー）
ピアノ・山本雪子　指揮・井上一清

第4回　定期演奏会　昭和40年11月8日（月）於　広島市公会堂
交響曲 第8番 ヘ長調 作品93（ベートーヴェン）、ピアノ協奏曲 第1番 ホ短調 作品11（ショパン）、トッカータとフーガ 二短調（バッハ、ストコフスキー編）
ピアノ・佐藤礼子　指揮・井上一清

第5回　定期演奏会　昭和41年5月16日（月）於　広島市公会堂
シンプル・シンフォニー（ブリトーン）、ピアノ協奏曲 第26番「戴冠式」（モーツァルト）、交響曲 第5番（ショスタコーヴィッチ）
ピアノ・秋吉章子　指揮・井上一清

第6回　定期演奏会　昭和41年11月29日（月）於　広島市公会堂
弦楽のためのアダージョ 作品（バーバー）、ピアノ協奏曲 第一番 変ホ長調（リスト）、交響曲 第3番 変ホ長調「英雄」作品55（ベートーヴェン）

付録2－2

ピアノ・谷和　指揮・井上一清

第7回　定期演奏会　昭和42年5月29日（月）於　広島市公会堂
カレリア組曲 作品11（シベリウス）、チェロ協奏曲 ホ短調（ヴィヴァルディ）、チェロのための演奏会用小品集（クープラン）、交響曲 第6番 へ長調「田園」（ベートーヴェン）
チェロ・田中馨　指揮・井上一清

第8回　定期演奏会　昭和42年12月11日（月）於　広島市公会堂
ペール・ギュント 第1組曲 作品46（エドワルド・ハーゲルグリーク）、ピアノ協奏曲 イ短調 作品16（グリーク）、交響曲 第8番 ト短調 作品88（ドヴォルジャック）
ピアノ・菊池麗子　指揮・井上一清

第9回　定期演奏会　昭和43年5月13日（月）於　広島市公会堂
故浜井信三氏追悼演奏
交響曲 第3番 変ホ長調 作品55「英雄」第二楽章　葬送行進曲（ベートーヴェン）
指揮・井上一清　特別参加・安部慶子
モーツァルト特集
喜遊曲 第一番 二長調 K・136 第一楽章
ヴァイオリン・安部慶子　指揮・橘常定

第10回　定期演奏会　昭和43年12月9日（月）於　広島市公会堂
歌劇「フィデリオ」序曲 作品72、交響曲 第9番 二短調 作品125「合唱」（ベートーヴェン）
平田恭子　ソプラノ　　丸尾勝代　アルト　　西尾優　テノール　　石津憲一　バリトン
合唱指揮・広島市民合唱団　山本定男
指揮・広島市民交響楽団　井上一清

付録３－１

HIROSHIMA SYMPHONY ORCHESTRA CONCERT
第51回
広島交響楽団定期演奏会
■と　き＝'79 12月17日(月)　PM 6：30
■ところ＝広　島　市　公　会　堂
広響前理事長高橋定氏を偲び
謹んで第10年忌の霊に捧ぐ
社団法人　広島交響楽協会
（故高橋　定氏）

追悼のことば

高橋定前理事長10年忌に当り

原田東岷
（広島交響楽協会理事長）

昭和38年秋，広響が市民交響楽団として産声を挙げてから16年，創立者であり，初代の理事長であった高橋定博士が急逝されてから既に満10年になります。

昭和39年第１回の定期公演に「運命」を演奏された時は半年近くの練習を要した広響も今では年70回もの演奏会を開くことが出来る程成長したものです。

高橋さんは当初「腕のある人は弾いて下さい，そして耳のある人は聴いて下さい」と言って市民に呼びかけたのでした。そして，自身第１バイオリンの第５プルトに坐って演奏する傍ら，懸命にキップを売って歩かれたのです。10年の間に広響も広島にとってなくてはならぬ楽団になりました。国県市の補助額も3000万円を超え，少しながら正団員に給与が払えるようになりました。高橋さんの悲願だった「第九」も今年を含め10回も公演しました。そして今夜も，高橋さんを初め，広響の草創期に広響に貢献なさった数十人の先輩諸氏に「第９」を捧げます。精一杯の演奏を静かにお聴きとり下さい。

讃 仰 贅 語

中村哲二
（日本弦楽指導者協会顧問）

洋の東西を問わず，さまたま音楽に秀でた理学者・医家がある。アインシュタインやシュウァイツァー博士等はその最たるもの，寺田寅彦・榊博士等またその数に入る。そしてここにより身近な，否むしろ畏敬すべき一人のアマチュアー　ヴァイオリニストが思い浮ぶ。今は亡き外科医師高橋　定その人である。郷土音楽史の１頁に特筆すべき異色の大仁と称わなくてはならない。

氏は市民のための市民の交響楽団創設を提唱し，主軸となって昭和38年10月遂に目的を達成した。「広島市民交響楽団」である。しかも氏はこの手作りの交響楽団による「第九」を夢みること五年，万難を排して昭和43年12月，「市響」定期特別演奏会において遂に華々しい成功を収めた。満堂これ感激の坩堝と化したのは言うまでもない。以後「広響」と改称，プロ化への変革，しかもなおかつ経済的不如意の中での今日の成長を待ち得ず，氏は病魔のため突如として他界した。呪わしきは運命の日昭和44年８月17日である。

氏の没後10年，「広響」は今夕ここに氏と最もゆかり深い「第九」の演奏を捧げ，在りし日の功績を顕彰し，併せて報恩の誠を致さんとする。むべなるかな。

故博士，瞑して享受されんことを……

第51回広島交響楽団定期演奏会プログラム　1979年12月17日　追悼のことば

付録３－２

田頭徳治
（広響楽団音楽監督）

「ここに泉あり」と言う映画があった。故高橋先生は顔を合わせると，いつも「広島にも泉がある筈だヨネー」と言っておられた。

「市民の手でオーケストラをつくりたい。」これが生涯の念願であり，夢であったと思う。戦後の空白三年有余にして泉は豁然として湧きあふれた。広島放送交響楽団第一回定期演奏会であった。ＮＨＫのバックアップで出来たが，先生は生き生きと輝く眼をされ，第一バイオリンの三プルトに，その魁偉なる姿をおかれていたことが，実に懐かしく，その情熱と誠意と共に忘れられない。

先生の夢は，多くの人々の協力と，暖かい支援によって限りなくふくらみ，三十八年市民響，四十七年社団法人広響となった。志半にして神の召されるところとなられたが，あふれる泉は友愛と誠意によって清らかに引継がれ，こんこんとして尽きることはありません。先生よ‼安らかに，そしてわれらを見守って下さい‼

井上一清
（エリザベト音大教授）

高橋定先生を偲んで

「DOCTOR　TAKAHASHI　DEAD」という電報を受けとったのは10年前の夏，ザルツブルグでのことでした。東独のワイマールとオーストリアのザルツブルグで指揮の講習会に出席するため渡欧中だったからです。あの年の６月下旬，広島を出立するに際して，当時わが国と国交のない東独での旅の不安を心配して下さり，山田市長からワイマール市長宛のメッセージを私が携行できるよう御配慮いただいたり，巨体をゆすってわざわざ駅頭まで見送って下さったのをつい昨日のように想い出します。

当時，広島市民交響楽団は設立以来５年を経過し，第10回の念願のベートーベンの「第９」そして第11回の定期と，いわばその創設期の公演を終えた頃です。「練習であまりうるさく云わなくなったナ。君は。若い時は，カッカしないといかん。」といってヨーロッパ行きを勧めて下さったのも先生でした。

先生の本業は外科医でしたが，工業音楽会などの活動からずっと広島のオーケストラ活動に対する先生のかぎりない愛着と情熱をわれわれは忘れていません。「業ある人は奏いて下さい。耳ある人は聴いて下さい」とは，広響を育てるための先生の名言でしたが，その広響も少しづつでも成長してきています。

今夜の「第９」を聴いてどう仰有（おっしゃ）るでしょうか。「少しはウマクなったナ」あるいは，「ボクがまだ第一ヴァイオリンにいないといかんナ」（先生，両方仰有って下さい‼）

第51回広島交響楽団定期演奏会プログラム　1979年12月17日　追悼のことば

付録4－1

故高橋定さん

広島市響の継承を

高橋定さんをいたむ

大橋利雄

広島市民交響楽団理事長、高橋定さんの突然の死は大きなショックであった。

秋の音楽シーズンを前に、広島の音楽文化の一端が奈落の底へ突き落とされた感じと、高橋さんのことがしのばれて、昨夜はペンを持ちながら字も書けず、一睡も出来なかった。

広島の音楽文化のために、特に広島市民交響楽団のために、身銭を切ってひたすら努力された姿は実に尊いものであったとともに突然の死が惜しまれてならない。

医師としても責任感の強い人で死の十数分前まで患者の手当てをされていたと聞く。ご本人はきっと苦痛を耐えて医師の本分を尽くされた治療であったと思う。

高橋さんは呉で明治三十九年九月生まれだから、まだ六十三歳前である。芸術を愛好する人は若く見えた。そして今から働き盛りの人である。広島の音楽文化のために、まだまだ働いていただきたい人であった。

小さい時から音楽が好きで、休山に一人で登ってハーモニカを吹いておられたらしい。それがのちにハーモニカ・バンドに発展した。

高橋さんが本格的に音楽のとりこになったのは、当時の呉海軍軍楽隊（河合太郎楽長）の演奏だったらしい。高橋さんは私によく「河合さんに広島市響で一曲でも指揮してもらいたいものだ」と話しておられたが、河合さんも高橋さんをかわいがられたように聞いている。

近所の某医師の所で、エルマン

中国新聞　1969年8月22日（次ページにつづく）

付録４－２

のレコードを聞かされたのがバイオリンと離れられないものとしてしまった。その後、丁未音楽会で活躍したこともあった。音楽を志望して国立音楽学校へ入学しようとしたが、父親の反対で医科にはいられた。

ＮＨＫの広島交響楽団のメンバーとして、そして三十八年には「耳ある人は聞いてください、わざある人は参加してください」と広島市民に呼びかけ、広島市民交響楽団が結成され、第一回の定期公演が四月六日に広島公会堂で催された。今秋はすでに第十二回の定期公演を催そうとしている。秋の広島県芸術祭にも出演の予定であると聞いている。

私は高橋さんがなくなっても、広島市響は永続してほしいと思う。この楽団は平和文化都市広島の誇りである。そして市民のものである。プロもアマチュアも、一団となって市民に奉仕していただきたいと願う。

交響楽団の運営は多額の経費がかかる。市長が会長なのだから、市の補助を従来の倍額以上増額してもらいたいものだ。そしてはした銭で諸集会での楽団を使用するような不料簡はやめてもらいたい。市民の文化のために市は目ざめてもらいたいことを願ってやまない。

高橋さんには持病があった。それを無理をして広島音楽文化のために尽くされ、百人からなる団員の経済のことが脳裏から離れなかったであろう。それが死因の大きな一因ではあるまいか。私はそう信じる。

広島音楽文化の犠牲者として市民はいつまでも覚えていただきたい。私の涙はいつまでもかわかない。高橋さん、静かに眠ってください。

（音楽評論家）

中国新聞　1969年8月22日

付録5－1

広島市民交響楽団生みの親
高橋理事長の追想

私がはじめて高橋君と相知ったのは大東亜戦争の末期で、私の病院の隣のビリヤードであります。変なことから意気投合し、今年に至るまで親交をつづけました。

その間彼も私を尊敬して居られましたが、私も又彼を心から尊敬していたものであります。

突如として逝去され感慨無量でありますが、私はこれから理事長の音楽に関する一つの思い出を追想してみたいと思います。

或日、高橋君がお見えになって、「先生広島市に市民交響楽団を結成してみたいと思いますが、あなたはいかに考えられますか」と云う質問に接しました。

高橋君のこの言葉に対する裏の無言の声と云うものを、その時私は次の様に解釈しました。

即ちせめて八月六日は雑音を廃して、広島の慰霊碑を中心にした平和公園を、音楽の妙なる音色によってつつんだならば、さぞ意味のある原爆記念日になるであろうと解釈しました。そこで「市長さんはじめ各方面に運動して之の実現に努力しなさい」と申し上げました。努力されたのでありましょう、やがて広島市に市民交響団体が出来たので

『島薫あれもこれも』(編) 紺野耕一、島忍、昭和58年

付録５－２

あります。多くの広島の市民は次の様な事を夢みて居ります。平和都市とは何ものでありましょうか、それについて私達は次の様に解釈して居ります。

昔の人が画いた様なユートピアであり、桃源境であり、ただ安閑として春風台蕩として吹いている様な平和ではないのであります。

我々の云う「ピース広島」とは勿論武力を否定して居りますけど、居眠っている平和であってはいけない、その裏には脈々たる血液が流れて何ものかの激しさをもって居なければなりません。その激しさと云うのは、この広島市に芸術、音楽、文学、美術と云う様なすべての文化に、一つ一つの独特な香りのある新しい力強い何ものかのあるものが生まれなければならないと思っているのであります。

私達は広島市の交響楽団に対してもこういう意味あいで一つの夢を画き、原爆広島の独特な楽団として発展してもらいたいものだと念願して居たものであります。

理事長は之を望んで居られたものと確信してやみません。

だが遂にその途上に於て高橋君は亡くなられました。誠に残念であります。

新しい原田（東岷）理事長は云うまでもなく会員の皆様の御努力によって、更に更に精進せられて高橋君の抱いていた夢を実現させていただき度いものであります。原爆都市広島の文化の一つ一つの部門に於て新しき夢が実のって来た場合には「ピース広島」と云う言葉に燦然とした光が輝いて来る事でありましょう。

『島薫あれもこれも』（編）紺野耕一、島忍、昭和58年

付録6－1

主な内容

―広島市民交響楽団―

会報発行の意義

毎週水曜日「NHK第二スタジオで会いましょう」といった具合で、楽譜を拡げ、楽器にしがみつき、難所難所で汗をふき、休憩の時間にも、ろくろく話もせず、練習不足を補うべく悪戦苦斗の始末、終ればまた「わが道を行く」といった風にサッサと楽器を片付け引き揚げる。これでは誰が隣りに座わっているのかどこの人かも分らないしまつである。さて本番ともなれば話をする余裕もなしに、あれよあれよという間に、散会となって又響くの期間、お休みである。音だけが唯一の絆である楽友も結構かもしれない。

しかし、これでは完全なアンサンブルが望めそうもない。互を識り、癖を知って、互にゆずり、調和して初めて心良い合奏が生まれてくる筈である。この会報によって、互を知ってもらいたい。そのほか、市響の今後の計画や、演奏会の成果についての声を知り、又聞きたいと皆が願っていると思われるし、他の音楽会のスケジュールと、既に行われた演奏会の寸評なども興味があろう。これらも会報によって知ることができれば大変便利であると考える。

会報を演奏会行事と無関係に、定期的に発行し、団員の消息、たとえば、新入団員の紹介、転勤、進学等で退団しなければならなかった人とか誰々が結婚されたとかを伝え更に次の計画、演奏会日程、曲目等を掲げて、予定を知りそれについて語り合う機会を与えたいのである。

楽団に対する意見や、注文不満な点などをのせることも必要であろう。

違った立場から眺めて感ずる意見は、練習に余念のないとき、或は皆がそろっている所では、なかなか発表し難いものである。そんな時こそ会報は大いに役立つであろう。しこりの解消には、原稿に書いて思う存分吐きだすことが最良の方法であるから。

会報によって知り、会報によって結びつき、慰められ、励まされ、団員の団結を益々強固にしてこの楽団の限りない前進の一助となることが発行の最大の目的といい得よう。

広島市響Ⅱ 1965年（広島市民交響楽団会報）P. 1

付録６－２

会報発刊に寄せて

高　橋　　定

明けまして御目出度うございます。これは単なる御座なりの挨拶ではなくて、我々にとっては、実感のこもった希望の新年であることをしみじみと期待する言葉です。

「耳ある人は聞いて下さい業ある人は参加して下さい」と市民に呼びかけてより丁度一年、団員一丸となっての尊い努力の結晶は、過ぐる二回の演奏会となって、成功裏に市民の共感を呼び起す事ができました。その反響の様子は既に新聞紙上その他で御承知の如くで、ともかくも、我が楽団の目標へのワンステップを堅実に踏み出し得た事を、皆様と共に喜びあいたいと思います。

しかしながら、第一回、第二回演奏会を反省してみる時前途多事であることも分り、今後共、団員各位の絶えない精進と、奉仕の精神が望まれる次第であります。団の発足に当りまして、私は第一期三年計画を考えました。

即ち

第一年目　団の基礎作り（骨組の作成）

第二年目　組織の強化と宣伝（肉づけと対外活動）

第三年目　経済的基盤の確立及び内容充実

であります。この第一年目の骨組の作成が終って、第二年目の肉づけの年度に入った訳であります。

今迄はこの第一年度の目標に従っており、大まかな団造りであったため団員相互の面識、融和という点については万全を期し得ませんでした。本年は先づ初めに、このことから出発しようと考え、かねての念願であった市響機関紙の発刊となった次第です。未だ事務局の不備等のため、発刊回数も年二、三回位で、その上不完全なものでありましょうが、皆様の御協力の下に、近き将来立派なものに仕上げたいと念願しております。団員各位の積極的な御投稿を期待します。

本年は内に向っては、この様にして団結を計り、組織を固めると共に、外に向っては認識を高めてもらいたいと、諸計画を進めております。

一月十一日、役員会を開きまして今年の事業計画を練ったのですが、席上役員全員から建設的な意見百出、真にたのもしい会を持つことができて本団の将来のため同慶の至りに存じます。その議するところ、第三回演奏会曲目としてチャイコフスキー第五交響曲が出たり又秋、第四回には「森の歌」が出る等、意気天をつくの感があり、多少本団としては、背伸びの感がないでもありませんが、今年の事業目標達成のためには止むを得ないというより、これ位の積極性は寧ろ必要と考えられます。皆様の奮発により市響の市場価値が上り、切符売切れなどという事になったら等大それた夢を描いております。

併しながら、昨年は東響、ロンドンフィル等の解散があったり、又近くは、桐朋楽団のアメリカ巡演は、十五回にわたる好評の連続であって、該地の新聞紙上に「この驚くべき小供達のオーケストラを万障繰合せて聞くべきだ」とまで激賞され、帰っては毎日音楽大賞を授かる等、大成功を収めたにも拘らず二千万円の赤字を残したと聞くに及んで、交響楽団運営の難しさを如実に知ることができます。

当楽団の特殊性からして、その運営もなかなか困難なものがあることを覚悟しなければなりません。しかも地方文化向上のため敢てこの難事に向って取組みつつある我々団員各位は市民のエリートとしての誇りを持って然るべきでその一人一人は貴重な平和文化都市への支柱であるのです。この団員の純真な建設の槌音に市民は必ず手をかしてくれるでしょう。そうして耳を傾けるでしょう。やがては市響を市の誇とするでしょう。

広島市響の前途は洋々というべきで、私は胸の高鳴るのを覚えます。何とぞ皆さん、この胸の高鳴りに和して下さい。

さあ―、第三回定期に向って進みましょう。

広島市民交響楽団役員一覧表

（敬称略・順不同）

会長　浜井信三（広島市長）
副会長　上島　貞（東洋工業、常務取締役）
顧問　永野厳雄（広島県知事）
皇　至道（広島大学学長）
E・ゴーセンス（エリザベト音楽大学学長）
森本　亨（広島県教育委員会委員長）
島　薫（広島市教育委員会委員長）
山本正房（中国新聞社社長）
西園寺義一（広島中央放送局長）
染藤嗣一（ラジオ中国（株）社長）
佐藤秀雄（広島テレビ放送（株）社長）
J・M・ファイヴクセサルド（広島アメリカ文化センター館長）
新田哲生（広島音楽高校校長）
東木仁兵衛（鈴峯女子短大教授）
大橋利雄（音楽評論家）
理事長　高橋　定（高橋病院）
理事　井上一治（エリザベト音大助教授）
田頭俊清（広島中央放送局管弦楽団）
中村哲二（器楽指導者協会理事）
橋爪　格（橋爪病院）
中本　秀（広島大学助教授）
山口和斉（広島ジュニア・オーケストラの代表）
和田昌行（広島音楽高校ラジオ中国）
会計監査　園崎邦顕（広[illegible]校）
三村　明（宇品中学校）
幹事長　椙田　守（広島中央放送局管弦楽団）
幹事　天孝晃太（〃）インスペクター
沼中　敬（〃）ライブラリー
中元喜信（〃）〃
宮永清治（国鉄）〃
木田　盛（広島中央放送局管弦楽団）会計
山口保久（広島県警察本部）会計補佐
岡浩純義（舟田高校）庶務
佐々木恒千（広島テレビ）〃
末沢猶夫（三菱レーヨン研究所）
小笠原道朗（ラジオ中国）

広島市響II 1965年（広島市民交響楽団会報）P. 2

アメリカの旅から

上畠　貞

旧年末、短期間渡米の機会を得たので、この際むこうの楽団関係者や演奏にも出来るだけ接触したいと心に期して出立しました。

途中ホノルルで我が楽団の第二回演奏会当日を迎え、御一同の御健斗に遥かなる想いを電報に託し、十二月一日、サンフランシスコに到着。

幸いここに同好の士あってその好意で翌日サンフランシスコ・シンフォニー協会の会長の招待を受け、まず役員諸氏との昼食会を皮切りに夜のコンサートに至るまで――否終演後再び会長宅に招かれて夫妻や指揮者のジョセフ・クリップス氏と話をし、深夜帰館に及ぶまで――丸々半日、盛り沢山な勉強をすることができ、幸先良しとはこのことと思った次第でした。

昼食会で乞われるままに話したことは、我が楽団が真の音楽愛好者の集りで、如何に広島市民のために結集しているかという事です。このことは何処でも関心を集め非常な声援を受けました。

この夜のコンサートは偶然にも同オーケストラの第五十三楽期のオープニングナイトで、ブラームスの二番やヒンデミット等、誠に印象的な演奏でした。

ニューヨークではおなじみのカーネギーホールでボストン・シンフォニーを聴きました。疲れてはいたし寒くもあったが、やっと切符を手に入れて入場しましたが、いつに変らぬ錬き上げた燻銀の好演奏でした。

シンフォニーが如何に米国人の家庭に浸透しているかをワシントンの幼児のための演奏会を聴いて感じました。偶々泊りあわせたホテルでナショナル・シンフォニーの幼児のためのコンサートが催され幼児ならぬ小生も祖父の資格の故によって聴かせて貰いました。

折からクリスマス・シーズンとて、くるみ割りやジングルベルなどが次々演奏されるのを、親の手にひかれた可愛い子供達が実に目を輝かせ、身体でリズムをとりながら聴き入っているのです。しかも演奏は殆んどフル編成の文句ないもの、そして子供達の心に喰いこむばかりの解説がつけられておりました。

シカゴでは隠退後の想いを音楽に求めて集ってくるのでしょうか、好もしい老夫婦達がシカゴ・シンフォニーのマチネーに静かに耳を傾けている風景を見ました。もっとも米国では青年層の愛好家の減少が嘆かれている由で、小生が我が楽団や聴衆の若々しい構成を話すとさかんに羨ましがっていましたが、それも本当かと思います。

前後しますが、ワシントンでは全米数百のオーケストラの中央団体として経営や演奏者の福祉問題をつかさどるアメリカン・シンフォニー・オーケストラ・リーグを訪問して歓迎を受けました。小生は意を決してここの会員になって帰りましたが、聞くところによると日本人では渡辺暁雄氏に次ぐ二人目ではないかというようなことでした。

こんな工合で今後米国の楽団とも色々連絡を持てることになったことを喜んでいます。

第一回、第二回定期演奏会を通じ御支援下さった方々

左の方々は第一、第二回発表会を通じて、有形無形の御支援を頂き、本団育成のために尽力せられたわけで、ここに紙上を借りて深甚の謝意を表したいと思います。

NHK広島中央放送局
◎ラジオ中国
広島テレビ
中国新聞社
広島市役所
広島県教育委員会
広島市教育委員会
中国電力
東洋工業
広島銀行
広島相互銀行
広島大学
エリザベト音楽大学
広島商大
広島女学院大学
広島女子大学
広島音楽高校
基町高校
バロック合奏団
ジュニアオーケストラ
扉の会
広島労音
藤田組
三菱造船
三菱精機
三菱レーヨン
山一証券
成宮織物
大和毛織
島外科病院
原田外科病院
◎横山耳鼻咽喉科医院
日赤病院
県病院
市民病院
広鉄病院
記念病院
どうえん医院
阿部歌劇団
日本楽器
中山楽器
河合楽器
中国楽器
日本コロムビア
ムシカ
荒地紳士服店
オリンパス光学工業
三宅本店
山住電機
みづま工房
キリンビール
東宝グラス・ビーズ
大和重工

（順不同）

二月十七日（水）　午後七時
NHK第2スタジオ
第一回総練習―第三回定期に関する相談、全員ぜひ、御出席下さい。

広島市響II 1965年（広島市民交響楽団会報）P. 3

付録6－4

第二回定期演奏会を終つて

橋爪　将

初めに、この楽団設立の趣意を、もう一度ここに掲げ、団の目的として、規約第二条にうたっている条項の根源を味あうことにしたい。

「広島市民交響楽団」の発足にあたって

『世界の平和都市「広島」に、すぐれた交響楽団の誕生をみることは、永年わたくしたち音楽するものの夢であり、また各方面から期待され、切望されてきました。

そして、この地、広島に在住する音楽家、音楽愛好家を問わず、この交響楽運動への意欲と情熱は、日々にたかまり、いまやその沸点に達した感があります。

ここに広島在住の演奏家の手により、広く市民精神を反映した、市民に愛される交響楽団を設立し、音楽活動を通じて、平和文化都市の発展に微力を捧げたいと念願しているものであります。

市民のみなさま、どうぞこの趣旨をご理解のうえ、市民交響楽団の活動に、ご賛同、ご支援くださいますようお願い申し上げます。』

昭和三十八年十一月、第一回発起人の会合がＮＨＫの一室で開かれ、前記の趣意書を確認した後、各方面に発送したのである。ついで第一回演奏会に関する協議、期日、曲目、独奏者、指揮者等について議論が繰返され開催に踏み切ったが、その時の発起人は、井上、田頭、高橋、橋爪、本田、由居の六名であった。

演奏会は、市民という名称の故もあって、マスコミの反響が大きく、ラジオ、テレビにも各社で取上げられ、新聞も大々的に報道し、さらに世間一般も賛同と期待の気持が加わって、予想外に盛大であった。

そして、この成功は献身的努力を払われた運営委員諸氏の賜物であって、当時の各位の活動に対し、心から敬意を表したい。運営委員は前記発起人に、天孝、岡崎、指田、田中、竹本、柳川等六氏が加わり計十二名で構成したもので、団自身の規約がないため役員としての権限が定まっていないので、暫定的に設けられたものである。

経理面も会終了後報告された通り、多額の寄附を各放送局その他より交付されたほかに、テレビ、放送等の出演料を加えると、収支決算の結果相当額の基金が残ったほどで、これは団員の物心両面の献身の結果に外ならない。

「第二回演奏会に向って」

第一回演奏会を終了して得た教訓は、団の組織、構成が明確でなければならないこと、役員が決定されていなければ、その運営がスムースに運ばないということであった。

実際に、対外的に広島市響と述べても、どんな組織の団体ですかと、いわれる。会長は?、役員は?、といった風にたたみかけられる。なるほど、問う方が当然で、何がしかの援助を与えようと思っても、意味のない団体、いかに費われるか分らない相手に容易に支出する筈がない。

又、楽団内部に対しても役員が決定していなければ責任の所在が明かでない。憲法ともいうべき規約に従って処理しなければ、必ず誰の命令で誰が実行するのか、といった具合になる。

第二回演奏会開催に関する討議を、発起人が集って始めたときに、この楽団機構の問題も早急に解決することで、意見が一致したが当然のことである。会場である公会堂のあいている日、十一月三十日を、第二回演奏会日と決定し曲目として新世界交響曲、林（有松）洋子さんのヴァイオリン協奏曲と定め、練習開始に入ると同時に、一見、演奏と関係ないよう感ぜられた団造りが始まったのである。

まず事務局の設置を決定し担当者として森本氏に依頼した。氏は扉の会の会員で、音楽愛好家として、又解説者として広島市における有数の人であり、演奏会事務にも明るく適任と考えお願いした。今回の機構確立は、氏に負うものが大であったことを附記したい。

役員のうち、第一に団の運営業務に関係の深い理事の選定が急がれる。団員の互選によるべきであるが、第一回演奏会終了後の総会においても団員互いがまだよく理解していないために選挙は難しいとの意見が多かったので、不本意ながら、各界を代表する発起人の一部と、団外の一部の

広島市響II 1965年（広島市民交響楽団会報）P. 4

方に依頼の形式で決定したわけである。（別表参照）

幹事の選定に関しても、今回は理事会において、演奏面のことに明るく適任と考えた諸氏に依頼するといった形になり、会計監査についても、教育者の、岡崎、三村両氏に就任を願ったのである。

天降り式人事、或は一方的不明瞭な選出といった不満の意見があるかもわからない。このたびの選定は、楽団の基礎ができるまでの暫定的人事であって、団員が明確に定まり運営が軌道に乗った場合は、当然規約に従って互選によって定まるべきものである。

規約に関しては、森本氏に草案を作成してもらい、これを理事会において数回にわたり審議し決定したもので、既に団員に配布されている。今後運営上、不備な点も次第に生じてくるのではないかと思われるが、将来の改訂にまつべきであろう。

会長には広島市長を推挙することが名称や内容のうえでも最適であり、また派閥に煩わされない立場を堅持することを考慮に入れ、理事会で決定しお願した。

副会長、上畠氏は広島市の有数な文化人の一人として、第一回演奏会から有形、無形の援助やアドバイスを頂いており、氏の人格に傾到して就任を願った。

顧問については、官界、報道界音楽界の責任ある方に夫々ご承諾を得た後依頼した方々で、今後も団員の意向により適任と考えられる人を加えてゆきたい。

このほか、団の重要な機構として研究すべき問題に後援会の設置がある。バックに確固とした後援組織を持っているということは、経済面のみならず、精神的にもはなはだ心強い。後援会の形ができて初めて、団造りが完成され、名実ともに市民交響楽団として一人歩きができる態勢になると思われる。他の地方交響楽団の機構を参考にして、第三回定期演奏会までに、ある程度の形態を整えたいものである。

以上のような機構の整備が進行している一方、幹事会の活動によって練習も次第に熱が入り、賛助出演者の到着と共に第二スタジオでは狭いうえに音のバランスも判明し難いほどの音量に達し、第一スタジオに移った。

十一月三十日第二回定期演奏会は、約七割の聴衆の入場であったが、団員の熱演は聴衆の共感を呼び、感動と激励のうちに終了したことは成功であった。会後の市民の反響は、予想外の充実感を感じとって、批評もなかなか好評であった。

市響はいよいよ揺らん時代を脱して成長期に入る段階となり、その責任は益々重大となった感じがするわけである。

演奏会を終って過去三ヶ月間、十数回の練習を一回も休むことのできない指揮者として、よりよい演奏のために努力し続けた井上氏、コンサート、マスターとして責任ある仕事を成し遂げた指田氏、団員全部に気をくばり統制をはかったインスペクター天孝氏ライブラリーの田中氏、会計の本田氏等の労苦に対しては団員皆が言葉には出さないが心から感謝していると思う。

聴衆のやや少なかったことは残念であったが現実には切符は予想以上に散っていて足を運んだ聴衆が少なかったということである。大きな団体、会社の引受けた切符が個人に配布されていなかったのである。今後の配布方法について一考する必要を感じると共に後援会設置の進め方にも研究すべき余地のあることが判明した。

第二回定期演奏会の特色として次の三項があげられるであろう。

(1) 機構の整備

練習と平行して団造りを続け規約の決定、会長、副会長の決定、役員の選定を行い、対外的には確固たる組織を示し、対内的には業務分担を明かにした。

(2) 他演奏活動団体の参加

バロック合奏団、ジュニア、オーケストラ、エリザベート音大学生等が参加されたことは、団として双手を上げて歓迎するところで誠に心強く、真の市民による交響楽団として名実共に備わったことを喜びたい。夫々の楽団が演奏活動を続け発展することを願うものである。

(3) 演奏会計画の確立性

規約によって春秋二回の演奏会を開くこととなり、曲目、独奏者についても長期計画が可能となった。従って予め曲目が決定されていることとなり、自己の練習にきわめて便利で、春に秋の分まで自習することができる。その結果は良心的な立派な演奏によって市民の要望にこたえ、市響の声価を上げることになるであろう。

広島市響II 1965年（広島市民交響楽団会報）P. 5

付録6－6

演奏会時期 希望曲のアンケートより

去る十二月中旬、幹事会よりお尋ねした演奏会時期、希望曲についての返信は四十九枚で、賛助出演者、役員を除くと、大多数の回答を得たと考えられます。

感想、意見の項にも熱心な意見が盛られてあって、参考になることが多く、これらを尊重して今後の運営を考え、ますます市響を発展さしていきたいと思います。年の瀬も近い多忙な折に、回答を寄せて頂いた各位に感謝いたします。

(1) 演奏会の時期

第一表のように、春は四月中旬か下旬、秋は十月下旬か十一月上旬の希望が多い。仕事、学業が一段落した四月中旬以後、秋は文化、芸術の最盛期である十一月を希望されたことは当然で、ただこれらの時期は、公会堂の日程をとり難く、今回もやっと四月二十七日（火）がとれたようなわけであります。

あるいは他演奏会への出演仕事、出張等の突発理由も生じてきましょうが、都合をつけて参加するよう願います。

(2) 希望曲

第二表のように、沢山の希望曲が出ましたが、これといって多数の方の一致したものがないので、役員会にご一任願うことにしたい。ただ、意見の項でも指摘されているように、技術的難曲とやさしい曲の組合せでプログラムを作成することが望ましく、同時に、楽団の性格上当分の間、親しみやすいポピュラーな曲を掲げて、一人でも多くの人に聞いてもらうことも必要かと思われます。

(3) 感想、意見

第三表のような項目に分けられますが、何れも真剣なご意見で熱意が感じられます。

創立して日の浅い市響として、団員としての身分の問題は、職業団体と異って、明確に限定することが、なかなかむずかしく、しかし将来はある程度資格、義務を定め、待遇も何らかの形で考慮する必要があるでしょう。

長くこの楽団が発展するためにも、皆で考えなくてはならない問題であると思います。

練習についてのご意見も一々首肯できる問題で、現在の楽団として可能な範囲で、ご意見を尊重し、次第に改めるべきものと考えます。

練習自体を成功さすためにできるだけ都合をつけて出席すること、止むを得ず欠席の場合は、だれかに連絡するとか、楽譜を届けて出欠席を明かにしておくとか、練習場におけるマナーを皆で向上さして、感じのよい、充実した練習を続けたいものです。

第一 演奏会時期

春、時期	希望数	秋、時期	希望数
四月上旬	3	十月上旬	2
中旬	6	中旬	3
下旬	8	下旬	10
五月上旬	4	十一月上旬	7
中旬	5	中旬	4
下旬	4	下旬	3

第二 希望曲

曲名	希望数
ガヤーネ（ハチャトゥーリヤン）	4
交響曲第一番（ブラームス）	4
フィンランディア（シベリウス）	3
交響曲第六番〝田園〟（ベートーベン）	3
交響曲第八番〝未完成〟（シューベルト）	3
交響曲第四十番（モーツアルト）	2
交響曲第三番〝英雄〟（ベートーベン）	2
交響曲第七番（ベートーベン）	2
幻想交響曲（ベルリオーズ）	2
ピアノ協奏曲（グリーグ）	2
バイオリン協奏曲（ベートーベン）	2
交響曲第二番（ブラームス）	1
交響曲第八番（ベートーベン）	1
ピアノ協奏曲第五番皇帝（〃）	1
舞踏への勧誘（ウエーバー）	1
中央アジアの草原にて（ボロディン）	1
イタリア綺想曲（チャイコフスキー）	1
交響曲第五番（〃）	1
白鳥の湖（〃）	1
くるみ割人形（〃）	1
アルルの女組曲第一第二（ビゼー）	1
シエラザード（リムスキー・コルサコフ）	1
こうもり序曲（シュトラウス）	1
トウオネラの白鳥（シベリウス）	1
交響曲第四十一番〝ジュピター〟（モーツアルト）	1
ピアノ協奏曲（〃）	1
交響曲第一（古典的）（プロコフィエフ）	1
展覧会の絵（ムソルグスキー）	1
死の舞踏（サン・サーンス）	1
ボレロ（ラヴェル）	1

第三 感想・意見

(イ) 楽団に関するもの
- 本質的にアマが主体でなければならない
- 団員としての資格義務を明かにせよ
- 団員の身分を確実に定めよ

(ロ) 演奏会に関するもの
- 演奏会曜日は休日か、祭日がよい
- 演奏回数をふやせ
- 将来は毎月一回位
- サマーコンサート希望
- クリスマス・コンサート希望

(ハ) 選曲について
- 古典から出発せよ
- やさしい曲で完全に近くできるもの
- ポピュラーで奏者も聴衆も親しみやすいもの

(ニ) 練習について
- 早期にスケジュールをたてて、セクション、リーダーとの緊密を図れ
- 曲を早めに知らして、プルト、座席も早く決めよ
- 早くから充分に練習希望
- 一―二ケ月みっちり練習、その前は個人練習
- 時間厳守
- 演奏会前は練習がつまり過ぎている。パート練習をもっと沢山
- トレーニングをもっと厳しく
- 沢山集って演奏会のムードを出せ
- 練習時に話し合い、親しみ合う場をつくれ

(ホ) その他
- 休暇時の学生に団の仕事を手伝わして欲しい

広島市響II 1965年（広島市民交響楽団会報）P. 6

付録6－7

第二回定期演奏会後の臨時総会

昭和三十九年十二月九日（水曜）NHK会議室を借用して総会が午後六時三十分より開かれた。出席者三十七名白紙委任者十六名、計五十三名であったので総会は成立した。コンパス、東谷氏が議長に選ばれ、議事を進行、ケーキと紅茶で馬力をつけながら議論百出、九時過ぎ散会した。主な議事は次のようなものであった。

一、第二回演奏会の収支概算報告

本田会計幹事より概算報告あり、収支決算は未だ明確ではないが、採点すれば可のようで、早急に決算報告を提出するとの発言があった。各位の努力によって切符は相当に出ており、予定を上回ったことに対して理事側より謝辞があったが、聴衆が少なかったことは、大口の買上げ団体の配布方法に熱意がなかったと思われるので、今後の切符配分について考慮を払う必要があるとの説明が加えられた。

二、広島市への助成金交付方請願書の提出

市響運営上の助成金を市に交付請願する件は高橋理事長の説明の後、全員異論なく、文書作製に関しては理事会に委任するということに決定した。このことに関連して、事務局常置の必要があるのではないかとの意見が多く述べられたが、予算の関係上決定には至らなかった。

三、第三回演奏会開催について

年間演奏会数を一回にするか、二回にするで議論はあったが、規約にあるとおり、少くとも年間二回の演奏会を開催することに決定した。広島市だけではなく、呉、その他の地区にも進出してはといった意見もあったが、時期尚早であろうとのことであった。

演奏会の時期、曲目、練習方法等については、幹事会に一任することになり、幹事会は早急に、これ等に関してのアンケートを集めて参考として立案することになった。

幹事会 役員会より

指田 守

十二月十七日 幹事会

協議事項

(1) 希望曲その他についてのアンケートの検討及び選曲

(2) 練習方法及び練習開始時間

(3) 団員の確認について

(4) 交通費の問題

一月十一日 役員会

午後七時より幹事会、理事会を別々に開き前記事項について協議後、九時より会計監査役員を加えた全役員会として議論を続けた。

議題はどれもが、慎重に研究しなければならない問題で今後の本団の進路を左右する影響があり、討論は十一時に及んだ。

決定的とはいえないが、一応集約された意見は次のような項目である。

第三回演奏会
　四月二十七日（火）

第四回演奏会
　十一月八日（月）予定

演奏曲目

第三回　フィンランディア
　　（シベリウス）
　ピアノ協奏曲第三番
　　（ベートーベン）
　　独奏者　山本雪子
　交響曲第五番（チャイコフスキー）

第四回　森の歌（ショスタコービッチ）案

全広島合唱団との協演によって本団の認識を得るため。

チャイコフスキー第五交響曲は難しく、その上飛躍の感がある等、意見が多かったが幹事会の次のような説明があって一応納得の形で決定したものである。

(イ) 大曲ではあるが体当りすれば、できない程ではない。

(ロ) 市響として対外的にも、この程度の曲を掲げたい。

(ハ) 井上氏の、演奏上冒険ではなく、可能であるという発言がある。

練習方法

分奏（弦、管に分れて）を十分にすることと、個人、パート練習に重点をおくこと。

第三回定期の練習計画は別表の通り。

練習計画（案）

二月十七日（水）第一回練習
　その後は適当にパート練習
三月三日（水）、十日（水）
　十七日（水）、二十四日
　（水）、三十一日（水）
四月七日（水）、十一日（日）
　十四日（水）、十八日（日）
　二十一日（水）、二十五日（日）、二十六日（月）
　二十七日（火）本番

練習開始時間は六時という意見もあったが、遠隔地の人もあるので、やはり七時に音を出すように努める。

団員の確認

団員名簿に署名、捺印の形式などで、団員としての意志表示を確実にした方が良いという意見があったが、まだ団造りの途中にあるので、形式よりも内容をとり、もうしばらく本人の意志に任せようということになった。

正団員、準団員と分けた方が運営上都合が良いという意見も出た。常時出演できる人を正、常時とは決められないか、又は現在学生で正団員としては不都合が生ずる恐れるのある人を準とするわけである。この点に関しても、まだ確定的な結論に至っていない。

交通費の問題

遠隔地から来る人は回数によっては相当に多額の交通費を要することになるので、次回からは予算の許す範囲で遠隔の人から足代を考えようということになった。

幹事の業務分担

遠方の方もあり、楽器係等現在は必要でない理由もあって、幹事業務分担を別表役員表のように変更しました。

演奏会評

市響

—新聞評より—

演奏会を終って間もない十二月四日、スポーツ中国に載った記事は、一般聴衆の感じたものを一部表現しているように思われるので、ここに許可をえて転載した。

☆30日に広島市民交響楽団が第二回の演奏会を開いた。曲目はカバレフスキーの〃道化師〃ブルッフの〃バイオリン協奏曲第一番〃ドボザークの〃新世界より〃の三曲。四月の旗上げ演奏会に行けなかったので、はたしてどんなものか一度は聞いておかねばと出かけた。失礼な話だが、実際のところ二曲聞いたらスタコラと帰るつもりだった。ところが最初の気持ちはどこへやら、とうとうアンコール曲まで居すわって、もう一曲くらいやればいいのにと思いながら夜道を歩いたのだからおもしろい。

☆細部にわたる技術的なことは専門家にまかせるしかない。門外漢はたのしければ結構である。ナマの音が聞ける魅力はあたりまえのことだが知った顔が舞台に点在して、とにかく一生懸命やっているのがたまらない魅力である。お医者さん、先生、学生…。アッ、彼女が〃バイオリンをひいているぞ〃、〃フルートはいつもバスでいっしょの彼氏じゃないか—同じ広島の人間の近親感というものだろう。音を出すほうも、それをすなおに聞くほうも音楽にとけ込めればそれでよい。要はこの楽団がよりりっぱなものに育つようみんなが会場に足を運んでやることだ。

広島ジュニアオーケストラ持別演奏会

昨年末の十二月二十三日（水）、広島市小町、見真講堂で広島ジュニアオーケストラの特別演奏会が催された。この楽団は山口和彦氏（本団の理事でもある）の率いる子供ばかりのオーケストラで、編成も本格的、技術も全国有数のものとされている。

当夜の演奏曲目は次の五曲であった。

(1) モーツァルト　交響曲　ニ長調

(2) バッハ　組曲三番　ニ長調

(3) 山口和彦　子供の為の管弦楽曲　以上指揮　山口和彦

(4) シュトラウス　皇帝円舞曲

(5) 渡辺浦人　交響曲「野人」　以上指揮　渡辺浦人

子供の間に入って演奏している指導員、及び賛助出演の方に、市響で顔なじみの人も多く、演奏は子供のものと思われないほど、立派な演奏でこの子等の生長が楽しみに思われると同時に、まことに心強い。

交響組曲「野人」は迫力に富んだ曲で、子供等を交えた熱演は、業を越えた堂々たる演奏となって満員の聴衆に多大の感銘を与えていたと思われる。

ドイツ音楽の夕べに寄せて

末次雅夫

一月十五日、六時

於　ザビエル・ホール

東京、ゲーテ・インスティトゥート、アンサンブル演奏会

主催　広島日独協会

(1) 弦楽四重奏曲　ト長調　モーツァルト

(2) バイオリンとビオラのための二重奏曲　ハ長調　E・アイヒナー

(3) バイオリン、ビオラ、セロのための三重奏曲　変ロ長調　シューベルト

(4) ピアノ、バイオリン、ビオラ、セロのための四重奏曲　ハ短調　ブラームス

第一バイオリン　マンフレッド、ヘル

第二バイオリン　岡山　潔

ビオラ　菅沼準二

セロ　服部譲夫

ピアノ　村上紀子

この成人の日に、私かこの演奏会を聴く機会を得たのは市響の仲間の一人であるS氏の御厚意によるものであるが、それがまた、この会報の一部に執筆を依頼される奇縁になろうとは、全く予想もしなかった所である。その前夜までこのアンサムブルの名を知らなかっただけに、未知のグループによる音楽に或種の期待をもって会場へ向ったが、それはプロの演奏会としては、上出来のものとはいえないものであった。具体的にいうと全般的にみて、リズムテムポの流れ、外声と内声とのバランスやピアノと弦楽器とのバランスの悪さ等が気になる点で、充分練れた歌になっていなかったのは残念であった。アンサムブルとしての勉強不充分であるという感じであった。

一般に演奏会の良否等の価値判断は、主に演奏者の聴衆に対する相対的な音楽的レベルとか、評論者の音楽に対する主観嗜好によって、左右されることになるわけであるが私は下手の横好きながら、自ら楽器を鳴らして楽しむ立場より、パブロ・カザルスの言に従うことにしている。（私は良い演奏家のものばかりでなく、悪い演奏家のものも聴く。そういう悪いことをしてはならないということを学ぶ為に）ただし彼の立場は、演奏活動を本業としない一般大衆のそれとは、異なるものであることを考えなくてはならないが、音楽にプロ用、アマ用のものがあるわけはなく、自ら演奏することによって音楽を味い、理解しようという市響のメムバーにとって、これは大いに参考にしてよい思想であると思われる。

更に演奏会には、性格の異なる二つのものがあることを考えてみる必要がある。その一つは、プロの演奏活動としてのものであり、他の一つはアマチュアの研究発表的なものである。それらはおのずから目的を異にしているものであり、従って各々の聴衆対演奏者の義務、責任、批判、忠告等の態度も異なるものとなろう。市響の場合は後者に属するものではあるが音楽性の追究について怠慢であって良いわけはなく、会場費等、演奏会に要する費用の多くを聴衆に仰いでいる以上、聴衆にも共に楽しんでいただけるものとするよう、その運営の衝に当たる方々に心掛けていただきたいものと思う。更に加えるならば、前、後者何れの場合においても演奏にあたり、楽譜の意味する所を充分に学ぶことなく、単に表面的に現れた音を、何となく他人の真似事として再現しただけでは、音楽として価値がなく騒音にも等しいものであることを銘記すべきであろう。これに対し聴衆である市民の皆様には、市響の性格を御高察の上、その或時点における絶対的な価値よりも市響のメムバーが、どれだけ努力し向上したかについての価値を、充分認めていただくよう、お願いしたい次第である。

以上はドイツ音楽の夕べの批評というよりも、それを聴いての私の市響等に対する私見を述べたものに過ぎないが紙面の都合で充分表わせなかった音楽上の問題について、他日この誌上を通じ、皆様と意見を交換しながら勉強してゆけることを期して筆を擱くこととしたい。

日本の演奏家や一般の聴衆が、成人から更に個人の日を迎えるのは何時の日であろうか、などと勝手なことを想いながら。

広島市響II 1965年（広島市民交響楽団会報）P. 8

告知板

◦第三回演奏会
四月二十七日（火）

◦第四回演奏会
十一月八日（月）

◦**初回総練習**
二月十七日(水)午後七時
NHK第二スタジオ
楽譜配布、練習計画の相談あり、全員の出席を乞う。

◦第二回演奏会
会計決算ができていますが、会計監査終了後、二月十七日細部を報告いたします。

寄贈

第一回演奏会終了後、市民としての演奏に感激した、甚金の一部にと匿名の金一封が届けられた。その後、調査の結果、寺地さんという方と分りましたので、紙上を借りて厚く御礼申し上げます。

第二回定期後、独奏者の林さん、増広先生、中山楽器店より甚金の一部にと金一封を頂きました。御厚志に対し深く感謝すると共に、甚金として有用に使わせて頂き度いと考えます。

入団希望の方について

既に四名の方（管二名、弦二名）が入団を希望した申出をしております。しかし一部の人は、これから勉強を望んでおられる様子なので、この様な場合、その処置について今後いかにすべきか研究する必要があるでしょう。

ある程度の経験を持っている方は、規約にある様に、団員の推せんを経て入団することになるので、申出の方々にもその旨通知してあります。

なお、御存知の方で、かなりの演奏技術があると思われる人を、紹介推せんして下さい。

市響は、その主旨から常に門戸を開放して、市民の誰でもが入団できる様にしておかなければならないと思います。

練習場における エチケット

インスペクターより左のような要望がありました。快適な練習にするため、当然の作法として全員が守りましょう

(1) チュウニングは順序に従うこと。最弱音で調音すること。

(2) 指揮者が注意していると きは静粛に、自分に向けられていると思って聞きましょう。

(3) 足をふまないように足がいうことを聞かなければ、靴の中の趾（ゆび）に任せましょう。

(4) 楽譜を汚さないこと胸に柔い鉛筆を忘れずに

(5) 持ち帰った楽譜は必ず届けて下さい。人格が疑われますぞ

(6) 開始時間については、無理が云えませんが、なるべく努めて下さい。

(7) スタジオを大切に、片付けは率先して

広島市響標題募集

表紙標題は、他に短い、しゃれた名称も考えられますが何れ団員諸氏の投票にでもよって、適当な、これぞと思う題を選ぶことにしたい。しばらくは、この名称で我慢してもらい、成長するに従って、立派な名前をつけることにしては、いかがでしょう。

第二号 原稿募集

第二号会報の原稿を募集いたします。気楽に、建設的な意見をどしどしご投稿下さい。

◦団の性格に関する意見

◦第三回定期演奏会に関することがら

◦第四回以後の演奏会に対する意見

◦その他音楽に関するいろいろな意見

◦楽員紹介欄

◦他演奏会の印象

◦締切　五月八日

◦第一回定期演奏会

昭和三十九年四月六日(月)
於　広島市公会堂

ベートーベン、プログラム
序曲　エグモント
　指揮　井上　一清
ピアノ協奏曲第一番　ハ長調
　ピアノ　山上　雅庸
交響曲第五番　ハ短調　運命
　以上指揮　奥田　道昭
アンコール曲
ハンガリー舞曲第六番
　ブラームス

◦第二回定期演奏会

昭和三十九年十一月三十日（月）
於　広島市公会堂
　指揮　井上　一清

カバレフスキー
組曲「道化師」より
ブルッフ
バイオリン協奏曲第一番　ト短調
　バイオリン　林　洋子
ドボオルジャック
交響曲第五番　ホ短調「新世界」より
アンコール曲
ラコッチー行進曲
　ベルリオーズ

編集後記

◦今日は大寒。しかし昨日、今日と小春日和で窓ごしの陽の光が気持よさそうにさし込む。けれども室内は冷えており、市響会報の第一号を編集するのにストーブに近寄ったり、離れたりしながら原稿の字数を計算する。

◦この会報も第一号だが、自分にとっても初めてのこんな仕事なので、皆さんもいろいろとお気付きのことがあろうと思う。次号からだんだん立派にして行くために、お気にめさぬ点や、よい案があったら知らせてほしい。

◦市響も二回の定期演奏会を終え、いよいよ今度は発展期を迎えるわけだが、ここで要求されるのが楽団員の団結と熱意であろう。会報もこんな目的に向って、一歩をふみ出したわけだから、団員の援助をお願いする次第である。（国清）

会報編集役員
橋爪　将
国清博義
佐々木恒美

発行者　広島市民交響楽団
事務局　広島市下中町二〇
　高橋病院内
電話　二一―九三二一
　　　三一―九三三二
昭和四十年二月一日発行

髙橋定　語録

定が亡くなる直前の髙橋病院スタッフ。前列中央が定、後列右端が温子、後列左から２番目が元婦長・石井栄。病院中庭にて（昭和 42 年 10 月 25 日）

語録１

吾々のホープ有松洋子さん

髙橋　定

私が有松さんの音楽に最初に接したのは確か昭和二十五年頃（附中卒業前後）ＣＩＥ（現ＡＣＣ）に於いて広響との協演によるベートーベンのヴァイオリン協奏曲でありました。当時私はオーケストラメンバーの一員として協奏して具さに有松さんの音楽を味う事が出来たのでしたが、未完成ながら異常に心に食い入るものがあるのを感じとりました。即ち昭和二十七年に再び広響との協演によるラローのスペイン交響曲を公演した際、時の指揮者であった高田信一氏をして『恐るべきテンポ感』とハッタと膝を打たしめ『厳本メリー、諏訪根自子両嬢にも無いテンポ感だ』と迄極言したものでした。同年、高田氏の紹介により東フィルの定期演奏ソリストとして招かれ、賞賛を博したのが有松さんの中央進出の第一歩だったのでした。近衛秀麿氏は「日本の音楽家は一般にテンポに弱い欠点があると云っておられますが、有松さんは此の欠点の無い音楽家と云い得ます。昭和二十八年毎日音楽コンクールに一等を得られたのは、寧ろ遅きに失するの感があったのであります。私は有松さんの音楽の特徴であるこの絶対テンポ感は、絶対的感覚的尺度の持主である高名の酒の鑑定家であられた尊父より享けられた天分が音楽的才能と、うまく結びついたものと類推します。加うるに、お母様が此の豊な天分を教育するに当り、可及的多数専門家の意見をとり入れ、その指針とされた事は賢明だったと敬意を表したい。遊学に当っては、かねて私淑していたグルミヨー先生の元で最後の磨きがかけられフランス調豊かな音楽を見に附けられた事は、有松さんの本懐であると同時に我々の期待する処でもあります。当地方より各界に多数の人材が中央に送り出され、日本の支柱となって居られる中にあってこの方面に於て人材を得なかったのは、日本に於て比較的古い音楽伝統を持つ当地として淋しい思いをしていたのは私一人だけではなかったと思います。吾々が夢を有松さんに托したのは当然でありませう。我々の夢は今実現しつつあります。郷土(広島）の音楽愛好家諸君、郷土に芽生えた得難い文化の名花を愛情と誇を持って、更に美しく香り高い花に培はうではありませんか。因に、東京のデビュー前に広島に於て初公演される事は有松さんの特志によるものであります。（髙橋病院々長・広響理事）

（有松洋子ヴァイオリン演奏会―帰朝初公演１９６０年４月22日―プログラムより引用）

こういう事は書かない定がご両親にどうしても書いてくれと頼まれて、特別に書いた文章である。有松さんと定は昭和25年より前にあっていると思うが、音楽家〝髙橋定〟としてカミングアウトしたのは昭和25年であるから、このように書いたものだ。〝広響との協演によるベートーベンのヴァイオリン協奏曲〟は、ＮＨＫラジオ年鑑によると25年度の記述として「9月から始めた『広管の時間』は、広管の質的向上をもたらすとともに、音楽の普及に役立った。これは中、高等学校生徒に開放している」（１９５１・ＮＨＫラジオ年鑑ｐ２０５、２０６）とあるのでそこで協演したものと思われる。定がこの時ＮＨＫ広島交響楽団でも演奏していた傍証でもある。

昭和27年には、第8回ＮＨＫ広島交響楽団定期演奏会として、高田信一を指揮、高校生の有松洋子をソリストとして抜擢した時の事を指している。定がオーケストラ・マネージャとして若い人を育成することを重要視していたのがよくわかる。

有松洋子独演会（昭和 30 年代）

語録3

追悼曲を捧ぐ

広島市民交響楽団理事長　髙橋定

原爆都広島市の復興の父である浜井さん。それゆえに市民から感謝されました。平和都市広島を世界に宣言され、その実現に挺身された浜井さん。それゆえに、世界から信頼されました。文化人で有る浜井さんは、地方文化の推進にも尽粋され、識者の納得する政治家で有りました。

当楽団の発足当初進んで会長を引受けて下さり、基礎作りに大きな力を借して頂いた事は、浜井さんの政治家としての幅の広さを物語るものであり、吾々団員の敬愛の的でありました。貴方はあの卓越した手腕を従横に揮うべく、活舞台を中央に進められつつありと聞き及び、吾々の大きな規待を呼び起こしつつあった時も時、急逝の報に接し驚き入りました。市響の事を市から退かれた後も深く気にかけて頂き、関係者一同感激を新たにしたのもつい先日の事であったのに、全く哀惜の情に堪えません。

広島市響は、其後貴方と全く志を同じうする山田節男新会長の周到な御配慮の下に、健全に育ちつつ有りまして、このたびは第9回定期演奏会を持つ事になりました。全団員一堂に会する機会を得ましたので、市民である聴衆の方々と共に謹んで追悼曲を捧げます。

この曲の作曲者ベートーヴェンは究極の交響曲第9シンフォニーにおいて

Seid umschlungen, Milllionen!　萬億の民　相抱けよや

と絶唱しました。私は、この絶唱は浜井さんの平和都市宣言の絶叫と同じ意義をもつものと解釈します。近い将来、広島市民交響楽団はこの第9シンフォニーをプログラムにのせる可く計画を進めております。そしてこの曲を演奏する時は、常に浜井さんの平和への絶叫に和する心持で歌い続けます。

ベートーヴェンと浜井さんの夢の平和境は、吾々の夢でもあるからです。

別　辞　　浜井さんの選んだ碑文に倣って

安らかに眠って下さい
　あなたの平和宣言は
　　永えに叫び継がれますから

前広島市長・前広島市民交響楽団会長　浜井信三　様

（第９回広島市民交響楽団定期演奏会１９６８年５月13日プログラムより引用）

語録４

広島市民交響楽団第10回記念特別定期演奏会を迎えて

広島市民交響楽団理事長　髙橋定

我々の先輩は、明治39年に此地に広大の前身である広島高等師範学校を母体として丁未（ていみ）音楽会を結成し、交響楽運動をはじめてから60有余年になります。これは我国における交響楽運動史上に残る立派な業績でありまして、こんなにも立派な遺産を残してくれた先輩に対して深い敬意を表すると共に、この文化の火を継承し、燃やし続けて行こうと決心して、本楽団は発足したのでした。戦前、戦後を通じて同じような主旨の下に、同種の運動が幾度も起ったのでしたが、交響楽団の運営の困難さが、ややもするとこの火を消そうとしたのでした。平和都市・文化都市を宣言した広島市においては、この火は消してはいけない「火」なのです。

同志の人と共に昭和39年4月6日『耳ある人は聞いて下さい。業（わざ）ある人は参加して下さい』と市民に呼びかけて以来、我々のささやかな歩みも回を重ねてここに第10回の記念定期演奏会を開催する運びとなりました。

音楽会も迫った或る日の練習風景を私は皆様に御紹介します。集まるメンバーはコーラスが中学生から主婦に至る約１５０名、オーケストラ約85名。

Seid umschlungen, Millionen

（萬億の民相抱けよや）

文化の火は立派に燃え続いていました。燃え上る焔は私の心をゆさぶりました。走馬燈の如く思い出はめぐる。踏み越えて来た幾つかの山河。若い人の音楽的成長の素晴らしさ指揮棒に喰い入る澄んだひとみ！和音の低部を支えている男声の力強さ！弓は走る！ペットはさけぶ！この全部が一体となって、かもし出す和音の美しさ、私は感激の涙を止める事が出来なかった。焔の高かさは未だ低くとも、基盤の堅実さと広さとを私は誇りと思います。このたのもしい若人との生甲斐ある音楽活動が進むにつれて、私も交響楽運動家の誰もが抱く夢を持ったのです。即ち、ベートーヴェン第9交響楽の演奏を実現すべく本団発足以来各種の準備を進めて来ました。しかも私の夢は純血種の「第9シンフォニー」であったのです。

由来、広島は音楽的歴史から言って、これが実現出来る可能性のある日本においても数少ない都市の一つである事を私は誇りに思っていたのです。私の夢がその可能性に結びついたのが、この度の記念音楽会であります。皆さん、この楽員はオーケストラも、指揮者も、独唱も、合唱も、広島市民、或はその関係者ばかりです。このような音楽会を持つことが出来る広島市響を皆さんもきっと誇りとして下さるでしょう。そうして広島市響を改めて身近かに感じて下さる事でしょう。そうです。この楽団は、広島市民の、市民のための楽団なのです。皆さんも一声合わせて見たくありませんか。

Seid umschlungen Millionen

発音　ザイト　ウムシュルンゲン　ミリオネン

平和都市広島にはピッタリの呼掛ではありませんか。ベートーヴェンはこんな生涯を終えた人です。今はベートーヴェン自身さえも我々の身近な人に感ぜられるではありませんか。平和都市宣言をされた前市長浜井さんも地下でニッコリ微笑んで下さる事と確信いたします。広島市響とはこんな楽団です。なにとぞ温かく育んで下さい。

（広島市民交響楽団 第10回記念 特別定期演奏会1968年12月9日プログラムより引用）

語録6

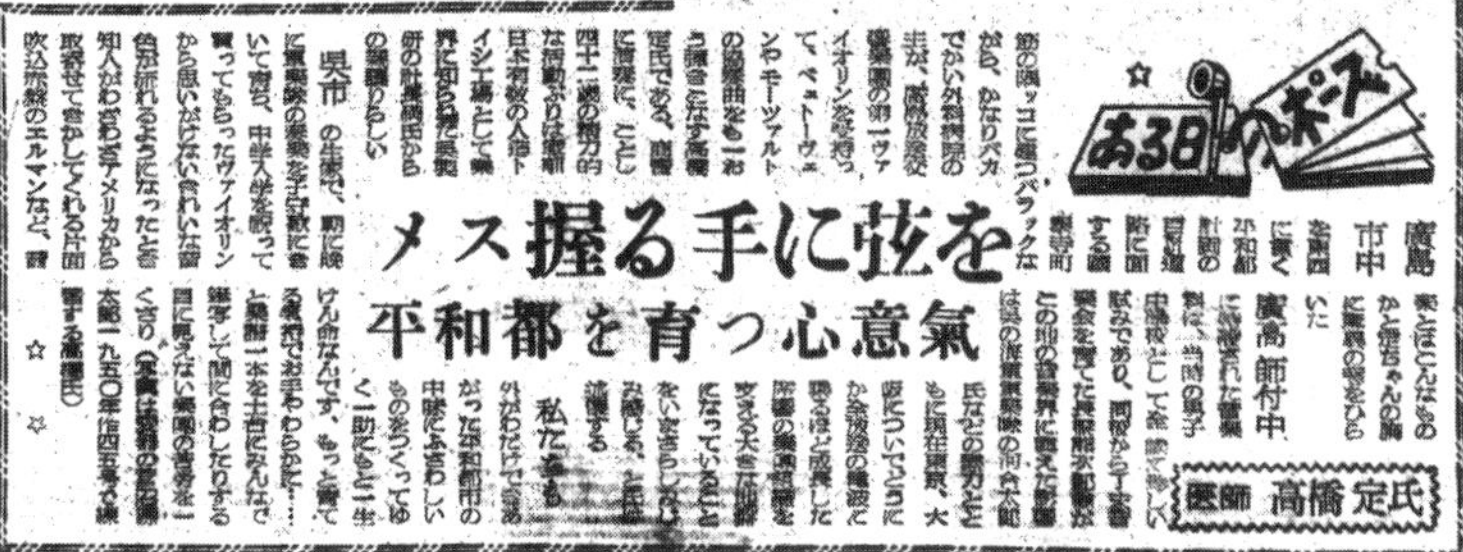

ある日のポーズ

メス握る手に弦を

平和都を育つ心意氣

醫師 高橋定氏

[illegible]

「メスを握る手に弦を」中国新聞夕刊　1950年7月3日

語録７

アメリカに渡った原爆乙女

——原爆の日におもう——

高橋（たかはし）定（さだむ）
（原爆症治療対策協議会特別委員）

長かった原爆症の苦しみ

少し旧聞に属するが、原爆被災少女たちが整形手術のため渡米したことは、当時の新聞などで、皆さんはすでにご承知のことだろう。もちろん、原爆の被害者はこれら少女たちに止まらない。大まかな調査でも広島の被爆生存者約八万六千人のうち一万四千人が要治療者で、広島以外の原爆症患者をふくめると二万人に達するという数字が出ている。これら原爆被爆者たちは、これまで長い間援護の手もたたれて苦しい生活に耐えてこられた。戦後数年もたってようやく民間、医師、当局などの手によって細々ながら対策も講ぜられ、政府に対する運動も次第に活発になって、昨年は原爆病院もたてられ、今年は「原爆傷害者治療法」も制定されて、この問題もようやく日のめをみたわけであるが、完全にはまだまだである。その間、有志各位の熱心なご協力にはまことに頭が下がるおもいであるが、とくに在米中感得したアメリカのクエーカー教徒の献身的な愛情は忘れられない。私自身原爆乙女達に同行して、直接その姿をまのあたり見ているだけに、その感は一層深い。

当時をふりかえってみると、すでに広島ピースセンターが原爆乙女の治療のために立上り、広島市医師会を中心とした原爆症

「アメリカに渡った原爆乙女」P.26『家庭教育８月号』西日本図書株式会社、1957年

語録8

アメリカに渡った原爆乙女

治療対策協議会の設立もみ、被害者擁護の足跡もその緒についていた頃ではあったがつねに資金難という隘路に災いされて、治療も遅々として進まぬ状況にあった。そういう時に、ニューヨークの土曜評論主筆ノーマン・カズンズ氏が米国の特資家を鳩合して愛の手をさしのべて来たのであるから、私どもはまさに乾天の慈雨にあうおもいでこれを迎えた。この治療援助申し出を受けることには多少の異論もあったが、関係者は、原爆症の治療は一国一地方の治療機関の名誉、あるいは微々たる政治的考慮以上に急を要するものと断定し、進んで米国の好意を受けることとなり、ただちに適当な候補者の人選に入ったわけである。こうして選ばれた乙女が渡米原爆乙女たちであった。

ケロイドと原爆乙女

　ふつう原爆症といわれている病気にもいろいろ種類がある。なかでも代表的なのはケロイドと白血球が異常に減少または増加する白血病の二つだろう。ケロイドとは原爆の熱線によるやけどが原因で、ふつうのやけどのあとのようにひっつれにならずにあとがあめを流したように盛り上ってくるものをいう。そして夜も眠れないほどのかゆみおよび痛みが続く。なかでも悲惨なのは適令期に達した乙女たちで、顔に残された悪魔の爪のあとは、見るにたえない醜形をのこし、その精神的な苦悩は真に同情に値するものがあったのである。

　いち早く市内外の公私医療機関がその治療にあたったことはもちろんだが、何分にもケロイドは、手術すればその創にまたケロイドができるというやっかいなものであり、その治療には頭を悩ましたものであった。学問的にはこれが果たして原爆と直接関係があるかどうかは未だに断を下しかねているのだが、ともかくも当時としては放任しておけない。何とか救護の手段をつくすというありさまであった。もちろん、その治療法も初期には適切を欠いた点もあったようだ。

　加えて敗戦後窮乏のドン底にあり、とくに広島市は一瞬にして所有資材・施設を灰燼に帰したため、衛生施設、資金の面にもあい路があり、治療は非常に困難であった。

　ノーマン・カズンズ氏からの申し入れはこれら原爆乙女たちのケロイドの整形手術を、豊富な資金と完璧の施設、とくに発達したアメリカの形成医学の優秀な技術によって行おうとするもので、まず二十五名の乙女たちを選抜して、これをアメリカに送ろうとするものであった。

アメリカでの生活

　私ども関係者は渡米にあたってつぎの四点を目標とした。

1 原爆症の治療
2 乙女たちの人間教育
3 職業補導
4 日米親善

（悪魔の爪あと、ケロイド）

「アメリカに渡った原爆乙女」P.27『家庭教育８月号』西日本図書株式会社、1957 年

すでにのべたように、この治療は醜形、機能障害を多少とも改善することが主目的で、けっして美人製造をねらったものではない。多くの人は美人製造を目的とした手術のごとく誤解されたようだが、そうではない。

多少の巧拙はあるとしても手術はあくまで手術であって、あとには必ず手術痕をともなうものである。神以外はこの手術痕をなくすることはできないだろう。そういう専門的立場からみて、渡米治療はおよそその目的を達したものと私は思う。

だが、治療がいかにうまくいっても手術痕はどうすることもできないのであるから乙女たちの行末を幸福ならしめるためには別に人間教育が必要欠くべからざるものとなってくる。この目的を達するために、私たちは、乙女たちを、クエーカー教徒を中心とする米人家庭に一人ないし三人ぐらいのわりであずかっていただいた。こうして米国家庭の長所を見習うとともに、一方では洋裁、美容術、英語、手芸、看護学などの勉強を、あるいは家庭で、あるいは通学して修学せしめた。

頭の下がる思い出

クエーカー教徒というのはキリスト教の一派ではあるけれども、平和主義、慈愛、奉仕をモットーとする団体であって、その行動はかなり徹底的である。米国のフィラデルフィアを中心として、その数、十数万にすぎない団体ではあるけれども、世界人類につくした業績はまことに偉大であって、もし、今の倍の教徒がいたならば、第二次大戦もさけえたであろうといわれるくらいである。皇太子殿下の教育にあたられたバイニング夫人、文豪であり人道主義者であるパール・バック夫人などは、この団体の中でも我々日本人によく知られた人物である。私はたびたび、これらの人々の人類愛に徹した行動にふれ、深く感動したのであるが、ここではその中のひとり、バレンタイン夫人のことについてのべたい。

私がある時、原爆乙女の手術のため、手術室へ入ろうとした時、控室でいかにも心配そうに目頭を赤くして、いてもたってもいられないさまの婦人をみかけた。この人がバレンタイン夫人で、十日ほど前から乙女たち三人をあづかっていただいていた。

夫人は学校の先生であったが、一年間休学願いを出して、乙女の世話をしてくれていた。その乙女の一人が、ちょうどその時に手術を受けることになっていたので、そのつきそいに来ているのであった。この人は翌日も病室を見まって、味噌汁をマホーびんに入れて持参し、その乙女にのませてやった。驚くべきことには、手製のまきずしまでつくって食べさせてやっている。後に私はこの婦人の私宅を訪れる機会があったが、その書棚には日本に関する書籍十数冊があり、炊事場には「日本料理」という英語の本がひろげてあるのを発見した。私は感激のあまり、私の知っている最大限の英語で感謝の言葉をのべたわけだが、その答に曰く、

「いえいえ、ありがとうはこちらがいうべきで、あなたが言うべきではありません。」

「どうしてですか。」

「私は生まれてから、このお世話ほど心に満足をおぼえたことはかってありません。この一年来、私は全く楽しかった。」

私はこれに対し言うべき言葉を知らなか

「アメリカに渡った原爆乙女」P.28『家庭教育8月号』西日本図書株式会社、1957年

語録 10

アメリカに渡った原爆乙女

った。

不幸は未だ終らない

人種、国籍をこえて美しくあたたかい結びつきが強くなっている他の一面では、原水爆競争はとほうもないほど苛烈となり、水爆実験の死の灰による被害が警告されている。六月十二日の読売新聞には、日赤中央病院長の都築正男博士の次のような講演要旨が伝えられている。

（バレンタイン夫人邸にて。左より二人目が夫人、その右筆者。両端は夫人宅に世話になつた原爆乙女。）

「わたくしは医学者としての立場からみて核爆発実験がこんごも引続き行われると、ストロンチウム90は将来人体に悪い影響を及ぼすと考えている。しかしデーターをそろえてそれを結論づけることは、複雑なことがらだけに現在は不可能で、少なくとも三、四十年はかかる問題だ。われわれの計算では一平方キロメートルの土壌に百ミリキューリーの質量のストロンチウムがふくまれていると仮定すると、野菜、牛乳などから数年の間に十ミリキューリー程度人体に入るとみられ、十年から十五年の間には現在の段階からみて人体許容量に達すると推定される。この結果はとくに七、八才から二十才ごろまでの若い人たちに影響し、動物実験などから、①骨の成長に関係して巨人とか小人とかが現われる。②貧血症、白血病などが増加する。③骨に肉シュ（腫）ができる。などが想像され、こうしたことから種族の減少、寿命の短縮、劣性遺伝、体質の虚弱化などが考えられる。」

これが事実とすればまったくおそるべきことである。実験ですでにこれらの被害が予想されるのであるから、もしも戦争ということになればその被害は計りしるべくもない。最近製作されつつある水爆は、広島型原爆の百倍以上の威力をもつといわれている。すでに三度も被爆の体験をもつ日本人が、原水爆禁止を全世界によびかけているのも、そのおそろしさを本当に知っているからに外ならない。不幸にして原水爆の実験は抗議の声をよそに、いぜんとして続けられているが、私たちはあくまで原水爆禁止の叫びを訴え続けていかねばならない。同時に、今なお原爆症のため苦しんでいる万余の被爆者におもいをはせて、これら不幸な人たちが一日も早く〃失った笑顔〃をとりもどすことができるよう、ご協力をおねがいしたいと思う。

「アメリカに渡った原爆乙女」P.29『家庭教育８月号』西日本図書株式会社、1957 年

髙橋　定　略歴と関連事項

（1906〈明治39〉9・10～1969〈昭和44〉8・17　広島県呉市宮原出身）

広島市民交響楽団（後の広島交響楽団）初代理事長、「原対協」特別委員、髙橋病院院長、広島市医師会理事、外科医、陸軍軍医大尉、バイオリニスト、オーケストラプロデューサー。原爆症形成医学研究者、被爆者支援、精神薄弱者育成会会員、ひかり会理事、ワールドフレンドシップセンター理事

弟に二代目クレトイシ（株）代取、呉商工会議所会頭、研削砥石工業会会長、髙橋満

妻・温子（旧姓永井）は岡山県牛窓出身、内科医、眼科医、髙橋病院副院長、髙橋内科医院院長、被爆者支援、帝国女子医専卒、広島県立病院内科学専攻、福島県立医科大学にて学位論文、精神薄弱者支援、広島交響楽団理事、ひかり会理事

明治39年　父・兼吉（呉製砥所・現クレトイシ創業者・赤崎神社総代）、母・チエの（早世した兄がいたがそれとは別に4男2女の）長男として呉宮原に生まれる。／広島高師丁未音楽会（2章、6章―2、4参照）設立

明治43年　兼吉、国内初、赤崎神社（2章、8章参照）で人造砥石の試作し成功。少年時代、呉市宮原にある赤崎神社の〝やぶ〟（2章、8章参照）祭の復活形成に影響を受ける。

大正5年（満10歳）　兼吉、東洋製砥合資会社の設立に顧問として参画。定、少年時ハーモニカバンド形成。自宅近所で練習していた呉海兵団軍楽隊（2章、7章参照）の音楽に触れ育つ。しかし、この頃呉では男子学生は洋楽をするものでないとの風潮がはびこる。

大正8年　県立呉中学（現三津田高校）入学、合格祝いでバイオリンを手にする。兼吉が人造砥石製造事業を引取り呉製砥所（2章、8章参照）起業。当初は近所にあったバイオリン教室で学んだものと思われる。近所の音楽好きに紹介されエルマン（2章、6章―1参照）に魅せられる。呉海兵団軍楽隊隊長に河合太郎（1章、2章、7章―8参照）就任。定、軍楽隊の河合太郎隊長と親交深める。赤崎神社青年団結成し神社の祭りが充実。

大正12年　9月、関東大震災、10月、震災復興のための広島での演奏会で多くの音楽仲間と山田耕筰（3章、6章―6、10章参照）の大演説を聴く。

大正13年　広島出身の元陸軍軍楽隊長・永井建子（2章、3章、6章―1参照）震災を機に帰広。浄寶寺管弦楽団（2章、3章参照）

設立、指揮をとる。広島で音楽の指導を始める。

大正14年　県立呉中学卒、旧制広島高等学校（2章参照）入学。大学の薫風寮に入寮する。6月、水交支社[1]主催で河合太郎が初めての管弦楽を指揮。この年5回の管弦楽演奏会を呉で行う。楽曲にスキルトン作曲、印度舞曲二種が含まれている。7月、呉水交支社管弦楽、河合太郎指揮で喜歌劇リユーベッア、組曲ロシア舞曲、民謡スコットランドの思い出、歌劇ミレイユ、チャイコフスキー傑作集、歌劇トスカなど。日露交歓交響楽団演奏会。

大正15年（満20歳）　石巻出身の丹羽廣志（1章、7章参照）、東京音楽学校選科入学、呉海兵団軍楽隊国内大遠征を行うも全て吹奏楽。帰呉後、9月、水交支社開催、河合太郎指揮で主な楽曲として、弦楽四重アンダンテ・カンタビーレ、組曲「アルルの女」、「長唄娘道成寺の一節」、「椿姫」、印度舞曲、スペイン舞曲等が演奏される。

昭和2年　4月、丹羽廣志、東京音楽学校一時退学とあるもすぐに復帰。定、広島高等学校在学中、学校で見当たらないと聞いた父・兼吉が方々で聞いて探し、東京音楽学校で学んでいたのを見つけ、辞めさせて広島に連れ戻ったとの伝聞が残るも東京音楽学校に記録なし。7月、河合太郎率いる呉海兵団軍楽隊吹奏楽で演奏会、同7月、河合太郎率いる管弦楽団は、初めてフリーデマンのスラブ狂想曲を演奏し新聞紙上で好評を得る。この頃定は長橋熊次郎（2章、6章—4参照）率いる丁未音楽会で大活躍していたとの伝聞がある。

昭和3年　丹羽廣志東京音楽学校一回日の検定合格。6月、水交支社開催、河合太郎指揮で管弦楽演奏会、シューベルトの楽曲を多く取り上げ、特に未完成交響曲を演奏、新聞紙上で好評を得る。7月、NHK広島中央放送局（FK）[2]が開局し、多くの楽団が出演している。10月、定の母校旧制広島高校第二回開校記念演奏会を前年に完成した同校講堂にて河合太郎指揮の管弦楽で共演、定がバイオリン・ソリストとして演奏曲はホーム・スキート・ホーム變奏曲、G線上のアリア、メンデルスゾーンのアンダンテ、サラサーテのスペイン舞曲など独奏5曲、スキルトンのインド舞曲2曲、スラブ狂想曲、未完成交響曲第一、第二楽章を含む管弦楽7曲などを共演（第2章参照）。過去の河合太郎指揮で演奏した楽曲と共通するところが多い。12月、河合太郎海軍軍楽大尉横須賀鎮守府付き予備役。河合太郎指揮で呉市のみならず広島県内の女学校（広島・呉の女学校）中心に県北や備後に至るまで広範囲）、小学校で行われることもあり、様々な趣向で演奏会が開かれ始める。

昭和4年　定、4月5日、旧制広島高校を三度留年し、第二学年で中退。軍歴によると同日、配属将校の行う教練検定に合格。定は家族から行方不明となる。5月、河合太郎東京中央放送局放送部入局。6月、ケーニヒ国外追放、哈爾濱へ。NHK

昭和6年　広島中央放送局、FKアンサンブルを結成。12月、定、陸軍三等主計に任官。

昭和7年　2月13日、丹羽廣志、東京音楽学校選科検定修了するも滞納を理由に除籍。山田耕筰、2月12日、オペラ「あやめ」製作、公演予定でパリに出発も公演中止、夏、ロシアで演奏機会多く得てオペラ「黒船」序景初演など演奏。帰国後「あやめ」発表。9月、満州事変により陸軍軍楽隊弦楽演奏を停止する。12月、定、幹部候補生として備後歩兵第41連隊[3]に丸一年の訓練のため入営。河合太郎、12月、日本ビクター第一文芸社入社。

昭和8年　12月、定、歩兵将校幹部として合格。予備役任。ケーニヒ（7章―9参照）逝去。突然実家にもどり、医者になりたいと申し出、許される。

昭和9年　定、日本医科大学〝予科〟入学。12月、長橋熊次郎逝去。

昭和10年　6月、定、広島歩兵第11連隊に3週間の訓練参加の記録あり。長橋の後任として丁未音楽会主宰に竹内尚一（2章、6章―4参照）就任。弦楽中心の活動から吹奏楽にも力を入れ、丁未音楽会転換図る。海兵団軍楽隊ロンバルディアセレナーデス結成。

昭和12年　定、予科卒業後、少尉。日本医科大学に入学。「定、医大在学中にロシアに音楽留学の話出るも、兼吉が学校からの問い合わせで知り、止める」との伝聞あり。

昭和14年　エルマン二度目の来日。6月、山田耕筰、ベルリンフィルを指揮し、日独で放送される。12月、山田耕筰、新交響楽団を指揮し第九を演奏、放送される。

昭和15年　4月、定作成の履歴書によると日本医科大学卒業後同大学第一病院勤務。しかし確認とれず。同年、呉製砥所大阪に続き、満州瀋陽に工場進出。定も設立メンバーに名を連ねる。同年12月、広島陸軍病院[4]に応召、多くの人はこの時、陸軍に入隊したと思っていた。出征式の記念写真や国旗に書いた寄書きが現存。

昭和16年　この頃、中国で活動したと思われる。髙橋少尉宛で湖北省麻城県の治安維持会会長から掛軸拝領（遺品説明あり）、永井建子逝去。

昭和17年　NHK広島中央放送局、丹羽廣志を主力にFKアンサンブルを廣島中央放送局管弦楽団（廣島中央放送局交響楽団も含め、以下〝NHK広島〟と略す）に改組。11月、放送練習所開設記念番組にて歌謡組曲「躍進廣島」、ヘンデル作曲合唱と管弦楽「救世主」、12月、定、中尉、広島管区。真珠湾攻撃で太平洋戦争開戦。

次第に軍国化。3月、〝NHK広島〟江波、大野、山口、岡山、下関、善通寺、傷病将士慰問。2月、竹内尚一、広島

文理科大学退官、後任に今井仁。[5]秋に丁未音楽会最後の大演奏会開催される、その後活動は停滞。9月、満州建国10周年演奏会。

昭和18年　4月、定、広島にて第26飛行場中隊編成。[6]5月、宇品出港、6月、ラバウル、その後ニューギニアに転進。

昭和19年　2月、第26飛行場中隊再編され、定は第46飛行場大隊に移る。[7]ニューギニアにてアイタペ作戦参戦。激戦となるも脱出。沖縄で遭難。行方不明となるも救助され帰国。11月、河合太郎、NHK広島中央放送局音楽部入局。

昭和20年　定、広島のビリヤードで島薫と知り合う。4月30日、第51教育飛行師団[8]任　陸軍軍医大尉。8月6日、原爆で長橋八重子、岡田二郎、今井仁など被爆死、山中高女、広島市立女子など壊滅するなど多くの犠牲出る。8月15日、定、福岡大刀洗[9]第五航空教育隊[10]にて終戦。終戦時、予備役軍医大尉。

昭和21年（満40歳）　2月、ニューギニアより第47飛行場大隊隊員として復員と記録される。同2月、未完成交響曲はまだ、復興できていない広島高等学校講堂で演奏される。定、一時帰省も福岡県三輪村立病院院長とあるが診療を行った記録なし、直ぐに医師のいない診療所となる。8月、郷土人たちの祭があちこちで起こる。11月、NHK広島中央放送局のスタジオ完成。放送開始に伴い〝NHK広島〟10名で復活、「アルルの女」演奏、哈爾濱交響楽団出身として丹羽廣志、コンサートマスターとなる。

昭和22年　3月、広島市下中町に病院のための土地の一部を、定、購入し始める。7月、坂本良隆指揮で第一回放送音楽会「アルルの女」、モーツァルトピアノ協奏曲ハ長調、「未完成交響曲」「比和の田植え唄」など演奏。広島演奏家協会発足。8月、第一回平和記念式典。

昭和23年　〝NHK広島〟5月、広島児童文化会館開館式　祝典音楽「ローエングリン」、管弦楽「平和行進曲」。6月、FK開局20周年記念、ハイドン交響曲6番、「未完成交響曲」、オラトリオ「天地創造」。8月、第1回「平和音楽祭」で平和の歌、セントメリーの鐘、アベマリア。10月、定、第一回定期演奏会、プレーイングマネージャとして第一バイオリン第三プルトとして参加。ドボルザーグ交響曲5番「新世界」、歌劇「カルメン」など（第一回呉土肥高校、[11]旧制広島高等学校講堂、臨時、八丁堀東洋座）。11月、温子と結婚。12月、第二回定期演奏会、ベートーベン交響曲5番「運命」、モーツァルトピアノ協奏曲ハ長調など。東京裁判判決文翻訳開始。「私達の音楽」放送、ミュージカルコメディ「浦島瀬戸をゆく」、オペレッタ「因幡白兎」、拝幡詩曲「瀬戸内を航く」「嚴島縁起」。

昭和24年　NHK広島、3月、第3回定期演奏会。ベートーベン交響曲6番「田園」、「エグモント」、プッチーニ歌劇「蝶々夫人」「ラ昭和25年　ポエーム」など全国中継。第二回「平和音楽祭」にて山田耕筰作曲の「ヒロシマに寄する歌」、ベートーベン交響曲18番・追悼の曲、第9交響曲「歓喜の歌」全国中継。河合太郎指揮で広島吹奏楽團水上演奏会、猿猴橋と荒神橋の間で。〝NHK広島〟25年度で三度の定期演奏会。ベートーベン交響曲5番、6番などを演奏する。9月より「広管の時間」開始、中高生に開放する。竹内尚一夫妻、島根大学に栄転。7月、「メスを握る手に弦を」夕刊中国。

昭和26年　3月、〝NHK広島〟大澤壽人指揮で春の演奏会。ベートーベン交響曲1番、リストピアノ協奏曲1番、ヨハンシュトラウス「美しき碧きドナウ」、花柳有洸の日本舞踊のついた邦楽曲「ひよこ」、「雪女」にも挑戦。11月、「一万人の大合唱」「歌の殿堂、ウィーンの森の物語」（表紙、定の演奏写真）、宮原禎次「交響詩ひろしま」初演、野外音楽会、他に平日放送の「私たちの音楽」を全部生放送とした。8月、第3回水上音楽祭「サンタルチア」、「ローレライ」、「木曽節」、「旧友」、「平和の歌」など元安川で演奏。

昭和27年　〝NHK広島〟1月、組曲「ふるさと」、3月、抒情組曲「源氏物語」、5月、バイオリン・ソリスト・有松洋子、指揮・高田信一で第8回定期演奏会、ラローのスペイン交響曲、モーツァルト交響曲40番など、8月、水上音楽会、「交響詩ひろしま」、納涼大会にて服部良一合唱付円舞曲「美しき瀬戸の夕映」初演、9月、バレエ「ノーモアヒロシマ」、10月、郷土在住者だけの初の本格オペラ「椿姫」、11月、宮原禎次オペラ「音戸の瀬戸」（芸術祭参加）、月1回の「FKリサイタル」を新設。サンフランシスコ講和条約締結。髙橋病院建物完成、それまでバラック病院。

昭和28年　1月、定、「原対協」設立、同時に委員、5月、第1回広島放送合唱団公開演奏会、〝NHK広島〟第9回定期演奏会？指揮・遠藤宏、ピアノ・遠藤扶佐子のグリークのピアノ協奏曲、ベートーベン第2交響曲、7月、庄原放送局開局記念として、「なつかしのメロディ」、「放送音楽会」、呉開港5周年「野外音楽会」、8月、「水上音楽会」、「歌謡曲大会」、9月、「歌と管弦楽」、11月、第2回音楽家教会オペラ「カヴァレリヤルスチカーナ」「道化師」、「交響詩ひろしま」、FKのど自慢「紅白歌合戦」、朝鮮戦争終結。

昭和29年　〝NHK広島〟2月、ミュージカルショウ「歌の幌馬車」、7月、広島音楽家協会第1回演奏会、水上音楽会、8月、納涼音楽会、10月、広島音楽家協会第二回オペラ「蝶々夫人」（秋の芸術祭参加）、12月、〝NHK広島〟演奏会、FKのど自慢「紅白歌合戦」、第2回広島放送合唱団公開演奏会、「交響詩ひろしま」。

昭和30年　〝NHK広島〟6月、広島邦楽協会出演でオペラ「椿姫」、7月、水上音楽会、第3回広島放送合唱団公開演奏会。組曲「みやじま」中野節子作曲葉室潔バレエ。5月～翌年11月迄、ノーマン・カズンス、谷本清などにより、原爆で被害にあった女性たちの治療目的でアメリカに渡る。谷本清、原田東岷が同行して出発するが、２人は年末に帰国する。広島市公会堂完成。

昭和31年（満50歳） 2月、定、被爆女性たちを迎えに渡米。定、3月までに歩兵、軍医、主計の後備役すべてが解かれる。6月、治療中に亡くなった中林智子さんの遺骨を抱いて一時帰国。即再渡米。ニューヨークのマウント・サイナイ病院の整形外科学会に参加してフェローとなる。11月、帰国、12月、労音演奏会、２日で4回の公演、広島市公会堂でベートーベン「エグモント」「第九」第一バイオリンで、ＦＫスリーベル友の会「紅白歌合戦」（定不在の広島では、8月、交響曲「広島の街は甦る」、ミュージカル・プリズム、歌劇「音戸の瀬戸」、「歌声を結んで」といった放送が行われた）。

昭和32年 〝ＮＨＫ広島〟新番組「メロディの流れ」、「広響演奏会」毎月最終土曜に時間延長55分に、8月、「光は日々に新しく」、定、「アメリカに渡った原爆乙女―原爆の日におもう―」（付録として添付）執筆。赤崎神社移転拡充につき寄付、池田勇人揮毫による父・兼吉を称える石碑を建てる。原対協特別委員となる。カラヤン（第10章参照）・ベルリンフィル初来広。

昭和33年 ジュネーブの国際外科医大学の学会でもフェローになる。〝ＮＨＫ広島〟毎月最終週にコーラスアルバム、毎月最終土曜日「広響演奏会」、11月には青少年音楽会で全国放送。「蝶々夫人」テレビ放送、12月、広島音楽協会の定期演奏会、一時間半放送。原対協特別委員としてＡＢＣＣ（原爆傷害調査委員会）と健康診断の制度議論。ＮＨＫ年鑑に「特にあまり進歩してない地方における純音楽の普及発展に貢献した」と表現される。

昭和34年 〝ＮＨＫ広島〟新番組「コーラスアルバム」、毎月最終週に「広響演奏会」、5月、安部幸明、6月、高田信一、8月、前田幸市郎、9月、安部幸明、10月、高田信一といった具合に指揮者の依頼でベートーベン、メンデルスゾーン、ハイドン、チャイコフスキーを演奏。他に宮原禎次の歌劇「まぼろしの五橋―錦帯橋物語―」、ラジオファンタジー「瀬戸うちの幻想」を演奏。6月6日、定発注のやぶ面赤崎神社に奉納。ひかり会[12]結成。丹羽小弥太（訳）ノー　モア　ウオー出版。

昭和35年 1月、高田信一急逝。広響演奏会、二カ月に一回になる。「コーラスアルバム」月2回に、「モーニング・コンサート」毎週、「ヨミの国のイザナミの命」全国放送、岩城宏之で「広響春のコンサート」モーツァルト交響曲36番「リンツ」など、石丸寛で『ハイドン交響曲１００番「軍隊」』、ミュージカル「南太平洋」などを「土曜コンサート」や「リズムアラカルト」で放送、有松洋子、帰朝単独公演in広島で定、メッセージを出す。

昭和36年 〝ＮＨＫ広島〟オペラ「椿姫」を公演、井上一清（5章、9章参照）指揮デビュー、原田康夫（4章、6章―7参照）

初主演を伴奏、その後〝NHK広島〟活動停止。原爆症形成医学などの論文4本を立て続けに発表、定、夫婦で満夫婦と共に米国ノートン社のオーナー一族を広島に招き宮島観光。

昭和37年　定、自宅で姪の夫が就職する事を祝して、サラサーテ作の「ツゴイネルワイゼン」をソロで披露した。第24回日本臨床外科医科総会（札幌）を座長として取り仕切る。この頃井上一清と密談続ける。

昭和38年　夏、田頭徳治と井上一清、髙橋病院に訪問。広島市民交響楽団設置に動きだす。10月、〝NHK広島〟メンバー中心に広島市民交響楽団（以後、〝広市響〟）を発足。定、協賛企業や団体の協力獲得に併走、初代理事長となる。会長は浜井信三広島市長とする。渡邊弥蔵が中国新聞に「広島音楽界50年の裏表」連載。

昭和39年　4月、〝広市響〟第1回定期演奏会、第1バイオリンで参加。11月、第2回演奏会。

昭和40年　〝広市響〟の会報第一号〝広島市響〟発刊。事務所は髙橋病院内応接間。〝広市響〟第3、4回定期演奏会、4回開催後パーティ開く。佐藤正二郎を新理事に迎える。5月、オールNHK管弦楽団（久留米）演奏会に定と田頭が出演。10月、印刷文化典記念式典、広島市公会堂。12月、山田耕筰逝去。バーバラ・レイノルズ（エピローグ参照）を囲む会。ワールドフレンドシップセンター[13]開設。

昭和41年（満60歳）　〝広市響〟第5、6回定期演奏会。7月20日、中国新聞にて「ヒロシマの歌」が記事になる。カラヤン、ベルリンフィル2度目の来広。

昭和42年　1月、ジョーン・バエズ（エピローグ参照）広島のバーバラ・レイノルズ宅に訪問。〝広市響〟第7、8回定期演奏会、NHKで始めて放送されるようになる。

昭和43年　〝広市響〟第9回定期演奏会・浜井信三追悼演奏会はNHKで放送されず。定、浜井信三追悼文の中で近々「第九」をやると宣言。演奏後最初の発作が起きる。7月、勇（著者）誕生。11月、広島芸術祭、菊池麗子ピアノ伴奏のオーケストラ、定最後の演奏となる。第10回定期演奏会で当初目標の〝第九〟を演奏も、定、病で演奏せず。社会福祉法人ひかり会設立時理事。

昭和44年　バーバラ・レイノルズを送別。〝広市響〟4月、市政80周年演奏会。第11回定期演奏会。井上一清を東独、スイス留学に送り出す。8月17日、〝広市響〟の永続発展を確信して廻診中に心臓発作で永眠。47年〝広市響〟プロ化し広島交響楽団となる。現在も毎年年末は第九の演奏続く。この日、広島大学が抗争で炎が上がる。

●主な叙勲・遺品など

宮内庁より、正七位、勲五等瑞宝章、勲六等軍行旭日章、支那事変従軍記章
湖北省麻城（武漢郊外）の治安維持会会長・柯厚斎より髙橋少尉宛てに〝領導和平日華幸福〟と書かれた掛軸（口絵参照）
ニューヨークのマウント・サイナイ病院、ジュネーブ国際外科大学学会のフェロー証書
全日本精神薄弱者育成会より感謝状、被爆者一般疾病医療機関指定、労災指定医療機関
祖父・貞助の打った面を含む赤崎神社初代やぶ三面（他は井ノ上忠左エ門、井上忠太作）（裏表紙カバー参照）
菅沼源太郎作No・45バイオリン、銅像
1950、ContaxⅢ（旧東独ツァイ・イコンと日本のヤシカの合弁コンタックス社製）カメラ1936&フィルム画像
著書『アメリカに渡った原爆乙女―原爆の日におもう―』家庭教育　昭和32年8月号 西日本図書（1957年）（付録参照）

1 戦前にあった旧海軍将校のための社交クラブ。
2 広島中央放送局に日本の放送局所が着けた。呼出符号JOFKの〝FK〟。AK東京中央、BK関西などとつづく。
3 福山に駐屯した帝国陸軍でも屈指の連隊。後にフィリピン、レイテ島大戦中に玉砕。
4 旧広島市民球場跡地周辺一帯にあった病院、被爆にて壊滅。
5 広島高師は昭和15年に文学部、理学部が併設され広島文理科大学になっていた。
6 改編で定が第47飛行場大隊に移った直後に玉砕。
7 昭和19年、ニューギニア・ブーツに駐屯、アイタペ作戦に参加する。アイタペ作戦では90％が玉砕したと言われている。終戦後、ニューギニア沖合にあったウエワクに駐屯する。第3章に掲載。
8 元第一飛行集団司令部が名前を変えたものであり、事実上の陸軍航空部隊の「参謀」である。岐阜県各務原陸軍飛行場の北側に位置し、暗号などを取り仕切っていた。第3章に掲載。
9 当時、東洋一の飛行場。陸軍特攻の基地。飛行整備、飛行教育、整備教育、飛行機製造、試験など担当。
10 福岡大刀洗にあった飛行機整備士育成の教育機関。第3章に掲載。
11 呉宮原の現清水が丘高校の場所にあった高校。
12 広島県在住脳性麻痺障害者のための団体、のちに法人化して社会福祉法人ひかり会となる。
13 バーバラ・レイノルズが広島に設立した平和団体NPO法人。原田東岷に引継ぎ、令和5年現在も続く。

『番外』――定のオーケストラデビュー曲〝くるみ割り〟について

この本の校正も終わりに近い出版直前に、渡邊弥蔵資料を見直して、重大な事に気づいたので不規則な形であるが、番外として付け加える。

温子は定のオーケストラデビュー曲は〝くるみ割り〟だと言っていた。そのとき温子が口ずさんだ曲はどうも〝くるみ割り行進曲〟だったと思う。それが山田耕筰と定が初めて出会うきっかけとなる90ページの藝術復興音楽会の広告の右下に小さく表記された音楽会のプログラムの中にあった。その演奏会のプログラムが渡邊弥蔵資料の中にあった。

呉海兵団軍楽隊演奏となっている〝くるみ割り行進曲〟は、このプログラムでは〝管楽〟としてあるが、実験的に弦楽器をわずかに入れていたのではないかと思う。演奏会場である旧広島市公会堂は現在の広島市役所（広島市中区国泰寺町）の北の庭園・春和園の中にあり、当時市立女学校は移転前でその南隣りにあった。定17歳、山田耕筰も訪れたのかもしれない。

春和園は江戸時代から存在し、日清戦争の際、講和会議に出席のため来日した清の使節団の宿とされた由緒ある庭園であるが、第二次大戦中に建物疎開のために取り壊された。

『第三回音樂演奏會プログラム』表紙　広島市高等女学校　於　旧広島市公会堂　春和園　1923年10月28日（広島市公文書館所蔵　渡邊弥蔵資料＃222「PROGRAM／Y.WATANABE」）

開會の辭

I

1. 管樂 —— 呉海軍軍樂隊
   歌劇 さまよへる和蘭人 —— ワグナー作曲
2. 合唱 —— 一年四五組
   (イ) 愛の女神 —— 山田耕作作曲
   (ロ) [illegible] —— 本居長世作曲
3. 四重唱 —— 有志合唱團
   春の雲 秋の雲 —— 永井幸次編曲
4. 合唱 —— 一年一二三組
   (イ) 離れ小島の
   (ロ) 秋の路上 —— ユツケ作曲
5. 獨唱 —— 一年 秋山キクエ
   み空の鏡 —— 弘田龍太郎作曲
6. 合唱及二重唱 —— 二年一二三組
   (イ) 夜の[illegible] —— 弘田龍太郎作曲
   (ロ) 上下の[illegible] —— 永井幸次作曲
7. ピアノ獨奏 —— 四年 大瀬戸ハツエ
   夢の桃太郎 —— 山田耕作作曲
8. 合唱及二重唱 —— 二年四五組
   (イ) 靜[illegible] —— 弘田龍太郎作曲
   (ロ) 牧場を思ふ —— ヘイニー作曲
9. 獨唱 —— 二年 井原重子
   忘られて —— 弘田龍太郎作曲
10. 三部重唱 —— 有志合唱團
    (イ) サンタルチア —— ナポリ民謠
    (ロ) 露の玉 —— ウエズスター作曲
11. オルガン聯奏 —— 四年 {杉村美智子 / 弘中マサヱ}
    (イ) アンダンテ —— ハイドン作曲
    (ロ) [illegible]マーチ —— ヘンデル作曲
12. 二重唱 —— 二年全体
    この[illegible] —— ボーエルデュー作曲
13. 管樂 —— 呉海軍軍樂隊
    ハンガリアンラプソディー第六番 —— リスト作曲

II

1. 管樂 —— 呉海軍軍樂隊
   組曲「胡桃割」 —— チャイコフスキー作品71番(甲)
   (イ) 行進曲 —— (ロ) 小序樂
   (ハ) アラビヤの舞踏 —— (ニ) 露西亞トレプパク舞踏
2. 二三重唱 —— 三年生
   (イ) 秋のおとづれ —— 本居長世作曲
   (ロ) 逝ける友 —— [illegible]作曲
3. 獨唱 —— 三年 佐藤清子
   (イ) 追憶 —— スペインメロデイ
   (ロ) 風ぞゆく —— 山田耕作作曲
4. ピアノ聯彈 —— 三年 {吉村澄子 / 兒玉ヨシ}
   (イ) マイオールドケンタッキーホーム —— フォスター作曲
   (ロ) 舞踏への勧誘 —— [illegible]作曲
5. 二重唱 —— 研究科生
   (イ) 故郷 —— デュエットトリオ集
   (ロ) 木の葉 —— [illegible]作曲
6. 獨唱 —— 四年 [illegible]
   (イ) 子守歌 —— 山田耕作編曲
   (ロ) 久方の月 —— [illegible]作曲
7. 混聲四重唱 —— {[illegible] / 有志合唱團}
   君は神 —— ベートヴエン作曲
8. ピアノ獨奏 —— 四年 小田君子
   ソナタ —— ベートヴエン作曲
9. 三重唱 —— 四年生
   (イ) 故郷を離るゝ歌 —— 獨逸民謠
   (ロ) 樂しき森 —— 中等音樂教科書
10. 獨唱 —— 研究科 [illegible]
    ジョセランの子守歌 —— ベンジャミンゴーダー作曲
11. 三部重唱 —— 有志合唱團
    (イ) [illegible] —— 瑞典民謠
    (ロ) ひばり —— メンデルスゾーン作曲
12. 管樂 —— 呉海軍軍樂隊
    ベートヴエン回想 —— トバニー編作
13. 合唱(管樂伴奏) —— 全校生徒
    校歌 —— 永井幸次作曲

閉會の辭

同音楽演奏会プログラム（広島市公文書館所蔵　渡邊弥蔵資料＃222「PROGRAM／Y.WATANABE」）

春和園（広島市中区　名井珈琲店所蔵）

髙橋 勇（1968〈昭和43〉年生まれ）（広島国泰寺高校、青山学院理工学部経営工学科卒）

髙橋定の弟・満の一人娘・満里恵の一男三女の内の次男。生まれてすぐに定の養子縁組となり入籍。定の葬儀では1歳で喪主となる。10歳より、定の妻・温子に育てられる。中学、大学では軟式野球、高校では水泳を嗜る。大学卒業後、外資系のコンサルタント会社でシステム関係の仕事を2年程した後、実父・督の経営するクレトイシと世界最大の研削研磨メーカー・米国ノートンカンパニー（当時ノートンカンパニーはフランスの名門サンゴバンに買収されていた）との合弁会社・クレノートンに入社。システム導入プロジェクトに参加した後、米国で1年の研修を経て帰国。営業などを経験して社長となり、赤字だった会社を7年間業績改善に努めた。督は私が中学3年の時に脳梗塞で倒れてから入退院を繰り返し、それでも経営を続けていたが、まだ32歳の私がそれを引き継いで7年経営した。督が亡くなる直前にサンゴバンとの合弁を解消する交渉に入り、完了した。しかし同時期に督も亡くなってしまい退職。退職した期の業績は、売上148億・営業利益14億だった。その後、2人の子供と多くの時間を過ごす。子供たちと柔道を始め、なんとか初段を取得。途中、怪我で出来ない間に地方巡りやお遍路に出掛け、近県の様子をバイクで見て回った。地方のマラソン大会に出場したり多くの寺社を回るうちに、先祖の関わる赤崎神社の話にぶつかる。現在は世界史や地域の歴史を学んでいる。米国研修中にはタングルウッド音楽祭を見る。また、米国でジャズにはまり、ひたすら聴いている。（元研削砥石工業会副会長、技術委員長）

赤崎神社礼祭にて。著者と先祖の打った天鈿女命モデルのやぶ。後ろに池田勇人揮毫の石碑
（令和4年11月3日）

■装幀　　　スタジオギブ
■本文 DTP　　大原 剛
■図版制作　　岡本 善弘（アルフぉンス）
■編集　　　末廣 有美・橋口 環

広島交響楽団創設者 髙橋 定を語る

2024 年 1 月 31 日　初版第 1 刷発行

著　　者　　髙橋 勇
発 行 者　　西元 俊典
発 行 所　　有限会社 南々社
　〒 732-0048　広島市東区山根町 27-2
　TEL 082-261-8243　FAX 082-261-8647
印 刷 所　　株式会社 シナノ パブリッシング プレス

ISBN 978-4-86489-166-0